월간 모두패스

POINT 01	POINT 02	POINT 03
25년 신규강의 모두	24년 모든강의로 선행학습	전강좌 특강도 모두

월 3만원

원클릭 해지 Click

선행학습

1타 교수진

학습관리

매일 문제 제공

매일 Q&A 영상 라이브 답변

교수님이 직접 학습코칭

월간 모두패스는

월단위 수강등록 후 랜드하나 모든 강의를
수강기간동안 무제한 들을 수 있는 인터넷 수강권입니다!

EBS ◖◗● 방송교재
★ ★ ★ ★
공인중개사 신뢰도 1위

공인중개사
답은 하나
랜드 하나

2025

랜드하나
공인중개사
기본서

2차 부동산세법

랜드하나 수험연구소

H 랜드하나

머리말 PREFACE

본서는 공인중개사 시험에서 부동산세법을 공부하는 수험생들이 반드시 시험에 합격하는 데 최적의 길라잡이가 될 수 있도록 집필 하였습니다. 시험에 출제 될 수 있는 내용들을 빠짐없이 수록하여 본서를 충실히 공부한 수험생이라면 공인중개사 시험에서 고득점 할 수 있으리라 믿습니다.

본서는 세법의 방대한 내용 중에서 부동산을 취득하고, 보유 및 양도하는 경우에 내는 세금을 중심으로 서술되었으며, 공인중개사 시험에서도 이런 세금을 중심으로 출제가 됩니다.

본서는 다음의 내용에 주안점을 두어 서술되었습니다

1. 부동산세법을 공부하는 데 필요한 용어를 최대한 쉽게 설명하도록 노력하였으며 이를 [용어설명] 또는 [참고학습] 등을 통해 공부할 수 있도록 하였습니다.

2. 개정세법의 내용은 당해 시험에 출제되기 때문에 2025년에 시행되는 최근의 개정 내용을 충실히 반영하였습니다. 다만, 세법은 개정이 자주 있는 특징이 있기 때문에 교재가 출간된 이후의 개정내용은 정오표 또는 추록을 통해 홈페이지에 계속 업로드 할 예정입니다.

3. 전체적인 세목별 내용의 이해를 돕고자 비교도표와 핵심요약정리를 활용하였습니다.

4. 실전 맛보기 문제를 통해서 공부한 내용을 스스로 점검하고 출제유형을 익히어서 사례적응력을 배양할 수 있도록 하였습니다.

5. 본 교재는 EBS 공인중개사 방송교재로 채택함에 따라 랜드하나 인강 외에도 EBS 플러스2 방송으로도 시청하실 수 있습니다.

최근의 공인중개사 시험에서 부동산세법의 시험출제는 단순 암기식 문제보다는 종합적인 세법의 이해와 법령의 의미를 이해하고 있는지와 세법별 비교능력을 요하는 문제가 다수 출제되고 있습니다. 기본적인 사항에 대한 이해와 암기를 바탕으로 부동산세법의 주요세목에 대한 전체적인 조망과 법령을 이해하는 공부방법이 절대적으로 중요하다는 것을 새기어야 합니다.

본서는 이러한 최근의 출제경향의 시험에 대비할 수 있도록 서술하였습니다.

본 교재는 제36회 공인중개사 시험을 완벽하게 대비하는 것을 목표로 서술되었으므로 본 교재와 함께 성실하게 수험기간을 보낸 여러분들께 아름다운 합격의 결실이 있기를 기원합니다.

아울러 본 교재의 출간을 위해 물심양면으로 도움을 주신 편집실 기타 여러분들께 진심으로 감사드립니다.

편저자 배상

시험안내 GUIDE

1. 공인중개사 기본정보

1 공인중개사 개요

부동산 중개업을 건전하게 지도, 육성하고 공정하고 투명한 부동산 거래질서를 확립함으로써 국민경제에 이바지함을 목적으로 함(관계법령 : 공인중개사법)

2 수행직무

중개업의 공신력을 높이기 위해 도입된 자격증으로 부동산 중개업무, 관리대행, 컨설팅, 중개업 경영정보 제공, 상가분양 대행, 경매 매수신청 대리 업무 등을 수행

3 실시기관 홈페이지 : 한국산업인력공단 국가자격시험 홈페이지(www.Q-net.or.kr)

4 소관부처명 : 국토교통부(부동산산업과)

2. 시험정보

1 응시자격

• 제한없음(학력, 나이, 내외국인 불문)

※ 단, 「① 공인중개사법 제4조 3에 따라 시험부정행위로 처분 받은 자의 그 제한기간이 시험 시행일 전일까지 경과되지 않은 자 ② 제6조에 따라 자격이 취소된 자 ③ 시행규칙 제2조에 따른 기자격취득자」는 응시할 수 없음

• 결격사유

1. 부정한 방법으로 공인중개사의 자격을 취득한 경우
2. 제7조 제1항의 규정을 위반하여 다른 사람에게 자기의 성명을 사용하여 중개업무를 하게 하거나 공인중개사 자격증을 양도 또는 대여한 경우
3. 제36조의 규정에 의한 자격정지처분을 받고 그 자격정지기간 중에 중개업무를 행한 경우(다른 개업공인중개사의 소속공인중개사, 중개보조원 또는 법인인 개업공인중개사의 사원, 임원이 되는 경우를 포함)
4. 이 법을 위반하여 징역형의 선고를 받은 경우
5. 시험에서 부정한 행위를 한 응시자로 그 시험시행일로부터 5년간 시험응시자격을 정지 받은자

② 시험과목 및 배점

구분	시험 과목	문항수	시험시간	시험방법
제1차시험 1교시(2과목)	① 부동산학개론(부동산감정평가론 포함) ② 민법 및 민사특별법 중 부동산 중개에 관련되는 규정	과목당 40문항 (1번~80번)	100분 (09:30~11:10)	객관식 5지 선택형
제2차시험 1교시(2과목)	① 공인중개사의 업무 및 부동산 거래신고 등에 관한 법령 및 중개실무 ② 부동산공법 중 부동산중개에 관련되는 규정	과목당 40문항 (1번~80번)	100분 (13:00~14:40)	
제2차시험 2교시(1과목)	① 부동산공시에 관한 법령(부동산등기법, 공간정보의 구축 및 관리 등에 관한 법률) 및 부동산 관련 세법	40문항 (1번~40번)	50분 (15:10~16:00)	

※ 답안작성 시 법령이 필요한 경우는 시험시행일 현재 시행되고 있는 법령을 기준으로 작성

3. 시험과목별 시험범위 및 출제비율

구분	시험과목	시험 범위	출제비율
1차 시험 (2과목)	■ 부동산학개론 (부동산감정평가론 포함)	① 부동산학개론	85% 내외
		② 부동산 감정평가론	15% 내외
	■ 민법 및 민사특별법 중 부동산 중개에 관련되는 규정	① 민법의 범위 1) 총칙 중 법률행위 2) 질권을 제외한 물권법 3) 계약법 중 총칙·매매·교환·임대차	85% 내외
		② 민사특별법의 범위 1) 주택임대차보호법 2) 상가건물임대차보호법 3) 가등기담보 등에 관한 법률 4) 집합건물의 소유 및 관리에 관한 법률 5) 부동산 실권리자 명의등기에 관한 법률	15% 내외
2차 시험 (3과목)	■ 공인중개사의 업무 및 부동산 거래신고에 관한 법령 및 중개실무	① 공인중개사의 업무 및 부동산 거래신고에 관한 법령	70% 내외
		② 중개실무	30% 내외
	■ 부동산공법 중 부동산중개에 관련 되는 규정	① 국토의 계획 및 이용에 관한 법률	30% 내외
		② 도시개발법 ③ 도시 및 주거환경정비법	30% 내외
		④ 주택법 ⑤ 건축법 ⑥ 농지법	40% 내외
	■ 부동산공시에 관한 법령 및 부동산 관련 세법	① 부동산등기법	30% 내외
		② 공간정보의 구축 및 관리 등에 관한 법률	30% 내외
		③ 부동산 관련 세법(상속세, 증여세, 법인세, 부가가치세 제외)	40% 내외

시험안내 GUIDE

4. 합격기준

1 합격기준

구분	합격결정기준
1,2차시험 공통	매 과목 100점을 만점으로 하여 매 과목 40점 이상, 전 과목 평균 60점 이상 득점한 자

※ 제1차 시험에 불합격한 자의 제2차 시험에 대해여는 「공인중개사법」 시행령 제5조 제3항에 따라 이를 무효로 함

2 응시수수료(공인중개사법 제8조)

• 1차 : 13,700원
• 2차 : 14,300원
• 1, 2차 동시 응시자 : 28,000원

3 취득방법

• 원서접수방법

Q-net을 통해 하거나 공단 지역본부 및 지사에서 인터넷접수 도우미서비스를 제공받을 수 있음

※ 내방시 준비물 : 사진(3.5*4.5) 1매, 전자결재 수단(신용카드, 계좌이체, 가상계좌)

※ 수험자는 응시원서에 반드시 본인 사진을 첨부하여야 하며, 타인의 사진 첨부 등으로 인하여 신분확인이 불가능할 경우 시험에 응시할 수 없음

• 자격증발급

응시원서접수일 현재 주민등록상 주소지의 시, 도지사명의로 시, 도지사가 교부

(사진(여권용 사진) 3.5*4.5cm 2매, 신분증, 도장 지참, 시·도별로 준비물이 다를 수 있음)

출제경향 빈도표 및 수험대책

1. 출제경향 빈도표

내용별 \ 회별		19회	20회	21회	22회	23회	24회	25회	26회	27회	28회	29회	30회	31회	32회	33회	34회	35회
조세총론		2	2	2	2	2	2	2	2	1	1	2	3	1	2	2	2	2
지방세	취득세	3	2	3	3	3	3	4	3	3	3	3	3	1	2	2	2	3
	등록면허세	1	3	2	1	1	1		1	1	2	2	1	2	1	1	1	2
	재산세	2	3	3	3	3	3	3	3	3	3	2	3	3	2	2	2	3
	기타지방세									1				1				
	소계	6	8	8	7	7	7	7	7	8	8	7	7	8	5	5	6	6
국세	종합부동산세	2	1	1	1	1	1		1	1	1	2	1	1	3	2	2	2
	양도소득세	6	5	5	6	5	5	6	6	6	5	5	5	5	6	5	5	5
	기타 국세					1	1	1			1			1		2	1	1
	소계	8	6	6	7	7	7	7	7	7	7	7	6	7	9	9	8	8
합계		16	16	16	16	16	16	16	16	16	16	16	16	16	16	16	16	16

시험안내 GUIDE

2. 수험대책

① 자주 기출 되었던 부분에서 여전히 출제되고 있지만, 고득점을 위해서는 기초과정부터 심화내용까지 전반적인 학습을 하여야 합니다. 따라서 부동산세법의 전반적인 체계와 법령의 의미를 이해하고 있는 지문이 다수 출제되고 있기에, 최근의 출제경향에 대비하여 특정 부분만 골라서 공부하기 보다는 기초과정부터 심화과정, 9~10월의 마무리과정까지 차근차근 준비하여야 합니다.

② 각 세목간의 비교 정리도 필요합니다.

③ 앞으로는 사례형 문제의 대비가 필요합니다.

④ 세법의 전반적인 이해와 중요한 숫자는 암기해야 하며, 아울러 법령의 의미를 이해하고 있어야 합니다.

⑤ 해당연도의 개정세법 중에서 주요내용은 반드시 숙지해야 합니다.

⑥ 개별 세목에 대한 공부는 다음과 같이 하여야 합니다.
부동산 세법은 부동산을 취득하고 보유하고 양도하는 경우에 관한 세목과 내용을 중심으로 시험에 출제되므로 먼저 각 세목의 성격 및 특징을 파악하고 ➜ 이 세금은 어떤 것을 과세대상으로 하여 부과하는지 ➜ 누가 납세의무자가 되며 ➜ 세금계산(과세표준과 세율)은 어떻게 하고 ➜ 계산된 세금은 어디에 납부(납세지)하며 ➜ 어떻게 징수(부과·징수)가 되며 ➜ 어떤 경우에 비과세 되는지를 공부하여야 합니다.

CONTENTS 차례

차례 CONTENTS

PART ③ 국세

2025 랜드하나 공인중개사 기본서

PART 1
조세총론

조세의 기초이론(국세기본법 및 지방세기본법)

CHAPTER 01

단원별 학습포인트

□ 이 장은 「국세기본법」과 「지방세기본법」을 중심으로 한 부동산세법의 전반적이고 공통적인 사항을 다루고 있는 부분이므로 처음 공부할 때는 다소 어렵게 느껴질 수 있다. 따라서 기본적인 세법 용어를 익히고 부동산 세목을 중심으로 주요 내용과 특성을 중심으로 공부하여야 한다. 조세의 분류에서는 목적세, 부가세, 부동산 활동별 분류 등을 숙지하고, 조세의 용어 정의에서는 징수방법과 무신고 및 과소신고 가산세, 납부지연가산세 등을 중심으로 공부하여야 한다.

제1절 │ 조세의 개념 제25회

1 조세의 정의

국가 또는 지방자치단체가 필요한 일반경비 및 특정목적 경비를 조달하기 위하여 직접적·개별적 반대급부 없이 과세요건을 충족한 납세의무자인 개인 또는 법인으로부터 강제적으로 거두어들이는 금전적 부담이다.

2 조세의 특징

1. 과세주체는 국가 또는 지방자치단체이다

조세를 부과할 수 있는 권한이 있는 자를 과세주체라고 하는데, 국가가 과세주체인 조세를 국세라 하고, 지방자치단체가 과세주체인 조세를 지방세라고 한다. 징수하는 주체가 국가나 지방자치단체가 아니면 아무리 조세와 비슷해도 조세라고 할 수 없다.

> 공공단체나 공기업에 내는 공과금, 전기요금, 수도요금 등은 조세가 아니다.

2. 조세의 목적은 재정수입을 확보하는 데 있다

국가나 지방자치단체가 조세를 부과하는 1차적인 목적은 재정수입을 확보하는 것이지만, 최근에는 사회정책적·경제정책적 목적으로 조세를 부과하는 기능이 확대되고 있다.

> 본래의 목적이 재정수입에 있지 않고 오직 위법행위에 대한 제재의 목적으로 부과되는 벌금·과태료·과료 등은 조세가 아니다.

3. 조세는 직접적·개별적 반대급부 없이 부과된다

조세는 국가 또는 지방자치단체로부터 특별한 이익을 받은 특정인에게 징수하는 것이 아니다. 조세는 비대가성 또는 비보상성을 특징으로 한다.

> 특정의 공공서비스와 대가관계에 있는 사용료·수수료 등과는 구별된다.

4. 조세는 법률에 규정하는 과세요건을 충족한 자에게 부과된다

국회에서 제정된 법률에 규정된 과세요건을 충족한 모든 자에게 부과된다.

참고학습 | 과세요건

1. 납세의무자,   2. 과세대상,   3. 과세표준,   4. 세율

과세요건은 세금을 부과하는 데 중요한 요소로서 통상 4분설을 취한다. 즉, 과세가 가능하려면 먼저 과세물건이 있어야 하고, 그 과세물건이 귀속하여 과세처분의 상대방이 될 납세의무자가 있어야 하며, 처분의 구체적인 내용을 이루는 과세표준과 세율이 법정되어 있어야 한다.

5. 조세는 강제적으로 징수하는 수단이다

조세는 사적자치의 원칙이 배제되고 확정된 조세채권의 이행을 강제하는 법규강행성을 특징으로 한다.

6. 조세는 금전적 급부가 원칙이다

조세는 금전으로 납부하는 것이 원칙이다. 다만, 예외적으로 법령에 정하는 요건을 갖춘 경우에 일정한 세목에 대해 물납을 허용하고 있다. 현행 세법에서는 지방세인 재산세와 국세인 상속세에서 물납이 인정되고 있다.

물납과 분할납부 허용 세목

물 납	• 지방세 : 재산세 • 국세 : 상속세
분할납부	• 지방세 : 재산세, 소방분 지역자원시설세(재산세 납세고지서에 병기하여 고지 되는 경우), 지방교육세(재산세의 부가세), 종합소득에 대한 지방소득세 등 • 국세 : 종합부동산세, 양도소득세, 법인세, 상속세, 증여세, 농어촌특별세 등

제2절 **조세의 분류** 제25회, 제30회

1 **과세주체에 따른 분류**

1. 국 세

(1) 의 의

국가가 과세주체인 조세를 말한다. 국세의 대부분은 중앙정부의 재원으로 활용되나, 그중 일부는 지방자치단체에 교부되어 지방자치단체의 재원이 된다.

국세는 내국세와 관세로 구별되는데, 내국세는 우리나라 영토 내에서 사람이나 물건에 대해서 부과하는 세금으로 국세청에서 담당한다. 관세는 재화가 국경을 통과할 때 부과하는 세금으로 관세청에서 담당한다.

한편, 국세는 1세목에 1세법이 있는 1세목 1세법주의를 원칙으로 한다.

(2) 세 목

종합부동산세, 소득세, 법인세, 부가가치세, 상속세 및 증여세, 개별소비세, 주세, 인지세, 증권거래세, 교육세, 교통·에너지·환경세, 농어촌특별세 등이 있다.

2. 지방세

(1) 의 의

지방자치단체(특별시·광역시·특별자치도·특별자치시·도·시·군·구)가 지방재정수요에 충당하기 위하여 부과하는 조세이다. 지방세관계법(「지방세법」 및 「지방세기본법」, 「지방세특례제한법」)의 적용을 받는다.

(2) 세 목

취득세, 등록면허세, 재산세, 지역자원시설세, 지방소비세, 지방소득세, 지방교육세, 레저세, 담배소비세, 주민세, 자동차세 등이 있다.

지방세 체계

구 분	특별시·광역시*		도		특별자치도세·특별자치시세
	특별시·광역시세	구 세	도 세	시·군세	
보통세	• 취득세 • 지방소득세 • 지방소비세 • 주민세 • 자동차세 • 레저세 • 담배소비세	• 등록면허세 • 재산세	• 취득세 • 등록면허세 • 지방소비세 • 레저세	• 재산세 • 지방소득세 • 자동차세 • 담배소비세 • 주민세	• 취득세 • 등록면허세 • 재산세 • 지방소득세 • 지방소비세 • 주민세 • 자동차세 • 레저세 • 담배소비세
목적세	• 지역자원시설세 • 지방교육세		• 지역자원시설세 • 지방교육세		• 지역자원시설세 • 지방교육세

광역시의 군(郡) 지역에서는 도세를 광역시세로 한다.

심화학습

특별시의 관할구역 재산세의 공동과세
1. 특별시 관할구역에 있는 구의 경우에 재산세(「지방세법」 제9장에 따른 선박 및 항공기에 대한 재산세와 같은 법 제112조 제1항 제2호 및 같은 조 제2항에 따라 산출한 재산세는 제외한다)는 제8조에도 불구하고 특별시세 및 구세인 재산세로 한다(「지방세기본법」 제9조 제1항).

2. 제1항에 따른 특별시세 및 구세인 재산세 중 특별시분 재산세와 구(區)분 재산세는 각각 「지방세법」 제111조 제1항에 따라 산출된 재산세액의 100분의 50을 그 세액으로 한다. 이 경우 특별시분 재산세는 제8조 제1항의 보통세인 특별시세로 보고 구분 재산세는 같은 조 제3항의 보통세인 구세로 본다(「지방세기본법」 제9조 제2항).

3. 「지방세법」 제112조 제1항 제2호 및 같은 조 제2항에 따른 재산세는 제8조 제1항 및 제3항에도 불구하고 특별시세로 한다(「지방세기본법」 제9조 제3항).

4. 광역시의 주민세 재산분(사업소분) 및 종업원분은 구세로 한다(「지방세기본법」 제11조).

핵심정리 | 과세권자에 따른 부동산 관련 지방세의 분류

특별시·광역시·도	취득세, 지역자원시설세, 지방교육세, 지방소비세 등	특별자치도 · 특별자치시
구·도	등록면허세	
시·군·구	재산세 등	
특별시·광역시, 시·군	지방소득세, 주민세 등	

특별자치도와 특별자치시는 지방세 11개의 과세주체이며, 특별자치도의 관할 구역 안에 지방자치단체인 시·군이 있는 경우에는 도세를 해당 특별자치도의 특별자치도세로, 시·군세를 해당 시·군의 시·군세로 한다.

2 조세의 전가 유무에 따른 분류

1. 직접세

(1) 의 의

납세의무자와 조세의 실제 부담자(담세자)가 일치하는 조세이다. 납세의무자가 조세의 부담을 다른 사람에게 전가시키지 않는다.

(2) 세 목

취득세, 등록면허세, 재산세, 종합부동산세, 양도소득세 등 부동산 관련 대부분의 조세가 이에 해당한다.

2. 간접세

(1) 의 의

조세부담이 전가되기 때문에 납세의무자와 담세자가 일치하지 않는 조세이다.

(2) 세 목

부가가치세, 개별소비세, 인지세, 주세, 증권거래세 등이 이에 해당한다.

3 조세의 사용목적 특정 여부에 따른 분류

1. 보통세

(1) 의 의

국가·지방자치단체의 일반적인 재정수요에 충당하기 위하여 부과·징수하는 조세를 보통세라고 한다. 즉, 사용목적이 특정되어 있지 않은 조세이다.

(2) 세 목

취득세, 등록면허세, 재산세, 지방소득세, 지방소비세, 종합부동산세, 소득세 등 대부분의 조세가 보통세에 속한다.

2. 목적세

(1) 의 의

농어촌의 산업기반시설 확충, 교육사업 등 특별한 목적에 충당하기 위한 조세이다. 조세수입의 사용용도가 특정되어 있으므로 다른 용도에 사용할 수 없다.

(2) 세 목

① 국 세: 교육세, 교통·에너지·환경세, 농어촌특별세
② 지방세: 지역자원시설세, 지방교육세

심화학습

조세수입의 용도

구 분	세 목		사용목적
국 세	교육세		교육기반의 확충을 위하여 학교시설과 교원처우개선에 필요한 재원 확보
	교통·에너지·환경세		도로 및 도시철도 등 교통시설 및 에너지, 환경사업 등에 필요한 재원의 조달
	농어촌특별세		농어촌 산업기반시설 확충, 농어촌 지역개발사업에 필요한 재원의 조달
지방세	지역자원 시설세	소방분	소방사무에 소요되는 제반비용에 충당하기 위해 부과
		특정자원분	지역의 부존자원 보호·보전, 환경보호·개선, 안전·생활편의시설 설치 등 주민
		특정시설분	생활환경 개선사업 및 지역개발사업에 필요한 재원을 확보하기 위하여 부과
	지방교육세		지방교육재정에 필요한 재원의 확보

4 과세객체의 인적 귀속 여부에 따른 분류

1. 인 세

(1) 의 의

소득이나 재산이 귀속되는 사람의 조세부담능력이나 인적 사항을 고려하여 과세하는 조세를 말한다. 사람을 중심으로 합산하여 과세한다.

(2) 세 목

종합부동산세, 양도소득세, 재산세(토지) 등이 이에 해당한다.

2. 물 세

(1) 의 의

사람의 조세부담능력과 관계없이 물적 측면에 착안해서 과세하는 조세를 말한다. 물세는 개개의 수입이나 재산 자체에 대하여 부과하기 때문에 개별과세를 원칙으로 한다.

(2) 세 목

취득세, 등록면허세, 재산세(토지 제외) 등이 이에 해당한다.

5 과세표준에 따른 분류

세법에 따라 직접적으로 세액산출의 기초가 되는 과세물건의 가액 또는 수량·면적을 과세표준이라고 한다. 과세표준이 가액이나 금액으로 표시되는 조세를 종가세라 하고, 수량이나 면적 또는 건수로 표시되는 조세를 종량세라고 한다.

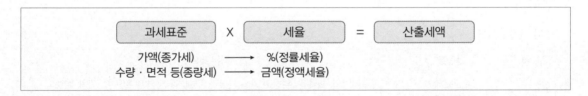

1. 종가세

(1) 의 의

과세물건을 화폐단위로 측정하는 조세로, 과세표준이 금액이나 가액으로 표시되는 것을 말한다.

(2) 세 목

취득세, 등록면허세, 재산세, 종합부동산세, 소득세 등 대부분의 조세가 이에 해당한다.

2. 종량세

(1) 의 의

과세물건을 화폐 이외의 단위로 측정하는 조세로서, 과세표준이 수량·면적이나 건수 등으로 표시되는 것을 말한다.

(2) 세 목

등록면허세 중 일부(말소등기·변경등기), 지역자원시설세, 인지세 등이 이에 해당한다.

6 세율에 따른 분류

1. 비례세율

과세표준금액의 크기와 관계없이 일정률의 세율이 적용되는 조세를 비례세율이라 한다. 즉, 세율과 과세표준 간에 일정한 비례관계를 유지하게 된다.

(1) 단일비례세율

언제나 하나의 세율이 적용되는 세율로서 부가가치세(10%)가 이에 해당한다.

(2) 차등비례세율

가액과는 관계 없지만 취득원인과 과세대상의 종류 등에 따라 세율이 달라지는 세율로서 취득세, 등록에 대한 등록면허세, 재산세의 일부, 종합부동산세(법인이 주택분 납세의무자인 경우), 양도소득세의 일부가 이에 해당한다.

2. 누진세율

과세표준의 금액이나 가액이 커짐에 따라 세율이 높아지는 세율을 말한다. 주로 재산이나 소득에 부과하는 조세들은 누진세율이 적용된다. 따라서 보유하는 재산이나 소득이 클수록 높은 세율이 적용되기 때문에 더 많은 세금을 내게 되고, 적으면 낮은 세율이 적용되므로 세금을 더 적게 낸다. 때문에 누진세율은 소득재분배 효과가 있다.

(1) 단순누진세율

과세표준이 증가되는 경우 증가된 전체에 대하여 누진세율이 적용되는 것을 말한다.

(2) 초과누진세율

과세표준이 증가되는 경우 그 초과부분에 대하여만 누진세율이 적용되는 것을 말하며, 재산세[주택분, 토지분(분리과세대상 토지 제외)], 종합부동산세, 양도소득세 등이 이에 해당한다.

핵심정리 │ 세목별 세율 구조

구 분	취득세	등록면허세	재산세	종합부동산세	양도소득세
비례세율	비례세율	비례세율	비례세율	비례세율	비례세율
초과누진세율	×	×	누진세율	누진세율	누진세율

심화학습

세율 적용에 따른 분류

구 분	개 념	적용 세목
일정세율	법률에 의하여 일정하게 고정된 세율로서, 지방자치단체가 임의로 세율을 조정할 수 없다.	등록면허세(부동산등기 제외), 종합부동산세, 각종 중과세율
표준세율	지방세를 부과할 경우 일반적으로 적용되는 세율이나, 지방자치단체가 재정수입 기타 특별한 사유가 있는 경우 일정범위 내에서 조정할 수 있는 세율을 말한다.	취득세, 등록면허세(부동산등기), 재산세, 지방교육세 등
제한세율	지방세를 부과할 때 이를 초과하여 과세할 수 없는 최고세율로서 표준세율 채택시 최고세율을 정하기 위하여 표준세율과 병행하여 채택하나, 표준세율 없이 채택되는 경우도 있다.	재산세의 도시지역분 적용 세율 등
임의세율	법률에서 세율을 정하지 아니하고 각 지방자치단체가 임의적으로 결정하여 적용할 수 있는 세율을 말한다.	현행 「지방세법」상 없다.

7 조세의 독립성에 따른 분류

1. 독립세

조세 중에서 다른 세금과 관계없이 과세권자가 독자적인 세원에 대하여 부과하는 조세이다. 부가세를 제외한 대부분의 조세가 이에 해당한다.

2. 부가세

다른 세금에 부가하여 과세하는 조세이다. 국세 중에서는 교육세와 농어촌특별세가 있고, 지방세 중에서는 지방교육세가 이에 해당한다.

> • 농어촌특별세는 국세 중에서 목적세, 부가세에 해당한다.
> • 지방교육세는 지방세 중에서 목적세, 부가세에 해당한다

심화학습

부동산 관련 본세와 부가세

본 세	부가세

취득세	1. 농어촌특별세
	  • 취득세 표준세율을 100분의 2로 적용하여 산출한 취득세액의 100분의 10
	  • 중과기준세율을 적용하여 계산한 취득세액의 100분의 10
	2. 지방교육세
	  • 취득세 표준세율에서 2%를 뺀 세율을 적용하여 산출한 금액의 20%
	  • 단, 중과기준세율이 적용되는 경우에는 부가되지 않는다.
	  • 대도시 내 법인의 설립 등의 부동산 취득 및 공장 신·증설 : 위 지방교육세액의 3배
	  • 유상거래를 원인으로 주택을 취득하는 경우에는 해당 세율에 100의 50을 곱한 세율을 적용하여 산출한 금액의 100분의 20을 부가하여 과세한다.

	농어촌특별세 : 취득세 감면세액의 100분의 20
등록면허세	1. 지방교육세 : 납부하여야 할 등록면허세액의 100분의 20 2. 농어촌특별세 : 감면세액의 100분의 20
재산세	지방교육세 : 납부하여야 할 재산세액(도시지역분을 제외)의 100분의 20
종합부동산세	농어촌특별세 : 납부하여야 할 종합부동산세액의 100분의 20
양도소득세	1. 납부세액의 부가세는 없음 2. 농어촌특별세 : 양도소득세 감면세액의 100분의 20

핵심정리 | 지방소득세 종합정리

1. **과세주체** : 특·특·특·광, 시·군
2. **독립세**
3. **소액 징수면제 적용○** : 세액 2천원 미만은 징수×. 즉, 2천원은 징수한다.
4. 개인지방소득세와 법인지방소득세로 구분
5. 양도소득에 대한 지방소득세의 경우 양도소득세 규정을 대부분 준용
6. 양도소득에 대한 개인지방소득세의 공제세액이 산출세액을 초과하는 경우 그 초과금액은 없는 것으로 한다.
7. 양도소득에 대한 개인지방소득세의 경우에 「소득세법」 규정에 따른 소득을 과세표준으로 하여 소득세에 적용되는 세율의 10분의 1의 지방소득세율을 적용하여 세액을 산출한다.
8. 양도소득에 대한 개인지방소득세 신고기한은 양도소득과세표준 예정신고 및 확정신고 기한에 2개월을 더한 날까지 신고하여야 한다.

8 부동산활동에 따른 분류 제25회, 제30회

부동산의 경제활동에 따라서 취득과 보유, 양도과정에서 과세되는 조세로 분류한다. 이때 취득과 양도에 관련된 조세를 유통과세, 보유와 관련된 조세를 보유과세라고 한다.

1. 부동산 취득시 조세

부동산 취득과정에 관련된 조세로는 취득세, 등록면허세, 지방교육세, 지방소비세, 상속세, 증여세, 농어촌특별세, 부가가치세, 인지세 등이 있다.

2. 부동산 보유·이용시 조세

부동산을 보유하면서 사용·수익과정에서 과세되는 조세로는 재산세, 소방분 지역자원시설세, 지방교육세, 지방소득세, 지방소비세, 종합부동산세, 종합소득세(부동산임대업), 법인세(부동산임대업), 농어촌특별세, 부가가치세(부동산임대업) 등이 있다.

3. 부동산 양도시 조세

부동산을 양도하는 과정에서 과세되는 조세로는 지방소득세, 지방소비세, 양도소득세, 종합소득세(부동산매매업, 건설업), 법인세, 농어촌특별세, 부가가치세, 인지세 등이 있다.

심화학습

부동산활동에 따른 조세의 분류

구 분	부동산 취득시	부동산 보유·이용시	부동산 양도시
지방세	• 취득세 • 등록면허세 • 지방교육세 • 지방소비세	• 재산세 • 지방교육세 • 소방분 지역자원시설세 • 지방소득세 • 지방소비세	• 지방소득세 • 지방소비세
국 세	• 상속세, 증여세 • 농어촌특별세 • 부가가치세 • 인지세	• 종합부동산세 • 법인세(부동산임대업) • 종합소득세(부동산임대업) • 농어촌특별세 • 부가가치세(부동산임대업)	• 양도소득세 • 법인세 • 종합소득세(부동산매매업·건설업) • 농어촌특별세 • 부가가치세 • 인지세

심화학습

동시 부과되는 경우

부동산 취득·보유·양도에 관련된 조세	농어촌특별세, 부가가치세, 지방소비세
부동산 취득·보유시에만 관련된 조세	지방교육세
부동산 보유·양도시에만 관련된 조세	지방소득세, 종합소득세
부동산 취득·양도시에만 관련된 조세	인지세(부동산 보유시에도 부과된다는 견해 있음)

제3절 조세 용어의 정의 제27회, 제31회

1 세 법

세법이란 국세의 종목과 세율을 정하고 있는 법률과 「국세징수법」, 「조세특례제한법」, 「국제조세조정에 관한 법률」, 「조세범 처벌법」 및 「조세범 처벌절차법」을 말한다(「국세기본법」 제2조 제2호). 지방세에서 세법은 지방세의 기본적인 사항과 공통적인 사항 등을 정하고 있는 「지방세기본법」, 「지방세징수법」, 「지방세법」, 「지방세특례제한법」 및 「제주특별자치도 설치 및 국제자유도시 조성을 위한 특별법」을 말한다(「지방세기본법」 제2조 제1항 제4호).

2 지방자치단체

지방자치단체란 특별시·광역시·특별자치도·특별자치시·도·시·군·구(자치구를 말한다)를 말한다.

3 지방자치단체의 장

지방자치단체의 장이란 특별시장·광역시장·특별자치시장·도지사·특별자치도지사·시장·군수·구청장(자치구의 구청장을 말한다)을 말한다.

4 지방세

지방세란 특별시세, 광역시세, 특별자치시세, 도세, 특별자치도세 또는 시·군세, 구세(자치구의 구세를 말한다)를 말한다.

5 지방세관계법

지방세관계법이란 「지방세징수법」, 「지방세법」, 「지방세특례제한법」, 「조세특례제한법」 및 「제주특별자치도 설치 및 국제자유도시 조성을 위한 특별법」을 말한다.

6 과세기간

과세기간이란 세법에 따라 조세의 과세표준 계산의 기초가 되는 기간을 말한다.

7 과세표준

과세표준이란 세법에 따라 직접적으로 세액산출의 기초가 되는 과세물건의 수량·면적 또는 가액 등을 말한다. 과세표준이 가액 또는 금액으로 표시되는 조세를 종가세라고 하며, 수량이나 면적, 건수 등으로 표시되는 조세를 종량세라고 한다.

8 표준세율

표준세율이란 지방자치단체가 지방세를 부과할 경우에 통상 적용하여야 할 세율로서, 재정상의 사유 또는 그 밖의 특별한 사유가 있는 경우에는 이에 따르지 아니할 수 있는 세율을 말한다.

9 과세표준신고서

과세표준신고서란 지방세의 과세표준·세율·납부세액 등 지방세의 납부 또는 환급을 위하여 필요한 사항을 기재한 신고서를 말한다.

10 과세표준수정신고서

과세표준수정신고서란 처음 제출한 과세표준신고서의 기재사항을 수정하는 신고서를 말한다.

11 법정신고기한

법정신고기한이란 세법에 따라 과세표준신고서를 제출할 기한을 말한다.

심화학습

세목별 신고기한

1. 취득세 : 취득일부터 60일

> • 상속으로 인한 취득의 경우는 상속개시일이 속하는 달의 말일부터 6개월(상속인 가운데 외국에 주소를 둔 경우는 9개월)이다.
> • 증여로 인한 취득의 경우는 취득일이 속하는 달의 말일부터 3개월이다.

2. 등록에 대한 등록면허세 : 등록을 하기 전까지
3. 종합부동산세(납세자가 신고납세를 선택하는 경우) : 해당 연도 12월 15일
4. 양도소득세
    • 예정신고기한 : 부동산 등 일반적 양도의 경우 양도일이 속하는 달의 말일부터 2개월
    • 확정신고기한 : 양도일이 속하는 과세기간의 다음 연도 5월 31일

---

12 세무공무원

(1) 지방세

세무공무원이란 지방자치단체의 장 또는 지방세의 부과·징수 등에 관한 사무를 위임받은 공무원을 말한다.

(2) 국 세

① 국세청장, 지방국세청장, 세무서장 또는 그 소속 공무원
② 세법에 따라 국세에 관한 사무를 세관장이 관장하는 경우의 그 세관장 또는 그 소속 공무원

13 납세자

납세자란 납세의무자(연대납세의무자와 제2차 납세의무자 및 보증인을 포함한다)와 세법에 따라 지방세를 특별징수하여 납부할 의무를 지는 자(국세는 원천징수의무자)를 말한다.

(1) 납세의무자

납세의무자란 세법에 따라 지방세(또는 국세)를 납부할 의무(지방세를 특별징수하여 납부할 의무는 제외한다. 국세에서는 원천징수의무를 제외한다)가 있는 자를 말한다.

(2) 제2차 납세의무자

제2차 납세의무자란 납세자가 납세의무를 이행할 수 없는 경우에 납세자를 갈음하여 납세의무를 지는 자를 말한다.

(3) 연대납세의무자

하나의 납세의무에 관하여 납세의무자가 납세에 관한 의무를 이행할 수 없는 경우에 해당 납세의무자와 관계있는 자로 하여금 상호 연대하여 동일한 납세의무를 지게 하는 자를 말한다.

(4) 보증인

보증인이란 납세자의 지방세 또는 체납처분비의 납부를 보증한 자를 말한다.

14 납세고지서(국세: 납부고지서)

납세고지서란 납세자가 납부할 지방세의 부과 근거가 되는 법률 및 해당 지방자치단체의 조례 규정, 납세자의 주소, 성명, 과세표준, 세율, 세액, 납부기한, 납부장소, 납부기한까지 납부하지 아니한 경우에 이행될 조치 및 지방세 부과가 법령에 어긋나거나 착오가 있는 경우의 구제방법 등을 기재한 문서로서 세무공무원이 작성한 것을 말한다.

심화학습

납부지연가산세 등에 대한 납세고지

「국세기본법」 제47조의4에 따른 납부지연가산세 및 같은 법 제47조의5에 따른 원천징수 등 납부지연가산세 중 지정납부기한이 지난 후의 가산세를 징수하는 경우에는 납세고지서를 발급하지 아니할 수 있다(「국세징수법」 제6조 제1항).

---

15 조세의 징수

(1) 신고납부(국세는 신고납세)

① 의 의

신고납부란 납세의무자가 그 납부할 조세의 과세표준과 세액을 신고하고 그 신고한 세금을 납부하는 것을 말한다(「지방세기본법」 제2조 제1항 제16호).

② 세 목

㉠ 지방세 : 취득세, 등록에 대한 등록면허세, 특정자원분 및 특정시설분 지역자원시설세, 지방소비세, 지방교육세, 지방소득세, 사업소분 주민세 등이 이에 해당하는 조세이다.

㉡ 국세 : 소득세(양도소득세 포함), 법인세, 부가가치세, 종합부동산세(납세의무자가 신고납세를 선택하는 경우) 등이 이에 해당하는 조세이다.

(2) 보통징수(국세는 정부부과과세)

① **의 의**

보통징수란 세무공무원이 납세고지서를 해당 납세자에게 발급하여 조세를 징수하는 것을 말한다.

② **세 목**

㉠ **지방세** : 재산세, 소방분 지역자원시설세, 지방교육세, 개인분 주민세 등

㉡ **국세** : 종합부동산세, 상속세 및 증여세 등

(3) 특별징수(국세는 원천징수)

① **의 의**

특별징수란 지방세(국세)를 징수할 때 편의상 징수할 여건이 좋은 자로 하여금 징수하게 하고 그 징수한 세금을 납부하게 하는 것을 말한다.

② **세 목**

등록에 대한 등록면허세, 지방소득세, 소득세 일부, 법인세 일부 등이 이에 해당한다.

16 가산세

(1) 의 의

가산세란 세법에서 규정하는 의무를 성실하게 이행하도록 하기 위하여 의무를 이행하지 아니할 경우에 세법에 따라 산출한 세액에 가산하여 징수하는 금액을 말한다.

(2) 특 징

① 가산세는 신고납부의무 불이행에 대한 벌과금적 성격으로 부과하지만 과태료나 벌금과는 구별된다. 가산세는 보통징수방법으로 부과·징수한다.

② 가산세는 해당 의무가 규정된 세법의 해당 국세 또는 지방세의 세목으로 한다. 다만, 해당 국세 또는 지방세를 감면하는 경우에는 가산세는 그 감면대상에 포함시키지 아니한다.

③ 가산세는 납부할 세액에 가산하거나 환급받을 세액에서 공제한다.

④ **가산세 구분**

신고행위와 납부행위를 구별하여 신고를 불성실하면 신고의무 위반의 정도에 따라 신고 관련 가산세가 적용되며, 납부를 불성실하면 납부지연가산세가 적용된다.

(3) 지방세의 가산세

취득세	① 일반가산세
	⊙ 신고불성실가산세

취득세		
	무신고	• 일반무신고 : 무신고납부세액의 20% • 부정무신고 : 부정무신고납부세액의 40%
	과소신고	• 일반과소신고 : 과소신고납부세액의 10% • 부정과소신고 : 부정과소신고납부세액의 40% + [(과소신고납부세액 – 부정과소신고납부세액)×10%]

취득세	ⓒ (납세고지 전) 납부지연가산세(최대 75% 한도) : 법정납부기한까지 납부하지 아니한 세액 또는 과소납부한 세액(지방세관계법에 따라 가산하여 납부하여야 할 이자 상당액이 있는 경우에는 그 금액을 더한다)×법정납부기한의 다음 날부터 자진납부일 또는 납세고지일까지의 일수×0.022% ② 중가산세 : 산출세액×80%
등록에 대한 등록면허세	① 일반가산세 : 취득세와 동일 ② 중가산세 : 적용 없음
재산세	다음의 ①과②를 합한 (납세고지 후)납부지연가산세 적용 ① 3% ② 납기 후 매 1개월 경과시마다 0.66%
지방교육세 (신고납부의 경우)	① 무신고와 과소신고가산세 : 부과하지 않음 ② (납세고지 전) 납부지연가산세 : 1일 0.022%
지역자원시설세	① 특정자원분 및 특정시설분: 취득세 일반가산세 와 동일 ② 소방분: 재산세와 동일

(4) 국세의 가산세

종합부동산세	① 원칙적으로 「국세기본법」상의 (납부고지 후)납부지연가산세(3%+1일 0.022%) 적용 ② 예외적으로 신고납부를 선택하는 경우에 과소신고가산세(10%) 및 (납부고지 전)납부지연가산세(1일0.022%)

양도소득세	① 예정신고납부의무 불이행의 경우
	   ⊙ 신고불성실가산세
	      ⓐ 부정무신고·부정과소신고 : 40%(역외거래에서 발생한 부정행위는 60%)
	      ⓑ 단순무신고 : 무신고 납부세액의 20%
	      ⓒ 과소신고 : 과소신고 납부세액의 10%
	   ⓒ (납부고지 전)납부지연가산세 : 1일 0.022%

② 확정신고납부의무 불이행의 경우

　㉠ 확정신고납부의 가산세는 예정신고납부에 적용되는 가산세와 동일하다.

　㉡ 다만, 무신고가산세와 납부지연가산세의 경우 예정신고납부와 관련하여 가산세가 부과되는 경우에는 확정신고납부와 관련한 가산세(예정신고납부와 관련하여 가산세가 부과되는 부분에 한정)를 부과하지 아니한다.

지방세와 국세의 가산세 핵심요약

구분	지방세	국세
신고납부가 원칙인 경우의 가산세	① 신고불성실 가산세 　㉠ 부정무신고·부정과소신고가산세: 40% 　㉡ 무신고가산세: 20% 　㉢ 과소신고가산세: 10% ② (납세고지 전) 납부지연가산세(75% 한도): 1일 경과시마다 0.022%	① 신고불성실 가산세 　㉠ 부정무신고·부정과소신고가산세: 40% 　㉡ 무신고 가산세: 20% 　㉢ 과소신고가산세: 10% ② (납부고지 전) 납부지연가산세: 1일 경과시마다 0.022%
보통징수 (정부부과과세) 하는 경우의 가산세	(납세고지 후)납부지연가산세 적용(① + ②) ① 3% ② 납기 후 매 1개월 경과시마다 0.66% 　㉠ 60개월까지 적용 　㉡ 체납 지방세가 45만원 미만인 경우에는 적용하지 않는다. ③ 납세의무자가 지방자치단체 또는 지방자치단체조합인 경우에는 ①, ②의 가산세를 적용하지 아니한다.	(납부고지 후) 납부지연가산세 적용(① + ②) ① 3% ② 1일 경과시마다 0.022% 　㉠ 5년까지 적용 　㉡ 체납국세가 150만원 미만인 경우에는 적용하지 않음

심화학습

가산세의 종류

1. 국세의 가산세

　(1) 무신고가산세

　　납세의무자가 법정신고기한까지 세법에 따른 국세의 과세표준 신고(예정신고 및 중간신고를 포함하며, 「교육세법」 제9조에 따른 신고 중 금융·보험업자가 아닌 자의 신고와 「농어촌특별세법」 및 「종합부동산세법」에 따른 신고는 제외)를 하지 아니한 경우에는 그 신고로 납부하여야 할 세액(이 법 및 세법에 따른 가산세와 세법에 따라 가산하여 납부하여야 할 이자 상당 가산액이 있는 경우 그 금액은 제외하며, 이하 '무신고납부세액'이라 한다)에 다음의 구분에 따른 비율을 곱한 금액을 가산세로 한다(「국세기본법」 제47조의2 제1항).

① 부정행위로 법정신고기한까지 세법에 따른 국세의 과세표준 신고를 하지 아니한 경우 : 100분의 40(역외거래에서 발생한 부정행위인 경우 100분의 60)
② ① 외의 경우 : 100분의 20

> 부정행위(「국세기본법 시행령」 제12조의2, 「조세범 처벌법」 제3조 제6항)
> "사기나 그 밖의 부정한 행위"란 다음의 어느 하나에 해당하는 행위로서 조세의 부과와 징수를 불가능하게 하거나 현저히 곤란하게 하는 적극적 행위를 말한다.
> 1. 이중장부의 작성 등 장부의 거짓 기장
> 2. 거짓 증빙 또는 거짓 문서의 작성 및 수취
> 3. 장부와 기록의 파기
> 4. 재산의 은닉, 소득·수익·행위·거래의 조작 또는 은폐
> 5. 고의적으로 장부를 작성하지 아니하거나 비치하지 아니하는 행위 또는 계산서, 세금계산서 또는 계산서합계표, 세금계산서합계표의 조작
> 6. 「조세특례제한법」 제5조의2 제1호에 따른 전사적 기업자원 관리설비의 조작 또는 전자세금계산서의 조작
> 7. 그 밖에 위계에 의한 행위 또는 부정한 행위

(2) 과소신고·초과환급신고가산세

납세의무자가 법정신고기한까지 세법에 따른 국세의 과세표준 신고(예정신고 및 중간신고를 포함하며, 「교육세법」 제9조에 따른 신고 중 금융·보험업자가 아닌 자의 신고와 「농어촌특별세법」에 따른 신고는 제외)를 한 경우로서 납부할 세액을 신고하여야 할 세액보다 적게 신고('과소신고')하거나 환급받을 세액을 신고하여야 할 금액보다 많이 신고('초과신고')한 경우에는 과소신고한 납부세액과 초과신고한 환급세액을 합한 금액(이 법 및 세법에 따른 가산세와 세법에 따라 가산하여 납부하여야 할 이자 상당 가산액이 있는 경우 그 금액은 제외하며, 이하 '과소신고납부세액등'이라 한다)에 다음의 구분에 따른 산출방법을 적용한 금액을 가산세로 한다(「국세기본법」 제47조의3).
① 부정행위로 과소신고하거나 초과신고한 경우 : 다음의 ㉠과 ㉡의 금액을 합한 금액
  ㉠ 부정행위로 인한 과소신고납부세액등의 100분의 40(역외거래에서 발생한 부정행위로 인한 경우에는 100분의 60)에 상당하는 금액
  ㉡ 과소신고납부세액등에서 부정행위로 인한 과소신고납부세액등을 뺀 금액의 100분의 10에 상당하는 금액
② ① 외의 경우 : 과소신고납부세액등의 100분의 10에 상당하는 금액

(3) 납부지연가산세

납세의무자(연대납세의무자, 납세자를 갈음하여 납부할 의무가 생긴 제2차 납세의무자 및 보증인을 포함)가 법정납부기한까지 국세(인지세는 제외)의 납부(중간예납·예정신고납부·중간신고납부를 포함)를 하지 아니하거나 납부하여야 할 세액보다 적게 납부(과소납부)하거나 환급받아야 할 세액보다 많이 환급(초과환급)받은 경우에는 다음의 금액을 합한 금액을 가산세로 한다(「국세기본법」 제47조의4).

> ① 납부하지 아니한 세액 또는 과소납부분 세액(세법에 따라 가산하여 납부하여야 할 이자 상당 가산액이 있는 경우에는 그 금액을 더한다) × 법정납부기한의 다음 날부터 납부일까지의 기간(납부고지일부터 납부고지서에 따른 납부기한까지의 기간은 제외) × 금융회사 등이 연체대출금에 대하여 적용하는 이자율 등을 고려하여 대통령령으로 정하는 이자율(1일 0.022%)

② 초과환급받은 세액(세법에 따라 가산하여 납부하여야 할 이자상당가산액이 있는 경우에는 그 금액을 더한다) × 환급받은 날의 다음 날부터 납부일까지의 기간(납세고지일부터 납세고지서에 따른 납부기한까지의 기간은 제외한다) × 금융회사 등이 연체대출금에 대하여 적용하는 이자율 등을 고려하여 대통령령으로 정하는 이자율(1일 0.022%)

③ 법정납부기한까지 납부하여야 할 세액(세법에 따라 가산하여 납부하여야 할 이자 상당 가산액이 있는 경우에는 그 금액을 더한다) 중 납부고지서에 따른 납부기한까지 납부하지 아니한 세액 또는 과소납부분 세액 × 100분의 3(국세를 납부고지서에 따른 납부기한까지 완납하지 아니한 경우에 한정)

(4) 원천징수 등 납부지연가산세에 따른 가산세가 부과되는 부분에 대해서는 국세의 납부와 관련하여 (3)에 따른 가산세를 부과하지 아니한다.

(5) 중간예납, 예정신고납부 및 중간신고납부와 관련하여 (3)에 따른 가산세가 부과되는 부분에 대해서는 확정신고납부와 관련하여 (3)에 따른 가산세를 부과하지 아니한다.

(6) 국세(소득세, 법인세 및 부가가치세만 해당)를 과세기간을 잘못 적용하여 신고납부한 경우에는 (3)을 적용할 때 실제 신고납부한 날에 실제 신고납부한 금액의 범위에서 당초 신고납부 하였어야 할 과세기간에 대한 국세를 자진납부한 것으로 본다. 다만, 해당 국세의 신고가 제47조의2(무신고가산세)에 따른 신고 중 부정행위로 무신고한 경우 또는 제47조의3(과소신고가산세)에 따른 신고 중 부정행위로 과소신고·초과신고 한 경우에는 그러하지 아니하다.

(7) (3)을 적용할 때 납부고지서에 따른 납부기한의 다음 날부터 납부일까지의 기간(「국세징수법」 제17조에 따라 체납액의 징수를 유예한 경우에는 그 징수유예기간은 제외)이 5년을 초과하는 경우에는 그 기간은 5년으로 한다.

(8) 체납된 국세의 납세고지서별·세목별 세액이 150만원 미만인 경우에는 (3)의 ① 및 ②의 가산세를 적용하지 아니한다.

(9) 「인지세법」 제8조 제1항에 따른 인지세의 납부를 하지 아니하거나 과소납부한 경우에는 납부하지 아니한 세액 또는 과소납부분 세액의 100분의 300에 상당하는 금액을 가산세로 한다.

(10) 가산세 감면 등

① 정부는 이 법 또는 세법에 따라 가산세를 부과하는 경우 그 부과의 원인이 되는 사유가 제6조 제1항에 따른 기한연장 사유에 해당하거나 납세자가 의무를 이행하지 아니한 데에 정당한 사유가 있는 경우 또는 이와 유사한 경우로서 대통령령으로 정하는 경우에는 해당 가산세를 부과하지 아니한다(「국세기본법」 제48조 제1항).

② 정부는 다음의 어느 하나에 해당하는 경우에는 이 법 또는 세법에 따른 해당 가산세액에서 다음에서 정하는 금액을 감면한다(「국세기본법」 제48조 제2항).

㉠ 과세표준신고서를 법정신고기한까지 제출한 자가 법정신고기한이 지난 후 제45조에 따라 수정신고한 경우(제47조의3에 따른 가산세만 해당하며, 과세표준과 세액을 경정할 것을 미리 알고 과세표준수정신고서를 제출한 경우는 제외한다)에는 다음의 구분에 따른 금액

ⓐ 법정신고기한이 지난 후 1개월 이내에 수정신고한 경우 : 과소신고가산세액의 100분의 90에 상당하는 금액

ⓑ 법정신고기한이 지난 후 1개월 초과 3개월 이내에 수정신고한 경우 : 과소신고가산세액의 100분의 75에 상당하는 금액

    ⓒ 법정신고기한이 지난 후 3개월 초과 6개월 이내에 수정신고한 경우 : 과소신고가산세액의 100분의 50에 상당하는 금액

    ⓓ 법정신고기한이 지난 후 6개월 초과 1년 이내에 수정신고한 경우 : 과소신고가산세액의 100분의 30에 상당하는 금액

    ⓔ 법정신고기한이 지난 후 1년 초과 1년 6개월 이내에 수정신고한 경우 : 과소신고가산세액의 100분의 20에 상당하는 금액

    ⓕ 법정신고기한이 지난 후 1년 6개월 초과 2년 이내에 수정신고한 경우 : 과소신고가산세액의 100분의 10에 상당하는 금액

  ⓛ 과세표준신고서를 법정신고기한까지 제출하지 아니한 자가 법정신고기한이 지난 후 제45조의3에 따라 기한 후 신고를 한 경우(제47조의2에 따른 가산세만 해당하며, 과세표준과 세액을 결정할 것을 미리 알고 기한후과세표준신고서를 제출한 경우는 제외한다)에는 다음의 구분에 따른 금액

    ⓐ 법정신고기한이 지난 후 1개월 이내에 기한 후 신고를 한 경우 : 무신고가산세액의 100분의 50에 상당하는 금액

    ⓑ 법정신고기한이 지난 후 1개월 초과 3개월 이내에 기한 후 신고를 한 경우 : 무신고가산세액의 100분의 30에 상당하는 금액

    ⓒ 법정신고기한이 지난 후 3개월 초과 6개월 이내에 기한 후 신고를 한 경우 : 무신고가산세액의 100분의 20에 상당하는 금액

③ ①이나 ②에 따른 가산세 감면 등을 받으려는 자는 대통령령으로 정하는 바에 따라 감면 등을 신청할 수 있다.

⑾ 가산세 한도

법에서 정하는 가산세(납부지연가산세 제외)에 대해서는 그 의무위반의 종류별로 각각 5천만원(「중소기업기본법」 제2조 제1항에 따른 중소기업이 아닌 기업은 1억원)을 한도로 한다. 다만, 해당 의무를 고의적으로 위반한 경우에는 그러하지 아니하다(「국세기본법」 제49조).

2. 지방세의 가산세

(1) 무신고가산세

① 납세의무자가 법정신고기한까지 과세표준 신고를 하지 아니한 경우에는 그 신고로 납부하여야 할 세액(이 법과 지방세관계법에 따른 가산세와 가산하여 납부하여야 할 이자 상당 가산액이 있는 경우 그 금액은 제외하며, 이하 '무신고납부세액'이라 한다)의 100분의 20에 상당하는 금액을 가산세로 부과한다(「지방세기본법」 제53조 제1항).

② ①에도 불구하고 사기나 그 밖의 부정한 행위로 법정신고기한까지 과세표준 신고를 하지 아니한 경우에는 무신고납부세액의 100분의 40에 상당하는 금액을 가산세로 부과한다(「지방세기본법」 제53조 제2항).

(2) 과소신고가산세·초과환급신고가산세

① 납세의무자가 법정신고기한까지 과세표준 신고를 한 경우로서 신고하여야 할 납부세액보다 납부세액을 적게 신고(이하 '과소신고'라 한다)하거나 지방소득세 과세표준 신고를 하면서 환급받을 세액을 신고하여야 할 금액보다 많이 신고(이하 '초과환급신고'라 한다)한 경우에는 과소신고한 납부세액과 초과환급신고한 환급세액을 합한 금액(「지방세기본법」과 지방세관계법에 따른 가산세와 가산하여 납부하여야 할 이자 상당 가산액이 있는 경우 그 금액은 제외하며, 이하 '과소신고납부세액등'이라 한다)

의 100분의 10에 상당하는 금액을 가산세로 부과한다.
② 사기나 그 밖의 부정한 행위로 과소신고하거나 초과환급신고한 경우에는 다음의 ㉠과 ㉡의 금액을 합한 금액을 가산세로 부과한다.
  ㉠ 사기나 그 밖의 부정한 행위로 인한 과소신고납부세액등(이하 '부정과소신고납부세액등'이라 한다) 의 100분의 40에 상당하는 금액
  ㉡ 과소신고납부세액등에서 부정과소신고납부세액등을 뺀 금액의 100분의 10에 상당하는 금액
(3) 납부지연가산세: 납세의무자(연대납세의무자, 제2차 납세의무자 및 보증인을 포함)가 납부기한까지 지방세를 납부하지 아니하거나 납부하여야 할 세액보다 적게 납부(과소납부)하거나 환급받아야 할 세액보다 많이 환급(초과환급)받은 경우에는 다음의 계산식에 따라 산출한 금액을 합한 금액을 가산세로 부과한다. 이 경우 ① 및 ②의 가산세는 납부하지 아니한 세액, 과소납부분(납부하여야 할 금액에 미달하는 금액) 세액 또는 초과환급분(환급받아야 할 세액을 초과하는 금액) 세액의 100분의 75에 해당하는 금액을 한도로 하고, ④의 가산세를 부과하는 기간은 60개월(1개월 미만은 없는 것으로 본다)을 초과할 수 없다.(「지방세기본법」 제55조 제1항).
  ① 납부하지 아니한 세액 또는 과소납부분 세액(지방세관계법에 따라 가산하여 납부하여야 할 이자 상당 가산액이 있는 경우 그 금액을 더함) × 납부기한의 다음 날부터 자진납부일 또는 부과결정일까지의 기간 × 금융회사 등이 연체대출금에 대하여 적용하는 이자율 등을 고려하여 대통령령으로 정하는 이자율(0.022%)
  ② 초과환급분 세액 × 환급받은 날의 다음 날부터 자진납부일 또는 부과결정일까지의 기간 × 금융회사 등이 연체대출금에 대하여 적용하는 이자율 등을 고려하여 대통령령으로 정하는 이자율(0.022%)
  ③ 납세고지서에 따른 납부기한까지 납부하지 아니한 세액 또는 과소납부분 세액(지방세관계법에 따라 가산하여 납부하여야 할 이자상당액이 있는 경우 그 금액을 더하고, 가산세는 제외한다) × 100분의 3
  ④ 다음 계산식에 따라 납세고지서에 따른 납부기한이 지난 날부터 1개월이 지날 때마다 계산한 금액

> 납부하지 아니한 세액 또는 과소납부분 세액(지방세관계법에 따라 가산하여 납부하여야 할 이자상당액이 있는 경우 그 금액을 더하고, 가산세는 제외한다) × 금융회사 등이 연체대출금에 대하여 적용하는 이자율 등을 고려하여 대통령령으로 정하는 이자율(0.66%)

* 납세고지서별·세목별 세액이 45만원 미만인 경우에는 ④의 가산세를 적용하지 아니한다.
* 납세의무자가 지방자치단체 또는 지방자치단체조합인 경우에는 ③ 및 ④의 가산세를 적용하지 아니한다.

(4) 가산세 감면 등
  ① 지방자치단체의 장은 이 법 또는 지방세관계법에 따라 가산세를 부과하는 경우 그 부과의 원인이 되는 사유가 제26조 제1항에 따른 기한연장 사유에 해당하거나 납세자가 해당 의무를 이행하지 아니한 정당한 사유가 있을 때에는 가산세를 부과하지 아니한다(「지방세기본법」 제57조 제1항).
  ② 지방자치단체의 장은 다음의 어느 하나에 해당하는 경우에는 이 법 또는 지방세관계법에 따른 해당 가산세액에서 다음의 구분에 따른 금액을 감면한다(「지방세기본법」 제57조 제2항).
    ㉠ 과세표준 신고서를 법정신고기한까지 제출한 자가 법정신고기한이 지난 후 2년 이내에 제49조에 따라 수정신고한 경우(제54조에 따른 가산세만 해당하며, 지방자치단체의 장이 과세표준과 세액을 경정할 것을 미리 알고 과세표준수정신고서를 제출한 경우는 제외한다)에는 다음의 구분에 따른 금액

ⓐ 법정신고기한이 지난 후 1개월 이내에 수정신고한 경우 : 과소신고가산세액의 100분의 90에 상당하는 금액

ⓑ 법정신고기한이 지난 후 1개월 초과 3개월 이내에 수정신고한 경우 : 과소신고가산세액의 100분의 75에 상당하는 금액

ⓒ 법정신고기한이 지난 후 3개월 초과 6개월 이내에 수정신고한 경우 : 과소신고가산세액의 100분의 50에 상당하는 금액

ⓓ 법정신고기한이 지난 후 6개월 초과 1년 이내에 수정신고한 경우 : 과소신고가산세액의 100분의 30에 상당하는 금액

ⓔ 법정신고기한이 지난 후 1년 초과 1년 6개월 이내에 수정신고한 경우 : 과소신고가산세액의 100분의 20에 상당하는 금액

ⓕ 법정신고기한이 지난 후 1년 6개월 초과 2년 이내에 수정신고한 경우 : 과소신고가산세액의 100분의 10에 상당하는 금액

ⓛ 과세표준 신고서를 법정신고기한까지 제출하지 아니한 자가 법정신고기한이 지난 후 6개월 이내에 제51조에 따라 기한 후 신고를 한 경우(제53조에 따른 가산세만 해당하며, 지방자치단체의 장이 과세표준과 세액을 결정할 것을 미리 알고 기한후신고서를 제출한 경우는 제외한다)에는 다음의 구분에 따른 금액

ⓐ 법정신고기한이 지난 후 1개월 이내에 기한 후 신고를 한 경우 : 무신고가산세액의 100분의 50에 상당하는 금액

ⓑ 법정신고기한이 지난 후 1개월 초과 3개월 이내에 기한 후 신고를 한 경우 : 무신고가산세액의 100분의 30에 상당하는 금액

ⓒ 법정신고기한이 지난 후 3개월 초과 6개월 이내에 기한 후 신고를 한 경우 : 해당 가산세액의 100분의 20에 상당하는 금액

③ ① 또는 ②에 따른 가산세 감면 등을 받으려는 자는 대통령령으로 정하는 바에 따라 감면 등을 신청할 수 있다(「지방세기본법」 제57조 제3항).

17 부 과

부과란 과세권자가 세법에 따라 납세의무자에게 조세를 부담하게 하는 것을 말한다.

18 징 수

징수란 과세권자가 세법에 따라 납세자로부터 국가 또는 지방자치단체의 징수금을 거두어들이는 것을 말한다.

19 체납처분비(국세 : 강제징수비)

체납처분비(국세 : 강제징수비)란 체납처분(국세 : 강제징수)에 관한 규정에 따른 재산의 압류·보관·운반과 매각에 드는 비용(매각을 대행시키는 경우 그 수수료를 포함한다)을 말한다.

20 공과금

공과금이란 「지방세징수법」 또는 「국세징수법」에서 규정하는 체납처분(국세 : 강제징수)의 예에 따라 징수할 수 있는 채권 중 국세, 관세, 임시수입부가세, 지방세와 이에 관계되는 가산금 및 체납처분비(국세 : 강제징수비)를 제외한 것을 말한다.

21 지방자치단체조합

지방자치단체조합이란 「지방자치법」 제159조 제1항에 따른 지방자치단체조합을 말한다.

22 지방세정보통신망

지방세정보통신망이란 「전자정부법」 제2조 제10호에 따른 정보통신망으로서 행정안전부령으로 정하는 기준에 따라 행정안전부장관이 고시하는 지방세에 관한 정보통신망을 말한다.

23 연계정보통신망

연계정보통신망이란 정보통신망 이용촉진 및 정보보호 등에 관한 법률」 제2조 제1항 제1호에 따른 정보통신망으로서 이 법 또는 지방세관계법에 따른 신고 또는 송달을 위하여 지방세정보통신망과 연계된 정보통신망을 말한다.

24 전자신고

전자신고란 과세표준신고서 등 법령에 따른 신고 관련 서류를 지방세정보통신망 또는 연계정보통신망을 통하여 신고하는 것을 말한다.

25 전자납부

전자납부란 지방자치단체의 징수금을 지방세정보통신망 또는 법령에 따라 지방세정보통신망과 지방세수납대행기관 정보통신망을 연계한 인터넷, 전화통신장치, 자동입출금기 등의 전자매체를 이용하여 납부하는 것을 말한다.

26 전자송달

법령에 따라 지방세정보통신망 또는 「정보통신망 이용촉진 및 정보보호 등에 관한 법률」 제2조 제1
항 제1호에 따른 정보통신망으로서 「지방세기본법」에 따른 송달을 위하여 지방세정보통신망과 연계
된 정보통신망(연계정보통신망)을 이용하여 송달을 하는 것을 말한다.

27 체납자

체납자란 지방세를 납부기한까지 납부하지 아니한 납세자를 말한다.

28 체납액

체납액이란 체납된 지방세와 국세 및 체납처분비(국세 : 강제징수비)를 말한다.

29 지방자치단체의 징수금

지방자치단체의 징수금이란 지방세 및 체납처분비(국세 : 강제징수비)를 말한다.

30 특수관계인

특수관계인이란 본인과 다음의 어느 하나에 해당하는 관계에 있는 자를 말한다. 이 경우 「지방세기본
법」 및 지방세관계법을 적용할 때 본인도 그 특수관계인의 특수관계인으로 본다.

(1) 혈족·인척 등 다음의 어느 하나에 해당하는 친족관계

① 4촌 이내의 혈족
② 3촌 이내의 인척
③ 배우자(사실상의 혼인관계에 있는 사람을 포함한다)
④ 친생자로서 다른 사람에게 친양자로 입양된 사람 및 그 배우자·직계비속
⑤ 본인이 「민법」에 따라 인지한 혼인 외 출생자의 생부나 생모(본인의 금전이나 그 밖의 재산으
로 생계를 유지하는 사람 또는 생계를 함께 하는 사람으로 한정한다)

(2) 임원·사용인 등 다음의 어느 하나에 해당하는 경제적 연관관계

① 임원과 그 밖의 사용인
② 본인의 금전이나 그 밖의 재산으로 생계를 유지하는 사람
③ ① 또는 ②의 사람과 생계를 함께하는 친족

(3) 주주·출자자 등 다음의 구분에 따른 경영지배관계

① 본인이 개인인 경우

본인이 직접 또는 그와 친족관계 또는 경제적 연관관계에 있는 자를 통하여 법인의 경영에 대하여 지배적인 영향력을 행사하고 있는 경우 그 법인

② 본인이 법인인 경우

㉠ 개인 또는 법인이 직접 또는 그와 친족관계 또는 경제적 연관관계에 있는 자를 통하여 본인인 법인의 경영에 대하여 지배적인 영향력을 행사하고 있는 경우 그 개인 또는 법인

㉡ 본인이 직접 또는 그와 경제적 연관관계 또는 ㉠의 관계에 있는 자를 통하여 어느 법인의 경영에 대하여 지배적인 영향력을 행사하고 있는 경우 그 법인

31 과세자료

과세자료란 과세자료제출기관이 직무상 작성하거나 취득하여 관리하는 자료로서 지방세의 부과·징수와 납세의 관리에 필요한 자료를 말한다.

32 기타 용어

(1) 면세점

과세표준금액이 일정금액 이하에 대해 과세하지 않는다고 정할 때의 그 금액을 말한다. 즉, 일정금액 이하에 대하여 과세하지 않는다는 규정이기 때문에 그 일정금액까지는 세금을 부과하지 않는다.

① 취득세 : 취득가액이 50만원 이하

> 취득가액이 50만원인 경우에 취득세를 부과하지 않는다.

② 주민세(종업원분) : 「지방세기본법」 제34조에 따른 납세의무 성립일이 속하는 달부터 최근 1년간 해당 사업소 종업원 급여총액의 월 평균금액이 1억 5천만원 이하

③ 주민세(사업소분) : 사업소 연면적이 330㎡ 이하(제81조제1항제2호에 따른 세액(연면적에 따른 세율)을 부과하지 아니한다)

(2) 소액 징수면제

징수할 세액이 일정금액에 미달할 경우에는 이를 징수하지 아니하는 것을 말한다. 즉, 세액을 산출한 후 징수세액보다 징수경비가 더 많이 소요되는 경우 조세행정만 번거롭게 하기 때문에 징수 자체를 포기하는 것이다.

① **재산세**

고지서 1장당 징수할 세액이 2천원 미만

> 고지서 1장당 징수할 세액이 2천원인 경우에 재산세는 징수한다

② **지역자원시설세**

고지서 1장당 징수할 세액이 2천원 미만

③ **지방소득세**

고지서 1장당 지방소득세액(가산세 포함)이 2천원 미만

(3) 최저한세

최소한의 세금을 납부하도록 하는 것을 말하며, 등록면허세는 등록에 대한 수수료적 성격의 조세이므로 최소한의 세금을 납부하게 한다.

> 등록면허세는 산출한 세액이 그 밖의 등기 또는 등록 세율보다 적을 때에는 그 밖의 등기 또는 등록세율을 적용한다. 즉, 등록면허세는 산출한 세액이 6천원 미만인 경우에 6천원을 부과한다.

기출 및 예상문제

01 조세의 납부방법으로 물납과 분할납부가 둘 다 가능한 것을 모두 고른 것은? (단, 물납과 분할납부의 법정 요건은 전부 충족한 것으로 가정함) 〔제25회 수정〕

> ㉠ 부동산임대업에서 발생한 사업소득에 대한 종합소득세
> ㉡ 종합부동산세
> ㉢ 취득세
> ㉣ 재산세 도시지역분
> ㉤ 소방분(건축물 및 선박) 지역자원시설세

① ㉣   ② ㉠, ㉡   ③ ㉠, ㉢   ④ ㉡, ㉢   ⑤ ㉣, ㉤

해설 │ 지방세 중에서 물납과 분할납부가 모두 허용되는 세목은 재산세이며, 국세에서는 상속세가 물납과 분할납부가 모두 허용된다.

물납	지방세	재산세
	국세	상속세
분할납부	지방세	재산세, 소방분 지역자원시설세(재산세 납세고지서에 병기하여 고지 되는 경우), 지방교육세(재산세의 부가세), 종합소득에 대한 지방소득세
	국세	종합부동산세, 양도소득세, 법인세, 상속세, 증여세, 농어촌특별세 등

 정답 ①

PART 1 조세총론

02 「지방세기본법」 및 「지방세법」상 용어의 정의에 관한 설명으로 틀린 것은?   제31회

① "보통징수"란 지방세를 징수할 때 편의상 징수할 여건이 좋은 자로 하여금 징수하게 하고 그 징수한 세금을 납부하게 하는 것을 말한다.

② 취득세에서 사용하는 용어 중 "부동산"이란 토지 및 건축물을 말한다.

③ "세무공무원"이란 지방자치단체의 장 또는 지방세의 부과·징수 등에 관한 사무를 위임받은 공무원을 말한다.

④ "납세자"란 납세의무자(연대납세의무자와 제2차 납세의무자 및 보증인 포함)와 특별징수의무자를 말한다.

⑤ "지방자치단체의 징수금"이란 지방세와 체납처분비를 말한다.

해설

• '특별징수'란 지방세를 징수할 때 편의상 징수할 여건이 좋은 자로 하여금 징수하게 하고 그 징수한 세금을 납부하게 하는 것을 말한다.

• '보통징수'란 세무공무원이 납세고지서를 납세자에게 발급하여 지방세를 징수하는 것을 말한다.

정답 ①

02 납세의무의 성립·확정·소멸
CHAPTER

☐ 최근에 조세총론편에서는 주로 이 장에서 자주 출제되고 있다. 특히, 납세의무의 성립·확정부분에 대해서는 철저한 대비를 하여야 한다. 납세의무의 소멸부분에서는 줄곧 출제가 되지 않다가 21회·28회 시험에서 출제된 바 있다. 한편 제29회 시험에서는 납세의무의 성립시기에 대해 출제가 되었으며, 32회 시험에서는 납세의무 확정에서 출제가 되었다.

제1절 | 납세의무의 성립 및 확정 제29회, 제32회

1 납세의무의 성립

납세의무는 성립·확정·소멸의 과정을 거친다. 이때 납세의무의 성립시기란 세법이 정한 과세요건을 충족한 때에 추상적으로 납세의무가 성립(발생)하는 시점을 말한다. 예를 들어 어떤 사람이 부동산을 취득하는 때에 그 취득자는 취득세를 납부할 의무가 발생한다. 다만, 아직 세금계산이 되지 않았으므로 추상적으로만 납세의무가 성립한다고 할 수 있다.

> **참고학습**
>
> 1. 조세채무가 성립된 상태에서의 조세채무를 추상적 조세채무, 확정된 상태에서의 조세채무를 구체적 조세채무라고도 부른다.
> 2. 양자의 구별은 조세채무의 성립은 조세 실체법상의 개념이고, 조세채무의 확정은 조세 절차법상의 개념이라는 점과 시효기간과 제척기간의 기산일에 관하여는 후자는 성립시를, 전자는 확정시를 기준으로 함이 원칙이라는 점에 그 실익이 있다.

심화학습

납세의무

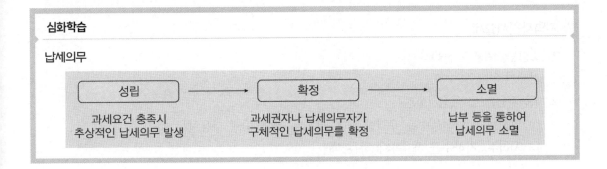

1. 지방세의 납세의무 성립시기(「지방세기본법」 제34조)

지방세를 납부할 의무는 다음의 시기에 성립한다.

(1) 취득세

취득세 과세물건을 취득하는 때

(2) 등록면허세

① 등록에 대한 등록면허세

재산권과 그 밖의 권리를 등기하거나 등록하는 때

② 면허에 대한 등록면허세

각종의 면허를 받는 때와 납기가 있는 달의 1일

(3) 재산세

과세기준일(6월 1일)

(4) 지방소비세

「국세기본법」에 따른 부가가치세의 납세의무가 성립하는 때

(5) 주민세

① 사업소분 및 개인분

과세기준일(7월 1일)

② 종업원분

종업원에게 급여를 지급하는 때

(6) 지방소득세

과세표준이 되는 소득에 대하여 소득세·법인세의 납세의무가 성립하는 때

(7) 지역자원시설세

① 소방분(건축물 및 선박)

과세기준일(6월 1일)

② 특정자원분 및 특정시설분

㉠ 발전용수 : 발전용수를 수력발전(양수발전은 제외한다)에 사용하는 때

㉡ 지하수 : 지하수를 채수(採水)하는 때

   © 지하자원 : 지하자원을 채광(採鑛)하는 때

   ② 컨테이너 : 컨테이너를 취급하는 부두를 이용하기 위하여 컨테이너를 입항·출항하는 때

   ◎ 원자력발전 : 원자력발전소에서 발전하는 때

   ⓑ 화력발전 : 화력발전소에서 발전하는 때

(8) 지방교육세

과세표준이 되는 세목의 납세의무가 성립하는 때

(9) 가산세

지방세 가산세 : 다음의 구분에 따른 시기에 납세의무가 성립한다.

① 무신고가산세 및 과소신고가산세 : 법정신고기한이 경과하는 때

② (신고납부하는 지방세의 1일 0.022% 적용하는) 납부지연가산세 및 (1일 0.022% 적용하는) 특별징수 납부지연가산세 : 법정납부기한 경과 후 1일마다 그 날이 경과하는 때

③ (납부고지서가 발부되는 경우 3% 적용하는) 납부지연가산세 : 납세고지서에 따른 납부기한이 경과하는 때

④ (납세고지서에 따른 납부기한이 지난 날부터 1개월이 지날 때마다 0.66% 적용하는)납부지연가산세 및 특별징수 납부지연가산세 : 납세고지서에 따른 납부기한 경과 후 1개월마다 그 날이 경과하는 때

⑤ (3% 적용하는) 특별징수 납부지연가산세 : 법정납부기한이 경과하는 때

⑥ 그 밖의 가산세 : 가산세를 가산할 사유가 발생하는 때. 다만, 가산세를 가산할 사유가 발생하는 때를 특정할 수 없거나 가산할 지방세의 납세의무가 성립하기 전에 가산세를 가산할 사유가 발생하는 경우에는 가산할 지방세의 납세의무가 성립하는 때로 한다.

(10) 특별징수하는 지방소득세

과세표준이 되는 소득에 대하여 소득세·법인세를 원천징수하는 때

(11) 수시로 부과하여 징수하는 지방세

수시부과할 사유가 발생하는 때

2. 국세의 납세의무 성립시기(「국세기본법」제21조)

국세를 납부할 의무는 이 법 및 세법에서 정하는 과세요건이 충족되면 성립한다. 국세를 납부할 의무의 성립시기는 다음의 구분에 따른다.

(1) 소득세

과세기간이 끝나는 때(12월 31일)

참고학습 | 납세의무 성립시기

소득세·법인세·부가가치세는 일정한 기간을 단위로 과세하는 국세이므로 그 과세기간이 끝나는 때에 납세의무가 성립한다. 다만, 다음의 경우에는 기간단위로 과세하지 않으므로 예외로 한다.
1. 청산소득에 대한 법인세 : 그 법인이 해산을 하는 때
2. 예정신고하는 소득세 : 과세표준이 되는 금액이 발생한 달의 말일
3. 수입재화의 부가가치세 : 수입재화의 경우에는 세관장에게 수입신고를 하는 때

---

(2) 상속세

상속이 개시되는 때

(3) 증여세

증여에 의하여 재산을 취득하는 때

(4) 인지세

과세문서를 작성한 때

(5) 농어촌특별세

세법에 따른 본세의 납세의무가 성립하는 때

(6) 종합부동산세

과세기준일(6월 1일)

(7) 가산세

다음의 구분에 따른 시기에 납세의무가 성립한다. 다만, ②와 ③의 경우 제39조(출자자의 제2차 납세의무)를 적용할 때에는 「국세기본법」 및 세법에 따른 납부기한(법정납부기한)이 경과하는 때로 한다.

① 「국세기본법」 제47조의2에 따른 무신고가산세, 제47조의3에 따른 과소신고 가산세

　법정신고기한이 경과하는 때

② 「국세기본법」 제47조의4 제1항 제1호 및 제2호에 따른 납부지연가산세(신고납부하는 국세의 지연일수
　1일 0.022% 적용분)

　법정납부기한 경과 후 1일마다 그 날이 경과하는 때

③ 「국세기본법」 제47조의4 제1항 제3호에 따른 납부지연가산세(납부고지 후 3% 적용분)

　납세고지서에 따른 납부기한이 경과하는 때

④ 「국세기본법」 제47조의5 제1항 제1호에 따른 원천징수 등 납부지연가산세

　법정납부기한이 경과하는 때

⑤ 그 밖의 가산세

　가산할 국세의 납세의무가 성립하는 때

(8) 수시부과하여 징수하는 국세

수시부과할 사유가 발생한 때

2　납세의무의 확정

납세의무의 확정이란 추상적으로 성립한 납세의무에 대하여 조세채무의 금액을 납세의무자나 과세권자가 구체적으로 확정하는 것을 말한다. 납세의무 확정방법에는 신고주의와 부과주의가 있다. 신고주의는 납세의무의 확정을 1차적으로 납세의무자가 하고, 부과주의는 과세권자의 결정에 의해 납세의무를 확정하는 것이다.

1. 신고납부방법(「지방세기본법」 제35조, 「국세기본법」 제22조 제1항 및 제2항)

(1) 의 의

납세의무자에게 신고로서 납세의무를 확정하도록 하는 것이다. 다만, 납세의무자가 과세표준과 세액의 신고를 하지 아니하거나 신고한 과세표준과 세액이 세법이 정하는 바에 맞지 아니한 경우에는 정부가 과세표준과 세액을 결정하거나 경정하는 때에 그 결정 또는 경정에 따라 확정된다.

(2) 해당 세목

① 지방세

　취득세, 등록에 대한 등록면허세(특허권 등에 대한 특별징수 제외), 특정자원분 및 특정시설분 지역자원시설세, 지방소득세, 지방교육세(취득세 등의 부가세), 사업소분 주민세 등이 있다. 한편, 특별징수에 의하여 신고납부하는 세목으로는 지방소비세, 원천징수하는 개인지방소득세 등이 있다.

② 국 세

소득세(양도소득세 포함), 종합부동산세(신고납부 선택하는 경우), 법인세, 부가가치세 등이 있다.

2. 부과과세방법(「지방세기본법」 제35조, 「국세기본법」 제22조 제1항 및 제2항)

(1) 의 의

지방세관계법에 의거 납세의무자가 아닌 지방자치단체(또는 국가)만이 지방세(또는 국세)의 납세의무를 확정할 수 있게 하는 것을 말한다. 신고납부방법에서는 납세의무자에게 납세의무 확정의 1차적 지위를 부여하고 지방자치단체(또는 국가)는 최종적 지위를 갖고 있으나, 부과과세방법에서는 오로지 지방자치단체(또는 국가)만이 납세의무의 확정권을 갖고 있다. 지방세를 부과과세제도에 의하여 부과하는 경우에는 보통징수의 방법(세무공무원이 납세고지서를 해당 납세의무자에게 발급하여 지방세를 징수하는 것)으로 부과한다.

(2) 해당 세목

① 지방세

재산세, 소방분 지역자원시설세, 지방교육세(재산세의 부가세), 면허분 등록면허세, 개인분 주민세, 자동차세 등이 있다.

② 국 세

종합부동산세(원칙), 상속세 및 증여세 등이 있다.

3. 자동확정방법(「지방세기본법」 제35조 제2항)

(1) 의 의

납세의무를 확정하기 위한 특별한 절차 없이 납세의무의 성립과 동시에 납세의무가 확정되는 것을 말한다.

(2) 해당 세목

특별징수하는 지방소득세, 인지세, 원천징수하는 소득세 또는 법인세, 「국세기본법」 제47조의4, 「관세법」 제42조에 따른 납부지연가산세 및 제47조의5에 따른 원천징수 등 납부지연가산세(납세고지서에 따른 납부기한 후의 가산세로 한정) 등이 있다.

핵심정리 | 신고납부와 보통징수

구 분		신고납부(신고납세)	보통징수(부과과세)
의 의		별도의 과세권자의 결정 절차 없이 납세의무자의 신고에 의하여 납부할 세액을 확정하는 방식	과세권자의 결정(처분)에 의하여 납부할 세액을 확정하는 방식
납세의무의 확정	주 체	납세의무자	과세권자
	절 차	신고서의 제출	조사·결정
	시 기	과세표준신고서 제출 시점	납세고지서 도달 시점
적용 세목		• 지방세 : 취득세, 등록에 대한 등록면허세, 지역자원시설세(특정자원분 및 특정시설분), 지방소비세, 지방소득세, 지방교육세(신고납부세목을 본세로 하는 경우) 등 • 국세 : 소득세(양도소득세 포함), 법인세, 부가가치세, 종합부동산세(납세의무자가 신고납세를 선택하는 경우) 등	• 지방세 : 재산세, 지역자원시설세(소방분), 면허에 대한 등록면허세, 지방교육세(보통징수 세목을 본세로 하는 경우) 등 • 국세 : 종합부동산세(원칙), 상속세, 증여세 등

- 신고납부(신고납세)하는 조세의 납세의무 확정시기는 납세의무자가 과세표준과 세액을 과세관청에 신고하는 때이다.
- 보통징수(정부부과과세)하는 조세의 납세의무 확정시기는 과세관청에서 과세표준과 세액을 결정하는 때이다.

제 2 절 **납세의무의 소멸** 제26회, 제28회, 제34회, 제35회

성립·확정된 납세의무는 납부·충당 등의 원인으로 소멸한다.

1 소멸사유(「지방세기본법」 제37조 및 「국세기본법」 제26조)

1. 납 부

납세의무자(연대납세의무자·제2차 납세의무자·납세보증인 등 포함)가 세금을 국가나 지방자치단체에 납부함에 따라 소멸한다. 금전납부가 원칙이지만 예외적으로 법령에 정하는 세목의 경우 물납도 인정한다.

2. 충 당

납세의무자가 환급받을 세액을 납세의무자가 납부할 다른 세액과 상계함에 따라 소멸한다.

3. 부과의 취소

유효하게 성립한 부과처분에 대하여 그 성립에 하자가 있음을 이유로 당초 부과시점으로 소급하여 그 처분의 효력을 상실시킴에 따라 소멸한다.

4. 제척기간 만료

제척기간이란 법률관계의 안정성을 위하여 법에 정하는 권리의 존속기간이다. 즉, 일정한 권리에 대하여 그 권리를 행사할 수 있는 법정기간이므로 제척기간이 경과하게 되면 당해 권리가 소멸한다. 제척기간에는 소멸시효와 같은 중단이나 정지제도가 없다.

(1) 국세 제척기간(「국세기본법」 제26조의2 제1항)

사 유	제척기간	
	대부분 국세	상속세, 증여세, 부담부증여에 따른 소득세
사기나 그 밖의 부정한 행위로 조세를 포탈하거나 환급·경감	10년 (역외거래 : 15년)	15년
법정신고기한까지 과세표준신고서를 제출하지 아니한 경우	7년 (역외거래 : 10년)	15년
그 밖의 경우	5년 (역외거래 : 7년)	10년

(2) 지방세 제척기간(「지방세기본법」 제38조 제1항)

사 유	제척기간
① 사기나 그 밖의 부정한 행위로 지방세를 포탈하거나 환급·경감 ② 상속 또는 증여(부담부 증여 포함)를 원인으로 취득하는 경우로서 법정신고기한까지 과세표준신고서를 제출하지 아니한 경우 ③ 「부동산 실권리자명의 등기에 관한 법률」 제2조 제1호에 따른 명의신탁약정으로 실권리자가 사실상 취득하는 경우로서 법정신고기한까지 과세표준신고서를 제출하지 아니한 경우 ④ 타인의 명의로 법인의 주식 또는 지분을 취득하였지만 해당 주식 또는 지분의 실권리자인 자가 과점주주가 되어 해당 법인의 부동산등을 취득한 것으로 보는 경우로서 법정신고기한까지 과세표준신고서를 제출하지 아니한 경우	10년
②부터 ④ 이외의 경우로서 납세자가 법정신고기한까지 과세표준신고서를 제출하지 아니한 경우	7년
그 밖의 경우	5년

PART 1 조세총론

5. 징수권 소멸시효 완성

소멸시효란 권리자가 권리를 행사하지 않는 기간이 장기간 계속되는 경우 그 상태를 그대로 인정하는 제도이다. 그러므로 징수권의 소멸시효란 국가나 지방자치단체가 징수권을 일정기간 행사하지 않는 경우 그 징수권을 소멸시키는 제도이다.

① 국세 또는 지방세의 징수를 목적으로 하는 국가 또는 지방자치단체의 권리는 이를 행사할 수 있는 때부터 일정기간 행사하지 않으면 소멸시효가 완성된다.

소멸시효 기간(「지방세기본법」 제39조 제1항 및 「국세기본법」 제27조 제1항)

지방세	국 세
• 5천만원 미만 : 5년 • 5천만원 이상 : 10년	• 5억원 미만 : 5년 • 5억원 이상 : 10년

* 지방세·국세 금액을 산정할 때 가산세는 제외한다.

② 소멸시효에 관하여는 세법에 특별한 규정이 있는 것을 제외하고는 「민법」에 따른다.

심화학습

시효의 중단과 정지사유

1. 시효의 중단과 정지 의의
소멸시효의 중단은 권리행사로 볼만한 사실이 있는 경우에 이미 경과한 시효기간의 효력을 상실시키는 것을 말한다. 이에 비해 소멸시효의 정지는 일정기간 동안 시효의 완성을 유예하는 것을 말하며, 이 경우에는 정지사유가 종료된 후 이미 경과한 기간을 제외한 잔여기간이 경과하면 시효가 완성된다.

| 중 단 | 기산일로부터 2년 ⇨ 중단 ⇨ 새로이 5년의 시효기간을 계산 |
| 정 지 | 기산일로부터 2년 ⇨ 정지 ⇨ 나머지 3년이 경과함으로써 시효 완성 |

2. 중단사유 : ① 납세고지, ② 독촉 또는 납부최고, ③ 교부청구, ④ 압류
3. 정지사유 : ① 분할납부기간, ② 징수유예기간, ③ 연부연납기간, ④ 체납처분유예기간, ⑤ 사해행위취소의 소송을 제기하여 그 소송이 진행 중인 기간(다만, 사해행위 취소의 소송의 제기로 인한 시효정지는 소송이 각하·기각 또는 취하된 경우에는 효력이 없다), ⑥ 채권자대위 소송을 제기하여 그 소송이 진행 중인 기간(채권자대위 소송의 제기로 인한 시효정지는 소송이 각하·기각되거나 취하된 경우에는 효력이 없다), ⑦ 체납자가 국외에 6개월 이상 계속 체류하는 경우 해당 국외 체류기간

2 소멸사유에 해당하지 않는 경우

부과권의 철회, 납세자의 사망, 법인의 합병 등에 의해서는 납세의무가 소멸되지 않는다.

심화학습

납세자의 사망

피상속인에게 부과된 조세를 납부하지 아니하고 사망하면, 조세채권은 상속인에게 승계되어 그 상속인이 상속받은 재산의 한도 내에서 피상속인의 조세채무를 납부할 의무를 지게 된다.

제척기간과 소멸시효의 비교

구 분	부과권의 제척기간	징수권의 소멸시효
의 의	부과할 수 있는 권리의 존속기간	징수할 수 있는 권리의 불행사 기간
대 상	부과권(형성권의 일종)	징수권(청구권의 일종)
기 간	5년, 7년, 10년, 15년	• 지방세 : 5천만원 미만은 5년, 5천만원 이상은 10년 • 국세 : 5억원 미만은 5년, 5억원 이상은 10년
기산일	부과할 수 있는 날	징수권을 행사할 수 있는 날
중단과 정지	중단과 정지제도가 없음	중단과 정지제도가 있음
소급효 유무	없음(장래를 향하여 부과권 소멸)	있음(기산일로 소급하여 징수권 소멸)
결손처분 절차	불필요함	필요함

> 1. 제척기간의 기산일
>   • 신고납부세목 : 신고기한의 다음 날
>   • 보통징수세목 : 납세의무 성립일
> 2. 소멸시효의 기산일 : 납부기한의 다음 날

제3절 기한후신고 및 수정신고

1 기한후신고

기한후신고란 법정신고기한이 경과한 후 관할관청이 해당 국세 또는 지방세의 과세표준과 세액을 결정하여 통지하기 전까지 과세표준신고서를 제출하는 것을 말한다. 이는 법정신고기한이 경과한 후에도 납세자가 신고하는 것을 허용함으로써 과도한 행정력 낭비와 납세자에게 과중한 가산세의 부담을 덜어주기 위한 것이다.

(1) 요 건

법정신고기한까지 과세표준신고서를 제출하지 아니한 자는 기한후신고를 할 수 있다(「지방세기본법」 제51조 제1항).

(2) 절 차

① 지방자치단체의 장이 「지방세법」에 따라 그 지방세의 과세표준과 세액(가산세를 포함한다)을 결정하여 통지하기 전에는 기한후신고서를 제출할 수 있다(「지방세기본법」 제51조 제1항).

② 기한후신고서를 제출한 자로서 지방세관계법에 따라 납부하여야 할 세액이 있는 자는 그 세액을 납부하여야 한다(「지방세기본법」 제51조 제2항).

(3) 효 력

① 기한후신고에는 납세의무를 확정하는 효력이 없다.

② 따라서 기한후신고서를 제출하거나 제49조 제1항에 따라 기한후신고서를 제출한 자가 과세표준수정신고서를 제출한 경우 지방자치단체의 장은 「지방세법」에 따라 신고일부터 3개월 이내에 그 지방세의 과세표준과 세액을 결정 또는 경정하여 신고인에게 통지하여야 한다(「지방세기본법」 제51조 제3항).

③ 다만, 그 과세표준과 세액을 조사할 때 조사 등에 장기간이 걸리는 등 부득이한 사유로 신고일부터 3개월 이내에 결정 또는 경정할 수 없는 경우에는 그 사유를 신고인에게 통지하여야 한다(「지방세기본법」 제51조 제3항 단서).

(4) 가산세 감면(「지방세기본법」제57조 제2항 제2호)

① 법정신고기한이 지난 후 1개월 이내에 기한 후 신고를 한 경우
무신고가산세액의 100분의 50에 상당하는 금액을 감면한다.

② 법정신고기한이 지난 후 1개월 초과 3개월 이내에 기한 후 신고를 한 경우
무신고가산세액의 100분의 30에 상당하는 금액을 감면한다.

③ 법정신고기한이 지난 후 3개월 초과 6개월 이내에 기한 후 신고를 한 경우
무신고가산세액의 100분의 20에 상당하는 금액을 감면한다.

2 수정신고

수정신고란 과세표준과 세액을 과소신고(결손금액 또는 환급세액을 과대신고)하거나 과세표준에는 변동이 없지만 신고내용이 불완전한 경우에 납세의무자가 이를 정정하는 신고를 말한다.

(1) 요 건

「지방세기본법」 또는 지방세관계법에 따른 법정신고기한까지 과세표준신고서를 제출한 자 및 제51조 제1항에 따른 납기 후의 과세표준신고서를 제출한 자는 다음의 어느 하나에 해당할 때에는 과세표준수정신고서를 제출할 수 있다(「지방세기본법」 제49조 제1항).

① 과세표준신고서 또는 납기 후의 과세표준신고서에 기재된 과세표준 및 세액이 지방세관계법에 따라 신고하여야 할 과세표준 및 세액보다 적을 때

② 과세표준신고서 또는 납기 후의 과세표준신고서에 기재된 환급세액이 지방세관계법에 따라 신고하여야 할 환급세액을 초과할 때

③ 그 밖에 특별징수의무자의 정산과정에서 누락 등이 발생하여 그 과세표준 및 세액이 지방세관계법에 따라 신고하여야 할 과세표준 및 세액 등보다 적을 때

(2) 절 차

① 지방자치단체의 장이 지방세관계법에 따라 그 지방세의 과세표준과 세액을 결정하거나 경정하여 통지하기 전으로서 제38조 제1항부터 제3항까지의 규정에 따른 기간이 끝나기 전까지는 과세표준수정신고서를 제출할 수 있다(「지방세기본법」 제49조 제1항).

② 수정신고로 인하여 추가납부세액이 발생한 경우에는 그 수정신고를 한 자는 추가납부세액을 납부하여야 한다(「지방세기본법」 제49조 제2항).

(3) 효 력

① 납세의무자가 신고하는 때 확정되는 조세
수정신고로서 확정되는 효력이 있다.

② 정부가 결정하는 때 확정되는 조세
수정신고로서 확정되는 효력이 없다.

(4) 가산세 감면

과세표준신고서를 법정신고기한까지 제출한 자가 법정신고기한이 지난 후 2년 이내에 제49조에 따라 수정신고를 한 경우에는 과소신고가산세를 다음의 구분에 따른 금액을 감면하며, 지방자치단체의 장이 과세표준과 세액을 경정할 것을 미리 알고 과세표준수정신고서를 제출한 경우는 제외한다(「지방세기본법」 제57조 제2항 제1호).

① 법정신고기한이 지난 후 1개월 이내에 수정신고한 경우
과소신고가산세액의 100분의 90에 상당하는 금액

② 법정신고기한이 지난 후 1개월 초과 3개월 이내에 수정신고한 경우
과소신고가산세액의 100분의 75에 상당하는 금액

③ 법정신고기한이 지난 후 3개월 초과 6개월 이내에 수정신고한 경우
과소신고가산세액의 100분의 50에 상당하는 금액

④ 법정신고기한이 지난 후 6개월 초과 1년 이내에 수정신고한 경우
과소신고가산세액의 100분의 30에 상당하는 금액

⑤ 법정신고기한이 지난 후 1년 초과 1년 6개월 이내에 수정신고한 경우
과소신고가산세액의 100분의 20에 상당하는 금액

⑥ 법정신고기한이 지난 후 1년 6개월 초과 2년 이내에 수정신고한 경우
과소신고가산세액의 100분의 10에 상당하는 금액

핵심정리 | 기한후신고와 수정신고

구 분	기한후신고	수정신고
대상자	법정신고기한 내에 과세표준신고서를 제출하지 아니한 자	법정신고기한 내에 과세표준신고서 및 기한후신고서를 제출한 자로서 과소신고한 자
신고기한	결정통지하기 전까지	경정통지하기 전까지
가산세 부과	• 무신고가산세 • 납부지연가산세	• 과소신고가산세 • 납부지연가산세
가산세 감면	• 법정신고기한이 지난 후 1개월 이내에 기한 후 신고를 한 경우 : 무신고가산세액의 100분의 50에 상당하는 금액을 감면한다. • 법정신고기한이 지난 후 1개월 초과 3개월 이내에 기한 후 신고를 한 경우 : 무신고가산세액의 100분의 30에 상당하는 금액을 감면한다. • 법정신고기한이 지난 후 3개월 초과 6개월 이내에 기한 후 신고를 한 경우 : 무신고가산세액의 100분의 20에 상당하는 금액을 감면한다.	• 1개월 이내에 신고 : 과소신고가산세액의 90% 감면 • 3개월 이내에 신고 : 과소신고가산세액의 75% 감면 • 6개월 이내에 신고 : 과소신고가산세액의 50% 감면 • 1년 이내에 신고 : 과소신고가산세액의 30% 감면 • 1년 6개월 이내에 신고 : 과소신고가산세액의 20% 감면 • 2년 이내에 신고 : 과소신고가산세액의 10% 감면
	단, 납부지연가산세는 감면 없음	단, 납부지연가산세는 감면 없음

> ### 제4절 납세의무의 확장 및 보충적 납세의무 _{제30회, 제34회}

납세의무의 확장이란 조세채권의 보전을 위하여 본래의 납세의무자 이외의 자에게 납세의무를 지우는 것을 말한다.

납세자	
납세의무자	징수의무자
• 본래의 납세의무자 • 납세의무의 승계 • 연대납세의무 • 제2차 납세의무 • 물적납세의무 • 보증인	• 특별징수의무 • 원천징수의무 • 대리납부의무

1 납세의무의 승계

납세의무의 승계란 본래의 납세의무자가 소멸 또는 사망함에 따라 납세의무가 본래의 납세의무자 이외의 자에게로 이전되는 것을 말한다. 이러한 납세의무의 승계는 당사자의 의사에 관계없이 법정요건의 충족에 의해 강제승계되므로 별도의 절차를 필요로 하지 않는다. 이러한 납세의무가 승계되는 경우는 합병과 상속의 두 가지이다.

(1) 법인의 합병으로 인한 납세의무의 승계

① 의 의

법인이 합병한 경우에 합병 후 존속하는 법인 또는 합병으로 설립된 법인은 합병으로 인하여 소멸된 법인에 부과되거나 그 법인이 납부할 지방자치단체의 징수금을 납부할 의무를 진다(「지방세기본법」 제41조).

㉠ **부과되거나**: 이미 성립하였으나 아직 확정되지 않은 지방세를 말한다.

㉡ **납부할**: 이미 확정되었으나 아직 납부되지 않은 지방세를 말한다.

② 승계한도

납세의무가 성립된 지방세는 확정 여부에 관계없이 모두 승계되며, 별도의 한도 규정이 없으므로 한도 없이 전액 승계되는 것이다.

(2) 상속으로 인한 납세의무의 승계

① 의 의

㉠ 상속이 개시된 경우에 상속인[수유자(受遺者)를 포함한다] 또는 상속재산관리인은 피상속인에게 부과되거나 피상속인이 납부할 지방자치단체의 징수금을 상속으로 얻은 재산의 한도 내에서 납부할 의무를 진다(「지방세기본법」 제42조 제1항).

㉡ ㉠에 따른 납세의무 승계를 피하면서 재산을 상속받기 위하여 피상속인이 상속인을 수익자로 하는 보험 계약을 체결하고 상속인은 「민법」 제1019조 제1항에 따라 상속을 포기한 것으로 인정되는 경우로서 상속포기자가 피상속인의 사망으로 인하여 보험금(「상속세 및 증여세법」 제8조에 따른 보험금을 말한다)을 받는 때에는 상속포기자를 상속인으로 보고, 보험금을 상속받은 재산으로 보아 ㉠을 적용한다(「지방세기본법」 제42조 제2항).

② 상속인이 2명 이상인 경우

㉠ 상속인이 2명 이상일 때에는 각 상속인은 피상속인에 대한 지방자치단체의 징수금을 「민법」에 따른 상속분에 따라 나누어 계산한 금액을 상속으로 얻은 재산의 한도 내에서 연대하여 납부할 의무를 진다(「지방세기본법」 제42조 제3항).

㉡ 이 경우 각 상속인은 상속인 중에서 피상속인에 대한 지방자치단체의 징수금을 납부할 대표자를 정하여 지방자치단체의 장에게 신고하여야 한다(「지방세기본법」 제42조 제3항 단서).

③ 효 력

피상속인에게 한 처분 또는 절차는 상속인이나 상속재산관리인에게도 효력이 미친다(「지방세기본법」 제43조 제3항).

④ 승계 한도

상속인 등은 상속으로 인하여 얻은 재산의 한도 내에서 납세의무를 진다.

2 연대납세의무

연대납세의무란 수인의 납세의무자가 동일한 납세의무에 대하여 각각 독립하여 납세의무 전부를 각자 이행할 의무가 있고 연대납세의무자 1인이 납세의무를 이행하면 다른 연대납세의무도 소멸하는 납세의무를 말한다.

(1) 공유물·공동사업 등에 관한 연대납세의무

공유물(공동주택의 공유물은 제외), 공동사업 또는 그 공동사업에 속하는 재산에 관계되는 지방자치단체의 징수금은 공유자 또는 공동사업자가 연대하여 납부할 의무를 진다(「지방세기본법」 제44조 제1항).

(2) 분할·분할합병에 대한 연대납세의무

① 법인을 분할하거나 분할하여 다른 법인과 합병(분할합병)하는 경우로서 그 분할되는 법인(분할법인)이 존속하는 경우에는 다음의 법인이 분할등기일 이전에 분할법인에게 부과되거나 납세의무가 성립한 지방세 및 체납처분비에 대하여 분할로 승계된 재산가액을 한도로 연대하여 납세할 의무가 있다(「지방세기본법」 제44조 제2항).
  ㉠ 분할법인
  ㉡ 분할 또는 분할합병으로 설립되는 법인(분할신설법인)
  ㉢ 분할법인의 일부를 분할합병하는 경우로서 그 합병의 상대방인 다른 법인이 존속하는 경우 법인

② 법인을 분할하거나 분할합병하는 경우로서 분할법인이 소멸하는 경우에는 다음의 법인이 분할등기일 이전에 분할법인에게 부과되거나 납세의무가 성립한 지방세 및 체납처분비에 대하여 분할로 승계된 재산가액을 한도로 연대하여 납세할 의무가 있다(「지방세기본법」 제44조 제3항).
  ㉠ 분할신설법인
  ㉡ 존속하는 분할합병의 상대방 법인

(3) 신회사를 설립하는 경우

법인이 「채무자 회생 및 파산에 관한 법률」 제215조에 따라 신회사(新會社)를 설립하는 경우 기존의 법인에 부과되거나 납세의무가 성립한 지방자치단체의 징수금은 신회사가 연대하여 납부할 의무를 진다(「지방세기본법」 제44조 제4항).

3 제2차 납세의무

구 분	주된 납세자	제2차 납세의무자
청산인 등	해산법인	청산인, 잔여재산을 분배·인도받은 자
출자자	비상장법인(상장법인 제외)	무한책임사원, 특정 과점주주
법인 (상장법인도 포함)	무한책임사원 또는 과점주주	법인
사업양수인	사업양도인	사업양수인

제2차 납세의무란 주된 납세자가 납세의무를 이행할 수 없는 경우에 그 부족분에 대해서 주된 납세자와 일정한 관계가 있는 자가 보충적으로 부담하는 납세의무를 말한다. 이러한 보충적 납세의무는 부종성과 보충성이라는 공통된 성격을 가지고 있다.

구 분	내 용
부종성	주된 납세의무에 대한 변경·소멸의 효력이 제2차 납세의무자에게도 미치는 것을 말한다. 따라서 주된 납세의무가 소멸하면 제2차 납세의무도 소멸한다.
보충성	주된 납세자가 납세의무를 이행하지 아니한 부분에 대해서만 납세의무를 지는 것을 말한다. 따라서 주된 납세자로부터 지방세를 징수할 수 있는 경우에는 제2차 납세의무자는 납세의무를 지지 않는다.

(1) 청산인 등에 대한 제2차 납세의무

① 의 의

법인이 해산한 경우에 그 법인에 부과되거나 그 법인이 납부할 지방자치단체의 징수금을 납부하지 아니하고 남은 재산을 분배하거나 인도(引渡)하여, 그 법인에 대하여 체납처분을 집행하여도 징수할 금액보다 적은 경우에는 청산인과 남은 재산을 분배받거나 인도받은 자는 그 부족한 금액에 대하여 제2차 납세의무를 진다(「지방세기본법」 제45조 제1항).

② 한 도

①에 따른 제2차 납세의무는 청산인에게는 분배하거나 인도한 재산의 가액을, 남은 재산을 분배받거나 인도받은 자에게는 각자가 분배·인도받은 재산의 가액을 한도로 한다(「지방세기본법」 제45조 제2항).

(2) 출자자 등에 대한 제2차 납세의무

① 의 의

법인(주식을 「자본시장과 금융투자업에 관한 법률」에 따른 증권시장으로서 증권시장에 상장한 법인은 제외한다)의 재산으로 그 법인에 부과되거나 그 법인이 납부할 지방자치단체의 징수금에 충당하여도 부족한 경우에는 그 지방자치단체의 징수금의 과세기준일 또는 납세의무성립일(이에 관한 규정이 없는 세목에 있어서는 납기개시일) 현재 다음의 어느 하나에 해당하는 자는 그 부족액에 대하여 제2차 납세의무를 진다(「지방세기본법」 제46조).
㉠ 무한책임사원
㉡ 주주 또는 유한책임사원 1명과 그의 특수관계인 중 대통령령으로 정하는 자로서 그들의 소유주식의 합계 또는 출자액의 합계가 해당 법인의 발행주식 총수 또는 출자총액의 100분의 50을 초과하면서 그에 관한 권리를 실질적으로 행사하는 자들(이하 '과점주주'라 한다)

② 한 도

㉠ **무한책임사원**: 별도의 한도액 없이 징수부족액 전액에 대하여 제2차 납세의무를 진다.
㉡ **과점주주**: 그 부족액을 그 법인의 발행주식 총수(의결권이 없는 주식은 제외한다) 또는 출자총액으로 나눈 금액에 해당 과점주주가 실질적으로 권리를 행사하는 소유주식수(의결권이 없는 주식은 제외한다) 또는 출자액을 곱하여 산출한 금액을 한도로 한다(「지방세기본법」 제46조 단서).

(3) 법인에 대한 제2차 납세의무

① 의 의

지방세(둘 이상의 지방세의 경우에는 납부기한이 뒤에 도래하는 지방세를 말함)의 납부기간 종료일 현재 법인의 무한책임사원 또는 과점주주(이하 "출자자"라 한다)의 재산(그 법인의 발행주식 또는 출자지분은 제외한다)으로 그 출자자가 납부할 지방자치단체의 징수금에 충당하여도 부족한 경우에는 그 법인은 다음의 어느 하나에 해당하는 경우에만 그 출자자의 소유주식 또는 출자지분의 가액 한도 내에서 그 부족한 금액에 대하여 제2차 납세의무를 진다(「지방세기본법」 제47조 제1항).

㉠ 지방자치단체의 장이 출자자의 소유주식 또는 출자지분을 재공매하거나 수의계약으로 매각하려 하여도 매수희망자가 없는 경우

㉡ 법률 또는 법인의 정관에서 출자자의 소유주식 또는 출자지분의 양도를 제한하고 있는 경우(「지방세징수법」 제71조제5항 본문에 따라 공매할 수 없는 경우는 제외)

② 한 도

그 법인의 자산총액에서 부채총액을 뺀 가액을 그 법인의 발행주식총액 또는 출자총액으로 나눈 가액에 그 출자자의 소유주식금액 또는 출자액을 곱하여 산출한 금액을 한도로 한다(「지방세기본법」 제47조 제2항).

핵심정리 | 출자자 등에 대한 제2차 납세의무와 법인에 대한 제2차 납세의무

구 분	출자자 등에 대한 제2차 납세의무	법인에 대한 제2차 납세의무
주된 납세의무자	법인(유가증권시장에 상장된 법인은 제외)	• 무한책임사원 • 과점주주
제2차 납세의무자	• 무한책임사원 • 특정 과점주주(주주 또는 유한책임사원 1명과 그의 특수관계인 중 대통령령으로 정하는 자로서 그들의 소유주식의 합계 또는 출자액의 합계가 해당 법인의 발행주식 총수 또는 출자총액의 100분의 50을 초과하면서 그에 관한 권리를 실질적으로 행사하는 자들)	법인
요 건	법인의 재산으로 징수 부족한 경우	• 출자자 주식 매각불능 사유 • 출자자 재산으로 징수 부족한 경우
한도액	• 무한책임사원 : 전액 • 특정 과점주주 : 징수부족액×지분율	법인의 순자산가액×지분율

(4) 사업양수인에 대한 제2차 납세의무

① 의 의

사업의 양도·양수가 있는 경우 그 사업에 관하여 양도일 이전에 양도인의 납세의무가 확정된 지
방자치단체의 징수금을 양도인의 재산으로 충당하여도 부족할 때에는 양수인은 그 부족한 금액에
대하여 양수한 재산의 가액 한도 내에서 제2차 납세의무를 진다(「지방세기본법」 제48조 제1항).

㉠ 사업의 포괄적인 양도·양수가 있어야 한다.

㉡ 해당 사업에 관한 지방세이어야 한다.

㉢ 사업양도일 이전에 양도인의 납세의무가 확정된 지방세이어야 한다.

㉣ 양도인의 재산으로 지방자치단체의 징수금에 충당하여도 부족한 경우이어야 한다.

심화학습

사업양수인(「지방세기본법」 제48조 제2항 및 「국세기본법 시행령」 제22조)
"양수인"이란 사업장별로 그 사업에 관한 모든 권리(미수금에 관한 것은 제외)와 의무(미지급금에 관한 것은
제외)를 포괄적으로 승계한 자로서 다음의 어느 하나에 해당하는 자를 말한다.
1. 양도인과 특수관계인인 자
2. 양도인의 조세회피를 목적으로 사업을 양수한 자

---

② 한 도

사업양수인은 그 부족한 금액에 대하여 양수한 재산의 가액 한도 내에서 제2차 납세의무를
진다. 여기서 양수한 재산의 가액은 다음의 가액으로 한다(「지방세기본법 시행령」 제27조 제1항).

㉠ 사업의 양수인이 양도인에게 지급하였거나 지급하여야 할 금액이 있는 경우에는 그 금액

㉡ ㉠에 따른 금액이 없거나 그 금액이 불분명한 경우에는 양수한 자산 및 부채를 「상속세
및 증여세법」의 규정을 준용하여 평가한 후 그 자산총액에서 부채총액을 뺀 가액

㉢ ㉠에 따른 금액과 시가의 차액이 3억원 이상이거나 시가의 100분의 30에 상당하는 금액
이상인 경우에는 ㉠과 ㉡ 중 큰 금액으로 한다(「지방세기본법 시행령」 제27조 제2항).

02
CHAPTER

기출 및 예상문제

01 국세 및 지방세의 납세의무 성립시기에 관한 내용으로 옳은 것은? (단, 특별징수 및 수시부과와 무관함) 〔제29회〕

① 사업소분 주민세: 매년 7월 1일

② 거주자의 양도소득에 대한 지방소득세: 매년 3월 31일

③ 재산세에 부가되는 지방교육세: 매년 8월 1일

④ 중간예납하는 소득세: 매년 12월 31일

⑤ 자동차 소유에 대한 자동차세: 납기가 있는 달의 10일

해설 ① 재산분 주민세의 납세의무 성립시기는 매년 7월 1일이다.

② 거주자의 양도소득에 대한 지방소득세: 소득세 납세의무가 성립하는 때(12월 31일)

③ 재산세에 부가되는 지방교육세: 매년 6월 1일

④ 중간예납하는 소득세: 중간예납기간이 끝나는 때

⑤ 자동차 소유에 대한 자동차세: 납기가 있는 달의 1일

정답 ①

02 거주자인 개인 甲이 乙로부터 부동산을 취득하여 보유하고 있다가 丙에게 양도하였다. 甲의 부동산 관련 조세의 납세의무에 관한 설명으로 **틀린** 것은? (단, 주어진 조건 외에는 고려하지 않음) 〔제32회〕

① 甲이 乙로부터 증여받은 것이라면 그 계약일에 취득세 납세의무가 성립한다.

② 甲이 乙로부터 부동산을 취득 후 재산세 과세기준일까지 등기하지 않았다면 재산세와 관련하여 乙은 부동산소재지 관할 지방자치단체의 장에게 소유권변동사실을 신고할 의무가 있다.

③ 甲이 종합부동산세를 신고납부방식으로 납부하고자 하는 경우 과세표준과 세액을 해당 연도 12월 1일부터 12월 15일까지 관할 세무서장에게 신고하는 때에 종합부동산세 납세의무는 확정된다.

④ 甲이 乙로부터 부동산을 40만원에 취득한 경우 등록면허세 납세의무가 있다.

⑤ 양도소득세의 예정신고만으로 甲의 양도소득세 납세의무가 확정되지 아니한다.

해설 ⑤ 소득세 납세의무는 납세의무자의 신고에 의해 확정된다.

정답 ⑤

03 「지방세기본법」상 지방자치단체의 징수금을 납부할 의무가 소멸되는 것은 모두 몇 개인가?
제28회

> ㉠ 납부·충당되었을 때
> ㉡ 지방세징수권의 소멸시효가 완성되었을 때
> ㉢ 법인이 합병한 때
> ㉣ 지방세 부과의 제척기간이 만료되었을 때
> ㉤ 납세의무자의 사망으로 상속이 개시된 때

① 1개   ② 2개   ③ 3개   ④ 4개   ⑤ 5개

해설   보기 중 「지방세기본법」상 지방자치단체의 징수금을 납부할 의무가 소멸되는 것은 ㉠㉡㉣이다.
※ 납세의무는 납부·충당되었을 때, 부과권이 취소되었을 때, 지방세징수권의 소멸시효 완성되었을 때,
지방세 부과의 제척기간이 만료되었을 때 소멸한다. 다만, 납세의무자의 사망, 법인의 합병, 부과의
철회 등은 납세의무 소멸사유가 아니다.

정답 ③

04 국세기본법령상 국세의 부과제척기간에 관한 설명으로 옳은 것은?   제34회

① 납세자가 「조세범 처벌법」에 따른 사기나 그 밖의 부정한 행위로 종합소득세를 포탈하는 경우(역외거래 제외) 그 국세를 부과할 수 있는 날부터 15년을 부과제척기간으로 한다.
② 지방국세청장은 「행정소송법」에 따른 소송에 대한 판결이 확정된 경우 그 판결이 확정된 날부터 2년이 지나기 전까지 경정이나 그 밖에 필요한 처분을 할 수 있다.
③ 세무서장은 「감사원법」에 따른 심사청구에 대한 결정에 의하여 명의대여 사실이 확인되는 경우에는 당초의 부과처분을 취소하고 그 결정이 확정된 날부터 1년 이내에 실제로 사업을 경영한 자에게 경정이나 그 밖에 필요한 처분을 할 수 있다.
④ 종합부동산세의 경우 부과제척기간의 기산일은 과세표준과 세액에 대한 신고기한의 다음 날이다.
⑤ 납세자가 법정신고기한까지 과세표준신고서를 제출하지 아니한 경우(역외거래 제외)에는 해당 국세를 부과할 수 있는 날부터 10년을 부과제척기간으로 한다.

해설

① 납세자가 「조세범 처벌법」에 따른 사기나 그 밖의 부정한 행위로 종합소득세를 포탈하는 경우(역외거래 제외) 그 국세를 부과할 수 있는 날부터 10년을 부과제척기간으로 한다.

② 지방국세청장 또는 세무서장은 이의신청, 심사청구, 심판청구, 「감사원법」에 따른 심사청구 또는 「행정소송법」에 따른 소송에 대한 결정이나 판결이 확정된 경우에 결정 또는 판결이 확정된 날부터 1년이 지나기전까지 경정이나 그 밖에 필요한 처분을 할수있다.

③ 옳은 지문이다.

④ 종합부동산세의 경우 부과제척기간의 기산일은 과세표준과 세액에 대한 해당 국세의 납세의무가 성립한 날(6월 1일)이다.

⑤ 납세자가 법정신고기한까지 과세표준신고서를 제출하지 아니한 경우(역외거래 제외)에는 해당 국세를 부과할 수 있는 날부터 7년을 부과제척기간으로 한다.

정답 ③

조세와 다른 채권의 관계

제1절 조세우선권 제26회, 제29회, 제30회

1 정 의

체납자의 재산 매각에 대하여 조세채권과 다른 채권이 경합되는 경우에 조세채권에 대하여 담보권이 없어도 다른 채권보다 우선하여 변제를 인정하는 것을 말한다. "우선하여 징수한다"라는 의미는 납세자의 재산을 강제매각하여 그 매각대금 또는 추심금액 중에서 당해 조세를 우선하여 징수한다는 것을 말한다.

2 조세채권 사이의 우선권

1. 국세의 우선 징수

① 국세 및 강제징수비는 다른 공과금이나 그 밖의 채권에 우선하여 징수한다(「국세기본법」 제35조 제1항).
② 체납액의 징수 순위는 강제징수비·국세(가산세 제외)·가산세의 순서로 한다(「국세징수법」 제3조).

> 1순위 : 강제징수비 ⇨ 2순위 : 국세(가산세 제외) ⇨ 3순위 : 가산세

2. 지방세의 우선 징수

① 지방자치단체의 징수금은 다른 공과금과 그 밖의 채권에 우선하여 징수한다(「지방세기본법」 제71조 제1항).
② 지방자치단체의 징수금의 징수순위는 체납처분비·지방세(가산세 제외)·가산세의 순서로 한다. 이때 징수가 위임된 도세에 대하여는 징수순위에도 불구하고 시·군세에 우선하여 징수한다(「지방세징수법」 제4조).

> 1순위 : 체납처분비 ⇨ 2순위 : 지방세(가산세 제외) ⇨ 3순위 : 가산세

3. 압류에 의한 우선

① 국세 강제징수에 따라 납세자의 재산을 압류한 경우에 다른 국세 및 강제징수비 또는 지방세의 교부청구(「국세징수법」 제57조 또는 「지방세징수법」 제67조에 따라 참가압류를 한 경우를 포함)가 있으면 압류와 관계되는 국세 및 강제징수비는 교부청구된 다른 국세 및 강제징수비 또는 지방세보다 우선하여 징수한다(「국세기본법」 제36조 제1항).

② 지방세 체납처분에 의하여 납세자의 재산을 압류한 경우에 국세 및 강제징수비의 교부청구가 있으면 교부청구된 국세 및 강제징수비는 압류에 관계되는 지방세의 다음 순위로 징수한다(「국세기본법」 제35조 제2항).

4. 담보가 있는 조세의 우선

납세담보물을 매각하였을 때에는 압류에도 불구하고 그 국세(지방세) 및 강제징수비는 매각대금 중에서 다른 국세 및 강제징수비와 지방세에 우선하여 징수한다(「국세기본법」 제37조).

> 1순위 : 담보된 조세 ⇨ 2순위 : 압류한 조세 ⇨ 3순위 : 교부청구한 조세

제 2 절 조세우선권의 예외 제35회

1 직접경비의 우선

1. 선집행 지방세·공과금의 체납처분비의 우선

지방세나 공과금의 체납처분 또는 강제징수를 할 때 그 체납처분 또는 강제징수금액 중에서 국세 및 강제징수비를 징수하는 경우의 그 지방세나 공과금의 체납처분비 또는 강제징수비는 국세 및 강제징수비보다 우선 징수된다(「국세기본법」 제35조 제1항 제1호). 다만, 이것은 지방세나 공과금 자체가 일반적으로 국세보다 우선한다는 규정이 아니라, 단지 지방세 또는 공과금으로 인한 체납처분비가 우선한다는 규정이다.

2. 공익비용의 우선

강제집행·경매 또는 파산절차에 따라 재산을 매각하여 매각금액에서 지방자치단체의 징수금을 징수하는 경우의 해당 강제집행·경매 또는 파산절차에 든 비용은 지방세, 국세 및 강제징수비보다 우선하여 징수된다(「국세기본법」 제35조 제1항 제2호 및 「지방세기본법」 제71조 제1항 제2호).

> 1순위 : 강제집행·경매 또는 파산절차에 소요된 비용 ⇨ 2순위 : 강제징수비
> ⇨ 3순위 : 국세(지방세) ⇨ 4순위 : 가산세

2 법정기일 전에 담보된 채권의 우선

1. 조세와 피담보채권의 우선관계

① 법정기일 전에 전세권·질권·저당권의 설정을 등기·등록한 사실 또는 「주택임대차보호법」 및 「상가건물 임대차보호법」 규정에 따른 대항요건과 임대차계약증서상의 확정일자를 갖춘 사실이 증명되는 재산을 매각하여 그 매각금액에서 지방세(그 재산에 대하여 부과된 지방세 제외)를 징수하는 경우의 그 전세권·질권·저당권에 따라 담보된 채권, 등기 또는 확정일자를 갖춘 임대차계약증서상의 보증금에 대하여는 우선하지 못한다(「지방세기본법」 제71조 제1항 제3호).

② ①의 설정된 재산이 양도, 상속 또는 증여된 후 해당 재산이 국세의 강제징수 또는 경매 절차를 등을 통하여 매각되어 그 매각금액에서 국세를 징수하는 경우 해당 재산에 설정된 전세권 등에 의하여 담보된 채권 또는 임대차보증금반환채권이 국세 및 지방세 징수금에 우선한다(「지방세기본법」 제71조 제1항 제3호의2).

② 이때 법정기일 전에 담보된 피담보채권은 지방세에는 우선하여 징수되지만 체납처분비에는 우선하지 못한다.

심화학습

법정기일

"법정기일"이란 조세채권과 피담보채권 간의 우선 여부를 결정하는 기준으로서 다음의 날을 말한다.
1. 과세표준과 세액의 신고에 의하여 납세의무가 확정되는 지방세의 경우 신고한 해당 세액에 대해서는 신고일
2. 과세표준과 세액을 지방자치단체가 결정·경정 또는 수시부과결정하는 경우에 고지한 해당 세액(제55조 제1항 제3호·제4호에 따른 납부지연가산세 및 제56조 제1항 제3호에 따른 특별징수 납부지연가산세를 포함)에 대하여는 그 납세고지서의 발송일
3. 특별징수의무자로부터 징수하는 지방세의 경우에는 1. 및 2.의 기일과 관계없이 그 납세의무의 확정일
4. 양도담보재산 또는 제2차 납세의무자의 재산에서 지방세를 징수하는 경우에는 납부통지서의 발송일
5. 확정 전 보전압류에 의한 납세자의 재산을 압류한 경우에 그 압류와 관련하여 확정된 세액에 대해서는 1.부터 4.까지의 기일과 관계없이 그 압류등기일 또는 등록일

---

2. 설정일자에 관계없이 피담보채권 보다 조세가 우선하는 경우

'그 재산에 대하여 부과된 국세 또는 지방세'는 설정일자에 관계없이 저당권 등에 담보되는 피담보채권보다 우선한다(「국세기본법」 제35조 제3항 및 「지방세기본법」 제71조 제5항). 즉, 법정기일 전에 저당권·전세권 등을 설정한 경우라도 국세 또는 지방세가 우선한다. 이때 그 재산에 부과된 국세 또는 지방세는 다음과 같다.

(1) 지방세

재산세, 지역자원시설세(소방분), 자동차세(자동차 소유에 대한 자동차세만 해당) 및 지방교육세(재산세와 자동차세에 부가되는 지방교육세만 해당)

(2) 국 세

종합부동산세, 상속세, 증여세

> ① 해당 재산에 대하여 부과된 상속세, 증여세 및 종합부동산세는 법정기일 전에 설정된 저당권 등의 권리에 의하여 담보된 채권 또는 임대차보증금반환채권보다 우선한다.
> ② 법정기일 후에 가등기를 마친 사실이 대통령령으로 정하는 바에 따라 증명되는 재산을 매각하여 그 매각금액에서 국세를 징수하는 경우 그 재산을 압류한 날 이후에 그 가등기에 따른 본등기가 이루어지더라도 그 국세는 그 가등기에 의해 담보된 채권보다 우선한다.
> ③ 다만, ①에도 불구하고 경매·공매 시 해당 재산에 부과된 재산세, (소방분)지역자원시설세, 지방교육세(재산세의 부가세), 상속세, 증여세 및 종합부동산세의 법정기일이 임차인의 확정일자보다 늦은 경우 재산세 등의 배분 예정액에 한하여 주택임차보증금에 먼저 배분된다.

3 소액임차보증금의 우선

① 「주택임대차보호법」 또는 「상가건물 임대차보호법」이 적용되는 임대차관계에 있는 주택 또는 건물을 매각할 때 그 매각금액 중에서 국세(지방세)를 징수하는 경우 임대차에 관한 보증금 중 일정금액으로서 임차인이 우선하여 변제받을 수 있는 금액에 관한 채권은 국세(지방세)보다 우선한다(「국세기본법」 제35조 제1항 제4호 및 「지방세기본법」 제71조 제1항 제4호).
② 다만, 이 경우에도 체납처분비(국세 : 강제징수비)보다는 우선하지 아니한다.

> 1순위 : 체납처분비(국세 : 강제징수비) ⇨ 2순위 : 소액임차보증금 ⇨ 3순위 : 국세(지방세)

4 임금채권의 우선

1. 우선변제 임금채권 등

「근로기준법」 제38조 또는 「근로자퇴직급여 보장법」 제12조에 따라 국세(지방세)에 우선하여 변제되는 임금, 퇴직금, 재해보상금은 국세(지방세)보다 우선한다(「국세기본법」 제35조 제1항 제5호 및 「지방세기본법」 제71조 제1항 제5호).

> 1순위 : 체납처분비(국세 : 강제징수비) ⇨ 2순위 : 최종 3월분 임금채권 ⇨ 3순위 : 국세(지방세)

2. 기타 임금채권

① 일반 임금채권은 질권 또는 저당권에 의하여 담보된 채권을 제외하고는 조세·공과금 다른 채권에 우선한다. 다만, 질권 또는 저당권에 의하여 담보된 채권에 우선하는 조세·공과금에 대하여는 그러하지 아니한다.

② 법정기일 이전에 설정한 전세권 등이 있는 경우 일반 임금채권도 국세·지방세에 우선하지만, 법정기일 이후에 전세권 등이 설정된 경우에는 일반 임금채권도 국세·지방세에 우선하지 못한다.

핵심정리 | 법정기일 전·후의 담보된 채권의 우선순위

구 분	법정기일 후에 저당권 등이 설정된 경우	법정기일 전에 저당권 등이 설정된 경우
1순위	공익비용(또는 체납처분비)	공익비용(또는 체납처분비)
2순위	소액임차보증금(주택·상가건물), 최종 3월분의 임금 등	소액임차보증금(주택·상가건물), 최종 3월분의 임금 등
3순위	당해 재산에 부과된 조세	당해 재산에 부과된 조세
4순위	지방세	피담보채권, 법정기일 전에 대항요건과 확정일자를 갖춘 (상가·주택)임차보증금
5순위	피담보채권, 법정기일 전에 대항요건과 확정일자를 갖춘 (상가·주택)임차보증금	기타 임금채권
6순위	기타 임금채권	지방세
7순위	일반채권(공과금과 기타의 채권)	일반채권(공과금과 기타의 채권)

기출 및 예상문제

01 「국세기본법」및 「지방세기본법」상 조세채권과 일반채권의 관계에 관한 설명으로 틀린 것은?

제29회

① 납세담보물 매각시 압류에 관계되는 조세채권은 담보 있는 조세채권보다 우선한다.

② 재산의 매각대금 배분시 당해 재산에 부과된 종합부동산세는 당해 재산에 설정된 전세권에 따라 담보된 채권보다 우선한다.

③ 취득세 신고서를 납세지 관할 지방자치단체장에게 제출한 날 전에 저당권설정등기 사실이 증명되는 재산을 매각하여 그 매각금액에서 취득세를 징수하는 경우, 저당권에 따라 담보된 채권은 취득세에 우선한다.

④ 강제집행으로 부동산을 매각할 때 그 매각금액 중에 국세를 징수하는 경우, 강제집행 비용은 국세에 우선한다.

⑤ 재산의 매각대금 배분시 당해 재산에 부과된 재산세는 당해 재산에 설정된 저당권에 따라 담보된 채권보다 우선한다.

해설
① 조세채권 사이의 우선권은 '담보된 조세 ⇨ 압류한 조세 ⇨ 교부청구한 조세'의 순서로 징수한다.
⑤ 재산의 매각대금 배분시 당해 재산에 부과된 재산세는 당해 재산에 설정된 저당권에 따라 담보된 채권보다 우선한다.

정답 ①

02 법정기일 전에 저당권의 설정을 등기한 사실이 등기사항증명서(부동산등기부 등본)에 따라 증명되는 재산을 매각하여 그 매각금액에서 국세 또는 지방세를 징수하는 경우, 그 재산에 대하여 부과되는 다음의 국세 또는 지방세 중 저당권에 따라 담보된 채권에 우선하여 징수하는 것은 모두 몇 개인가? (단, 가산세는 고려하지 않음) 〔제30회 수정〕

> • 종합부동산세
> • 취득세에 부가되는 지방교육세
> • 등록면허세
> • 부동산임대에 따른 종합소득세
> • 건축물(소방분)에 대한 지역자원시설세

① 1개   ② 2개   ③ 3개   ④ 4개   ⑤ 5개

해설 | 그 재산에 부과된 조세는 법정기일 전에 설정된 저당권 등에 의한 피담보채권에 우선하여 징수하며, 그 재산에 부과된 조세로는 재산세, 소방분 지역자원시설세, 자동차세, 지방교육세(재산세와 자동차세의 부가세), 종합부동산세, 상속세 및 증여세가 있다.

 ②

04 CHAPTER 조세 권리구제 및 서류의 송달

- ❑ 23·24·30·33회 시험에서 각각 출제된 바 있다. 권리구제의 청구대상과 청구기간을 중심으로 학습하고, 서류 송달의 방법 등은 시험장 가기 전에 한번 정도 유의하여 학습해 두면 되는 부분이다.

제1절 조세 권리구제 제23회, 제24회, 제30회, 제33회

1 지방세 불복절차 개요 및 청구대상

1. 개 요

① 「지방세기본법」 또는 지방세관계법에 따른 처분으로서 위법·부당한 처분을 받았거나 필요한 처분을 받지 못하여 권리 또는 이익을 침해당한 자는 이의신청 또는 심판청구를 할 수 있다(「지방세기본법」 제89조 제1항).

② 국세와 차이점
   - ㉠ 국세 : 이의신청의 결정기간은 30일이다.
   - ㉡ 지방세 : 이의신청의 결정기간은 90일이다.

2. 불복청구대상에서 제외되는 처분

다음의 처분은 불복청구대상의 처분에 포함되지 아니한다(「지방세기본법」 제89조 제2항).

① 이의신청 또는 심판청구에 대한 처분. 다만, 이의신청에 대한 처분에 대하여 심판청구를 하는 경우는 제외한다.

② 범칙사건에 따른 통고처분

③ 「감사원법」에 따라 심사청구를 한 처분이나 그 심사청구에 대한 처분

④ 과세전적부심사의 청구에 대한 처분

⑤ 「지방세기본법」에 따른 과태료의 부과

3. 다른 법률과의 관계

① 「지방세기본법」 또는 지방세관계법에 따른 이의신청의 대상이 되는 처분에 관한 사항에 관하여는 「행정심판법」을 적용하지 아니한다. 다만, 이의신청에 대해서는 같은 법 제15조, 제16조, 제20조부터 제22조까지, 제29조, 제36조 제1항 및 제39조부터 제42조까지의 규정을 준용하며, 이 경우 "위원회"는 "지방세심의위원회"로 본다(「지방세기본법」 제98조 제1항).

② 심판청구의 대상이 되는 처분에 관한 사항에 관하여는 「국세기본법」 제56조 제1항을 준용한다(「지방세기본법」 제98조 제2항).

③ 제89조에 규정된 위법한 처분에 대한 행정소송은 「행정소송법」 제18조 제1항 본문, 같은 조 제2항 및 제3항에도 불구하고 이 법에 따른 심판청구와 그에 대한 결정을 거치지 아니하면 제기할 수 없다. 다만, 심판청구에 대한 재조사 결정(제100조에 따라 심판청구에 관하여 준용하는 「국세기본법」 제65조 제1항 제3호 단서에 따른 재조사 결정을 말한다)에 따른 처분청의 처분에 대한 행정소송은 그러하지 아니하다(「지방세기본법」 제98조 제3항).

④ ③의 본문에 따른 행정소송은 「행정소송법」 제20조에도 불구하고 심판청구에 대한 결정의 통지를 받은 날부터 90일 이내에 제기하여야 한다. 다만, 제100조에 따라 심판청구에 관하여 준용하는 「국세기본법」 제65조 제2항에 따른 결정기간 내에 결정의 통지를 받지 못한 경우에는 결정의 통지를 받기 전이라도 그 결정기간이 지난 날부터 행정소송을 제기할 수 있다(「지방세기본법」 제98조 제4항).

⑤ ③의 단서에 따른 행정소송은 「행정소송법」 제20조에도 불구하고 다음의 기간 내에 제기하여야 한다(「지방세기본법」 제98조 제5항).
  ㉠ 이 법에 따른 심판청구를 거치지 아니하고 제기하는 경우 : 재조사 후 행한 처분청의 처분의 결과 통지를 받은 날부터 90일 이내. 다만, 제100조에 따라 심판청구에 관하여 준용하는 「국세기본법」 제65조 제5항에 따른 처분기간(제100조에 따라 심판청구에 관하여 준용하는 「국세기본법」 제65조 제5항 후단에 따라 조사를 연기하거나 조사기간을 연장하거나 조사를 중지한 경우에는 해당 기간을 포함한다. 이하 이 호에서 같다) 내에 처분청의 처분 결과 통지를 받지 못하는 경우에는 그 처분기간이 지난 날부터 행정소송을 제기할 수 있다.
  ㉡ 이 법에 따른 심판청구를 거쳐 제기하는 경우 : 재조사 후 행한 처분청의 처분에 대하여 제기한 심판청구에 대한 결정의 통지를 받은 날부터 90일 이내. 다만, 결정기간 내에 결정의 통지를 받지 못하는 경우에는 그 결정기간이 지난 날부터 행정소송을 제기할 수 있다.

⑥ 「감사원법」에 따른 심사청구를 거친 경우에는 이 법에 따른 심판청구를 거친 것으로 보고 ③을 준용한다(「지방세기본법」 제98조 제6항).

⑦ ④의 기간은 불변기간(不變期間)으로 한다(「지방세기본법」 제98조 제7항).

2 청구의 종류 및 절차

지방세의 경우

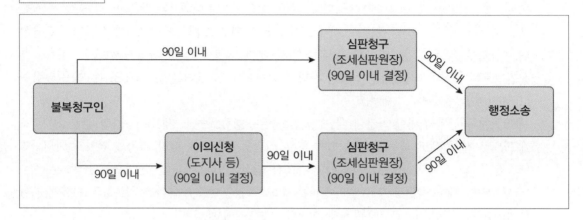

국세의 경우

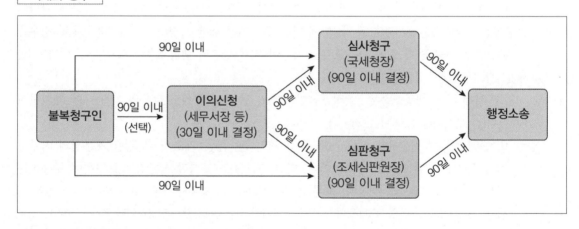

심화학습

국세의 불복절차

1. 국세의 불복절차 개요 및 청구대상(「국세기본법」 제55조)
   (1) 청구대상
      ① 개 요
         「국세기본법」 또는 세법에 따른 처분으로서 위법 또는 부당한 처분을 받거나 필요한 처분을 받지
         못함으로 인하여 권리나 이익을 침해당한 자는 그 처분의 취소 또는 변경을 청구하거나 필요한 처분을
         청구할 수 있다.
      ② 불복청구대상에서 제외되는 처분
         다음의 처분에 대해서는 불복청구대상의 처분에 포함되지 아니한다.
         ㉠ 「조세범 처벌절차법」에 따른 통고처분
         ㉡ 「감사원법」에 따라 심사청구를 한 처분이나 그 심사청구에 대한 처분
         ㉢ 「국세기본법」 및 세법에 따른 과태료 부과처분
      ③ 청구대상자
         「국세기본법」 또는 세법에 따른 처분에 의하여 권리나 이익을 침해당하게 될 이해관계인으로서 다음의
         어느 하나에 해당하는 자는 위법 또는 부당한 처분을 받은 자의 처분에 대하여 그 처분의 취소 또는
         변경을 청구하거나 그 밖에 필요한 처분을 청구할 수 있다.
         ㉠ 제2차 납세의무자로서 납부통지서를 받은 자
         ㉡ 제42조에 따라 물적납세 의무를 지는 자로서 납부통지서를 받은 자
         ㉢ 「부가가치세법」 제3조의2에 따라 물적납세의무를 지는 자로서 같은 법 제52조의2 제1항에 따른
            납부통지서를 받은 자
         ㉣ 보증인
         ㉤ 그 밖에 대통령령으로 정하는 자
      ④ ①~③에 따른 처분이 국세청장이 조사·결정 또는 처리하거나 하였어야 할 것인 경우를 제외하고는
         그 처분에 대하여 심사청구 또는 심판청구에 앞서 이의신청을 할 수 있다.
      ⑤ 심사청구 또는 심판청구에 대한 처분에 대해서는 이의신청, 심사청구 또는 심판청구를 제기할 수 없다.
         다만, 제65조 제1항 제3호 단서(제81조에서 준용하는 경우를 포함)의 재조사 결정에 따른 처분청의
         처분에 대해서는 해당 재조사 결정을 한 재결청에 대하여 심사청구 또는 심판청구를 제기할 수 있다.
      ⑥ 이의신청에 대한 처분과 제65조 제1항 제3호 단서(제66조 제6항에서 준용하는 경우를 말한다)의
         재조사 결정에 따른 처분청의 처분에 대해서는 이의신청을 할 수 없다.
      ⑦ 동일한 처분에 대해서는 심사청구와 심판청구를 중복하여 제기할 수 없다.
   (2) 다른 법률과의 관계(「국세기본법」 제56조)
      ① 제55조에 규정된 처분에 대해서는 「행정심판법」의 규정을 적용하지 아니한다. 다만, 심사청구 또는
         심판청구에 관하여는 「행정심판법」 제15조, 제16조, 제20조부터 제22조까지, 제29조, 제36조 제1
         항, 제39조, 제40조, 제42조 및 제51조를 준용하며, 이 경우 "위원회"는 "국세심사위원회", "조세심판
         관회의" 또는 "조세심판관합동회의"로 본다.
      ② 제55조에 규정된 위법한 처분에 대한 행정소송은 「행정소송법」 제18조 제1항 본문, 제2항 및 제3항에
         도 불구하고 이 법에 따른 심사청구 또는 심판청구와 그에 대한 결정을 거치지 아니하면 제기할 수
         없다. 다만, 심사청구 또는 심판청구에 대한 제65조 제1항 제3호 단서(제81조에서 준용하는 경우를
         포함한다)의 재조사 결정에 따른 처분청의 처분에 대한 행정소송은 그러하지 아니하다.

③ ②의 본문에 따른 행정소송은 「행정소송법」 제20조에도 불구하고 심사청구 또는 심판청구에 대한 결정의 통지를 받은 날부터 90일 이내에 제기하여야 한다. 다만, 제65조 제2항 또는 제81조에 따른 결정기간에 결정의 통지를 받지 못한 경우에는 결정의 통지를 받기 전이라도 그 결정기간이 지난 날부터 행정소송을 제기할 수 있다.

④ ②의 단서에 따른 행정소송은 「행정소송법」 제20조에도 불구하고 다음의 기간 내에 제기하여야 한다.

    ㉠ 이 법에 따른 심사청구 또는 심판청구를 거치지 아니하고 제기하는 경우 : 재조사 후 행한 처분청의 처분의 결과 통지를 받은 날부터 90일 이내. 다만, 제65조 제5항(제81조에서 준용하는 경우를 포함한다)에 따른 처분기간(제65조 제5항 후단에 따라 조사를 연기하거나 조사기간을 연장하거나 조사를 중지한 경우에는 해당 기간을 포함한다. 이하 이 호에서 같다)에 처분청의 처분 결과 통지를 받지 못하는 경우에는 그 처분기간이 지난 날부터 행정소송을 제기할 수 있다.

    ㉡ 이 법에 따른 심사청구 또는 심판청구를 거쳐 제기하는 경우 : 재조사 후 행한 처분청의 처분에 대하여 제기한 심사청구 또는 심판청구에 대한 결정의 통지를 받은 날부터 90일 이내. 다만, 제65조 제2항(제81조에서 준용하는 경우를 포함한다)에 따른 결정기간에 결정의 통지를 받지 못하는 경우에는 그 결정기간이 지난 날부터 행정소송을 제기할 수 있다.

⑤ 제55조 제1항 제2호의 심사청구를 거친 경우에는 이 법에 따른 심사청구 또는 심판청구를 거친 것으로 보고 ②을 준용한다.

⑥ ③의 기간은 불변기간(不變期間)으로 한다.

2. 청구의 종류 및 절차

국세의 경우

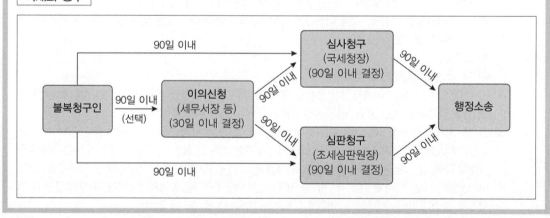

핵심정리 | 조세 권리구제

1. 국세의 권리구제

구 분	청구기간	결정권자	결정기간
이의신청	90일	세무서장·지방국세청장	30일
심사청구	90일	국세청장	90일
심판청구	90일	조세심판관회의	90일
감사원의 심사청구	90일	감사원장	3개월
행정소송	90일	행정법원	–

2. 지방세의 권리구제

구 분	청구기간	결정권자	결정기간
이의신청	90일	특별시세·광역시세·도세는 시·도지사, 특별자치시세·특별자치도세는 특별자치시장·특별자치도지사, 시·군·구세는 시장·군수·구청장	90일
심판청구	90일	조세심판원장	90일
감사원의 심사청구	90일	감사원장	3개월
행정소송	90일	행정법원	–

3. 불복절차의 중요 법령

① 국세
- 이의신청은 임의적인 불복제도로서 납세자가 선택하지 않을 수 있다.
- 심사청구와 심판청구는 선택적인 필수절차이다. 다만 둘 중 하나만 거치면 행정소송이 가능하다.
- 동일한 처분에 대하여 심사청구와 심판청구는 중복청구가 불가하다.
- 조세불복절차는 불복청구절차 또는 감사원의 심사청구를 거치지 않으면 행정법원에 행정소송을 제기할 수 없다.

② 지방세
- 이의신청은 임의적인 불복제도로서 납세자가 선택하지 않을 수 있다.
- 「지방세기본법」상 이의신청, 심판청구는 그 처분의 집행에 효력을 미치지 아니한다. 다만, 압류한 재산에 대하여는 이의신청, 심판청구의 결정처분이 있는 날부터 30일까지 공매처분을 보류할 수 있다.
- 「지방세기본법」상 이의신청인이 재해 등을 입어 이의신청기간 내에 이의신청을 할 수 없을 때에는 그 사유가 소멸한 날부터 14일 이내에 이의신청을 할 수 있다.
- 조세불복절차는 불복청구절차 또는 감사원의 심사청구를 거치지 않으면 행정법원에 행정소송을 제기할 수 없다.
- 이의신청인은 신청금액이 1천만원 미만인 경우에는 그의 배우자, 4촌 이내의 혈족 또는 그의 배우자의 4촌 이내 혈족을 대리인으로 선임할 수 있다.
- 보정기간은 「지방세기본법」 제96조에 따른 결정기간에 포함하지 않는다.

제2절 **서류의 송달** 제24회, 제33회

1 의 의

서류의 송달이란 과세관청이 조세처분이 담긴 내용을 납세의무자에게 서류로 보내어 도달하게 하는 것을 말한다.

2 송달장소

(1) 일반적인 경우

「지방세기본법」 또는 지방세관계법에서 규정하는 서류는 그 명의인(서류에 수신인으로 지정되어 있는 자를 말한다)의 주소, 거소, 영업소 또는 사무소(이하 "주소 또는 영업소"라 한다)에 송달한다(「지방세기본법」 제28조 제1항).

(2) 전자송달인 경우

전자송달인 경우에는 지방세정보통신망에 가입된 명의인의 전자우편주소나 지방세정보통신망의 전자사서함 또는 연계정보통신망의 전자고지함(연계정보통신망의 이용자가 접속하여 본인의 지방세 고지내역을 확인할 수 있는 곳을 말함)에 송달한다(「지방세기본법」 제28조 제1항 단서).

(3) 연대납세의무자에게 송달하는 경우

연대납세의무자에게 서류를 송달할 때에는 그 대표자를 명의인으로 하며, 대표자가 없으면 연대납세의무자 중 지방세를 징수하기 유리한 자를 명의인으로 한다. 다만, 납세의 고지와 독촉에 관한 서류는 연대납세의무자 모두에게 각각 송달하여야 한다(「지방세기본법」 제28조 제2항).

(4) 상속이 개시된 경우

상속이 개시된 경우에 상속재산관리인이 있을 때에는 그 상속재산관리인의 주소 또는 영업소에 송달한다(「지방세기본법」 제28조 제3항).

(5) 납세관리인이 있는 경우

납세관리인이 있을 때에는 납세의 고지와 독촉에 관한 서류는 그 납세관리인의 주소 또는 영업소에 송달한다(「지방세기본법」 제28조 제4항).

(6) 송달받을 장소의 신고

서류를 송달받을 자가 주소 또는 영업소 중에서 송달받을 장소를 지방자치단체에 신고하였을 때에는 그 신고된 장소에 송달하여야 한다. 이를 변경하였을 때에도 또한 같다(「지방세기본법」 제29조).

3 서류의 송달방법

(1) 원칙 : 교부·우편 또는 전자송달

서류의 송달은 교부·우편 또는 전자송달로 하되, 해당 지방자치단체의 조례로 정하는 방법에 따른다(「지방세기본법」 제30조 제1항).

① 교부송달

　㉠ 원칙 : 교부에 의한 서류송달은 송달할 장소에서 그 송달을 받아야 할 자에게 서류를 건네줌으로써 이루어진다. 다만, 송달을 받아야 할 자가 송달받기를 거부하지 아니하면 다른 장소에서 교부할 수 있다(「지방세기본법」 제30조 제2항).

　㉡ 정당한 사유 없이 서류수령을 거부한 경우(유치송달) : 교부송달의 경우에 송달할 장소에서 서류를 송달받아야 할 자를 만나지 못하였을 때에는 그의 사용인, 그 밖의 종업원 또는 동거인으로서 사리를 분별할 수 있는 사람에게 서류를 송달할 수 있으며, 서류의 송달을 받아야 할 자 또는 그의 사용인, 그 밖의 종업원 또는 동거인으로서 사리를 분별할 수 있는 사람이 정당한 사유 없이 서류의 수령을 거부하면 송달할 장소에 서류를 둘 수 있다(「지방세기본법」 제30조 제3항).

　㉢ 송달받을 자가 주소 등을 이전한 경우 : 서류를 송달하는 경우에 송달받을 자가 주소 또는 영업소를 이전하였을 때에는 주민등록표 등으로 확인하고 그 이전한 장소에 송달하여야 한다(「지방세기본법」 제30조 제4항).

　㉣ 서명 또는 날인 : 서류를 교부하였을 때에는 송달서에 수령인의 서명 또는 날인을 받아야 한다. 이 경우 수령인이 서명 또는 날인을 거부하면 그 사실을 송달서에 적어야 한다(「지방세기본법」 제30조 제5항).

　㉤ 송달의 효력 발생 : 송달하는 서류는 그 송달을 받아야 할 자에게 도달한 때부터 효력이 발생한다(「지방세기본법」 제32조).

② 우편송달

　㉠ 원칙 : 지방자치단체의 장은 일반우편으로 서류를 송달하였을 때에는 서류의 명칭, 송달받을 자의 성명 또는 명칭, 송달장소, 발송연월일, 서류의 주요 내용을 확인할 수 있는 기록을 작성하여 갖추어 두어야 한다(「지방세기본법」 제30조 제6항).

　㉡ 송달의 효력 발생 : 송달하는 서류는 그 송달을 받아야 할 자에게 도달한 때부터 효력이 발생한다(「지방세기본법」 제32조).

③ 전자송달
  ㉠ 원칙 : 전자송달은 서류의 송달을 받아야 할 자가 신청하는 경우에만 한다(「지방세기본법」 제30조 제7항).
  ㉡ 전자송달이 불가능한 경우 : 지방세통합정보통신망 또는 연계정보통신망의 장애로 인하여 전자송달을 할 수 없는 경우와 그 밖에 다음의 사유로 전자송달을 할 수 없는 경우에는 지방자치단체의 조례로 정하는 교부 또는 우편의 방법으로 송달할 수 있다(「지방세기본법」 제30조 제8항, 「지방세기본법 시행령」 제16조).
    ⓐ 지방세정보통신망 또는 연계정보통신망의 장애로 인하여 전자송달을 할 수 없는 경우
    ⓑ 전화(戰禍), 사변(事變) 등으로 납세자가 전자송달을 받을 수 없는 경우
    ⓒ 정보통신망의 장애 등으로 지방자치단체의 장이 전자송달이 불가능하다고 인정하는 경우
  ㉢ 전자송달 서류의 범위 : 전자송달할 수 있는 서류는 납세고지서 또는 납부통지서, 지방세환급금 지급통지서, 불복청구에 따른 결정서, 신고안내문, 그 밖에 행정안전부장관이 정하여 고시하는 서류로 한다. 다만, 「정보통신망 이용촉진 및 정보보호 등에 관한 법률」 제2조 제1항 제1호에 따른 정보통신망으로서 법에 따른 송달을 위하여 지방세정보통신망과 연계된 정보통신망으로 송달할 수 있는 서류는 납세고지서로 한다(「지방세기본법 시행령」 제15조).
  ㉣ 전자송달의 효력 : 송달받을 자가 지정한 전자우편주소, 지방세정보통신망의 전자사서함 또는 연계정보통신망의 전자고지함에 저장된 때에 그 송달을 받아야 할 자에게 도달된 것으로 본다(「지방세기본법」 제32조 단서).

(2) 예외 : 공시송달

① 공시송달 사유
서류의 송달을 받아야 할 자가 다음의 어느 하나에 해당하는 경우에는 서류의 주요 내용을 공고한 날부터 14일이 지나면 서류의 송달이 된 것으로 본다(「지방세기본법」 제33조 제1항).
  ㉠ 주소 또는 영업소가 국외에 있고 그 송달이 곤란한 경우
  ㉡ 주소 또는 영업소가 분명하지 아니한 경우(주민등록표나 법인 등기사항증명서 등으로도 주소 또는 영업소를 확인할 수 없는 경우로 한다)
  ㉢ 교부·우편 또는 전자송달의 방법으로 송달하였으나 받을 사람이 없는 것으로 확인되어 반송되는 경우 등 다음의 어느 하나에 해당하는 경우(「지방세기본법 시행령」 제18조)
    ⓐ 서류를 우편으로 송달하였으나 받을 사람이 없는 것으로 확인되어 반송됨으로써 납부기한 내에 송달하기 곤란하다고 인정되는 경우
    ⓑ 세무공무원이 2회 이상 납세자를 방문하여 서류를 교부하려고 하였으나 받을 사람이 없는 것으로 확인되어 납부기한 내에 송달하기 곤란하다고 인정되는 경우

② **송달방법**

공시송달의 경우 서류의 공고는 지방세정보통신망, 지방자치단체의 정보통신망이나 게시판에 게시하거나 관보·공보 또는 일간신문에 게재하는 방법으로 한다. 이 경우 지방세정보통신망이나 지방자치단체의 정보통신망을 이용하여 공시송달을 할 때에는 다른 공시송달방법과 함께 활용하여야 한다(「지방세기본법」 제33조 제2항).

③ **송달의 효력**

송달하는 서류는 그 송달을 받아야 할 자에게 도달한 때부터 효력이 발생한다. 다만, 전자송달의 경우에는 송달받을 자가 지정한 전자우편주소, 지방세통합정보통신망의 전자사서함 또는 연계정보통신망의 전자고지함에 저장된 때에 그 송달을 받아야 할 자에게 도달된 것으로 본다(「지방세기본법」 제32조).

4 송달지연으로 인한 납부기한의 연장

기한을 정하여 납세고지서, 납부통지서, 독촉장 또는 납부최고서를 송달하였더라도 다음의 어느 하나에 해당하면 지방자치단체의 징수금의 납부기한은 해당 서류가 도달한 날부터 14일이 지난 날로 한다(「지방세기본법」 제31조 제1항).

① 서류가 납부기한이 지난 후에 도달한 경우
② 서류가 도달한 날부터 7일 이내에 납부기한이 되는 경우

기출 및 예상문제

01 「지방세기본법」상 공시송달할 수 있는 경우가 <u>아닌</u> 것은?　　　　제24회

① 송달을 받아야 할 자의 주소 또는 영업소가 국외에 있고 그 송달이 곤란한 경우
② 송달을 받아야 할 자의 주소 또는 영업소가 분명하지 아니한 경우
③ 서류를 우편으로 송달하였으나 받을 사람이 없는 것으로 확인되어 반송됨으로써 납부기한 내에 송달하기 곤란하다고 인정되는 경우
④ 서류를 송달할 장소에서 송달을 받을 자가 정당한 사유 없이 그 수령을 거부한 경우
⑤ 세무공무원이 2회 이상 납세자를 방문하여 서류를 교부하려고 하였으나 받을 사람이 없는 것으로 확인되어 납부기한 내에 송달하기 곤란하다고 인정되는 경우

> **해설**　서류의 송달은 교부, 우편 및 전자송달에 의한다.

정답 ④

02 「지방세기본법」상 이의신청·심사청구·심판청구에 관한 설명으로 <u>틀린</u> 것은?　　제30회 수정

① 「지방세기본법」에 따른 과태료의 부과처분을 받은 자는 이의신청 또는 심판청구를 할 수 없다.
② 심판청구는 그 처분의 집행에 효력이 미치지 아니하지만 압류한 재산에 대하여는 심판청구의 결정이 있는 날부터 30일까지 그 공매처분을 보류할 수 있다.
③ 지방세에 관한 불복시 불복청구인은 심판청구와 그에 대한 결정을 거치지 아니하고 행정소송을 제기할 수 있다.
④ 이의신청인은 신청금액이 1천만원 미만인 경우에는 그의 배우자, 4촌 이내의 혈족 또는 그의 배우자의 4촌 이내 혈족을 대리인으로 선임할 수 있다.
⑤ 이의신청이 이유 없다고 인정될 때에는 신청을 기각하는 결정을 한다.

> **해설**　지방세의 조세불복절차에 관련하여 제89조에 규정된 위법한 처분에 대한 행정소송은 「행정소송법」 제18조 제1항 본문 및 같은 조 제2항·제3항에도 불구하고 이 법에 따른 심판청구와 그에 대한 결정을 거치지 아니하면 제기할 수 없다. 다만, 심판청구에 대한 재조사 결정(제100조에 따라 심판청구에 관하여 준용하는 「국세기본법」 제65조 제1항 제3호 단서에 따른 재조사 결정을 말한다)에 따른 처분청의 처분에 대한 행정소송은 그러하지 아니하다.

정답 ③

03 지방세기본법상 이의신청과 심판청구에 관한 설명으로 옳은 것을 모두 고른 것은? 〔제33회〕

> ㄱ. 통고처분은 이의신청 또는 심판청구의 대상이 되는 처분에 포함된다.
> ㄴ. 이의신청인은 신청금액이 8백만원인 경우에는 그의 배우자를 대리인으로 선임할 수 있다.
> ㄷ. 보정기간은 결정기간에 포함하지 아니한다.
> ㄹ. 이의신청을 거치지 아니하고 바로 심판청구를 할 수는 없다.

① ㄱ   ② ㄴ   ③ ㄱ, ㄹ   ④ ㄴ, ㄷ   ⑤ ㄷ, ㄹ

해설┃ ㄱ. 통고처분은 이의신청 또는 심판청구의 대상이 되는 처분에 포함 되지 않는다.
ㄴ. 이의신청인은 신청금액이 1천만원 미만인 경우에는 그의 배우자, 4촌 이내의 혈족 또는 그의 배우자의 4촌 이내 혈족을 대리인으로 선임할 수 있으므로 옳은 지문이다.
ㄷ. 보정기간은 「지방세기본법」 제96조에 따른 결정기간에 포함하지 아니하므로 옳은 지문이다.
ㄹ. 이의신청절차는 임의적이므로 이의신청을 거치지 아니하고 바로 심판청구를 할 수 있다.

정답 ④

04 지방세기본법상 서류의 송달에 관한 설명으로 틀린 것은? 〔제33회〕

① 연대납세의무자에게 납세의 고지에 관한 서류를 송달할 때에는 연대납세의무자 모두에게 각각 송달하여야 한다.
② 기한을 정하여 납세고지서를 송달하였더라도 서류가 도달한 날부터 10일이 되는 날에 납부기한이 되는 경우 지방자치단체의 징수금의 납부기한은 해당 서류가 도달한 날부터 14일이 지난 날로 한다.
③ 납세관리인이 있을 때에는 납세의 고지와 독촉에 관한 서류는 그 납세관리인의 주소 또는 영업소에 송달한다.
④ 교부에 의한 서류송달의 경우에 송달할 장소에서 서류를 송달받아야 할 자를 만나지 못하였을 때에는 그의 사용인으로서 사리를 분별할 수 있는 사람에게 서류를 송달할 수 있다.
⑤ 서류송달을 받아야 할 자의 주소 또는 영업소가 분명하지 아니한 경우에는 서류의 주요 내용을 공고한 날부터 14일이 지나면 서류의 송달이 된 것으로 본다.

해설┃ ② 기한을 정하여 납세고지서를 송달하였더라도 서류가 도달한 날부터 7일 이내에 납부기한이 되는 경우 지방자치단체의 징수금의 납부기한은 해당 서류가 도달한 날부터 14일이 지난 날로 한다.

정답 ②

2025 랜드하나 공인중개사 기본서

PART 2
지방세

01 취득세

CHAPTER

단원별 학습포인트

- 취득세는 매년 2~3문제가 출제되며, 양도소득세와 더불어 난이도 높은 문제가 주로 출제되는 부분이다. 취득세 전반에 걸쳐 집중적인 학습이 필요하며, 특히 법령의 내용을 이해하는 것이 중요하다. 납세의무자, 과세표준, 세율, 납세절차, 비과세 등을 중심으로 철저한 대비가 필요하다.

제1절 개요 및 취득의 유형 제29회, 제30회

1 의의 및 특징

1. 의 의

취득세는 「지방세법」에 열거된 부동산 등을 취득하는 경우에 그 취득자가 일반적으로 취득가액에 법정세율을 곱한 금액을 세액으로 하여 물건 소재지를 관할하는 특별시·광역시·특별자치도·특별자치시·도에 신고하고 납부하는 지방세이다.

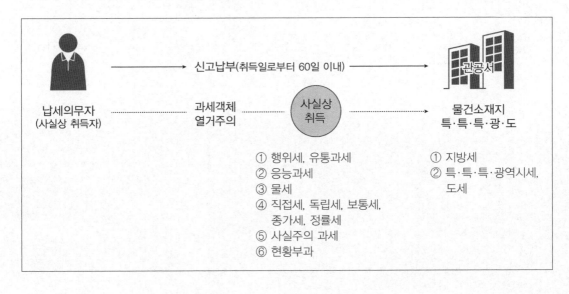

2. 특 징

취득세는 재산을 보유하는 경우에 예상되는 수익에 대하여 과세하는 수익세적 성격을 갖는 재산세와 달리 재산권의 이전을 계기로 나타나는 담세력을 포착하여 과세하는 유통세적인 성격과 재산권의 취득행위자에게 과세하는 행위세적 성격을 갖고 있다.

2 취득의 구분(유형)

1. 취득의 의의

① 취득세에서 취득이란 매매, 교환, 상속, 증여, 기부, 법인에 대한 현물출자, 건축, 개수(改修), 공유수면의 매립, 간척에 의한 토지의 조성 등과 그 밖에 이와 유사한 취득으로서 원시취득(수용재결로 취득한 경우 등 과세대상이 이미 존재하는 상태에서 취득하는 경우는 제외), 승계취득 또는 유상·무상의 모든 취득을 말한다(「지방세법」제6조 제1호).

② 취득세의 취득은 사실상 소유권을 취득하여야 한다. 즉, 「민법」등 관계 법령에 따른 등기·등록을 하지 아니한 경우라도 당해 물건에 대하여 사용·수익 또는 처분할 수 있는 지위에 서게 되면 사실상 취득한 것으로 보는 사실주의(실질주의)를 취한다.

③ 사실상 취득 유형에는 해당하지 않지만, 즉 소유권의 이전행위가 없는데도 「지방세법」에서는 선박, 차량과 기계장비의 종류를 변경하거나 토지의 지목을 사실상 변경함으로써 그 가액이 증가한 경우 및 과점주주의 주식취득 등의 경우에도 취득으로 본다(「지방세법」제7조 제4·5항).

2. 취득의 유형

취득의 유형은 사실상 취득(원시취득과 승계취득)과 의제취득으로 구분할 수 있다.

취득의 유형

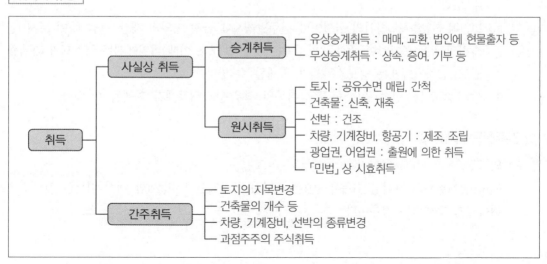

(1) 원시취득

① 의 의

전소유자 없이 소유권을 새로이 창출하여 취득하는 것을 말한다. 다만, 차량, 기계장비, 항공기
및 주문을 받아 건조하는 선박은 승계취득인 경우에만 과세한다(「지방세법」제7조 제2항 단서).

② 유 형

㉠ **공유수면매립, 간척** : 바다·하천·호수 등의 공유수면을 매립하여 토지를 조성하는 경우를 말
한다.

㉡ **건축** : 취득세에서 건축이란 건축물을 신축·증축·개축·재축(再築)하거나 건축물을 이전하는
것을 말한다.

㉢ **시효취득** : 「민법」 규정에 의하여 부동산의 경우 20년 이상, 동산은 10년 이상 점유하는 경
우에 소유권을 취득하게 된다.

(2) 승계취득

① 의 의

전소유자로부터 권리를 유상 또는 무상으로 승계받아 취득하는 것을 말한다. 그러므로 취득세
는 유상으로 취득하든 무상으로 취득하든 불문하고 취득세가 과세된다(「지방세법」제6조 제1호).

② 유 형

㉠ **매매** : 당사자 일방이 재산권을 상대방에게 이전할 것을 약정하고 상대방이 그 대금을 지급할
것을 약정함으로써 성립하는 유상계약을 말한다. 매매의 경우에 매도인에게는 양도소득세가,
매수인에게는 취득세가 과세될 수 있다.

㉡ **교환** : 당사자 쌍방이 금전 이외의 재산권을 상호 이전할 것을 약정함으로써 그 효력이 생
기는 유상계약이다. 교환의 특징은 거래 당사자 쌍방에게 취득세와 양도소득세가 과세될
수 있다.

㉢ **법인에 현물출자** : 법인의 설립이나 신주발행시에 금전 이외의 재산, 예를 들어 토지, 건물,
특허권 등을 출자하여 주식을 배정받는 것을 말한다. 이때 법인에게는 취득세가 과세될 수
있고, 출자자에게는 양도소득세가 과세될 수 있다.

㉣ **상속·증여 등** : 상속·증여 등 무상취득의 경우에도 취득세가 과세될 수 있다.

(3) 간주취득(의제취득)

① 의 의

원시·승계취득의 사실상 취득유형에는 해당하지 않지만 「지방세법」에서 취득한 것으로 보아
취득세가 과세되는 경우이다.

② 유 형

㉠ **토지의 지목변경** : 토지의 지목을 사실상 변경함으로써 그 가액이 증가한 경우 그 증가분에 대한 취득이 있는 것으로 본다. 이 경우 토지의 면적이 증가한 것은 아니지만 지목변경으로 토지의 가치가 상승하였고 그 증가된 토지의 가치만큼 담세력이 발생하였다고 보아 이를 취득으로 간주하는 것이다(「지방세법」 제7조 제4항).

㉡ **차량 등 종류변경** : 차량, 기계장비 및 선박의 종류를 변경함으로써 그 가액이 증가한 경우에는 그 증가분에 대하여 취득이 있는 것으로 간주한다(「지방세법」 제7조 제4항).

> **종류변경** : 차량과 기계장비의 경우 엔진교체·적재적량·승선인원 또는 차체가 각각 변경되는 것, 선박의 경우 기관이나 승선인원·용도 등이 변경되는 것을 말한다.

㉢ **개수** : 「건축법」 규정에 따른 대수선과 건축물 중 레저시설, 저장시설, 도크시설, 접안시설, 도관시설, 급수·배수시설, 에너지 공급시설 및 그 밖에 이와 유사한 시설(이에 딸린 시설을 포함한다)로서 대통령령으로 정하는 것을 수선하는 것, 또는 건축물에 딸린 시설물 중 대통령령으로 정하는 시설물을 한 종류 이상 설치하거나 수선하는 것을 말한다. 개수로 가액의 증가가 있는 경우에 증가한 금액에 대해 과세한다.

㉣ **과점주주의 주식 취득** : 법인의 주식 또는 지분을 취득함으로써 「지방세기본법」 규정에 따른 과점주주가 되었을 때에는 그 과점주주가 해당 법인의 부동산등을 취득한 것으로 본다. 다만, 법인설립 시에 발행하는 주식 또는 지분을 취득함으로써 과점주주가 된 경우에는 취득으로 보지 아니한다(「지방세법」 제7조 제5항).

> **과점주주** : 과점주주란 주주 또는 유한책임사원 1명과 그의 특수관계인 중 법령으로 정하는 자로서 그들의 소유주식의 합계 또는 출자액의 합계가 해당 법인의 발행주식 총수 또는 출자 총액의 100분의 50을 초과하면서 그에 관한 권리를 실질적으로 행사하는 자들을 말한다.

3. 과점주주에 대한 간주취득

(1) 제도의 취지 및 의의

① 제도의 취지

과점주주가 취득세 과세대상 물건을 사실상 취득한 것이 아닌데도 이에 대하여 취득세를 과세하는 것은 다음과 같다.

㉠ 취득세 과세대상 물건을 사실상 취득하는 것은 아니지만 과점주주로서 해당 법인의 자산을 임의로 처분하거나 관리할 수 있는 지위에 서게 되면 실제면에서는 자기 소유 자산과 다를 바 없으므로 여기에 담세력이 있다고 보기 때문에 취득으로 간주하여 취득세를 과세한다.

㉡ 비상장법인의 주식 또는 지분을 특정인이 독과점하는 것을 억제하고 소유분산을 유도하기 위함이다.

② **과점주주의 의의**

ⓐ (비상장)법인의 주식 또는 지분을 취득함으로써 「지방세기본법」 제46조 제2호에 따른 과점 주주 중 대통령령으로 정하는 과점주주가 되었을 때에는 그 과점주주가 해당 법인의 부동 산 등(법인이 「신탁법」에 따라 신탁한 재산으로서 수탁자 명의로 등기·등록이 되어 있는 부동산 등 포함)을 취득한 것으로 본다(법 제7조 제5항).

> 법인설립시 발행하는 주식 또는 지분을 취득함으로써 과점주주가 된 경우에는 취득으로 보지 아니한다.

ⓑ 간주취득세 부과대상인 특수관계자의 범위: 주주 또는 유한책임사원 1명(본인)과 해당 주 주 또는 유한책임사원의 특수관계인이 친족관계인 사람, 경제적 연관관계에 있는 사람 중 에서 임원과 그 밖의 사용인, 경영지배관계에 있는 사람 중 법인의 경영에 대하여 직접적인 영향력을 행사하고 있는 자를 말한다.

ⓒ 이 경우 과점주주는 연대납세의무가 있다(「지방세법」 제7조 제5항).

(2) 성립요건

① 비상장법인의 사실상 주주 또는 사원이어야 한다.

ⓐ **상장법인**: 유가증권시장에 주식을 상장한 법인의 주식을 취득하여 과점주주가 된 경우에는 취득세 과세문제가 발생하지 아니한다.

ⓑ **비상장법인**: 비상장법인(코스닥시장에 주식을 상장한 법인 포함)의 사실상 주주 또는 사원이 「지방세기본법」 규정에 따른 과점주주가 된 경우에는 그 과점주주는 해당 법인의 부동산등 을 취득한 것으로 본다(「지방세법」 제7조 제5항).

② 법인의 주식 또는 지분을 취득하거나 증자 등으로 과점주주가 된 경우이어야 한다.

ⓐ **법인설립 시 과점주주가 된 경우**: 법인설립 시에 발행하는 주식 또는 지분을 취득함으로써 과점주주가 된 경우에는 취득으로 보지 아니한다(「지방세법」 제7조 제5항). 즉, 납세의무가 없다.

ⓑ **법인설립일 이후 과점주주가 된 경우**: 주주·유한책임사원으로부터 또는 증자로 주식을 취득 하여 과점주주가 된 경우에는 취득세 납세의무가 있다. 다만, 다른 주주의 주식이 감자됨으 로써 과점주주가 되는 경우에는 납세의무가 없다.

(3) 과세 범위

① 최초 과점주주

법인의 과점주주가 아닌 주주 또는 유한책임사원이 다른 주주 또는 유한책임사원의 주식 또는 지분(이하 "주식등"이라 한다)을 취득하거나 증자 등으로 최초로 과점주주가 된 경우에는 최초로 과점주주가 된 날 현재 해당 과점주주가 소유하고 있는 법인의 주식등을 모두 취득한 것으로 보아 취득세를 부과한다(「지방세법 시행령」 제11조 제1항).

사례 1

구 분	지분율	납세의무
설립 당시	0%	없음
설립 후 취득 및 증자 (60% 증가)	60%	60%

사례 2

구 분	지분율	납세의무
설립 당시	40%	없음
설립 후 취득 및 증자 (20% 증가)	60%	60%

② 기존 과점주주

이미 과점주주가 된 주주 또는 유한책임사원이 해당 법인의 주식등을 취득하여 해당 법인의 주식등의 총액에 대한 과점주주가 가진 주식등의 비율이 증가된 경우에는 그 증가분을 취득으로 보아 취득세를 부과한다. 다만, 증가된 후의 주식등의 비율이 해당 과점주주가 이전에 가지고 있던 주식등의 최고비율보다 증가되지 아니한 경우에는 취득세를 부과하지 아니한다(「지방세법 시행령」 제11조 제2항).

사례 3

구 분	지분율	납세의무
설립 당시	40%	없음
설립 후 취득 및 증자 (20% 증가)	60%	60%
설립 후 취득 및 증자 (10% 증가)	70%	10%

사례 4

구 분	지분율	납세의무
설립 당시	40%	없음
설립 후 취득 및 증자 (30% 증가)	70%	70%
양도한 주식(10%)	60%	없음
취득 및 증자(20% 증가)	80%	10%

사례 5

구 분	지분율	납세의무
설립 당시	50%	없음
설립 후 취득 및 증자 (30% 증가)	80%	80%
양도한 주식(20%)	60%	없음
취득 및 증자(10% 증가)	70%	없음

③ 재차 과점주주

과점주주였으나 주식등의 양도, 해당 법인의 증자 등으로 과점주주에 해당되지 아니하는 주주 또는 유한책임사원이 된 자가 해당 법인의 주식등을 취득하여 다시 과점주주가 된 경우에는 다시 과점주주가 된 당시의 주식등의 비율이 그 이전에 과점주주가 된 당시의 주식등의 비율보다 증가된 경우에만 그 증가분만을 취득으로 보아 취득세를 부과한다(「지방세법 시행령」 제11조 제3항).

심화학습

과점주주에 해당되지 아니하는 주주

「지방세법 시행령」 제11조 제3항에서 과점주주에 해당되지 아니하는 주주란 과거에 1주라도 소유하고 있었던 경우에 한해 적용하고, 과점주주에서 주주 지위를 상실하였다가 재차 과점주주가 되는 경우는 제외한다.

사례 6

구 분	지분율	납세의무
설립 당시	40%	없음
설립 후 취득 및 증자 (20% 증가)	60%	60%
양도한 주식(20%)	40%	없음
취득 및 증자(30% 증가)	70%	10%

사례 7

구 분	지분율	납세의무
설립 당시	40%	없음
설립 후 취득 및 증자 (30% 증가)	70%	70%
양도한 주식(25%)	45%	없음
취득 및 증자(15% 증가)	60%	없음

핵심정리

구 분	과세지분율
최초 과점주주	최초 과점주주가 된 날 현재 지분 모두
기존 과점주주	이전의 최고지분비율보다 증가된 지분
재차 과점주주	다시 과점주주가 된 날 이전의 과점주주 당시 최고지분비율보다 증가된 지분

(4) 과점주주의 과세자료 통보

과점주주의 취득세 과세자료를 확인한 시장·군수·구청장은 그 과점주주에게 과세할 과세물건이 다른 특별자치시·특별자치도·시·군 또는 구(자치구)에 있을 경우에는 지체 없이 그 과세물건을 관할하는 시장·군수·구청장에게 과점주주의 주식등의 비율, 과세물건, 가격명세 및 그 밖에 취득세 부과에 필요한 자료를 통보하여야 한다(「지방세법 시행령」 제11조 제4항).

(5) 과점주주 집단내부 및 특수관계자간의 주식 거래

과점주주 집단내부 및 특수관계자간의 주식거래가 발생하여 과점주주가 소유한 총 주식의 비율에 변동이 없다면 과점주주 간주취득세의 납세의무는 없다(법 기본통칙 7 - 3).

> **핵심정리** │ 과점주주에 대한 간주취득
>
> 1. 비상장법인(코스닥 상장법인의 주식 포함) 주식을 취득하여야 한다.
> 2. 과점주주 : 주주 또는 유한책임사원 1명과 그의 특수관계인 중 법령으로 정하는 자로서 그들의 소유주식의 합계 또는 출자액의 합계가 해당 법인의 발행주식 총수 또는 출자총액의 100분의 50을 초과하면서 그에 관한 권리를 실질적으로 행사하는 자들을 말한다.
> 3. 유가증권시장에 주식을 상장한 법인의 경우에는 취득세가 과세되지 않는다.
> 4. 과점주주들은 취득세에 대해 연대납세의무가 있다.
> 5. 납세의무의 성립시기는 과점주주가 된 시점이다.

제2절 │ 과세대상 제26회

취득세의 과세대상 물건의 종류는 「지방세법」에서 규정하고 있는 것에 한한다.
즉, 취득세는 부동산, 차량, 기계장비, 항공기, 선박, 입목, 광업권, 어업권, 양식업권, 골프회원권, 승마회원권, 콘도미니엄 회원권, 종합체육시설 이용회원권 및 요트회원권을 취득한 자에게 부과한다(「지방세법」 제7조 제1항).
부동산·차량·기계장비 또는 항공기는 「지방세법 시행령」에서 특별한 규정이 있는 경우를 제외하고는 해당 물건을 취득하였을 때의 사실상의 현황에 따라 부과한다. 다만, 취득하였을 때의 사실상 현황이 분명하지 아니한 경우에는 공부상의 등재 현황에 따라 부과한다(「지방세법 시행령」 제13조).

부동산	1. 토지 2. 건축물 • 「건축법」에 따른 건축물 • 토지에 정착하거나 지하 또는 다른 구조물에 설치하는 시설물 • 건축물에 딸린 시설물
부동산에 준하는 것	1. 차량·기계장비·항공기·선박 2. 입목
권리 등	1. 광업권·어업권·양식업권 2. 골프회원권·승마회원권·콘도미니엄 회원권·종합체육시설 이용회원권·요트회원권

1. 부동산

부동산이란 토지 및 건축물을 말한다(「지방세법」 제6조 제2호).

(1) 토 지

「공간정보의 구축 및 관리 등에 관한 법률」에 따라 지적공부(地籍公簿)의 등록대상이 되는 토지와 그 밖에 사용되고 있는 사실상의 토지를 말한다(「지방세법」 제6조 제3호).

(2) 건축물

「건축법」에 따른 건축물(이와 유사한 형태의 건축물 포함)과 토지에 정착하거나 지하 또는 다른 구조물에 설치하는 레저시설, 저장시설, 도크시설, 접안시설, 도관시설, 급수·배수시설, 에너지 공급시설 및 그 밖에 이와 유사한 시설(이에 딸린 시설을 포함)로서 대통령령으로 정하는 것을 말한다(「지방세법」 제6조 제4호).

참고학습 | 건축물(「지방세법」 제6조 제4호)

1. 「건축법」에 따른 건축물의 범위
   "건축물"이란 토지에 정착하는 공작물 중 지붕과 기둥 또는 벽이 있는 것과 이에 딸린 시설물, 지하나 고가의 공작물에 설치하는 사무소·공연장·점포·차고·창고, 그 밖에 대통령령으로 정하는 것을 말한다(「건축법」 제2조 제1항 제2호).

2. 토지에 정착하거나 지하 또는 다른 구조물에 설치하는 시설물의 범위
   다음에 해당하는 시설물을 말한다(「지방세법 시행령」 제5조). 이는 종전의 구축물을 말하는 것으로서, 하나의 독립된 부동산으로 개별적인 취득세 과세대상이 된다.
   - 레저시설 : 수영장, 스케이트장, 골프연습장(「체육시설의 설치·이용에 관한 법률」에 따라 골프연습장업으로 신고된 20타석 이상의 골프연습장만 해당한다), 전망대, 옥외스탠드, 유원지의 옥외오락시설(유원지의 옥외 오락시설과 비슷한 오락시설로서 건물 안 또는 옥상에 설치하여 사용하는 것 포함)
   - 저장시설 : 수조, 저유조, 저장창고, 저장조 등의 옥외저장시설(다른 시설과 유기적으로 관련되어 있고 일시적으로 저장기능을 하는 시설 포함)
   - 독시설 및 접안시설 : 독, 조선대
   - 도관시설(연결시설 포함) : 송유관, 가스관, 열수송관
   - 급수·배수시설 : 송수관(연결시설 포함), 급수·배수시설, 복개설비
   - 에너지 공급시설 : 주유시설, 가스충전시설, 환경친화적 자동차 충전시설, 송전철탑(전압 20만 볼트 미만을 송전하는 것과 주민들의 요구로 「전기사업법」에 따라 이전·설치하는 것은 제외)
   - 잔교(이와 유사한 구조물을 포함한다), 기계식 또는 철골조립식 주차장, 차량 또는 기계장비 등을 자동으로 세차 또는 세척하는 시설, 방송중계탑(「방송법」 제54조 제1항 제5호에 따라 국가가 필요로 하는 대외방송 및 사회교육방송 중계탑은 제외) 및 무선통신기지국용 철탑

3. 건축물에 딸린 시설물의 범위

다음의 어느 하나에 해당하는 시설물을 말한다(「지방세법 시행령」 제6조). 이는 종전의 특수한 부대설비를 말하는 것으로서, 건축물에 부수되어 설치되는 경우에 한하여 취득세 과세대상이 된다.
- 승강기(엘리베이터, 에스컬레이터, 그 밖의 승강시설)
- 시간당 20kW 이상의 발전시설
- 난방용·욕탕용 온수 및 열 공급시설
- 시간당 7,560kcal급 이상의 에어컨(중앙조절식만 해당)
- 부착된 금고
- 교환시설
- 건물의 냉난방, 급수·배수, 방화, 방범 등의 자동관리를 위하여 설치하는 인텔리전트 빌딩시스템 시설
- 구내의 변전·배전시설

2. 부동산에 준하는 것

(1) 차 량

① 원동기를 장치한 모든 차량과 피견인차 및 궤도로 승객 또는 화물을 운반하는 모든 기구를 말한다(「지방세법」 제6조 제7호).
② 원동기를 장치한 모든 차량이란 원동기로 육상을 이동할 목적으로 제작된 모든 용구(총 배기량 50시시 미만이거나 최고정격출력 4킬로와트 이하인 이륜자동차는 제외한다)를 말한다(「지방세법 시행령」 제7조 제1항).
③ 궤도란 「궤도운송법」 제2조 제1호에 따른 궤도를 말한다(「지방세법 시행령」 제7조 제2항).

(2) 기계장비

건설공사용, 화물하역용 및 광업용으로 사용되는 기계장비로서 「건설기계관리법」에서 규정한 건설기계 및 이와 유사한 기계장비 중 행정안전부령으로 정하는 것을 말한다(「지방세법」 제6조 제8호).

(3) 항공기

사람이 탑승·조종하여 항공에 사용하는 비행기, 비행선, 활공기, 회전익 항공기, 그 밖에 이와 유사한 비행기구로서 대통령령으로 정하는 것을 말한다(「지방세법」 제6조 제9호).

(4) 선 박

기선, 범선, 부선(艀船) 및 그 밖에 명칭에 관계없이 모든 배를 말한다(「지방세법」 제6조 제10호).

차량, 기계장비, 항공기 및 주문을 받아 건조하는 선박은 원시취득하는 경우에는 과세하지 않고 승계취득인 경우에만 과세한다.

(5) 입 목

지상의 과수, 임목과 죽목을 말한다(「지방세법」 제6조 제11호).

참고학습 | 입목의 범위

입목에는 집단적으로 생육되고 있는 지상의 과수·임목·죽목을 말한다. 다만, 묘목 등 이식을 전제로 잠정적으로 생립하고 있는 것은 제외한다(「지방세법」 기본통칙 6-4).

3. 권리 등

(1) 광업권

① 「광업법」에 따른 광업권을 말한다(「지방세법」 제6조 제12호).
② 출원에 의하여 원시취득하는 광업권은 취득세가 면제(「지방세특례제한법」 제62조 제2항)되므로, 승계취득에 따른 광업권이 취득세 과세대상이 된다.

참고학습 | 광업권의 범위 등

1. 광업권
   등록을 한 일정한 토지의 구역(광구)에서 등록을 한 광물과 이와 같은 광상에 묻혀 있는 다른 광물을 탐사하는 권리(탐사권)와 광구에서 등록을 한 광물과 이와 같은 광상에 묻혀 있는 다른 광물을 채굴하고 취득하는 권리(채굴권)를 말한다.
2. 조광권
   조광권이란 설정행위에 의하여 타인의 광구에서 채굴권의 목적으로 되어 있는 광물을 채굴하고 취득하는 권리를 말한다.

(2) 어업권

① 「수산업법」 또는 「내수면어업법」에 따른 어업권을 말한다(「지방세법」 제6조 제13호).
② 출원에 의하여 원시취득하는 어업권은 취득세가 면제(「지방세특례제한법」 제9조 제3항)되므로 승계취득에 따른 어업권이 취득세 과세대상이 된다(「지방세특례제한법」 제9조 제1항).

(3) 양식업권

① 「양식산업발전법」에 따른 양식업권을 말한다(법 제6조 제13호의2).
② 출원에 의하여 원시취득하는 양식업권은 취득세가 면제(「지방세특례제한법」 제9조 제3항)되므로 승계취득에 따른 양식업권이 취득세 과세대상이 된다.

(4) 골프회원권

「체육시설의 설치·이용에 관한 법률」에 따른 회원제 골프장의 회원으로서 골프장을 이용할 수 있는 권리를 말한다(「지방세법」 제6조 제14호).

> • 「체육시설의 설치·이용에 관한 법률」의 골프회원권은 회원제 골프장과 대중골프장으로 구분하고 있으며, 이 중 「지방세법」상 과세대상은 회원제 골프장을 이용할 수 있는 권리만을 말한다.
> • 대중골프장과 간이골프장회원권은 과세대상이 아니다.

(5) 승마회원권

「체육시설의 설치·이용에 관한 법률」에 따른 회원제 승마장의 회원으로서 승마장을 이용할 수 있는 회원의 권리를 말한다(「지방세법」 제6조 제15호).

(6) 콘도미니엄 회원권

① 「관광진흥법」에 따른 콘도미니엄과 이와 유사한 휴양시설로서 일정한 시설을 이용할 수 있는 권리를 말한다(「지방세법」 제6조 제16호).
② 콘도미니엄과 유사한 휴양시설이란 「관광진흥법 시행령」 제23조 제1항에 따라 휴양·피서·위락·관광 등의 용도로 사용되는 것으로서 회원제로 운영하는 시설을 말한다(「지방세법 시행령」 제8조).

(7) 종합체육시설 이용회원권

「체육시설의 설치·이용에 관한 법률」에 따른 회원제 종합체육시설업에서 그 시설을 이용할 수 있는 회원의 권리를 말한다(「지방세법」 제6조 제17호).

(8) 요트회원권

「체육시설의 설치·이용에 관한 법률」에 따른 회원제 요트장의 회원으로서 요트장을 이용할 수 있는 권리를 말한다(「지방세법」 제6조 제18호).

제3절   납세의무자 제25회~제28회, 제30회, 제32회, 제33회, 제34회

취득세의 납세의무자는 취득세 과세대상이 되는 자산을 취득한 자이다. 개인과 법인은 물론 법인격 없는 사단·재단 기타 단체도 납세의무자가 된다.

납세의무자를 취득의 형태에 따라 구분하면 다음과 같다.

1   일반적인 취득에 의한 납세의무자

취득세는 부동산, 차량, 기계장비, 항공기, 선박, 입목, 광업권, 어업권, 양식업권, 골프회원권, 승마회원권, 콘도미니엄 회원권 또는 종합체육시설 이용회원권, 요트회원권을 취득한 자에게 부과한다(「지방세법」 제7조 제1항).

1. 사실상의 취득자

부동산등의 취득은 「민법」, 「자동차관리법」, 「건설기계관리법」, 「항공안전법」, 「선박법」, 「입목에 관한 법률」, 「광업법」, 「수산업법」 또는 「양식산업발전법」 등 관계 법령에 따른 등기·등록 등을 하지 아니한 경우라도 사실상 취득하면 각각 취득한 것으로 보고, 해당 취득물건의 소유자 또는 양수인을 각각 취득자로 한다(「지방세법」 제7조 제2항).

2. 승계취득자

차량, 기계장비, 항공기 및 주문을 받아 건조하는 선박은 승계취득인 경우에만 해당한다(「지방세법」 제7조 제2항 단서).

2   의제납세의무자

1. 주체구조부 취득자

건축물 중 조작(造作) 설비, 그 밖의 부대설비에 속하는 부분으로서 그 주체구조부(主體構造部)와 하나가 되어 건축물로서의 효용가치를 이루고 있는 것에 대하여는 주체구조부 취득자 외의 자가 가설한 경우에도 주체구조부의 취득자가 함께 취득한 것으로 본다(「지방세법」 제7조 제3항).

2. 변경시점의 소유자

선박, 차량과 기계장비의 종류를 변경하거나 토지의 지목을 사실상 변경함으로써 그 가액이 증가한 경우에는 의제취득으로 변경시점의 소유자를 납세의무자로 본다. 이 경우 「도시개발법」에 따른 도시개발사업(환지방식만 해당한다)의 시행으로 토지의 지목이 사실상 변경된 때에는 그 환지계획에 따라 공급되는 환지는 조합원이, 체비지 또는 보류지는 사업시행자가 각각 취득한 것으로 본다.(「지방세법」 제7조 제4항).

3. 과점주주

법인의 주식 또는 지분을 취득함으로써 「지방세기본법」 규정에 따른 과점주주 중 대통령령으로 정하는 과점주주가 되었을 때에는 그 과점주주가 해당 법인의 부동산등을 취득한 것으로 본다. 다만, 법인설립 시에 발행하는 주식 또는 지분을 취득함으로써 과점주주가 된 경우에는 취득으로 보지 아니한다(「지방세법」 제7조 제5항).

4. 수입하는 자

외국인 소유의 취득세 과세대상 물건(차량, 기계장비, 항공기 및 선박만 해당한다)을 직접 사용하거나 국내의 대여시설 이용자에게 대여하기 위하여 소유권을 이전받는 조건으로 임차하여 수입하는 경우에는 수입하는 자가 취득한 것으로 본다(「지방세법」 제7조 제6항).

5. 상속인 각자

상속(피상속인이 상속인에게 한 유증 및 포괄유증과 신탁재산의 상속을 포함한다)으로 인하여 취득하는 경우에는 상속인 각자가 상속받는 취득물건(지분을 취득하는 경우에는 그 지분에 해당하는 취득물건을 말한다)을 취득한 것으로 본다. 이 경우 상속인의 납부의무에 관하여는 연대납세의무가 있다(「지방세법」 제7조 제7항).

6. 주택조합 및 재건축조합의 조합원

「주택법」 제11조에 따른 주택조합과 「도시 및 주거환경정비법」 제35조 제3항 및 「빈집 및 소규모주택 정비에 관한 특례법」 제23조에 따른 재건축조합 및 소규모재건축조합(주택조합등)이 해당 조합원용으로 취득하는 조합주택용 부동산(공동주택과 부대시설·복리시설 및 그 부속토지)은 그 조합원이 취득한 것으로 본다. 다만, 조합원에게 귀속되지 아니하는 부동산(비조합원용 부동산)은 제외한다(「지방세법」 제7조 제8항).

> 조합원용 부동산은 조합원이 납세의무자가 되고, 비조합원용 부동산은 조합이 납세의무자가 된다.

7. 시설대여업자

「여신전문금융업법」에 따른 시설대여업자가 건설기계나 차량의 시설대여를 하는 경우로서 같은 법 제33조 제1항에 따라 대여시설이용자의 명의로 등록하는 경우라도 그 건설기계나 차량은 시설대여업자가 취득한 것으로 본다(「지방세법」 제7조 제9항).

8. 취득대금을 지급한 자

기계장비나 차량을 기계장비대여업체 또는 운수업체의 명의로 등록하는 경우(영업용으로 등록하는 경우로 한정한다)라도 해당 기계장비나 차량의 구매계약서, 세금계산서, 차주대장 등에 비추어 기계장비나 차량의 취득대금을 지급한 자가 따로 있음이 입증되는 경우 그 기계장비나 차량은 취득대금을 지급한 자가 취득한 것으로 본다(「지방세법」 제7조 제10항).

9. 배우자 또는 직계존비속의 부동산 취득의 증여의제

배우자 또는 직계존비속의 부동산등을 취득하는 경우에는 증여로 취득한 것으로 본다. 다만, 다음의 어느 하나에 해당하는 경우에는 유상으로 취득한 것으로 본다(「지방세법」 제7조 제11항).
① 공매(경매를 포함한다)를 통하여 부동산등을 취득한 경우
② 파산선고로 인하여 처분되는 부동산등을 취득한 경우
③ 권리의 이전이나 행사에 등기 또는 등록이 필요한 부동산등을 서로 교환한 경우
④ 해당 부동산등의 취득을 위하여 그 대가를 지급한 사실이 다음의 어느 하나에 의하여 증명되는 경우
　㉠ 그 대가를 지급하기 위한 취득자의 소득이 증명되는 경우
　㉡ 소유재산을 처분 또는 담보한 금액으로 해당 부동산을 취득한 경우
　㉢ 이미 상속세 또는 증여세를 과세(비과세 또는 감면받은 경우를 포함한다) 받았거나 신고한 경우로서 그 상속 또는 수증 재산의 가액으로 그 대가를 지급한 경우
　㉣ ㉠부터 ㉢까지에 준하는 것으로서 취득자의 재산으로 그 대가를 지급한 사실이 입증되는 경우

10. 부담부증여의 경우 채무인수액에 대한 유상취득 의제

(1) 채무인수액 상당액

① 증여자의 채무를 인수하는 부담부(負擔附)증여의 경우에는 그 채무액에 상당하는 부분은 부동산등을 유상으로 취득하는 것으로 본다.
② 배우자 또는 직계존비속으로부터의 부동산등의 부담부증여의 경우에는 9.의 규정을 적용하므로 원칙적으로 증여로 취득한 것으로 본다. 다만, 대가를 지급한 사실을 증명한 경우에는 유상으로 취득한 것으로 본다(「지방세법」 제7조 제12항).

(2) 채무인수액 이외 자산

채무인수액 이외 자산을 취득하는 경우에는 무상으로 취득한 것으로 본다.

11. 상속재산의 재분할에 따라 초과취득시 증여의제

상속개시 후 상속재산에 대하여 등기·등록·명의개서(이하 '등기등'이라 한다)에 의하여 각 상속인의 상속분이 확정되어 등기등이 된 후, 그 상속재산에 대하여 공동상속인이 협의하여 재분할한 결과 특정 상속인이 당초 상속분을 초과하여 취득하게 되는 재산가액은 그 재분할에 의하여 상속분이 감소한 상속인으로부터 증여받아 취득한 것으로 본다. 다만, 다음의 어느 하나에 해당하는 경우에는 그러하지 아니하다(「지방세법」제7조 제13항).

① 「지방세법」제20조 제1항의 상속에 따른 취득세 신고·납부기한 내에 재분할에 의한 취득과 등기등을 모두 마친 경우
② 상속회복청구의 소에 의한 법원의 확정판결에 의하여 상속인 및 상속재산에 변동이 있는 경우
③ 「민법」제404조에 따른 채권자대위권의 행사에 의하여 공동상속인들의 법정상속분대로 등기 등이 된 상속재산을 상속인 사이의 협의분할에 의하여 재분할하는 경우

12. 택지공사가 준공된 토지의 사실상 지목변경

① 「공간정보의 구축 및 관리 등에 관한 법률」제67조에 따른 대(垈) 중 「국토의 계획 및 이용에 관한 법률」등 관계 법령에 따른 택지공사가 준공된 토지에 정원 또는 부속시설물 등을 조성·설치하는 경우에는 그 정원 또는 부속시설물 등은 토지에 포함되는 것으로서 토지의 지목을 사실상 변경하는 것으로 보아 토지의 소유자가 취득한 것으로 본다(「지방세법」제7조 제14항).
② 다만, 건축물을 건축하면서 그 건축물에 부수되는 정원 또는 부속시설물 등을 조성·설치하는 경우에는 그 정원 또는 부속시설물 등은 건축물에 포함되는 것으로 보아 건축물을 취득하는 자가 취득한 것으로 본다.

13. 신탁재산의 위탁자 지위의 이전

「신탁법」제10조에 따라 신탁재산의 위탁자 지위의 이전이 있는 경우에는 새로운 위탁자가 해당 신탁재산을 취득한 것으로 본다(「지방세법」제7조 제15항). 다만, 위탁자 지위의 이전에도 불구하고 신탁재산에 대한 실질적인 소유권 변동이 있다고 보기 어려운 경우로서 다음에 해당하는 경우에는 그러하지 아니하다(「지방세법 시행령」제11조의2).

> 「자본시장과 금융투자업에 관한 법률」에 따른 부동산집합투자기구의 집합투자업자가 그 위탁자의 지위를 다른 집합투자업자에게 이전하는 경우

14. 재개발사업·도시개발사업으로 취득하는 경우

「도시개발법」제2조 제1항 제2호에 따른 도시개발사업과 「도시 및 주거환경정비법」제2조 제2호 나목에 따른 재개발사업의 시행으로 해당 사업의 대상이 되는 부동산의 소유자(상속인을 포함)가

환지계획, 토지상환채권 및 관리처분계획에 따라 취득하는 토지 및 건축물에 대해서는 건축물은 신축에 따른 원시취득으로 보고, 토지의 경우 당초 소유한 토지 면적을 초과하는 경우 그 초과한 면적에 한하여 승계취득으로 본다(법 제7조 제16항). ▶ 2023년 개정

제4절 취득시기 제28회, 제30회, 제32회, 제34회

과세대상의 취득시기는 취득세 납세의무의 성립시기와 과세표준의 산정시기가 되며, 신고납부기간의 기산점이 되기 때문에 중요한 의미가 있다. 취득시기는 취득세 과세대상의 취득 형태에 따라 달라진다.

1. 유상승계취득의 경우(매매 등)

(1) 일반적인 취득

유상승계취득의 경우에는 다음에서 정하는 날에 취득한 것으로 본다.
① 사실상의 잔금지급일
② 신고인이 제출한 자료로 사실상의 잔금지급일을 확인할 수 없는 경우에는 그 계약상의 잔금지급일(계약상 잔금지급일이 명시되지 않은 경우에는 계약일부터 60일이 경과한 날을 말한다).
③ 계약해제
해당 취득물건을 등기·등록하지 아니하고 취득일부터 60일 이내에 계약이 해제된 사실이 다음의 어느 하나에 해당하는 서류에 의하여 입증되는 경우에는 취득한 것으로 보지 아니한다(영 제20조 제2항 제2호 단서).
㉠ 화해조서·인낙조서(해당 조서에서 취득일부터 60일 이내에 계약이 해제된 사실이 입증되는 경우만 해당한다)
㉡ 공정증서(공증인이 인증한 사서증서를 포함하되, 취득일부터 60일 이내에 공증받은 것만 해당한다)
㉢ 행정안전부령으로 정하는 계약해제신고서(취득일부터 60일 이내에 제출된 것만 해당한다)
㉣ 부동산 거래신고 관련 법령에 따른 부동산거래계약 해제등 신고서(취득일부터 60일 이내에 등록관청에 제출한 경우만 해당한다)

(2) 연부취득의 경우

연부로 취득하는 것(취득가액의 총액이 50만원 이하인 경우는 제외한다)은 그 사실상의 연부금 지급일을 취득일로 본다(「지방세법 시행령」 제20조 제5항).

---

(3) 등기·등록일을 취득시기로 하는 경우

(1), (2)에 따른 취득일 전에 등기 또는 등록을 한 경우에는 그 등기일 또는 등록일에 취득한 것으로 본다(「지방세법 시행령」 제20조 제14항).

2. 무상승계취득의 경우

(1) 원 칙

① 무상승계취득의 경우에는 그 계약일(상속 또는 유증으로 인한 취득의 경우 상속 또는 유증개시일)에 취득한 것으로 본다(「지방세법 시행령」 제20조 제1항).

② 계약해제 : 다만, 해당 취득물건을 등기·등록하지 아니하고 다음의 어느 하나에 해당하는 서류에 의하여 계약이 해제된 사실이 입증되는 경우에는 취득한 것으로 보지 아니한다(「지방세법 시행령」 제20조 제1항 단서).

   ㉠ 화해조서·인낙조서(해당 조서에서 취득일부터 취득일이 속하는 달의 말일부터 3개월 이내에 계약이 해제된 사실이 입증되는 경우만 해당한다)

   ㉡ 공정증서(공증인이 인증한 사서증서를 포함하되, 취득일부터 취득일이 속하는 달의 말일부터 3개월 이내에 공증받은 것만 해당한다)

   ㉢ 행정안전부령으로 정하는 계약해제신고서(취득일부터 취득일이 속하는 달의 말일부터 3개월 이내에 제출된 것만 해당한다)

(2) 예 외

계약일 전에 등기 또는 등록을 한 경우에는 그 등기일 또는 등록일에 취득한 것으로 본다(「지방세법 시행령」 제20조 제14항).

3. 건축물 건축

건축물을 건축 또는 개수하여 취득하는 경우에는 사용승인서(「도시개발법」 제51조 제1항에 따른 준공검사 증명서, 「도시 및 주거환경정비법 시행령」 제74조에 따른 준공인가증 및 그 밖에 건축 관계 법령에 따른 사용승인서에 준하는 서류를 포함)를 내주는 날(사용승인서를 내주기 전에 임시사용승인을 받은 경우에는 그 임시사용승인일을 말하고, 사용승인서 또는 임시사용승인서를 받을 수 없는 건축물의 경우에는 사실상 사용이 가능한 날을 말함)과 사실상의 사용일 중 빠른 날을 취득일로 본다(「지방세법 시행령」 제20조 제6항).

4. 조합원에게 귀속되지 아니하는 토지를 취득하는 경우

① 「주택법」 제11조에 따른 주택조합이 주택건설사업을 하면서 조합원으로부터 취득하는 토지 중 조합원에게 귀속되지 아니하는 토지를 취득하는 경우에는 「주택법」 제49조에 따른 사용검 사를 받은 날에 그 토지를 취득한 것으로 본다(「지방세법 시행령」 제20조 제7항).

② 「도시 및 주거환경정비법」 제35조 제3항에 따른 재건축조합이 재건축사업을 하거나 「빈집 및 소규모주택 정비에 관한 특례법」 제23조 제2항에 따른 소규모재건축조합이 소규모재건축사업 을 하면서 조합원으로부터 취득하는 토지 중 조합원에게 귀속되지 아니하는 토지를 취득하는 경우에는 「도시 및 주거환경정비법」 제86조 제2항 또는 「빈집 및 소규모주택 정비에 관한 특 례법」 제40조 제2항에 따른 소유권이전 고시일의 다음 날에 그 토지를 취득한 것으로 본다(「 지방세법 시행령」 제20조 제7항).

5. 토지 원시취득의 경우

관계 법령에 따라 매립·간척 등으로 토지를 원시취득하는 경우에는 공사준공인가일을 취득일로 본다. 다만, 공사준공인가일 전에 사용승낙·허가를 받거나 사실상 사용하는 경우에는 사용승낙일· 허가일 또는 사실상 사용일 중 빠른 날을 취득일로 본다(「지방세법 시행령」 제20조 제8항).

6. 차량·기계장비·선박의 종류변경의 경우

차량·기계장비 또는 선박의 종류변경에 따른 취득은 사실상 변경한 날과 공부상 변경한 날 중 빠른 날을 취득일로 본다(「지방세법 시행령」 제20조 제9항).

7. 토지의 지목변경의 경우

토지의 지목변경에 따른 취득은 토지의 지목이 사실상 변경된 날과 공부상 변경된 날 중 빠른 날 을 취득일로 본다. 다만, 토지의 지목변경일 이전에 사용하는 부분에 대해서는 그 사실상의 사용일 을 취득일로 본다(「지방세법 시행령」 제20조 제10항).

8. 점유로 취득하는 경우

「민법」 제245조 및 제247조에 따른 점유로 인한 취득의 경우에는 취득물건의 등기일 또는 등록 일을 취득일로 본다(영 제20조 제12항).

9. 재산분할로 인한 취득의 경우

「민법」 제839조의2 및 제843조에 따른 재산분할로 인한 취득의 경우에는 취득물건의 등기일 또 는 등록일을 취득일로 본다(「지방세법 시행령」 제20조 제13항).

제5절 **과세표준** 제25회, 제26회, 제27회, 제29회, 제31회, 제32회, 제35회

취득세 과세표준은 취득세를 계산하기 위한 기초가 되는 과세물건의 가액이다. 취득세는 납세의무자
가 신고납부하는 조세이므로 납세의무자가 취득당시 가액으로 함이 원칙이며, 취득원인에 따라서 시
가인정액 또는 시가표준액, 사실상의 취득가액 등을 과세표준으로 한다.

> **용어 | 시가인정액**
>
> • 매매사례가액, 감정가액, 공매가액 등 대통령령으로 정하는 바에 따라 시가로 인정되는 가액을 말한다.
> • 즉, 취득일 전 6개월부터 취득 후 3개월 이내의 평가기간에 취득 대상이 된 법 제7조제1항에 따른 부동산
>   등에 대하여 매매, 감정, 경매 또는 공매한 사실이 있는 경우의 가액으로서 법령에서 정하는 가액을 말한다.
> • 시가인정액이 둘 이상인 경우: 취득일 전후로 가장 가까운 날의 가액(그 가액이 둘 이상인 경우에는 평균액)을
>   적용한다.

1 과세표준의 기준

취득 당시의 가액으로 한다. 다만, 연부로 취득하는 경우 취득세의 과세표준은 연부금액(매회 사실상
지급되는 금액을 말하며, 취득금액에 포함되는 계약보증금을 포함)으로 한다(법 제10조).

2 취득원인에 따른 과세표준

(1) 부동산 등을 무상으로 취득하는 경우

① 원칙 : 시가인정액으로 한다. 부동산을 무상으로 취득하는 경우 법 제10조에 따른 취득 당시의
가액은 취득시기 현재 불특정 다수인 사이에 자유롭게 거래가 이루어지는 경우 통상적으로 성
립된다고 인정되는 가액("시가인정액")으로 한다(법 제10조의2 제1항).

② 예외: ①에도 불구하고 다음의 경우에는 아래에서 정하는 가액을 취득당시가액으로 한다(법 제
10조의2 제2항).

  ㉠ 상속에 따른 무상취득의 경우: 시가표준액

  ㉡ 취득물건에 대한 시가표준액이 1억원 이하인 부동산 등을 무상취득(㉠의 경우는 제외)하는 경우:
    시가인정액과 시가표준액 중에서 납세자가 정하는 가액

  ㉢ ㉠ 및 ㉡에 해당하지 아니하는 경우: 시가인정액으로 하되, 시가인정액을 산정하기 어려운
    경우에는 시가표준액

③ 납세자가 법 제20조제1항에 따른 신고를 할 때 과세표준으로 ① 따른 감정가액을 신고하려는
경우에는 대통령령으로 정하는 바에 따라 둘 이상의 감정기관(대통령령으로 정하는 가액 이하의
부동산 등의 경우에는 하나의 감정기관으로 한다)에 감정을 의뢰하고 그 결과를 첨부하여야 한다(법

제10조의2 제3항).

> "대통령령으로 정하는 가액 이하의 부동산 등"이란 다음의 부동산 등을 말한다.
> 1. 시가표준액이 10억원 이하인 부동산 등
> 2. 법 제10조의5제3항제2호의 법인 합병·분할 및 조직 변경을 원인으로 취득하는 부동산 등

④ ③에 따른 신고를 받은 지방자치단체의 장은 감정기관이 평가한 감정가액이 다른 감정기관이 평가한 감정가액의 100분의 80에 미달하는 등 대통령령으로 정하는 사유에 해당하는 경우에는 1년의 범위에서 기간을 정하여 해당 감정기관을 시가불인정 감정기관으로 지정할 수 있다 (법 제10조의2 제4항).

> 납세자가 제시한 감정가액("원감정가액")이 지방자치단체의 장이 다른 감정기관에 의뢰하여 평가한 감정가액("재감정가액")의 100분의 80에 미달하는 경우를 말한다.

⑤ ④에 따라 시가불인정 감정기관으로 지정된 감정기관이 평가한 감정가액은 그 지정된 기간 동안 시가인정액으로 보지 아니한다(법 제10조의2 제5항).

⑥ **부담부 증여의 경우** : 법 제7조제11항 및 제12항에 따라 증여자의 채무를 인수하는 부담부 증여의 경우 유상으로 취득한 것으로 보는 채무액에 상당하는 부분("채무부담액")에 대해서는 제10조의3에서 정하는 유상승계취득에서의 과세표준을 적용하고, 취득물건의 시가인정액에서 채무부담액을 뺀 잔액에 대해서는 무상취득에서의 과세표준을 적용한다(법 제10조의2 제6항).

> **부담부증여시 취득가격 【영 제14조의4】**
> 1. 법 제10조의2 제6항에 따른 부담부증여의 경우 유상으로 취득한 것으로 보는 채무액에 상당하는 부분("채무부담액")의 범위는 시가인정액을 그 한도로 한다.
> 2. 채무부담액은 취득자가 부동산 등의 취득일이 속하는 달의 말일부터 3개월 이내에 인수한 것을 입증한 채무액으로서 다음의 금액으로 한다.
>   • 등기부 등본으로 확인되는 부동산 등에 대한 저당권, 가압류, 가처분 등에 따른 채무부담액
>   • 금융기관이 발급한 채무자 변경 확인서 등으로 확인되는 금융기관의 금융채무액
>   • 임대차계약서 등으로 확인되는 부동산 등에 대한 임대보증금액
>   • 그 밖에 판결문, 공정증서 등 객관적 입증자료로 확인되는 취득자의 채무부담액

(2) 유상승계취득의 경우 과세표준

① **사실상 취득가액**: 부동산 등을 유상거래로 승계취득하는 경우 취득당시 가액은 취득시기 이전에 해당 물건을 취득하기 위하여 다음의 자가 거래 상대방이나 제3자에게 지급하였거나 지급하여야 할 일체의 비용으로서 대통령령으로 정하는 사실상의 취득가격으로 한다(법 제10조의3 제1항).

ⓐ 납세의무자

ⓑ 「신탁법」에 따른 신탁의 방식으로 해당 물건을 취득하는 경우에는 같은 법에 따른 위탁자

ⓒ 그 밖에 해당 물건을 취득하기 위하여 비용을 지급하였거나 지급하여야 할 자로서 대통령령으로 정하는 자

심화학습

그 밖에 비용을 지급하였거나 지급하여야 할 자(영 제18조제3항)

그 밖에 해당 물건을 취득하기 위하여 비용을 지급하였거나 지급하여야 할 자로서 대통령령으로 정하는 자는 다음의 어느 하나에 해당하는 자를 말한다.

1. 납세의무자의 특수관계인
2. 납세의무자의 해당 물건 취득을 지원하기 위하여 보조금 등 그 밖의 명칭과 관계없이 비용을 지급한 자
3. 건축물의 준공 전에 건축주의 지위를 양도한 자
4. 그 밖에 납세의무자를 대신하여 해당 물건을 취득하기 위해 비용을 지급했거나 지급해야 할 자

용어 | 유상거래

매매 또는 교환 등 취득에 대한 대가를 지급하는 거래를 말한다.

심화학습

사실상 취득가격의 범위(「지방세법 시행령」 제18조 제1항 및 제2항)

1. 사실상 취득가액을 취득세 과세표준으로 하는 경우 사실상 취득가액은 해당 물건을 취득하기 위하여 거래상대방 또는 제3자에게 지급했거나 지급해야 할 직접비용과 다음의 2.에 해당하는 간접비용의 합계액으로 한다. 다만, 취득대금을 일시급 등으로 지급하여 일정액을 할인받은 경우에는 그 할인된 금액으로 한다.

	구 분	포함 여부
매매대금을 일시에 지급함에 따라 할인받은 경우	할인된 금액	포함 ○
	할인액	포함 ×

2. 취득가격에 포함되는지 여부

포함 ○	포함 ×
• 할부 또는 연부계약에 따른 이자상당액 및 연체료(법인이 아닌 자가 취득하는 경우 제외) • 건설자금에 충당한 차입금의 이자 또는 이와 유사한 금융비용(법인이 아닌 자가 취득하는 경우 제외) • 농지보전부담금, 대체산림자원조성비, 미술작품의 설치비용 또는 문화예술진흥기금에 출연하는 금액 등 관계 법령에 따라 의무적으로 부담하는 비용	• 취득하는 물건의 판매를 위한 광고선전비 등의 판매비용과 그와 관련한 부대비용

- 취득에 필요한 용역을 제공받은 대가로 지급하는 용역비·수수료(건축 및 토지조성공사로 수탁자가 취득하는 경우 위탁자가 수탁자에게 지급하는 신탁수수료를 포함한다)
- 취득대금 외에 당사자 약정에 따른 취득자 조건 부담액과 채무인수액
- 부동산을 취득하는 경우 「주택도시기금법」 제8조에 따라 매입한 국민주택채권을 해당 부동산의 취득 이전에 양도함으로써 발생하는 매각차손
- 공인중개사에게 지급한 중개보수. 다만, 법인이 아닌 자가 취득하는 경우는 사실상 취득가격에서 제외한다.
- 붙박이 가구·가전제품 등 건축물에 부착되거나 일체를 이루면서 건축물의 효용을 유지 또는 증대시키기 위한 설비·시설 등의 설치비용
- 정원 또는 부속시설물 등을 조성·설치하는 비용
- 위에 열거된 비용에 준하는 비용

- 법률에 따라 전기·가스·열 등을 이용하는 자가 부담하는 비용
- 이주비, 지장물 보상금 등 취득물건과는 별개의 권리에 관한 보상 성격으로 지급되는 비용
- 부가가치세
- 위에 열거된 비용에 준하는 비용

구 분	취득자	
	법인인 경우	법인이 아닌 경우
• 건설자금에 충당한 차입금의 이자 • 할부이자·연체이자 및 연체료 • 공인중개사에게 지급한 중개보수	포함	제외

② 부당행위계산 : 지방자치단체의 장은 「지방세기본법」 제2조제1항제34호에 따른 특수관계인간의 거래로 그 취득에 대한 조세부담을 부당하게 감소시키는 행위 또는 계산을 한 것으로 인정되는 경우("부당행위계산"이라 함)에는 ①에도 불구하고 시가인정액을 취득당시 가액으로 결정할 수 있다(법 제10조의3 제2항).

부당행위계산의 유형 【영 제18조의2】
법 제10조의3제2항에 따른 부당행위계산은 특수관계인으로부터 시가인정액보다 낮은 가격으로 부동산을 취득한 경우로서 시가인정액과 사실상 취득가격의 차액이 3억원 이상이거나 시가인정액의 100분의 5에 상당하는 금액 이상인 경우로 한다.

(3) 원시취득의 경우 과세표준

① 부동산 등을 원시취득하는 경우 취득당시 가액은 사실상 취득가격으로 한다(법 제10조의4 제1항).
② ①에도 불구하고 법인이 아닌 자가 건축물을 건축하여 취득하는 경우로서 사실상 취득가격을 확인할 수 없는 경우의 취득당시 가액은 시가표준액으로 한다(법 제10조의4 제2항).

(4) 취득으로 보는 경우의 과세표준

구분	과세표준		
토지의 지목변경	증가한 가액에 해당하는 사실상 취득가격	법인이 아닌 자가 취득하는 경우로서 사실상 취득가격을 확인할 수 없는 경우	지목변경 이후의 시가표준액에서 지목변경 전의 시가표준액을 뺀 가액
선박, 차량 또는 기계장비의 종류변경			시가표준액
건축물을 개수	원시취득의 과세표준 적용		
과점주주의 주식 간주취득	= 해당 법인의 결산서와 그 밖의 장부 등에 따른 그 부동산 등의 총가액 × $\dfrac{\text{과점주주가 취득한 주식 또는 출자의 총수}}{\text{그 법인의 주식 또는 출자의 총수}}$		

> **용어 │ 선박, 차량 또는 기계장비의 종류변경**
>
> 선박의 선질(船質)·용도·기관·정원 또는 최대적재량이나 차량 또는 기계장비의 원동기·승차정원·최대적재량·차체를 말한다.

무상취득·유상승계취득·원시취득의 경우 과세표준에 대한 특례【법 제10조의5】

1. 제10조의2 및 제10조의3에도 불구하고 차량 또는 기계장비를 취득하는 경우 취득당시가액은 다음 각 호의 구분에 따른 가격 또는 가액으로 한다.
   ① 차량 또는 기계장비를 무상취득하는 경우 : 제4조제2항에 따른 시가표준액
   ② 차량 또는 기계장비를 유상승계취득하는 경우 : 사실상취득가격. 다만, 사실상취득가격에 대한 신고 또는 신고가액의 표시가 없거나 그 신고가액이 제4조제2항에 따른 시가표준액보다 적은 경우 취득당시가액은 같은 항에 따른 시가표준액으로 한다.
   ③ 차량 제조회사가 생산한 차량을 직접 사용하는 경우 : 사실상취득가격
2. 1.에도 불구하고 천재지변으로 피해를 입은 차량 또는 기계장비를 취득하여 그 사실상취득가격이 제4조 제2항에 따른 시가표준액보다 낮은 경우 등 대통령령으로 정하는 경우(천재지변, 화재, 교통사고 등으로 중고 차량이나 중고 기계장비의 가액이 시가표준액보다 하락한 것으로 시장·군수·구청장이 인정하는 경우를 말한다) 그 차량 또는 기계장비의 취득당시가액은 대통령령으로 정하는 바에 따라 달리 산정할 수 있다.
3. 제10조의2부터 제10조의4까지의 규정에도 불구하고 다음 각 호의 경우 취득당시가액의 산정 및 적용 등은 대통령령으로 정한다.

① 대물변제, 교환, 양도담보 등 유상거래를 원인으로 취득하는 경우 : 다음 의 구분에 따른 가액. 다만, 특수관계인으로부터 부동산등을 취득하는 경우로서 법 제10조의3제2항에 따른 부당행위계산을 한 것으로 인정되는 경우 취득당시가액은 시가인정액으로 한다.
- 대물변제 : 대물변제액(대물변제액 외에 추가로 지급한 금액이 있는 경우에는 그 금액을 포함한다). 다만, 대물변제액이 시가인정액보다 적은 경우 취득당시가액은 시가인정액으로 한다.
- 교환 : 교환을 원인으로 이전받는 부동산 등의 시가인정액과 이전하는 부동산등의 시가인정액(상대방에게 추가로 지급하는 금액과 상대방으로부터 승계받는 채무액이 있는 경우 그 금액을 더하고, 상대방으로부터 추가로 지급받는 금액과 상대방에게 승계하는 채무액이 있는 경우 그 금액을 차감한다) 중 높은 가액
- 양도담보 : 양도담보에 따른 채무액(채무액 외에 추가로 지급한 금액이 있는 경우 그 금액을 포함한다). 다만, 그 채무액이 시가인정액보다 적은 경우 취득당시가액은 시가인정액으로 한다.
② 법인의 합병·분할 및 조직변경을 원인으로 취득하는 경우 : 시가인정액. 다만, 시가인정액을 산정하기 어려운 경우 취득당시가액은 시가표준액으로 한다.
③ 「도시 및 주거환경정비법」 제2조제8호의 사업시행자, 「빈집 및 소규모주택 정비에 관한 특례법」 제2조제1항제5호의 사업시행자 및 「주택법」 제2조제11호의 주택조합이 취득하는 경우 : 다음 계산식에 따라 산출한 가액

$$\text{가액} = A \times [B - (C \times B / D)]$$

A: 해당 토지의 제곱미터당 분양가액
B: 해당 토지의 면적
C: 사업시행자 또는 주택조합이 해당 사업 진행 중 취득한 토지면적(조합원으로부터 신탁받은 토지는 제외)
D: 해당 사업 대상 토지의 전체면적

④ 그 밖에 ①부터 ③까지의 규정에 준하는 경우로서 대통령령으로 정하는 취득에 해당하는 경우

심화학습

시가표준액

1. 의 의

시가표준액이란 과세권자가 지방세를 과세하는 경우 과세의 기준이 되는 금액으로서 보통징수하는 재산세의 과세표준의 기준이 되며, 취득세 등 신고납부하는 조세를 납세의무자가 무신고한 경우 등에 있어서 과세권자가 세금계산의 기준으로 삼는 금액이다.

2. 토지 및 주택의 시가표준액(「지방세법」 제4조 제1항)

- 토지 및 주택에 대한 시가표준액은 「부동산 가격공시에 관한 법률」에 따라 공시된 가액(價額)으로 한다.
- 개별공시지가 또는 개별주택가격이 공시되지 아니한 경우에는 특별자치시장·특별자치도지사·시장·군수 또는 구청장(자치구의 구청장)이 같은 법에 따라 국토교통부장관이 제공한 토지가격비준표 또는 주택가격비준표를 사용하여 산정한 가액으로 한다.

- 공동주택가격이 공시되지 아니한 경우에는 대통령령으로 정하는 기준에 따라 특별자치시장·특별자치도지사·시장·군수 또는 구청장이 산정한 가액으로 한다.

3. 건축물 등의 시가표준액(「지방세법」 제4조 제2항)

건축물(새로 건축하여 건축 당시 개별주택가격 또는 공동주택가격이 공시되지 아니한 주택으로서 토지부분을 제외한 건축물을 포함), 선박, 항공기 및 그 밖의 과세대상에 대한 시가표준액은 거래가격, 수입가격, 신축·건조·제조가격 등을 고려하여 정한 기준가격에 종류, 구조, 용도, 경과연수 등 과세대상별 특성을 고려하여 대통령령으로 정하는 기준에 따라 지방자치단체의 장이 결정한 가액으로 한다.

참고학습 | 건축물 등의 시가표준액 결정(「지방세법 시행령」 제4조)

법 제4조제2항에서 "대통령령으로 정하는 기준"이란 매년 1월 1일 현재를 기준으로 과세대상별 구체적 특성을 고려하여 다음의 방식에 따라 행정안전부장관이 정하는 기준을 말한다.

1. 오피스텔

행정안전부장관이 고시하는 표준가격기준액에 다음의 사항을 적용한다.
- 오피스텔의 용도별·층별 지수
- 오피스텔의 규모·형태·특수한 부대설비 등의 유무 및 그 밖의 여건에 따른 가감산율

1-2. 오피스텔 외의 건축물

건설원가 등을 고려하여 행정안전부장관이 산정·고시하는 건물신축가격기준액에 다음의 사항을 적용한다.
- 건물의 구조별·용도별·위치별 지수
- 건물의 경과연수별 잔존가치율
- 건물의 규모·형태·특수한 부대설비 등의 유무 및 그 밖의 여건에 따른 가감산율(加減算率)
- 기타 보정률

2. 선 박

선박의 종류·용도 및 건조가격을 고려하여 톤수 간에 차등을 둔 단계별 기준가격에 해당 톤수를 차례대로 적용하여 산출한 가액의 합계액에 다음의 사항을 적용한다.
- 선박의 경과연수별 잔존가치율
- 급랭시설 등의 유무에 따른 가감산율

3. 차 량

차량의 종류별·승차정원별·최대적재량별·제조연도별 제조가격(수입하는 경우에는 수입가격을 말한다) 및 거래가격 등을 고려하여 정한 기준가격에 차량의 경과연수별 잔존가치율을 적용한다.

4. 기계장비

기계장비의 종류별·톤수별·형식별·제조연도별 제조가격(수입하는 경우에는 수입가격을 말한다) 및 거래가격 등을 고려하여 정한 기준가격에 기계장비의 경과연수별 잔존가치율을 적용한다.

5. 입목(立木)

입목의 종류별·수령별 거래가격 등을 고려하여 정한 기준가격에 입목의 목재 부피, 그루 수 등을 적용한다.

6. 항공기

   항공기의 종류별·형식별·제작회사별·정원별·최대이륙중량별·제조연도별 제조가격 및 거래가격(수입하는 경우에는 수입가격을 말한다)을 고려하여 정한 기준가격에 항공기의 경과연수별 잔존가치율을 적용한다.

7. 광업권

   광구의 광물매장량, 광물의 톤당 순 수입가격, 광업권 설정비, 광산시설비 및 인근 광구의 거래가격 등을 고려하여 정한 기준가격에서 해당 광산의 기계 및 시설취득비, 기계설비이전비 등을 뺀다.

8. 어업권·양식업권

   인근 같은 종류의 어장·양식장 거래가격과 어구 설치비 등을 고려하여 정한 기준가격에 어업·양식업의 종류, 어장·양식장의 위치, 어구 또는 장치, 어업·양식업의 방법, 채취물 또는 양식물 및 면허의 유효기간 등을 고려한다.

9. 골프회원권, 승마회원권, 콘도미니엄 회원권, 종합체육시설 이용회원권 및 요트회원권

   분양 및 거래가격을 고려하여 정한 기준가격에 「소득세법」에 따른 기준시가 등을 고려한다.

10. 토지에 정착하거나 지하 또는 다른 구조물에 설치하는 시설

    종류별 신축가격 등을 고려하여 정한 기준가격에 시설의 용도·구조 및 규모 등을 고려하여 가액을 산출한 후, 그 가액에 다시 시설의 경과연수별 잔존가치율을 적용한다.

11. 건축물에 딸린 시설물

    종류별 제조가격(수입하는 경우에는 수입가격을 말한다), 거래가격 및 설치가격 등을 고려하여 정한 기준가격에 시설물의 용도·형태·성능 및 규모 등을 고려하여 가액을 산출한 후, 그 가액에 다시 시설물의 경과연수별 잔존가치율을 적용한다.

심화학습

겸용주택의 시가표준액 결정(「지방세법 시행령」 제4조 제2항)
건축물에 딸린 시설물의 시가표준액을 적용할 때 그 시설물이 주거와 주거 외의 용도로 함께 쓰이고 있는 건축물의 시설물인 경우에는 그 건축물의 연면적 중 주거와 주거 외의 용도 부분의 점유비율에 따라 시가표준액을 나누어 적용한다.

---

5. 부동산등의 일괄취득(「지방세법 시행령」 제19조)

① 부동산 등을 한꺼번에 취득하여 각 과세물건의 취득 당시의 가액이 구분되지 않는 경우에는 한꺼번에 취득한 가격을 각 과세물건별 시가표준액 비율로 나눈 금액을 각각의 취득 당시의 가액으로 한다.

② ①에도 불구하고 주택, 건축물과 그 부속토지를 한꺼번에 취득한 경우에는 다음의 계산식에 따라 주택 부분과 주택 외 부분의 취득 당시의 가액을 구분하여 산정한다.

$$\text{⑦ 주택} = \text{전체 취득당시가액} \times \frac{\left(\begin{array}{l}\text{건축물 중 주택부분의 시가표준액} + \\ \text{부속토지 중 주택부분의 시가표준액}\end{array}\right)}{\text{건축물과 부속토지 전체의 시가표준액}}$$

$$\text{ⓛ 주택 외} = \text{전체 취득당시가액} \times \frac{\left(\begin{array}{l}\text{건축물 중 주택 외 부분의 시가표준액} + \\ \text{부속토지 중 주택 외 부분의 시가표준액}\end{array}\right)}{\text{건축물과 부속토지 전체의 시가표준액}}$$

③ ①, ②에도 불구하고 신축 또는 증축으로 주택과 주택 외의 건축물을 한꺼번에 취득한 경우에는 다음의 계산식에 따라 주택부분과 주택 외 부분의 취득 당시의 가액을 구분하여 산정한다.

$$\text{⑦ 주택} = \text{전체 취득당시가액} \times \frac{\text{건축물 중 주택부분의 연면적}}{\text{건축물 전체의 연면적}}$$

$$\text{ⓛ 주택 외} = \text{전체 취득당시가액} \times \frac{\text{건축물 중 주택 외 부분의 연면적}}{\text{건축물 전체의 연면적}}$$

④ ①의 경우에 시가표준액이 없는 과세물건이 포함되어 있으면 부동산 등의 감정가액 등을 고려하여 시장·군수·구청장이 결정한 비율로 나눈 금액을 각각의 취득 당시의 가액으로 한다.

제6절 세 율 제24회, 제25회, 제26회, 제27회, 제28회, 제30회, 제35회

취득세는 과세대상 물건의 성격과 종류 및 취득방법에 따라 표준세율이 적용되는 경우와 중과세율 및 특례세율이 적용되는 경우로 나누어지며, 세율구조는 차등비례세율이 적용된다.

1 표준세율

1. 개 요

지방자치단체의 장은 조례로 정하는 바에 따라 취득세의 세율을 표준세율의 100분의 50의 범위에서 가감할 수 있으며(「지방세법」 제14조), 같은 취득물건에 대하여 둘 이상의 세율이 해당되는 경우에는 그중 높은 세율을 적용한다(「지방세법」 제16조 제5항).

2. 부동산 취득의 세율

부동산에 대한 취득세는 과세표준에 다음에 해당하는 표준세율을 적용하여 계산한 금액을 그 세액으로 한다(「지방세법」 제11조 제1항).

(1) 상속으로 인한 취득

① 농 지

1천분의 23

② 농지 외의 것

1천분의 28

심화학습

농지의 범위(「지방세법 시행령」 제21조)

1. 취득 당시 공부상 지목이 논, 밭 또는 과수원인 토지로서 실제 농작물의 경작이나 다년생식물의 재배지로 이용되는 토지. 이 경우 농지 경영에 직접 필요한 농막(農幕)·두엄간·양수장·못·늪·농도(農道)·수로 등이 차지하는 토지 부분을 포함한다.
2. 취득 당시 공부상 지목이 논, 밭, 과수원 또는 목장용지인 토지로서 실제 축산용으로 사용되는 축사와 그 부대시설로 사용되는 토지, 초지 및 사료밭

---

(2) 상속 외의 무상취득

1천분의 35. 다만, 대통령령으로 정하는 비영리사업자의 취득은 1천분의 28로 한다.

> 1세대 1주택자가 소유주택을 배우자·직계존비속에게 증여한 경우 : 3.5%

심화학습

비영리사업자의 범위(「지방세법 시행령」 제22조)

1. 종교 및 제사를 목적으로 하는 단체
2. 「초·중등교육법」 및 「고등교육법」에 따른 학교, 「경제자유구역 및 제주국제자유도시의 외국교육기관 설립·운영에 관한 특별법」 또는 「기업도시개발 특별법」에 따른 외국교육기관을 경영하는 자 및 「평생교육법」에 따른 교육시설을 운영하는 평생교육단체
3. 「사회복지사업법」에 따라 설립된 사회복지법인
4. 「지방세특례제한법」 제22조 제1항에 따른 사회복지법인등
5. 「정당법」에 따라 설립된 정당

---

(3) 유상승계취득

① 일반적인 경우

농 지	1,000분의 30
농지·주택 이외	1,000분의 40

② 주택유상취득시 표준세율(조정대상지역 내 1세대 1주택 및 조정대상지역 외 1세대 2주택)

6억원 이하	1,000분의 10
6억원 초과 9억원 이하	$Y* = (\text{해당주택의 취득당시가액} \times \dfrac{2}{3억원} - 3) \times \dfrac{1}{100}$
9억원 초과	1,000분의 30

* Y : 세율(단위 : %), 소수점 이하 다섯째자리에서 반올림하여 소수점 넷째자리까지 계산한다.

③ (1), (2), (3)의 ①, ②의 부동산이 공유물일 때에는 그 취득지분의 가액을 과세표준으로 하여 각각의 세율을 적용한다(「지방세법」 제11조 제2항).

④ 건축(신축과 재축은 제외) 또는 개수로 인하여 건축물 면적이 증가할 때에는 그 증가된 부분에 대하여 원시취득으로 보아 세율(1,000분의 28)을 적용한다(「지방세법」 제11조 제3항).

⑤ 주택을 신축 또는 증축한 이후 해당 주거용 건축물의 소유자(배우자 및 직계존비속을 포함)가 해당 주택의 부속토지를 취득하는 경우에는 (3)의 ②의 세율(주택유상거래로 인한 세율)을 적용하지 아니한다(「지방세법」 제11조 제4항).

심화학습

지분으로 주택을 취득하는 경우
지분으로 취득한 주택의 취득당시가액은 다음의 계산식에 따라 산출한 전체 주택의 취득당시가액으로 한다(「지방세법」 제11조 제11항 제8호).

전체 주택의 취득당시가액
= 취득 지분의 취득당시가액 × (전체 주택의 시가표준액 / 취득 지분의 시가표준액)

---

(4) 원시취득

1천분의 28

(5) 공유물의 분할 또는 「부동산 실권리자명의 등기에 관한 법률」에서 규정하고 있는 부동산의 공유권 해소를 위한 지분이전으로 인한 취득(지분이전으로 인한 취득 : 등기부등본상 본인 지분을 초과하는 부분의 경우에는 제외한다)

1천분의 23

(6) 합유물 및 총유물의 분할로 인한 취득

1천분의 23

(7) 법인의 합병, 분할에 따라 부동산을 취득하는 경우에는 (3)의 유상취득의 세율을 적용한다.

부동산취득시 표준세율

구분		세율	비고
상속취득	농지	2.3%	논·밭·과수원·목장용지
	농지 이외	2.8%	–
무상취득 (증여)	비영리사업자	2.8%	• 농지와 농지 이외 구별 없음
	일반	3.5%	• 조정대상지역 내 3억원 이상의 주택 취득: 12%
유상승계 취득	농지	3%	논·밭·과수원·목장용지
	농지·주택 이외	4%	매매와 교환으로 인한 경우 세율 동일
원시취득	일반적인 경우	2.8%	건축(신축과 재축 제외) 또는 개수로 인하여 건축물 면적이 증가할 때에는 그 증가된 부분에 대하여 원시취득으로 보아 세율 적용
분할취득	공유물·공유권 해소의 분할	2.3%	형식적인 소유권 취득에 대한 세율특례가 적용 ※ 표준세율에서 중과기준세율을 뺀 세율(0.3%) 적용
	합유·총유물	2.3%	–
법인의 합병, 분할취득	농지	3%	법인의 합병, 분할에 따라 부동산을 취득하는 경우 유상취득의 세율을 적용
	농지·주택 이외	4%	

2 법인의 주택 취득 등 중과세율

1. 주택 유상거래로 인한 취득의 중과세

① 주택을 유상거래를 원인으로 취득하는 경우로서 법인의 주택 취득 등에 해당하는 경우에는 제 11조 제1항 제8호에도 불구하고 중과세율을 적용한다(「지방세법」 제13조의2 제1항).

② 이 경우 주택의 공유지분이나 부속토지만을 소유하거나 취득하는 경우에도 주택을 소유하거나 취득한 것으로 본다(「지방세법」 제13조의2 제1항).

③ 해당 중과세율

㉠ 법인(「국세기본법」 제13조에 따른 법인으로 보는 단체, 「부동산등기법」 제49조 제1항 제3호에 따른 법인 아 닌 사단·재단 등 개인이 아닌 자를 포함)이 주택을 취득하는 경우 : 제11조 제1항 제7호 나목(1천분 의 40)의 세율을 표준세율로 하여 해당 세율에 중과기준세율의 100분의 400을 합한 세율

ⓒ 1세대 2주택(대통령령으로 정하는 일시적 2주택은 제외)에 해당하는 주택으로서 「주택법」 제63조의2 제1항 제1호에 따른 조정대상지역에 있는 주택을 취득하는 경우 또는 1세대 3주택에 해당하는 주택으로서 조정대상지역 외의 지역에 있는 주택을 취득하는 경우 : 제11조 제1항 제7호 나목 (1천분의 40)의 세율을 표준세율로 하여 해당 세율에 중과기준세율의 100분의 200을 합한 세율

참고학습 | 세대의 기준(「지방세법 시행령」 제28조의3)

1. 법 제13조의2 제1항부터 제4항까지의 규정을 적용할 때 1세대란 주택을 취득하는 사람과 「주민등록법」 제7조에 따른 세대별 주민등록표 또는 「출입국관리법」 제34조 제1항에 따른 등록외국인기록표 및 외국인등록표(이하 "등록외국인기록표등"이라 한다)에 함께 기재되어 있는 가족(동거인은 제외)으로 구성된 세대를 말하며 주택을 취득하는 사람의 배우자(사실혼은 제외하며, 법률상 이혼을 했으나 생계를 같이 하는 등 사실상 이혼한 것으로 보기 어려운 관계에 있는 사람을 포함), 취득일 현재 미혼인 30세 미만의 자녀 또는 부모(주택을 취득하는 사람이 미혼이고 30세 미만인 경우로 한정)는 주택을 취득하는 사람과 같은 세대별 주민등록표 또는 등록외국인기록표등에 기재되어 있지 않더라도 1세대에 속한 것으로 본다.
2. 1.에도 불구하고 다음의 어느 하나에 해당하는 경우에는 각각 별도의 세대로 본다.
   ① 부모와 같은 세대별 주민등록표에 기재되어 있지 않은 30세 미만의 자녀로서 「소득세법」 제4조에 따른 소득이 「국민기초생활 보장법」 제2조 제11호에 따른 기준 중위소득의 100분의 40 이상이고, 소유하고 있는 주택을 관리·유지하면서 독립된 생계를 유지할 수 있는 경우. 다만, 미성년자인 경우는 제외한다.
   ② 취득일 현재 65세 이상의 부모(부모 중 어느 한 사람이 65세 미만인 경우를 포함)를 동거봉양(同居奉養)하기 위하여 30세 이상의 자녀, 혼인한 자녀 또는 ①에 따른 소득요건을 충족하는 성년인 자녀가 합가(合家)한 경우
   ③ 취학 또는 근무상의 형편 등으로 세대전원이 90일 이상 출국하는 경우로서 「주민등록법」 제10조의3 제1항 본문에 따라 해당 세대가 출국 후에 속할 거주지를 다른 가족의 주소로 신고한 경우

참고학습 | 일시적 2주택(「지방세법 시행령」 제28조의5)

1. 국내에 주택, 조합원입주권, 주택분양권 또는 오피스텔을 1개 소유한 1세대가 그 주택, 조합원입주권, 주택분양권 또는 오피스텔("종전 주택등")을 소유한 상태에서 이사·학업·취업·직장이전 및 이와 유사한 사유로 다른 1주택("신규 주택")을 추가로 취득한 후 3년 이내에 종전 주택 등(신규 주택이 조합원입주권 또는 주택분양권에 의한 주택이거나 종전 주택등이 조합원입주권 또는 주택분양권인 경우에는 신규 주택을 포함)을 처분하는 경우 해당 신규 주택을 말한다. 다만, 종전 주택이 「도시 및 주거환경정비법」 제74조 제1항에 따른 관리처분계획 인가를 받은 주택인 경우로서 관리처분계획 인가 당시 해당 사업구역에 거주하는 세대가 이주한 경우에는 그 이주한 날 종전주택을 처분한 것으로 본다.
2. 1.을 적용할 때 조합원입주권 또는 주택분양권을 1개 소유한 1세대가 그 조합원입주권 또는 주택분양권을 소유한 상태에서 신규 주택을 취득한 경우에는 해당 조합원입주권 또는 주택분양권에 의한 주택을 취득한 날부터 일시적 2주택 기간을 기산한다.

ⓒ 1세대 3주택 이상에 해당하는 주택으로서 조정대상지역에 있는 주택을 취득하는 경우 또는 1세대 4주택 이상에 해당하는 주택으로서 조정대상지역 외의 지역에 있는 주택을 취득하는 경우 : 법 제11조 제1항 제7호 나목(1천분의 40)의 세율을 표준세율로 하여 해당 세율에 중과기준세율의 100분의 400을 합한 세율

구 분		세 율	
		조정대상지역 내	조정대상지역 외
개 인	1세대 2주택	8%(4%+중과기준세율× 2배)	1~3%
	1세대 3주택	12%(4%+중과기준세율× 4배)	8%(4%+중과기준세율×2배)
	1세대 4주택	12%	12%
법 인		12%(4%+중과기준세율×4배)	

2. 조정대상지역 내 3억원 이상의 주택을 무상취득시 중과세

조정대상지역에 있는 주택으로서 3억원 이상의 주택을 무상취득을 원인으로 취득하는 경우에는 제11조 제1항 제2호에도 불구하고 같은 항 제7호 나목(1천분의 40)의 세율을 표준세율로 하여 해당 세율에 중과기준세율의 100분의 400을 합한 세율(12%)을 적용한다(「지방세법」 제13조의2 제2항).

구 분		세 율
주 택	조정대상지역 내 3억원 이상 주택	12%
	그 외	3.5%
	비영리사업자	2.8%
주택 이외	비영리사업자	2.8%
	그 외	3.5%

참고 | 1세대 1주택자가 소유주택을 배우자·직계존비속에게 증여한 경우 : 3.5%

참고학습 | 중과세 대상 무상취득 등(「지방세법 시행령」 제28조의6)

1. 법 제13조의2 제2항에서 "대통령령으로 정하는 일정가액 이상의 주택"이란 취득 당시 법 제4조에 따른 시가표준액(지분이나 부속토지만을 취득한 경우에는 전체 주택의 시가표준액을 말한다)이 3억원 이상인 주택을 말한다.
2. 법 제13조의2 제2항 단서에서 "1세대 1주택자가 소유한 주택을 배우자 또는 직계존비속이 무상취득하는 등 대통령령으로 정하는 경우"란 다음의 어느 하나에 해당하는 경우를 말한다.
   ① 1세대 1주택을 소유한 사람으로부터 해당 주택을 배우자 또는 직계존비속이 법 제11조 제1항 제2호에 따른 무상취득을 원인으로 취득하는 경우
   ② 법 제15조 제1항 제3호 및 제6호에 따른 세율의 특례 적용대상에 해당하는 경우
   ③ 「법인세법」 제46조 제2항에 해당하는 법인의 분할로 인하여 분할신설법인등이 분할법인으로부터 취득하는 미분양 주택. 다만, 분할등기일부터 3년 이내에 「법인세법」 제46조의3 제3항 각 호의 어느 하나에 해당하는 사유가 발생하는 경우(같은 항 각 호 외의 부분 단서에 해당하는 경우는 제외한다)에는 제외한다.

3. 동시에 적용되는 경우 취득세율

1. 또는 2.와 제13조 제5항(사치상재산에 대한 중과세율)이 동시에 적용되는 과세물건에 대한 취득세율은 제16조 제5항(같은 취득물건에 대하여 둘 이상의 세율이 해당되는 경우에는 그중 높은 세율을 적용)에도 불구하고 1. 및 2.의 세율에 중과기준세율의 100분의 400을 합한 세율을 적용한다(「지방세법」 제13조의2 제3항).

4. 적용여부

1.부터 3.까지를 적용할 때 조정대상지역 지정고시일 이전에 주택에 대한 매매계약(공동주택 분양계약을 포함)을 체결한 경우(다만, 계약금을 지급한 사실 등이 증빙서류에 의하여 확인되는 경우에 한정)에는 조정대상지역으로 지정되기 전에 주택을 취득한 것으로 본다(「지방세법」 제13조의2 제4항).

5. 주택 수 판단의 범위

법인의 주택 취득 등 중과세를 적용할 때 다음의 어느 하나에 해당하는 경우에는 다음에서 정하는 바에 따라 세대별 소유 주택 수에 가산한다(법 제13조의3).
① 「신탁법」에 따라 신탁된 주택은 위탁자의 주택 수에 가산한다.
② 「도시 및 주거환경정비법」 제74조에 따른 관리처분계획의 인가 및 「빈집 및 소규모주택 정비에 관한 특례법」 제29조에 따른 사업시행계획인가로 인하여 취득한 입주자로 선정된 지위[「도시 및 주거환경정비법」에 따른 재건축사업 또는 재개발사업, 「빈집 및 소규모주택 정비에 관한 특례법」에 따른 소규모재건축사업을 시행하는 정비사업조합의 조합원으로서 취득한 것(그 조합원으로부터 취득한 것을 포함)으로 한정하며, 이에 딸린 토지를 포함한다. 이하 "조합원입주권"이라 한다]는 해당 주거용 건축물이 멸실된 경우라도 해당 조합원입주권 소유자의 주택 수에 가산한다.

③ 「부동산 거래신고 등에 관한 법률」 제3조 제1항 제2호에 따른 "부동산에 대한 공급계약"을 통하여 주택을 공급받는 자로 선정된 지위(해당 지위를 매매 또는 증여 등의 방법으로 취득한 것을 포함한다. 이하 "주택분양권"이라 한다)는 해당 주택분양권을 소유한 자의 주택 수에 가산한다.

④ 제105조에 따라 주택으로 과세하는 오피스텔은 해당 오피스텔을 소유한 자의 주택 수에 가산한다.

3 과밀억제권역 안 취득 등 중과세율

1. 개 요

취득세는 사치성재산을 취득하는 경우와 과밀억제권역으로의 인구·경제력 집중 규제와 지방으로의 분산을 촉진하기 위해 특정취득자산에 대해서 중과세율을 적용한다.

구 분	내 용	세 율
사치성재산에 대한 중과세	고급오락장·골프장·고급선박·고급주택 등 사치성재산을 취득하는 경우	• 표준세율＋중과기준세율(2%)×4배 • 유상취득 : 12%
과밀억제권역 내 중과세	• 과밀억제권역에서 본점이나 주사무소의 사업용으로 신축하거나 증축하는 건축물과 그 부속토지를 취득하는 경우 • 과밀억제권역(산업단지, 유치지역, 공업지역 제외)에서 공장을 신·증설하기 위하여 사업용 과세물건을 취득하는 경우	• 표준세율＋중과기준세율×2배 • 유상취득 : 8%
대도시에서 중과세	• 대도시에서 법인을 설립(휴면법인을 인수하는 경우 포함)하거나 지점 또는 분사무소를 설치하는 경우 및 법인의 본점·주사무소·지점 또는 분사무소를 대도시 밖에서 대도시로 전입함에 따라 대도시의 부동산을 취득하는 경우 • 대도시(유치지역 및 공업지역 제외)에서 공장을 신설하거나 증설함에 따라 부동산을 취득하는 경우	• 표준세율×3배－중과기준세율×2배 • 유상취득 : 8%
동시 적용	위 사치성재산 중과세와 대도시에서 중과세가 동시에 적용되는 경우	• 표준세율×3배＋중과기준세율×2배 • 유상취득 : 16%
	위 과밀억제권역 내 중과세와 대도시에서 중과세가 동시에 적용되는 경우	• 표준세율×3배 • 유상취득 : 12%
	조정대상지역 내 주택유상거래로 인한 취득세 세율·조정대상지역 내 주택을 증여받은 경우의 취득세 세율과 사치성재산에 대한 중과세가 동시에 적용되는 경우	해당 취득세 세율에 중과기준세율의 4배를 합한 세율(최대 20%)

중과기준세율 : 종전의 취득세 및 등록세에 대해 어느 하나만 중과세되던 것을 2011년 1월 1일부터 시행된 현행 취득세에도 종전과 같이 세부담의 변동없이 그대로 중과세하기 위한 조정세율로, 1,000분의 20이다.

심화학습

동시 적용되는 경우(「지방세법」 제13조 제6항 내지 제7항)

1. 사치성재산 중과세와 대도시에서 중과세가 동시에 적용되는 경우
   취득세 세율은 같은 취득물건에 대하여 둘 이상의 세율에 해당하는 경우 그중 높은 세율을 적용하는 원칙에도 불구하고 표준세율×3배＋중과기준세율×2배로 한다. 다만, 유상거래에 따른 주택을 취득하는 경우에는 해당 세율(취득가격에 따른 1~3%)에 중과기준세율의 6배를 합한 세율을 적용한다.

2. 과밀억제권역 내 중과세와 대도시에서 중과세가 동시에 적용되는 경우
   취득세 세율은 같은 취득물건에 대하여 둘 이상의 세율에 해당하는 경우 그중 높은 세율을 적용하는 원칙에도 불구하고 표준세율×3배로 한다.

---

2. 사치성재산에 대한 세율

(1) 중과세 목적

지나친 낭비와 사치풍조를 억제하고 검소한 생활기풍을 진작시키기 위하여 골프장·고급오락장·고급선박·고급주택을 취득하는 경우에는 표준세율과 중과기준세율의 100분의 400을 합한 세율을 적용한다.

사치성재산의 취득세율 = 표준세율 + 중과기준세율(2%) × 4배

(2) 중과세대상 자산

골프장·고급오락장·고급선박·고급주택을 취득하는 경우(고급주택 등을 구분하여 그 일부를 취득하는 경우 포함)에는 표준세율과 중과기준세율의 100분의 400을 합한 세율을 적용한다. 다만, 골프회원권·골프연습장·고급승용차·고급항공기·법인의 비업무용 토지를 취득하는 경우에는 사치성재산에 해당하지 않는다(「지방세법」 제13조 제5항).

(3) 중과세율의 적용 방법

① 5년 이내에 사치성재산이 된 경우
   토지나 건축물을 취득한 후 5년 이내에 해당 토지나 건축물이 고급오락장 등 사치성재산에 해당하게 된 경우에는 중과세율을 적용하여 취득세를 추징한다. 다만, 당초에 납부한 세액이 있는 경우에는 차감한 세액을 중과세로 추징한다(「지방세법」 제16조 제1항).

② 사치성 건축물을 증축·개축한 경우

고급주택, 골프장 또는 고급오락장용 건축물을 증축·개축 또는 개수한 경우와 일반건축물을
증축·개축 또는 개수하여 고급주택 또는 고급오락장이 된 경우에 그 증가되는 건축물의 가액
에 대하여 중과세율을 적용한다(「지방세법」 제16조 제2항).

3. 사치성재산의 범위

(1) 골프장

① 「체육시설의 설치·이용에 관한 법률」에 따른 회원제 골프장용 부동산 중 구분등록의 대상이
되는 토지와 건축물 및 그 토지상의 입목을 말한다(「지방세법」 제13조 제5항 제2호).

② 골프장은 그 시설을 갖추어 「체육시설의 설치·이용에 관한 법률」에 따라 체육시설업의 등록
(시설을 증설하여 변경등록하는 경우를 포함한다)을 하는 경우뿐만 아니라 등록을 하지 아니하더라
도 사실상 골프장으로 사용하는 경우에도 적용한다(「지방세법」 제13조 제5항).

심화학습

골프장 등에 대한 과세

1. 골프장
   • 골프장을 신설·증설하는 경우에 중과세율을 적용한다.
   • 다만, 승계취득하는 경우에는 중과세율을 적용하지 않는다.
2. 골프장 이외 사치성재산
   원시취득·승계취득을 불문하고 중과세율을 적용한다.

---

(2) 고급오락장

① 의 의

㉠ 도박장, 유흥주점영업장, 특수목욕장, 그 밖에 이와 유사한 용도에 사용되는 건축물 중 대
통령령으로 정하는 건축물과 그 부속토지를 말한다(「지방세법」 제13조 제5항 제4호).

㉡ 그 부속된 토지의 경계가 명확하지 아니할 때에는 그 건축물의 바닥면적의 10배에 해당하
는 토지를 그 부속토지로 본다(「지방세법」 제13조 제5항).

㉢ 고급오락장을 2명 이상이 구분하여 취득하거나 1명 또는 여러 명이 시차를 두고 구분하여
취득하는 경우에도 이를 고급오락장으로 본다(「지방세법 시행령」 제28조 제1항).

② 중과세가 제외되는 경우

고급오락장용 건축물을 취득한 날부터 60일 이내에 고급오락장이 아닌 용도로 사용하거나 고
급오락장이 아닌 용도로 사용하기 위하여 용도변경 공사를 착공하는 경우는 제외한다(「지방세
법」 제13조 제5항 제4호).

> 상속으로 인한 경우는 상속개시일이 속하는 달의 말일부터, 실종으로 인한 경우는 실종선고일이
> 속하는 달의 말일부터 각각 6개월(납세자가 외국에 주소를 둔 경우에는 각각 9개월)

③ 건축물의 일부에 고급오락장이 시설된 경우

    고급오락장이 건축물의 일부에 시설되었을 때에는 해당 건축물에 부속된 토지 중 그 건축물의
연면적에 대한 고급오락장용 건축물의 연면적 비율에 해당하는 토지를 고급오락장의 부속토지
로 본다(「지방세법 시행령」 제28조 제5항 단서).

$$중과세대상 고급오락장 부속토지 면적 = 건축물 부속토지 면적 \times \frac{고급오락장용 건축물 면적}{건축물 연면적}$$

심화학습

고급오락장의 범위(「지방세법 시행령」 제28조 제5항)

1. 당사자 상호간에 재물을 걸고 우연한 결과에 따라 재물의 득실을 결정하는 카지노장(「관광진흥법」에 따라 허가된 외국인전용 카지노장은 제외한다)
2. 사행행위 또는 도박행위에 제공될 수 있도록 자동도박기[파친코, 슬롯머신(slot machine), 아케이드 이퀴프 먼트(arcade equipment) 등을 말한다]를 설치한 장소
3. 머리와 얼굴에 대한 미용시설 외에 욕실 등을 부설한 장소로서 그 설비를 이용하기 위하여 정해진 요금을 지급하도록 시설된 미용실
4. 「식품위생법」 제37조에 따른 허가 대상인 유흥주점영업으로서 다음의 어느 하나에 해당하는 영업장소(공용 면적을 포함한 영업장의 면적이 100m²를 초과하는 것만 해당한다)
   - 손님이 춤을 출 수 있도록 객석과 구분된 무도장을 설치한 영업장소(카바레·나이트클럽·디스코클럽 등을 말한다)
   - 유흥접객원(남녀를 불문하며 임시로 고용된 사람을 포함한다)을 두는 경우로, 별도로 반영구적으로 구획된 객실의 면적이 영업장 전용면적의 100분의 50 이상이거나 객실 수가 5개 이상인 영업장소(룸살롱, 요정 등을 말한다)

---

(3) 고급선박

    고급선박이란 비업무용 자가용 선박으로서 시가표준액이 3억원을 초과하는 선박을 말한다. 다만,
실험·실습 등의 용도에 사용할 목적으로 취득하는 것은 제외한다(「지방세법 시행령」 제28조 제6항).

(4) 고급주택

① 개 요

    ㉠ 「지방세법」상 사치성재산의 하나인 고급주택은 취득세에서 중과세대상이며, 단독주택과
       공동주택으로 구분하여 규정되어 있다.

ⓛ 다만, 2명 이상이 구분하여 취득하거나 1명 또는 여러 명이 시차를 두고 구분하여 취득하는 경우에도 고급주택으로 본다(「지방세법 시행령」 제28조 제1항).

② 그 부속된 토지의 경계가 명확하지 아니할 때에는 그 건축물의 바닥면적의 10배에 해당하는 토지를 그 부속토지로 본다(「지방세법」 제13조 제5항).

③ **중과세가 제외되는 경우**

주거용 건축물을 취득한 날부터 60일[상속으로 인한 경우는 상속개시일이 속하는 달의 말일부터, 실종으로 인한 경우는 실종선고일이 속하는 달의 말일부터 각각 6개월(납세자가 외국에 주소를 둔 경우에는 각각 9개월)] 이내에 주거용이 아닌 용도로 사용하거나 고급주택이 아닌 용도로 사용하기 위하여 용도변경 공사를 착공하는 경우는 제외한다(「지방세법」 제13조 제5항 제3호).

심화학습

고급주택의 요건(「지방세법 시행령」 제28조 제4항)

1. 단독주택
   - 1구(1세대가 독립하여 구분 사용할 수 있도록 구획된 부분을 말한다)의 건축물의 연면적(주차장 면적은 제외한다)이 331m²를 초과하는 주거용 건축물과 그 부속토지로서 취득 당시의 시가표준액이 9억원을 초과하는 경우
   - 1구의 건축물의 대지면적이 662m²를 초과하는 주거용 건축물과 그 부속토지로서 취득 당시의 시가표준액이 9억원을 초과하는 경우
   - 1구의 건축물에 엘리베이터(적재하중 200kg 이하의 소형 엘리베이터는 제외한다)가 설치된 주거용 건축물과 그 부속토지(공동주택과 그 부속토지는 제외한다)로서 취득 당시의 시가표준액이 9억원을 초과하는 경우
   - 1구의 건축물에 에스컬레이터 또는 67m² 이상의 수영장 중 1개 이상의 시설이 설치된 주거용 건축물과 그 부속토지(공동주택과 그 부속토지는 제외한다)

2. 공동주택
   1구의 공동주택의 건축물 연면적(공용면적은 제외한다)이 245m²(복층형은 274m²로 하되, 한 층의 면적이 245m²를 초과하는 것은 제외한다)를 초과하는 공동주택과 그 부속토지로서 취득 당시의 시가표준액이 9억원을 초과하는 경우

3. 다가구주택
   - 여러 가구가 한 건축물에 거주할 수 있도록 건축된 다가구용 주택은 공동주택의 기준을 적용한다.
   - 이 경우 한 가구가 독립하여 거주할 수 있도록 구획된 부분을 각각 1구의 건축물로 본다.

고급주택·별장의 세목별 중과세

구 분	취득세	등록면허세	재산세	종합부동산세
고급주택	중과세○	중과세×	고율×(초·누)	과세대상○
별 장	중과세×	중과세×	고율×(초·누)	과세대상○

4. 과밀억제권역에 대한 중과세

「수도권정비계획법」제6조에 따른 과밀억제권역에서 다음의 어느 하나에 해당하는 부동산을 취득하는 경우의 취득세율은 부동산 취득의 표준세율에 중과기준세율(1천분의 20)의 100분의 200을 합한 세율을 적용한다(「지방세법」제13조 제1항). 이는 대도시로의 인구집중 규제 및 환경오염·교통난 등의 완화 목적으로 중과세하는 것이다.

표준세율 + 중과기준세율(2%) × 2배

① 「수도권정비계획법」제6조에 따른 과밀억제권역에서 본점이나 주사무소의 사업용으로 신축하거나 증축하는 건축물(「신탁법」에 따른 수탁자가 취득한 신탁재산 중 위탁자가 신탁기간 중 또는 신탁종료 후 위탁자의 본점이나 주사무소의 사업용으로 사용하기 위하여 신축하거나 증축하는 건축물을 포함한다)과 그 부속토지를 취득하는 경우

심화학습

중과세대상에 해당하는 본점과 해당하지 않는 본점의 예

1. 중과대상에 해당되는 본점의 예(「지방세법」기본통칙 13-2)
   • 도시형 공장을 영위하는 공장의 구내에서 본점용 사무실을 증축하는 경우
   • 본점의 사무소 전용 주차타워를 신·증축하는 경우
   • 임대한 토지에 공장을 신설하여 운영하다가 동 토지 내에 본점 사업용 건축물을 신·증축하는 경우
   • 건축물을 신·증축한 후 5년 이내에 본점의 부서 중 일부 부서가 입주하여 사무를 처리하는 경우
2. 중과대상에 해당되지 않는 본점의 예(「지방세법」기본통칙 13-2)
   • 병원의 병실을 증축 취득하는 경우
   • 운수업체가 「자동차운수사업법」에 의한 차고용 토지만을 취득하는 경우
   • 임대업자가 임대하기 위하여 취득한 부동산과 당해 건축물을 임차하여 법인의 본점용으로 사용하는 경우
   • 시장·백화점 등의 영업장의 경우

심화학습

과밀억제권역

1. 과밀억제권역(「수도권정비계획법」 제6조)
   인구와 산업이 지나치게 집중되었거나 집중될 우려가 있어 이전하거나 정비할 필요가 있는 지역을 말한다.

2. 과밀억제권역의 범위(「수도권정비계획법 시행령」 별표 1)
   - 서울특별시
   - 인천광역시[강화군, 옹진군, 서구 대곡동·불로동·마전동·금곡동·오류동·왕길동·당하동·원당동, 인천경제 자유구역(경제자유구역에서 해제된 지역을 포함한다) 및 남동 국가산업단지 제외]
   - 경기도(14개시) : 의정부시, 구리시, 남양주시(호평동·평내동·금곡동·일패동·이패동·삼패동·가운동·수석 동·지금동 및 도농동만 해당한다), 하남시, 고양시, 수원시, 성남시, 안양시, 부천시, 광명시, 과천시, 의왕시, 군포시, 시흥시(반월특수지역 제외)

② 과밀억제권역에서 공장(법령에 정하는 도시형 공장 제외)을 신설하거나 증설하기 위하여 사업용 과세물건을 취득하는 경우

> **과밀억제권역** : 「산업집적활성화 및 공장설립에 관한 법률」을 적용받는 산업단지·유치지역 및 「국 토의 계획 및 이용에 관한 법률」을 적용받는 공업지역은 제외한다.

심화학습

도시형 공장(「산업집적활성화 및 공장설립에 관한 법률」 제28조)
1. 시장·군수·구청장 및 관리기관은 첨단산업의 공장, 공해 발생 정도가 낮은 공장 및 도시민생활과 밀접한 관계가 있는 공장 등을 대통령령으로 정하는 바에 따라 도시형 공장으로 지정할 수 있다.
2. 도시형 공장의 범위
   - 특정대기유해물질을 배출하는 대기오염물질배출시설을 설치하는 공장이나 특정수질유해물질을 배출하는 폐수배출시설을 설치하는 공장 등을 제외한 공장
   - 반도체나 컴퓨터, 이동전화기 제조업 등

심화학습

중과세대상 공장

1. 중과세대상 공장의 범위
   - 중과대상인 공장이란 「지방세법 시행규칙」 별표 2에 규정된 업종의 공장(「산업집적활성화 및 공장설립에 관한 법률」에 따른 도시형 공장 제외)으로서 생산설비를 갖춘 건축물의 연면적(옥외에 기계장치 또는 저장시설이 있는 경우에는 그 시설물의 수평투영면적 포함)이 500m² 이상인 것을 말한다(「지방세법 시행규칙」 제7조 제1항).

- 이 경우 건축물의 연면적에는 해당 공장의 제조시설을 지원하기 위하여 공장 경계 구역 안에 설치되는 부대시설(식당, 휴게실, 목욕실, 세탁장, 의료실, 옥외 체육시설 및 기숙사 등 종업원의 후생복지증진에 제공되는 시설과 대피소, 무기고, 탄약고 및 교육시설은 제외한다)의 연면적을 포함한다(「지방세법 시행규칙」 제7조 제1항).

2. 중과세대상 과세물건

공장을 신·증설하는 경우 중과세할 과세물건은 다음의 어느 하나에 해당하는 것으로 한다(「지방세법 시행규칙」 제7조 제2항).

- 과밀억제권역에서 공장(도시형 공장 제외)을 신설하거나 증설하는 경우에는 신설하거나 증설하는 공장용 건축물과 그 부속토지
- 과밀억제권역에서 공장을 신설하거나 증설(건축물 연면적의 20% 이상을 증설하거나 건축물 연면적 330m² 를 초과하여 증설하는 경우만 해당)한 날부터 5년 이내에 취득하는 공장용 차량 및 기계장비

심화학습

중과세대상에서 제외되는 경우(「지방세법 시행규칙」 제7조 제2항 제2호)

1. 기존 공장의 기계설비 및 동력장치를 포함한 모든 생산설비를 포괄적으로 승계취득하는 경우
2. 해당 과밀억제권역에 있는 기존 공장을 폐쇄하고 해당 과밀억제권역의 다른 장소로 이전한 후 해당 사업을 계속 하는 경우. 다만, 타인 소유의 공장을 임차하여 경영하던 자가 그 공장을 신설한 날부터 2년 이내에 이전하는 경우 및 서울특별시 외의 지역에서 서울특별시로 이전하는 경우에는 그러하지 아니하다.
3. 기존 공장(승계취득한 공장을 포함한다)의 업종을 변경하는 경우
4. 기존 공장을 철거한 후 1년 이내에 같은 규모로 재축(건축공사에 착공한 경우를 포함한다)하는 경우
5. 행정구역 변경 등으로 새로 과밀억제권역으로 편입되는 지역은 편입되기 전에 「산업집적활성화 및 공장설립에 관한 법률」 제13조에 따른 공장설립 승인 또는 건축허가를 받은 경우
6. 부동산을 취득한 날부터 5년 이상 경과한 후 공장을 신설하거나 증설하는 경우
7. 차량 또는 기계장비를 노후 등의 사유로 대체취득하는 경우. 다만, 기존의 차량 또는 기계장비를 매각하거나 폐기처분하는 날을 기준으로 그 전후 30일 이내에 취득하는 경우만 해당한다.

---

5. 대도시 내의 부동산 취득에 대한 중과세

대도시에서 다음의 어느 하나에 해당하는 부동산(「신탁법」에 따른 수탁자가 취득한 신탁재산을 포함)을 취득하는 경우의 취득세는 부동산 취득의 표준세율의 100분의 300에서 중과기준세율(1천분의 20)의 100분의 200을 뺀 세율을 적용한다. 다만, 유상거래를 원인으로 하는 주택을 취득하는 경우의 취득세는 법인이 주택을 취득하는 경우의 세율(제11조 제1항 제7호 나목의 세율을 표준세율로 하여 해당 세율에 중과기준세율의 100분의 400을 합한 세율)을 적용한다(「지방세법」 제13조 제2항).

> 대도시 : 「수도권정비계획법」 제6조에 따른 과밀억제권역(「산업집적활성화 및 공장설립에 관한 법률」을 적용받는 산업단지는 제외한다)

$$(\text{표준세율} \times 3\text{배}) - \text{중과기준세율}(2\%) \times 2\text{배}$$

(1) 대도시 내 법인설립 등의 부동산 취득

① 중과세대상 부동산

    ㉠ 대도시에서 법인을 설립(휴면법인을 인수하는 경우를 포함한다)함에 따른 대도시 부동산 취득

    ㉡ 지점 또는 분사무소를 설치함에 따른 대도시 부동산 취득

    ㉢ 법인의 본점·주사무소·지점 또는 분사무소를 대도시 밖에서 대도시로 전입함에 따라 대도시의 부동산 취득(그 설립·설치·전입 이후의 부동산 취득을 포함한다)

심화학습

대도시 부동산 취득의 중과세 범위(「지방세법 시행령」 제27조 제3항 및 제6항)

1. 대도시 내에서 법인의 설립 등을 하기 이전에 취득하는 부동산

   해당 법인 또는 행정안전부령으로 정하는 사무소 또는 사업장(이하 "사무소등"이라 한다)이 그 설립·설치·전입 이전에 법인의 본점·주사무소·지점 또는 분사무소의 용도로 직접 사용하기 위한 부동산 취득(채권을 보전하거나 행사할 목적으로 하는 부동산 취득은 제외한다)

   > 법인을 설립하기 이전에 취득하는 부동산은 직접 사용하기 위하여 취득하는 부동산에 한하여 중과세한다.

2. 대도시 내에서 법인의 설립 등을 한 이후에 취득하는 부동산

   법인 또는 사무소등이 설립·설치·전입 이후 5년 이내에 하는 업무용·비업무용 또는 사업용·비사업용의 모든 부동산 취득

   > 법인의 설립 이후에 취득하는 부동산은 업무용·비업무용 모두 중과세한다

3. 부동산 취득에는 공장의 신설·증설, 공장의 승계취득, 해당 대도시에서의 공장 이전 및 공장의 업종변경에 따르는 부동산 취득을 포함하며, 신탁재산의 경우 본점·주사무소·지점 또는 분사무소 용도로의 직접 사용 여부와 법인 또는 사무소등 설립·설치·전입 이후 5년 이내 취득 여부는 「신탁법」에 따른 위탁자를 기준으로 판단한다.

---

② 중과세 제외 대상

대도시에 설치가 불가피하다고 인정되는 업종으로서 대도시 중과 제외 업종에 직접 사용할 목적으로 부동산을 취득하는 경우의 취득세는 중과세하지 아니하고, 부동산 취득의 표준세율을 적용한다(「지방세법」 제13조 제2항 단서).

심화학습

대도시 법인 중과세 제외 업종

1. 대도시 중과세 제외 업종

   다음에 해당하는 업종은 중과하지 아니한다(「지방세법 시행령」 제26조 제1항).
   - 「사회기반시설에 대한 민간투자법」 제2조 제3호에 따른 사회기반시설사업(같은 법 제2조 제8호에 따른 부대사업을 포함한다)
   - 「한국은행법」 및 「한국수출입은행법」에 따른 은행업
   - 「해외건설촉진법」에 따라 신고된 해외건설업(해당 연도에 해외건설 실적이 있는 경우로서 해외건설에 직접 사용하는 사무실용 부동산만 해당한다) 및 「주택법」 제4조에 따라 국토교통부에 등록된 주택건설사업(주택건설용으로 취득한 후 3년 이내에 주택건설에 착공하는 부동산만 해당한다)
   - 「전기통신사업법」 제5조에 따른 전기통신사업
   - 「산업발전법」에 따라 산업통상자원부장관이 고시하는 첨단기술산업과 「산업집적활성화 및 공장 설립에 관한 법률 시행령」 별표 1의2 제2호 마목에 따른 첨단업종
   - 「유통산업발전법」에 따른 유통산업, 「농수산물유통 및 가격안정에 관한 법률」에 따른 농수산물도매시장·농수산물공판장·농수산물종합유통센터·유통자회사 및 「축산법」에 따른 가축시장
   - 「여객자동차 운수사업법」에 따른 여객자동차운송사업 및 「화물자동차 운수사업법」에 따른 화물자동차운송사업과 「물류시설의 개발 및 운영에 관한 법률」 제2조 제3호에 따른 물류터미널사업 및 「물류정책기본법 시행령」 제3조 및 별표 1에 따른 창고업
   - 정부출자법인 또는 정부출연법인(국가나 지방자치단체가 납입자본금 또는 기본재산의 100분의 20 이상을 직접 출자 또는 출연한 법인만 해당)이 경영하는 사업
   - 「의료법」 제3조에 따른 의료업
   - 개인이 경영하던 제조업(「소득세법」 제19조 제1항 제3호에 따른 제조업을 말한다). 다만, 행정안전부령으로 정하는 바에 따라 법인으로 전환하는 기업만 해당하며, 법인 전환에 따라 취득한 부동산의 가액(법 제4조에 따른 시가표준액을 말한다)이 법인 전환 전의 부동산가액을 초과하는 경우에 그 초과부분과 법인으로 전환한 날 이후에 취득한 부동산은 법 제13조 제2항 각 호 외의 부분 본문을 적용한다.
   - 「산업집적활성화 및 공장설립에 관한 법률 시행령」 별표 1의2 제3호 가목에 따른 자원재활용업종
   - 「소프트웨어산업 진흥법」 제2조 제3호에 따른 소프트웨어사업 및 같은 법 제27조에 따라 설립된 소프트웨어공제조합이 소프트웨어산업을 위하여 수행하는 사업
   - 「공연법」에 따른 공연장 등 문화예술시설운영사업
   - 「방송법」 제2조 제2호·제5호·제8호·제11호 및 제13호에 따른 방송사업·중계유선방송사업·음악유선방송사업·전광판방송사업 및 전송망사업
   - 「과학관의 설립·운영 및 육성에 관한 법률」에 따른 과학관시설운영사업
   - 「산업집적활성화 및 공장설립에 관한 법률」 제28조에 따른 도시형 공장을 경영하는 사업
   - 「벤처투자 촉진에 관한 법률」 제37조에 따라 등록한 벤처투자회사가 중소기업창업 지원을 위하여 수행하는 사업. 다만, 법인설립 후 1개월 이내에 같은 법에 따라 등록하는 경우만 해당한다.
   - 「광산피해의 방지 및 복구에 관한 법률」 제31조에 따라 설립된 한국광해관리공단이 석탄산업합리화를 위하여 수행하는 사업
   - 「소비자기본법」 제33조에 따라 설립된 한국소비자원이 소비자 보호를 위하여 수행하는 사업
   - 「건설산업기본법」 제54조에 따라 설립된 공제조합이 건설업을 위하여 수행하는 사업
   - 「엔지니어링산업 진흥법」 제34조에 따라 설립된 공제조합이 그 설립 목적을 위하여 수행하는 사업

- 「주택도시기금법」에 따른 주택도시보증공사가 주택건설업을 위하여 수행하는 사업
- 「여신전문금융업법」 제2조 제12호에 따른 할부금융업
- 「통계법」 제22조에 따라 통계청장이 고시하는 한국표준산업분류에 따른 실내경기장·운동장 및 야구장 운영업
- 「산업발전법」(법률 제9584호 산업발전법 전부개정법률로 개정되기 전의 것을 말한다) 제14조에 따라 등록된 기업구조조정전문회사가 그 설립 목적을 위하여 수행하는 사업. 다만, 법인 설립 후 1개월 이내에 같은 법에 따라 등록하는 경우만 해당한다.
- 「지방세특례제한법」 제21조 제1항에 따른 청소년단체, 같은 법 제45조에 따른 학술단체·장학법인 및 같은 법 제52조에 따른 문화예술단체·체육단체가 그 설립 목적을 위하여 수행하는 사업
- 「중소기업진흥에 관한 법률」 제69조에 따라 설립된 회사가 경영하는 사업
- 「도시 및 주거환경정비법」 제35조 또는 「빈집 및 소규모주택 정비에 관한 특례법」 제23조에 따라 설립된 조합이 시행하는 「도시 및 주거환경정비법」 제2조 제2호의 정비사업 또는 「빈집 및 소규모주택 정비에 관한 특례법」 제2조 제1항 제3호의 소규모주택정비사업
- 「방문판매 등에 관한 법률」 제38조에 따라 설립된 공제조합이 경영하는 보상금지급책임의 보험사업 등 같은 법 제37조 제1항 제3호에 따른 공제사업
- 「한국주택금융공사법」에 따라 설립된 한국주택금융공사가 같은 법 제22조에 따라 경영하는 사업
- 「민간임대주택에 관한 특별법」 제5조에 따라 등록을 한 임대사업자 또는 「공공주택 특별법」 제4조에 따라 지정된 공공주택사업자가 경영하는 주택임대사업
- 「전기공사공제조합법」에 따라 설립된 전기공사공제조합이 전기공사업을 위하여 수행하는 사업
- 「소방산업의 진흥에 관한 법률」 제23조에 따른 소방산업공제조합이 소방산업을 위하여 수행하는 사업
- 「중소기업 기술혁신 촉진법」 제15조 및 같은 법 시행령 제13조에 따라 기술혁신형 중소기업으로 선정된 기업이 경영하는 사업. 다만, 법인의 본점·주사무소·지점·분사무소를 대도시 밖에서 대도시로 전입하는 경우는 제외한다.

2. 중과세 제외 대상 중에서 중과세율이 적용되는 경우

1.의 중과세 배제규정에도 불구하고 취득한 부동산이 다음의 어느 하나에 해당하는 경우 그 해당 부분에 대해서는 해당 중과세율을 적용한다(「지방세법」 제13조 제3항). 이 경우 대통령령으로 정하는 임대가 불가피하다고 인정되는 업종에 대하여는 직접 사용하는 것으로 본다(「지방세법」 제13조 제4항). 다만, 대도시 중과 제외 업종 중 대통령령으로 정하는 업종(주택건설사업)에 대하여는 직접 사용하여야 하는 기한 또는 다른 업종이나 다른 용도에 사용·겸용이 금지되는 기간을 3년 이내의 범위에서 대통령령으로 달리 정할 수 있다(「지방세법 시행령」 제26조 제3항).

- 정당한 사유 없이 부동산 취득일부터 1년이 경과할 때까지 대도시 중과 제외 업종에 직접 사용하지 아니하는 경우
- 부동산 취득일부터 1년 이내에 다른 업종이나 다른 용도에 사용·겸용하는 경우
- 부동산 취득일부터 2년 이상 해당 업종 또는 용도에 직접 사용하지 아니하고 매각하는 경우
- 부동산 취득일부터 2년 이상 해당 업종 또는 용도에 직접 사용하지 아니하고 다른 업종이나 다른 용도에 사용·겸용하는 경우

(2) 대도시 내 공장의 신설 또는 증설에 따른 부동산 취득

대도시(「산업집적활성화 및 공장설립에 관한 법률」을 적용받는 유치지역 및 「국토의 계획 및 이용에 관한 법률」을 적용받는 공업지역은 제외한다)에서 공장(법령에서 정하는 도시형 업종 제외)을 신설하거나 증설함에 따라 부동산을 취득하는 경우(「지방세법」 제13조 제2항)

4 세율 적용

① 토지나 건축물을 취득한 후 5년 이내에 해당 토지나 건축물이 다음의 어느 하나에 해당하게 된 경우에는 해당 중과세율을 적용하여 취득세를 추징한다(「지방세법」 제16조 제1항).

　㉠ 부동산 취득의 표준세율에 중과기준세율(1천분의 20)의 100의 200을 합한 세율을 적용하는 본점이나 주사무소의 사업용 부동산(본점 또는 주사무소용 건축물을 신축하거나 증축하는 경우와 그 부속토지만 해당한다)

　㉡ 부동산 취득의 표준세율에 중과기준세율(1천분의 20)의 100의 200을 합한 세율을 적용하는 공장의 신설용 또는 증설용 부동산

　㉢ 부동산 취득의 표준세율과 중과기준세율(1천분의 20)의 100의 400을 합한 세율을 적용하는 골프장, 고급주택 또는 고급오락장

취득 후 5년 이내 용도변경 공사	취득 후 5년 후 용도변경 공사
전체 가액에 대해 해당 중과세율로 추징	중과세율 적용 없음

추가납부세액 = (과세표준 × 해당 중과세율) − 기납부세액(가산세 제외)

② 고급주택, 골프장 또는 고급오락장용 건축물을 증축·개축 또는 개수한 경우와 일반건축물을 증축·개축 또는 개수하여 고급주택 또는 고급오락장이 된 경우에 그 증가되는 건축물의 가액에 대하여 적용할 취득세의 세율은 부동산 취득의 표준세율과 중과기준세율(1천분의 20)의 100분의 400을 합한 세율을 적용한다(「지방세법」 제16조 제2항).

토지·건축물 취득 후 5년 이내	건축물 등의 증축·개축
전체 가액에 대해 중과세율로 추징	증가된 건축물 가액에만 중과세율 적용

③ 부동산 취득의 표준세율에 중과기준세율(1천분의 20)의 100의 200을 합한 세율을 적용하는 공장 신설 또는 증설의 경우에 사업용 과세물건의 소유자와 공장을 신설하거나 증설한 자가 다를 때에는 그 사업용 과세물건의 소유자가 공장을 신설하거나 증설한 것으로 보아 중과세율을 적용한다. 다만, 취득일부터 공장 신설 또는 증설을 시작한 날까지의 기간이 5년이 지난 사업용 과세물건은

제외한다(「지방세법」 제16조 제3항).

④ 취득한 부동산이 부동산을 취득한 날부터 5년 이내에 표준세율의 100분의 300에서 중과기준세율의 100분의 200을 뺀 중과세율 적용의 과세대상이 되는 경우에는 해당 중과세율을 적용하여 취득세를 추징한다(「지방세법」 제16조 제4항, 「지방세법 시행령」 제31조).

⑤ 같은 취득물건에 대하여 둘 이상의 세율이 해당되는 경우에는 그중 높은 세율을 적용한다(「지방세법」 제16조 제5항).

⑥ 취득한 부동산이 다음의 어느 하나에 해당하는 경우에는 ⑤에도 불구하고 다음의 세율을 적용하여 취득세를 추징한다(법 제16조 제6항).

  ㉠ ①의 ㉠ 또는 ㉡과 ④가 동시에 적용되는 경우 : 표준세율의 100분의 300

  ㉡ 사치성재산에 대한 중과세와 법인의 주택 취득 등 중과세 규정이 동시에 적용되는 경우 : 제13조의2 제3항의 세율(법인의 주택 취득 등 중과세율에 중과기준세율의 100분의 400을 합한 세율)을 적용한다(「지방세법」 제16조 제6항).

심화학습

동시 적용되는 경우의 세율

1. 법인의 부동산 취득에 대한 취득세 세율

구 분	과밀억제권역 내 법인의 본점 등 부동산 취득	대도시 내 법인의 설립 등 부동산 취득
중과세대상	법인의 본점·주사무소 사업용 부동산의 신축과 증축	• 법인의 설립, 지점 등의 설치·전입에 따른 대도시의 부동산 취득 • 법인의 설립·설치·전입 이후 5년 내 취득하는 모든 부동산
중복되는 부동산과 해당 세율	법인의 설립·설치·전입과 이후 5년 내 본점·주사무소 사업용 부동산의 신축과 증축 : 표준세율의 3배	
중복되지 않는 경우에 각각의 해당 적용 세율	표준세율 + 중과기준세율의 2배 • 법인설립·설치·전입과 관계없이 기존법인이 본점·주사무소 사업용 부동산의 신축과 증축 • 법인의 설립·설치·전입 이후 5년 이상이 경과한 후 법인의 본점·주사무소 사업용 부동산의 신축과 증축	표준세율의 3배 - 중과기준세율의 2배 • 지점 등의 설치에 따른 대도시 내 부동산 취득 • 법인의 설립·설치·전입 이후 5년 내 취득하는 비사업용 부동산 • 승계취득하는 부동산

2. 공장(중과세대상 공장에서 도시형 업종은 제외) 신·증설시 세율 적용

구 분	과밀억제권역 내 공장 신·증설	대도시 내 공장 신·증설
내 용	1. 중과세대상 지역:「수도권정비계획법」규정에 따른 과밀억제권역. 단, 산업단지·유치지역 및 공업지역 제외 2. 중과세대상 공장 • 신설:건축물의 연면적 500m² 이상 • 증설:20% 이상 증설 또는 330m² 초과	
중과세대상	공장용 건축물과 그 부속토지, 차량, 기계장비	공장용 건축물과 그 부속토지
중복되는 부동산과 해당 세율	공장용 건축물과 그 부속토지:표준세율의 3배	
중복되지 않는 경우에 각각의 해당 적용 세율	차량, 기계장비 :표준세율＋중과기준세율의 2배	표준세율의 3배－중과기준세율의 2배

5 세율의 특례

1. 형식적인 소유권 취득에 대한 세율 특례(「지방세법」 제15조 제1항)

다음의 어느 하나에 해당하는 취득에 대한 취득세는 표준세율에서 중과기준세율을 뺀 세율로 산출한 금액을 그 세액으로 하되, 유상취득에 따른 주택에 대한 취득세는 해당 세율에 100분의 50을 곱한 세율을 적용하여 산출한 금액을 세액으로 한다.

다만, 취득물건이 대도시 내 법인설립 등의 부동산 취득에 대한 중과세대상에 해당하는 경우에는 표준세율에서 중과기준세율을 뺀 세율을 적용하여 산출한 세율의 100분의 300을 적용한다.

원 칙	표준세율 － 중과기준세율(2%)
예 외	대도시에서의 부동산 취득:(표준세율 － 중과기준세율)×3배

① 환매등기를 병행하는 부동산의 매매로서 환매기간 내에 매도자가 환매한 경우의 그 매도자와 매수자의 취득
② 상속으로 인한 취득 중 다음의 어느 하나에 해당하는 취득
　㉠ 법령으로 정하는 1가구 1주택의 취득
　㉡ 「지방세특례제한법」 규정에 따라 취득세의 감면대상이 되는 농지의 취득

참고학습 | 1가구 1주택의 범위

1. 1가구 1주택이란 상속인(재외국민은 제외)과 「주민등록법」에 따른 세대별 주민등록표에 함께 기재되어 있는 가족(동거인 제외)으로 구성된 1가구(상속인의 배우자, 상속인의 미혼인 30세 미만의 직계비속 또는 상속인이 미혼이고 30세 미만인 경우 그 부모는 각각 상속인과 같은 세대별 주민등록표에 기재되어 있지 아니하더라도 같은 가구에 속한 것으로 본다)가 국내에 1개의 주택(고급주택 제외)을 소유하는 경우를 말한다 (「지방세법 시행령」 제29조 제1항).
2. 위 1.의 규정을 적용할 때 1주택을 여러 사람이 공동으로 상속받는 경우에는 지분이 가장 큰 상속인을 그 주택의 소유자로 본다. 이 경우 지분이 가장 큰 상속인이 두 명 이상일 때에는 다음의 순서에 따라 그 주택의 소유자를 판정한다(「지방세법 시행령」 제29조 제3항).

> 그 주택에 거주하는 사람 ⇨ 나이가 가장 많은 사람

③ 법인의 합병으로 인한 취득

> 법인의 합병으로 인한 취득에서 법인의 합병으로 인하여 취득한 과세물건이 합병 후에 중과세율에 따른 과세물건에 해당하게 되는 경우 또는 합병등기일부터 3년 이내에 「법인세법」 제44조의3 제3항 각 호의 어느 하나에 해당하는 사유가 발생하는 경우에는 그러하지 아니하다.

④ 공유물·합유물의 분할 또는 「부동산 실권리자명의 등기에 관한 법률」에서 규정하고 있는 부동산의 공유권 해소를 위한 지분이전으로 인한 취득(등기부등본상 본인 지분을 초과하는 부분의 경우에는 제외한다)

> 공유물을 분할한 후 분할된 부동산에 대한 단독 소유권을 취득하는 경우의 과세표준은 단독 소유권을 취득한 그 분할된 부동산 전체의 시가표준액으로 한다.

⑤ 건축물의 이전으로 인한 취득(이전한 건축물의 가액이 종전 건축물의 가액을 초과하는 경우에 그 초과하는 가액에 대하여는 그러하지 아니하다)
⑥ 「민법」 제834조 및 제839조의2 및 제840조에 따른 이혼 등에 의한 재산분할로 인한 취득
⑦ 벌채하여 원목을 생산하기 위한 입목의 취득

2. 중과기준세율이 적용되는 특례(「지방세법」 제15조 제2항)

다음의 어느 하나에 해당하는 취득에 대한 취득세는 중과기준세율을 적용하여 계산한 금액을 그 세액으로 한다. 다만, 취득물건이 과밀억제권역 안에서 공장을 신·증설, 법인의 본점 또는 주사무소의 사업용 부동산 취득 등에 해당하는 경우에는 중과기준세율의 100분의 300을, 사치성재산에 해당하는 경우에는 중과기준세율의 100분의 500을 각각 적용한다.

원 칙	중과기준세율(2%)
예 외	• 과밀억제권역에서 법인의 본점 또는 주사무소 사업용 부동산 취득시 중과기준세율의 3배 (6%) • 사치성재산의 취득시 중과기준세율(2%)의 5배(10%)

① 개수로 인한 취득(개수로 인하여 건축물 면적이 증가한 경우에는 그 증가된 부분에 대하여는 원시취득으로 보아 제외한다). 이 경우 과세표준은 법 제10조의6 제3항(원시취득 과세표준)에 따른다.

② 선박·차량과 기계장비의 종류변경 및 토지의 지목변경으로 가액 증가. 이 경우 과세표준은 법 제10조의6 제1항(간주취득의 증가한 가액)에 따른다.

③ **과점주주의 취득**. 이 경우 과세표준은 법 제10조의6 제4항(과점주주에 대한 간주취득)에 따른다.

④ 외국인 소유의 취득세 과세대상 물건(차량, 기계장비, 항공기 및 선박만 해당)을 임차하여 수입하는 경우의 취득(연부로 취득하는 경우로 한정)

⑤ 시설대여업자의 건설기계 또는 차량 취득

⑥ 취득대금을 지급한 자의 기계장비 또는 차량 취득. 다만, 기계장비 또는 차량을 취득하면서 기계장비대여업체 또는 운수업체의 명의로 등록하는 경우로 한정한다.

⑦ 법 제7조 제14항 본문(택지공사가 준공된 토지에 정원 또는 부속시설물 등을 조성·설치하는 경우)에 따른 토지의 소유자의 취득

⑧ 레저시설, 저장시설, 도크시설, 접안시설, 도관시설, 급수·배수시설 및 에너지 공급시설의 취득

⑨ 무덤과 이에 접속된 부속시설물의 부지로 사용되는 토지로서 지적공부상 지목이 묘지인 토지의 취득

⑩ 임시흥행장 등 존속기간이 1년을 초과하는 임시건축물의 취득

⑪ 「여신전문금융업법」 규정에 따라 건설기계나 차량을 등록한 대여시설이용자가 그 시설대여업자로부터 취득하는 건설기계 또는 차량의 취득

⑫ 건축물을 건축하여 취득하는 경우로서 그 건축물에 대하여 등록면허세 세율규정에 따른 소유권의 보존등기 또는 소유권의 이전등기에 대한 등록면허세 납세의무가 성립한 후 취득세 규정에 따른 취득시기가 도래하는 건축물의 취득

제7절 **비과세** 제28회, 제29회, 제30회, 제31회, 제33회, 제35회

---

1 국가 등의 취득에 대한 비과세

1. 국가 등의 직접 취득

① 국가 또는 지방자치단체(다른 법률에서 국가 또는 지방자치단체로 의제되는 법인은 제외한다), 지방자치단체조합, 외국정부 및 주한국제기구의 취득에 대해서는 취득세를 부과하지 아니한다(「지방세법」 제9조 제1항).

② 다만, 대한민국 정부기관의 취득에 대하여 과세하는 외국정부의 취득에 대해서는 취득세를 부과한다(「지방세법」 제9조 제1항 단서).

2. 국가 등에 귀속 또는 기부채납

① 국가, 지방자치단체 또는 지방자치단체조합(이하 '국가등'이라 한다)에 귀속 또는 기부채납을 조건으로 취득하는 부동산 및 「사회기반시설에 대한 민간투자법」 제2조 제1호 각 목에 해당하는 사회기반시설에 대해서는 취득세를 부과하지 아니한다(「지방세법」 제9조 제2항).

> 귀속 또는 기부채납 : 「사회기반시설에 대한 민간투자법」 제4조 제3호에 따른 방식으로 귀속되는 경우를 포함한다.

② 다만, 다음의 어느 하나에 해당하는 경우에는 그 해당 부분에 대해서는 취득세를 부과한다.
  ㉠ 국가등에 귀속등의 조건을 이행하지 아니하고 타인에게 매각·증여하거나 귀속등을 이행하지 아니하는 것으로 조건이 변경된 경우
  ㉡ 국가등에 귀속등의 반대급부로 국가등이 소유하고 있는 부동산 및 사회기반시설을 무상으로 양여받거나 기부채납 대상물의 무상사용권을 제공받는 경우

2 형식적 취득 등에 대한 비과세

1. 신탁재산의 취득

신탁(「신탁법」에 따른 신탁으로서 신탁등기가 병행되는 것만 해당한다)으로 인한 신탁재산의 취득으로서 다음의 어느 하나에 해당하는 경우에는 취득세를 부과하지 아니한다. 다만, 신탁재산의 취득 중 주택조합등과 조합원 간의 부동산 취득 및 주택조합등의 비조합원용 부동산 취득은 제외한다(「지방세법」 제9조 제3항).

① 위탁자로부터 수탁자에게 신탁재산을 이전하는 경우

② 신탁의 종료로 인하여 수탁자로부터 위탁자에게 신탁재산을 이전하는 경우

③ 수탁자가 변경되어 신수탁자에게 신탁재산을 이전하는 경우

2. 관련 법률에 의한 환매권 행사의 취득

① 「징발재산정리에 관한 특별조치법」 또는 「국가보위에 관한 특별조치법 폐지법률」 부칙 제2항
에 따른 동원대상지역 내의 토지의 수용·사용에 관한 환매권의 행사로 매수하는 부동산의 취
득에 대하여는 취득세를 부과하지 아니한다(「지방세법」 제9조 제4항).

② 다만, 환매등기를 병행하는 부동산의 매매로서 환매기간 내에 매도자가 환매한 경우의 그 매도
자와 매수자의 취득은 취득세를 부과(표준세율에서 중과기준세율을 뺀 세율을 적용)한다(「지방
세법」 제15조 제1항).

3. 임시건축물의 취득

① 임시흥행장, 공사현장사무소 등 임시건축물의 취득에 대하여는 취득세를 부과하지 아니한다(「
지방세법」 제9조 제5항).

② 다만, 존속기간이 1년을 초과하는 경우에는 취득세를 부과한다(「지방세법」 제9조 제5항 단서).

4. 개수로 인한 취득

「주택법」 제2조 제3호에 따른 공동주택의 개수(「건축법」에 따른 대수선은 제외한다)로 인한 취득 당
시 법 제4조에 따른 주택의 시가표준액이 9억원 이하인 주택과 관련된 개수로 인한 취득에 대해서
는 취득세를 부과하지 아니한다(「지방세법」 제9조 제6항, 「지방세법 시행령」 제12조의2).

5. 사용할 수 없는 차량의 상속에 따른 취득

다음에 해당하는 차량에 대해서는 상속에 따른 취득세를 부과하지 아니한다(「지방세법」 제9조 제7항).

① 상속개시 이전에 천재지변·화재·교통사고·폐차·차령초과(車齡超過) 등으로 사용할 수 없는 대
통령령으로 정하는 차량

② 상속개시일로부터 3개월 이내에 대통령령으로 정하는 사유로 상속 이전 등록하지 않은 상태에
서 폐차 말소된 차량

제8절   **납세절차** 제25회, 제26회, 제27회, 제31회, 제32회, 제33회

1   **납세지**

취득세의 납세지는 해당 취득물건 소재지의 특별시·광역시·도·특별자치도·특별자치시이다. 즉, 취득세는 해당 취득물건의 소재지의 특별시·광역시·도·특별자치도·특별자치시에서 그 취득자에게 부과된다(「지방세법」 제8조 제1항).

1. 과세대상에 따른 납세지

(1) **부동산**

부동산 소재지

(2) **차 량**

「자동차관리법」에 따른 등록지

(3) **기계장비**

「건설기계관리법」에 따른 등록지

(4) **항공기**

항공기의 정치장(定置場) 소재지

(5) **선 박**

선적항 소재지. 다만, 「수상레저기구의 등록 및 검사에 관한 법률」 제3조 각 호에 해당하는 동력수상레저기구의 경우에는 같은 조 제1항에 따른 등록지로 하고, 그 밖에 선적항이 없는 선박의 경우에는 정계장 소재지(정계장이 일정하지 아니한 경우에는 선박 소유자의 주소지)로 한다.

(6) **입 목**

입목 소재지

(7) **광업권**

광구 소재지

(8) 어업권, 양식업권

어장 소재지

(9) 골프회원권, 승마회원권, 콘도미니엄 회원권 또는 종합체육시설 이용회원권 및 요트회원권

골프장·승마장·콘도미니엄·종합체육시설 및 요트 보관소의 소재지

2. 납세지가 불분명한 경우

납세지가 분명하지 아니한 경우에는 해당 취득물건의 소재지를 그 납세지로 한다(「지방세법」 제8조 제2항).

3. 둘 이상의 지방자치단체에 걸쳐 있는 경우

같은 취득물건이 둘 이상의 지방자치단체에 걸쳐 있는 경우에는 대통령령으로 정하는 바에 따라 소재지별로 안분(按分)한다(「지방세법」 제8조 제3항).

심화학습

대통령령으로 정하는 안분기준(「지방세법 시행령」 제12조)

같은 취득물건이 둘 이상의 시·군·구에 에 걸쳐 있는 경우 각 시·군·구에 에 납부할 취득세를 산출할 때 그 과세표준은 취득 당시의 가액을 취득물건의 소재지별 시가표준액 비율로 나누어 계산한다.

---

2 매각통보

다음의 자는 취득세 과세물건을 매각(연부로 매각한 것을 포함한다)하면 매각일부터 30일 이내에 그 물건 소재지를 관할하는 지방자치단체의 장에게 통보하거나 신고하여야 한다(「지방세법」 제19조).
① 국가, 지방자치단체 또는 지방자치단체조합
② 국가 또는 지방자치단체의 투자기관(재투자기관을 포함한다)
③ 그 밖에 ① 및 ②의 기관 등에 준하는 기관 및 단체

3 징수방법

1. 원칙 – 신고 및 납부

(1) 일반적인 경우

① 원 칙

취득세 과세물건을 취득한 자는 그 취득한 날부터 60일 이내에 그 과세표준에 세율을 적용하

여 산출한 세액을 신고하고 납부하여야 한다(「지방세법」 제20조 제1항).

② **토지거래허가구역 내 거래**

「부동산거래 신고 등에 관한 법률」 제10조 제1항에 따른 토지거래계약에 관한 허가구역에 있는 토지를 취득하는 경우로서 같은 법 제11조에 따른 토지거래계약에 관한 허가를 받기 전에 거래대금을 완납한 경우에는 그 허가일(허가구역의 지정 해제일 또는 축소일)부터 60일 이내에 그 과세표준에 세율을 적용하여 산출한 세액을 신고하고 납부하여야 한다(「지방세법」 제20조 제1항).

(2) 무상으로 취득하는 경우(법 제20조 제1항)

① **증여(부담부 증여 포함) 등 무상취득**: 취득일이 속하는 달의 말일부터 3개월 이내에 신고하고 납부하여야 한다.

② **상속으로 인한 취득**: 상속개시일이 속하는 달의 말일부터, 실종으로 인한 경우는 실종선고일이 속하는 달의 말일부터 각각 6개월(외국에 주소를 둔 상속인이 있는 경우에는 각각 9개월) 이내에 신고하고 납부 하여야 한다.

(3) 추가신고납부

① **취득 후 중과세대상이 된 경우**

취득세 과세물건을 취득한 후에 그 과세물건이 중과세세율의 적용대상이 되었을 때에는 중과세대상이 된 날부터 60일 이내에 중과세세율(사치성재산에 대한 중과세와 법인의 주택 취득 등 중과세 규정이 동시에 적용되는 경우는 법인의 주택 취득 등 중과세율에 중과기준세율의 100분의 400을 합한 세율)을 적용하여 산출한 세액에서 이미 납부한 세액(가산세 제외)을 공제한 금액을 세액으로 하여 신고하고 납부하여야 한다(「지방세법」 제20조 제2항).

> 추가납부세액 = (과세표준 × 해당 중과세율) − 기납부세액(가산세 제외)

② **취득 후 부과대상·추징대상이 된 경우**

취득세를 비과세, 과세면제 또는 경감받은 후에 해당 과세물건이 취득세 부과대상 또는 추징대상이 되었을 때에는 그 사유발생일부터 60일 이내에 해당 과세표준에 취득세 세율을 적용하여 산출한 세액[경감받은 경우에는 이미 납부한 세액(가산세 제외)을 공제한 세액을 말한다]을 신고하고 납부하여야 한다(「지방세법」 제20조 제4항).

(4) 등기·등록을 하는 경우

(1)부터 (3)까지의 신고·납부기한 이내에 재산권과 그 밖의 권리의 취득·이전에 관한 사항을 공부에 등기하거나 등록(등재를 포함)을 하려는 경우에는 등기 또는 등록 신청서를 등기·등록관서에 접

수하는 날까지 취득세를 신고·납부하여야 한다(「지방세법」제20조 제4항).

(5) 채권자대위자의 취득세 신고납부

① 「부동산등기법」제28조에 따라 채권자대위권에 의한 등기신청을 하려는 채권자는 납세의무자를 대위하여 부동산의 취득에 대한 취득세를 신고납부할 수 있다. 이 경우 채권자대위자는 행정안전부령으로 정하는 바에 따라 납부확인서를 발급받을 수 있다.(「지방세법 시행령」제20조 제5항).

② 지방자치단체의 장은 ①에 따른 채권자대위자의 신고납부가 있는 경우 납세의무자에게 그 사실을 즉시 통보하여야 한다(「지방세법 시행령」제20조 제6항).

> **신고 및 납부 【영 제33조】**
> 1. 취득세를 신고하려는 자는 행정안전부령으로 정하는 신고서에 취득물건, 취득일 및 용도 등을 적어 납세지를 관할하는 시장·군수·구청장에게 신고하여야 한다(영 제33조 제1항).
> 2. 지방자치단체의 금고 또는 지방세수납대행기관(「지방회계법 시행령」제49조 제1항 및 제2항에 따라 지방자치단체 금고업무의 일부를 대행하는 금융회사 등)은 취득세를 납부받으면 납세자 보관용 영수필 통지서, 취득세 영수필 통지서(등기·등록관서의 시·군·구 통보용) 및 취득세 영수필 확인서 각 1부를 납세자에게 내주고, 지체 없이 취득세 영수필 통지서(시·군·구 보관용) 1부를 해당 시·군·구의 세입징수관에게 송부하여야 한다. 다만, 「전자정부법」제36조 제1항에 따라 행정기관간에 취득세 납부사실을 전자적으로 확인할 수 있는 경우에는 납세자에게 납세자 보관용 영수필 통지서를 교부하는 것으로 갈음할 수 있다(영 제33조 제3항).

2. 예외 - 보통징수

(1) 일반가산세

① 일반가산세: 다음의 어느 하나에 해당하는 경우에는 산출한 세액 또는 그 부족세액에 「지방세기본법」제53조부터 제55조까지의 규정에 따라 산출한 가산세를 합한 금액을 세액으로 하여 보통징수의 방법으로 징수한다.

　㉠ 취득세 납세의무자가 제20조에 따른 신고 또는 납부의무를 다하지 아니한 경우

　㉡ 법제13조의2 제1항 제2호에 따라 일시적 2주택으로 신고하였으나 그 취득일로부터 대통령령으로 정하는 기간(3년) 내에 대통령령으로 정하는 종전 주택을 처분하지 못하여 1주택으로 되지 아니한 경우(「지방세법」제21조 제1항).

핵심정리 | 지방세 가산세

구 분			가산세
신고불성실 가산세	무신고 가산세	부정무신고가산세	무신고납부세액의 100분의 40
		무신고가산세	무신고납부세액의 100분의 20
	과소신고 가산세	과소신고가산세	과소신고납부세액의 100분의 10
		부정과소신고가산세	부정과소신고납부세액의 40% + [(과소신고납부세액 − 부정과소신고납부세액)×10%]
(납세고지 전) 납부지연가산세(최대 75% 한도)			미납부세액 또는 과소납부한 세액×납부기한의 다음 날부터 자진납부일 또는 납세고지일까지의 기간×0.022%

(2) 중가산세

① 중가산세 대상

납세의무자가 취득세 과세물건을 사실상 취득한 후 신고를 하지 아니하고 매각하는 경우에는 산출세액에 100분의 80을 가산한 금액을 세액으로 하여 보통징수의 방법으로 징수한다(「지방세법」 제21조 제2항).

② 중가산세 제외되는 경우

다음의 경우에는 중가산세를 적용하지 않고 일반가산세를 적용한다(「지방세법 시행령」 제37조).

㉠ 취득세 과세물건 중 등기 또는 등록이 필요하지 아니하는 과세물건(단, 골프회원권, 승마회원권, 콘도미니엄 회원권, 종합체육시설 이용회원권 및 요트회원권은 제외한다)

㉡ 지목변경, 차량·기계장비 또는 선박의 종류 변경, 주식등의 취득 등 취득으로 보는 과세물건

③ 시가인정액을 수정신고시 가산세 제외 : 납세의무자가 제20조에 따른 신고기한까지 취득세를 시가인정액으로 신고한 후 지방자치단체의 장이 세액을 경정하기 전에 그 시가인정액을 수정신고한 경우에는 「지방세기본법」 제53조 및 제54조에 따른 가산세를 부과하지 아니한다(법 제21조 제3항).

3. 장부 등의 작성 및 보존 관련 가산세

① 취득세 납세의무가 있는 법인은 취득 당시의 가액을 증명할 수 있는 장부와 관련 증거서류를 작성하여 갖춰 두어야 한다(「지방세법」 제22조의2 제1항).

② 지방자치단체의 장은 취득세 납세의무가 있는 법인이 ①에 따른 의무를 이행하지 아니하는 경우에는 산출된 세액 또는 부족세액의 100분의 10에 상당하는 금액을 징수하여야 할 세액에 가산한다(「지방세법」 제22조의2 제2항).

> **참고학습** | 장부와 관련 증거서류(법 제22조의2 제1항)
>
> 1. 사업의 재산 상태와 그 거래내용의 변동을 기록한 장부 및 증거서류
> 2. 「신탁법」에 따른 수탁자가 위탁자로부터 취득세 과세대상 물건의 취득과 관련하여 지급받은 신탁수수료와 그 밖의 대가가 있는 경우 이를 종류·목적·용도별로 구분하여 기록한 장부 및 증거서류

> **심화학습**
>
> **등기자료의 통보(「지방세법」 제22조 및 영 제38조)**
> 1. 등기·등록관서의 장은 취득세가 납부되지 아니하였거나 납부부족액을 발견하였을 때에는 다음달 10일까지 납세지를 관할하는 지방자치단체의 장에게 통보하여야 한다.
> 2. 등기·등록관서의 장이 등기·등록을 마친 경우에는 취득세의 납세지를 관할하는 지방자치단체의 장에게 그 등기·등록의 신청서 부본(副本)에 접수연월일 및 접수번호를 기재하여 등기·등록일부터 7일 내에 통보하여야 한다. 다만, 등기·등록사업을 전산처리하는 경우에는 전산처리된 등기·등록자료를 행정안전부령으로 정하는 바에 따라 통보하여야 한다.

> **증여세 관련 자료의 통보【법 제22조의4, 영38조의4】** 세무서장 또는 지방국세청장은 법 제22조의4에 따라 행정안전부령으로 정하는 통보서에 「상속세 및 증여세법」 제76조에 따른 부동산 증여세 결정 또는 경정에 관한 자료를 첨부하여 결정 또는 경정한 날이 속하는 달의 다음 달 말일까지 행정안전부장관 또는 지방자치단체의 장에게 통보해야 한다.

4 면세점

① 취득가액이 50만원 이하일 때에는 취득세를 부과하지 아니한다(「지방세법」 제17조 제1항).
② 토지나 건축물을 취득한 자가 그 취득한 날부터 1년 이내에 그에 인접한 토지나 건축물을 취득한 경우에는 각각 그 전후의 취득에 관한 토지나 건축물의 취득을 1건의 토지 취득 또는 1구의 건축물 취득으로 보아 면세점을 적용한다(「지방세법」 제17조 제2항).

5 취득세의 부가세

취득세 납세의무자는 취득세를 납부하는 경우에 그 부가세인 농어촌특별세와 지방교육세를 함께 신고납부하여야 한다.

1. 농어촌특별세

① 취득세 표준세율을 100분의 2로 적용하여 산출한 취득세액의 100분의 10에 해당하는 농어촌특별세를 부과한다(「농어촌특별세법」 제5조 제1항).

② 취득세를 감면받는 경우 취득세 감면세액의 100분의 20에 해당하는 농어촌특별세를 부과한다 (「농어촌특별세법」 제5조 제1항).

참고학습 | 농어촌특별세 비과세(「농어촌특별세법」 제4조)

1. 대통령령으로 정하는 서민주택에 대한 취득세 또는 등록에 대한 등록면허세의 감면
2. 환매등기를 병행하는 부동산의 매매로서 환매기간 내에 매도자가 환매한 경우의 그 매도자와 매수자의 취득
3. 상속으로 인한 취득 중 1가구 1주택(고급주택 제외)의 취득 및 취득세의 감면대상이 되는 농지의 취득
4. 법인의 합병으로 인한 취득

2. 지방교육세

① 취득물건(의제취득 등 중과기준세율에 해당하는 경우는 제외한다)에 대하여 표준세율에서 1천분의 20을 뺀 세율을 적용하여 산출한 금액의 100분의 20에 해당하는 지방교육세를 부과한다 (「지방세법」 제151조 제1항 제1호).
② 법인의 주택 취득 등 중과세에 해당하는 경우에는 농지 외 유상취득의 표준세율(4%)에서 중과기준세율을 뺀 세율을 적용하여 산출한 금액의 100분의 20에 해당하는 지방교육세를 부과한다(법 제151조 제1항 제1호 나목).
③ 유상거래를 원인으로 주택을 취득하는 경우에는 해당 세율에 100의 50을 곱한 세율을 적용하여 산출한 금액의 100분의 20을 부가하여 과세한다.

01 「지방세법」상 취득세 납세의무에 관한 설명으로 옳은 것은?　제32회

① 토지의 지목을 사실상 변경함으로써 그 가액이 증가한 경우에는 취득으로 보지 아니한다.
② 상속회복청구의 소에 의한 법원의 확정판결에 의하여 특정 상속인이 당초 상속분을 초과하여 취득하게 되는 재산가액은 상속분이 감소한 상속인으로부터 증여받아 취득한 것으로 본다.
③ 권리의 이전이나 행사에 등기 또는 등록이 필요한 부동산을 직계존속과 서로 교환한 경우에는 무상으로 취득한 것으로 본다.
④ 증여로 인한 승계 취득의 경우 해당 취득물건을 등기·등록하더라도 취득일부터 60일 이내에 공증받은 공정증서에 의하여 계약이 해제된 사실이 입증되는 경우에는 취득한 것으로 보지 아니한다.
⑤ 증여자가 배우자 또는 직계존비속이 아닌 경우 증여자의 채무를 인수하는 부담부 증여의 경우에는 그 채무액에 상당하는 부분은 부동산등을 유상으로 취득하는 것으로 본다.

해설 ① 토지의 지목을 사실상 변경함으로써 그 가액이 증가한 경우에는 취득으로 본다.
② 상속회복청구의 소에 의한 법원의 확정판결에 의하여 특정 상속인이 당초 상속분을 초과하여 취득하게 되는 재산가액은 상속분이 감소한 상속인으로부터 증여받아 취득한 것으로 보지 아니한다.
③ 권리의 이전이나 행사에 등기 또는 등록이 필요한 부동산을 직계존속과 서로 교환한 경우에는 유상으로 취득한 것으로 본다.
④ 증여로 인한 승계 취득의 경우 해당 취득물건을 등기·등록하지 아니하고 취득일부터 취득일이 속하는 달의 말일부터 3개월 이내에 공증받은 공정증서에 의하여 계약이 해제된 사실이 입증되는 경우에는 취득한 것으로 보지 아니한다. 그러므로 등기·등록한 경우에는 취득한 것으로 본다.

정답 ⑤

02 지방세법령상 취득세에 관한 설명으로 틀린 것은? (제34회)

① 건축물 중 조작 설비에 속하는 부분으로서 그 주체구조부와 하나가 되어 건축물로서의 효용가치를 이루고 있는 것에 대하여는 주체구조부 취득자 외의 자가 가설한 경우에도 주체구조부의 취득자가 함께 취득한 것으로 본다.

② 「도시개발법」에 따른 환지방식에 의한 도시개발사업의 시행으로 토지의 지목이 사실상 변경됨으로써 그 가액이 증가한 경우에는 그 환지계획에 따라 공급되는 환지는 사업시행자가, 체비지 또는 보류지는 조합원이 각각 취득한 것으로 본다.

③ 경매를 통하여 배우자의 부동산을 취득하는 경우에는 유상으로 취득한 것으로 본다.

④ 형제자매인 증여자의 채무를 인수하는 부동산의 부담부증여의 경우에는 그 채무액에 상당하는 부분은 부동산을 유상으로 취득하는 것으로 본다.

⑤ 부동산의 승계취득은 「민법」 등 관계 법령에 따른 등기를 하지 아니한 경우라도 사실상 취득하면 취득한 것으로 보고 그 부동산의 양수인을 취득자로 한다.

> **해설** ② 「도시개발법」에 따른 환지방식에 의한 도시개발사업의 시행으로 토지의 지목이 사실상 변경됨으로써 그 가액이 증가한 경우에는 그 환지계획에 따라 공급되는 환지는 조합원이, 체비지 또는 보류지는 사업시행자가 각각 취득한 것으로 본다.
>
> **정답** ②

03 지방세기본법령 및 지방세법령상 취득세 납세의무의 성립에 관한 설명으로 틀린 것은? (제34회)

① 상속으로 인한 취득의 경우에는 상속개시일이 납세의무의 성립시기이다.

② 부동산의 증여계약으로 인한 취득에 있어서 소유권이전등기를 하지 않고 계약일부터 취득일이 속하는 달의 말일부터 3개월 이내에 공증받은 공정증서로 계약이 해제된 사실이 입증되는 경우에는 취득한 것으로 보지 않는다.

③ 유상승계취득의 경우 사실상의 잔금지급일을 확인할 수 있는 때에는 사실상의 잔금지급일이 납세의무의 성립시기이다. 단, 등기일보다는 빠르다.

④ 「민법」에 따른 이혼시 재산분할로 인한 부동산 취득의 경우에는 취득물건의 등기일이 납세의무의 성립시기이다.

⑤ 「도시 및 주거환경정비법」에 따른 재건축조합이 재건축사업을 하면서 조합원으로부터 취득하는 토지 중 조합원에게 귀속되지 아니하는 토지를 취득하는 경우에는 같은 법에 따른 준공인가 고시일의 다음 날이 납세의무의 성립시기이다.

⑤ 「도시 및 주거환경정비법」에 따른 재건축조합이 재건축 사업을 하면서 조합원으로부터 취득하는 토지 중 조합원에게 귀속되지 아니하는 토지를 취득하는 경우에는 같은 법에 따른 소유권이전고시일의 다음 날이 납세의무의 성립시기이다.

정답 ⑤

04 **지방세법령상 취득세의 취득당시가액에 관한 설명으로 옳은 것은?** (단, 주어진 조건 외에는 고려하지 않음)
제35회

① 건축물을 교환으로 취득하는 경우에는 교환으로 이전받는 건축물의 시가표준액과 이전하는 건축물의 시가표준액 중 낮은 가액을 취득당시가액으로 한다.

② 상속에 따른 건축물 무상취득의 경우에는 「지방세법」 제4조에 따른 시가표준액을 취득당시가액으로 한다.

③ 대물변제에 따른 건축물 취득의 경우에는 대물변제액(대물변제액 외에 추가로 지급한 금액이 있는 경우에는 그 금액을 제외한다)을 취득당시가액으로 한다.

④ 법인이 아닌자가 건축물을 건축하여 취득하는 경우로서 사실상취득가격을 확인할 수 없는 경우에는 시가인정액을 취득당시가액으로 한다.

⑤ 법인이 아닌 자가 건축물을 매매로 승계취득하는 경우에는 그 건축물을 취득하기 위하여 「공인중개사법」에 따른 공인중개사에게 지급한 중개보수를 취득당시가액에 포함한다.

 ① 건축물을 교환으로 취득하는 경우에는 교환으로 이전받는 건축물의 시가표준액과 이전하는 건축물의 시가표준액 중 높은 가액을 취득당시가액으로 한다.

② 옳은 지문이다.

③ 대물변제에 따른 건축물 취득의 경우에는 대물변제액(대물변제액 외에 추가로 지급한 금액이 있는 경우에는 그 금액을 포함한다)을 취득당시가액으로 한다.

④ 법인이 아닌 자가 건축물을 건축하여 취득하는 경우로서 사실상취득가격을 확인할 수 없는 경우에는 시가표준액을 취득당시가액으로 한다.

⑤ 법인이 아닌 자가 건축물을 매매로 승계취득하는 경우에는 그 건축물을 취득하기 위하여 「공인중개사법」에 따른 공인중개사에게 지급한 중개보수를 취득당시가액에 포함하지 아니한다.

정답 ②

등록면허세

단원별 학습포인트

□ 등록면허세는 매년 1~2문제가 출제되고 있으며, 등록면허세는 종전의 등록세 일부와 면허세가 통합된 조세로
서 등록에 대한 등록면허세와 면허에 대한 등록면허세로 구분한다. 이 중 등록에 대한 등록면허세를 중심으로
대비하면 되는데, 특히 취득세와 비교되는 내용, 과세표준 및 세율, 납세절차 부분은 철저히 준비해야 한다.

제1절 의의 및 특징 제29회

1 의 의

등록에 대한 등록면허세는 재산권과 그 밖의 권리의 설정·변경 또는 소멸에 관한 사항을 공부에 등
기·등록하는 경우에 등록을 하는 자가 계산된 세금을 도·구·특별자치도·특별자치시에 신고하고 납부
하는 지방세이다(「지방세법」 제30조 제1항).

2 특 징

① 등록면허세는 그 등기·등록의 행위에 대해 과세하는 행위세이며, 재산권의 유통거래에 과세하는
유통세이고, 등기·등록에 대한 수수료적 성격의 조세이다.
② 세액이 6천원 미만인 경우에는 6천원을 징수하는 최저한세 규정이 적용된다.
③ 등록면허세는 등기·등록에 대한 외형적 요건만 갖추면 실권리자 여부 등과 관계없이 납세의무가
성립하는 형식주의 과세(명의자 과세원칙 적용)되는 조세이다.

심화학습

형식주의 과세(명의자 과세원칙)

실질과세의 원칙이 적용되는 취득세와 달리 등록에 대한 등록면허세는 실권리자 여부, 합법성이나 정당성 여부와
상관없이 외형적으로 정당한 절차에 의하여 등기·등록을 한 형식적 요건만 갖추면 그 명의자에게 등록면허세가
부과된다.

신고납부(등기·등록하기 전까지)

납세의무자 (등기·등록을 하는 자)	과세객체 (설정, 변경, 소멸)	등기 · 등록	물건소재지 도·구·특·특
		① 행위세, 유통과세 ② 응능과세 ③ 물세 ④ 직접세, 독립세, 보통세, 종가세, 정률세, 종량세, 정액세	① 지방세 ② 도세, 구세, 특별자치시세, 특별자치도세

심화학습

등록의 의의

재산권과 그 밖의 권리의 설정·변경 또는 소멸에 관한 사항을 공부에 등기하거나 등록하는 것을 말한다. 다만, 취득을 원인으로 이루어지는 등기 또는 등록은 제외하되, 다음의 어느 하나에 해당하는 등기나 등록은 포함한다(「지방세법」 제23조 제1호).

1. 광업권, 어업권 및 양식업권의 취득에 따른 등록
2. 외국인 소유의 취득세 과세대상 물건(차량, 기계장비, 항공기 및 선박만 해당한다)의 연부 취득에 따른 등기 또는 등록
3. 「지방세기본법」 제38조에 따른 취득세 부과제척기간이 경과한 물건의 등기 또는 등록
4. 취득세 면세점에 해당하는 물건의 등기 또는 등록

제2절 납세의무자 및 과세표준 제24회, 제29회, 제32회, 제34회

1 납세의무자

재산권과 그 밖의 권리의 설정·변경 또는 소멸에 관한 사항을 공부에 등기하거나 등록하는 경우에 그 등록을 하는 자가 등록면허세를 납부할 의무를 진다(「지방세법」 제24조 제1호).

① 저당권설정 : 저당권자(채권자)

② 임차권설정 : 임차권자(임차인)

③ 지상권설정 : 지상권자(건축물 소유자)

④ 전세권설정 : 전세권자

⑤ 지역권설정 : 지역권자(요역지 소유자)

⑥ 말소등기 : 그 등기의 설정자

심화학습

대위등기의 납세의무자 등

1. 지방세 체납처분으로 그 소유권을 국가 또는 지방자치단체 명의로 이전하는 경우에 이미 그 물건에 전세권, 가등기, 압류등기 등으로 되어 있는 것을 말소하는 대위적 등기와 성명의 복구나 소유권의 보존 등 일체의 채권자 대위적 등기에 대하여는 그 소유자가 등록면허세를 납부하여야 한다(「지방세법」 기본통칙 23-2).

2. 법원의 가압류 결정에 의한 가압류등기의 촉탁에 의하여 그 전제로 소유권보존등기가 선행된 경우 등록면허세 미납부에 대한 가산세 납세의무자는 소유권보존등기자이다.

3. 국가와 지방자치단체가 「공익사업을 위한 토지 등의 취득 및 보상에 관한 법률」에 따라 공공사업에 필요한 토지를 수용하여 공공용지에 편입하기 위해 행하는 분필등기, 공유물분할등기는 국가와 지방자치단체가 자기를 위하여 하는 등기에 해당하므로 등록면허세가 비과세된다(「지방세법」 기본통칙 26-1).

---

2 과세표준

등록면허세 과세표준은 부동산등록의 경우 부동산가액에 의하고, 저당권설정의 경우 등에 있어서는 채권금액, 말소등기 등에 있어서는 건수가 과세표준이 된다.

1. 부동산가액에 따른 과세표준

부동산, 선박, 항공기, 자동차 및 건설기계의 등록에 대한 등록면허세의 과세표준은 등록 당시의 가액으로 한다(「지방세법」 제27조 제1항).

(1) 원칙 : 신고가액

부동산의 등록에 대한 등록면허세의 과세표준은 등록 당시의 신고가액으로 한다(「지방세법」 제27조 제1항).

(2) 예외 : 시가표준액

등록자의 신고가 없거나 신고가액이 시가표준액보다 적은 경우에는 등록당시 시가표준액을 과세 표준으로 한다(「지방세법」 제27조 제2항).

(3) 취득을 원인으로 하는 등록의 경우 : 취득을 원인으로 하는 등록의 경우 다음 구분에 따른 가액을 과세표준으로 한다. 다만, 등록 당시에 자산재평가 또는 감가상각 등의 사유로 그 가액이 달라진 경우에는 변경된 가액을 과세표준으로 한다(「지방세법」 제27조 제3항).

① 광업권·어업권 및 양식업권의 취득에 따른 등록, 외국인 소유의 취득세 과세대상 물건(차량, 기계장비, 항공기 및 선박만 해당)의 연부 취득에 따른 등기 또는 등록, 취득세 면세점에 해당하는 물건의 등기 또는 등록 : 취득세 과세표준 규정에서 정하는 취득당시가액을 과세표준

② 취득세 부과제척기간이 경과한 물건의 등기 또는 등록의 경우 : 취득세 과세표준 규정에서 정하는 취득당시가액과 등록당시가액 중 높은 가액으로 한다.

취득원인에 따른 취득세 과세표준 규정
법 제10조의2 무상취득부터 제10조의6 간주취득까지의 규정에서 정하는 취득당시가액을 말한다.

심화학습

과세표준의 적용(「지방세법 시행령」 제42조)
1. 자산재평가 또는 감가상각 등의 사유로 변경된 가액을 과세표준으로 할 경우에는 등기일 또는 등록일 현재의 법인장부 또는 결산서 등으로 증명되는 가액을 과세표준으로 한다.
2. 주택의 토지와 건축물을 한꺼번에 평가하여 토지나 건축물에 대한 과세표준이 구분되지 아니하는 경우에는 한꺼번에 평가한 개별주택가격을 토지나 건축물의 가액 비율로 나눈 금액을 각각 토지와 건축물의 과세표준으로 한다.

---

2. 채권금액에 따른 과세표준

① 일정한 채권금액이 있는 경우에는 채권금액이 과세표준이 된다. 다만, 채권금액으로 과세액을 정하는 경우에 일정한 채권금액이 없을 때에는 채권의 목적이 된 것의 가액 또는 처분의 제한의 목적이 된 금액을 그 채권금액으로 본다(「지방세법」 제27조 제4항).

② 저당권, 경매신청, 가압류, 가처분, 저당권에 대한 가등기의 경우에는 채권금액을 과세표준으로 한다.

③ 그 외 권리의 과세표준

    ㉠ **가등기** : 부동산가액 또는 채권금액

    ㉡ **지상권** : 부동산가액

    ㉢ **지역권** : 요역지가액

    ㉣ **전세권** : 전세금액

    ㉤ **임차권** : 월임대차금액

3. 건수에 따른 과세표준

① 말소등기, 지목변경등기, 토지의 합병(합필)등기, 건물의 구조변경등기 등은 매 1건을 과세표준으로 하여 등록면허세를 부과하며 이에 대하여 일정액의 금액을 부과하는 정액세율을 적용한다.

② 같은 채권을 위하여 담보물을 추가하는 등기 또는 등록, 즉 저당권 담보물의 추가설정등기 등에 대해서는 건수에 따라 등록면허세를 각각 부과한다.

심화학습

같은 채권등기에 대한 목적물이 다를 때의 징수방법(「지방세법 시행령」 제46조)

1. 같은 채권을 위한 저당권의 목적물이 종류가 달라 둘 이상의 등기 또는 등록을 하게 되는 경우에 등기·등록관서가 이에 관한 등기 또는 등록 신청을 받았을 때에는 채권금액 전액에서 이미 납부한 등록면허세의 산출기준이 된 금액을 뺀 잔액을 그 채권금액으로 보고 등록면허세를 부과한다.

2. 1.의 경우에 그 등기 또는 등록 중 공장재단 및 광업재단 등기에 해당하는 것과 그 밖의 것이 포함될 때에는 먼저 공장재단 및 광업재단 등기에 해당하는 등기 또는 등록에 대하여 등록면허세를 부과한다.

제3절 **세 율** 제27회, 제28회, 제31회, 제32회, 제34회

부동산등기에 대한 등록면허세는 표준세율과 중과세율로 구분된다. 또한 등록면허세 세율은 차등비례세율과 일정한 금액의 정액세율이 적용된다.

1 표준세율

등록면허세는 등록에 대하여 과세표준에 다음에서 정하는 세율을 적용하여 계산한 금액을 그 세액으로 한다(「지방세법」 제28조 제1항). 지방자치단체의 장은 조례로 정하는 바에 따라 등록면허세의 세율을 다음에 따른 표준세율의 100분의 50의 범위에서 가감할 수 있다(「지방세법」 제28조 제6항).

구 분		과세표준	세 율
소유권의 보존등기		부동산가액	1천분의 8
소유권의 이전등기	유 상		1천분의 20
	상 속		1천분의 8
	상속 외의 무상		1천분의 15
소유권 외의 물권과 임차권의 설정 및 이전	가등기	부동산가액 또는 채권금액	1천분의 2
	지상권	부동산가액	
	지역권	요역지가액	
	전세권	전세금액	
	임차권	월임대차금액	
	저당권, 경매신청, 가압류, 가처분	채권금액	
그 밖의 등기(말소·변경등기)		매 1건당	6천원

심화학습

등록면허세 세율 적용

1. 부동산등기는 표준세율이 적용되어 지방자치단체의 장이 탄력세율을 적용할 수 있으나, 부동산등기 이외의 등기·등록은 일정세율이 적용되므로 탄력세율을 적용할 수 없다.
2. **최저한세**: 소유권 및 물권과 임차권의 설정 및 이전에 따라 산출한 세액이 그 밖의 등기 또는 등록(말소·변경등기) 세율보다 적을 때에는 그 밖의 등기 또는 등록 세율(6천원)을 적용한다.

3. 유상으로 인한 소유권이전등기의 경우 : 부동산가액의 1천분의 20을 그 세액으로 한다. 다만, 유상거래로 인한 주택 취득시 세율을 적용받는 주택의 경우에는 해당 주택의 취득세율에 100분의 50을 곱한 세율을 적용하여 산출한 금액을 그 세액으로 한다.
4. 구분지상권의 경우에는 해당 토지의 지하 또는 지상 공간의 사용에 따른 건축물의 이용저해율(利用沮害率), 지하 부분의 이용저해율 및 그 밖의 이용저해율 등을 고려하여 행정안전부장관이 정하는 기준에 따라 특별자치시장·특별자치도지사·시장·군수 또는 구청장이 산정한 해당 토지 가액의 1천분의 2로 한다.
5. 가등기·가압류·가처분의 경우 부동산에 관한 권리를 목적으로 등기하는 경우를 포함한다.

2 중과세율(대도시 안의 법인등기에 대한 중과세 – 표준세율의 3배)

다음의 어느 하나에 해당하는 등기를 할 때에는 그 세율을 부동산등기 및 법인등기에 규정한 해당 세율(「지방세법」 제28조 제1항 제1호 가목부터 라목까지의 세율을 적용하여 산정된 세액이 6천원 미만일 때에는 6천원을, 「지방세법」 제28조 제1항 제6호 가목부터 다목까지의 세율을 적용하여 산정된 세액이 112,500원 미만일 때에는 112,500원으로 함)의 100분의 300으로 한다. 다만, 대도시에 설치가 불가피하다고 인정되는 업종으로서 대통령령으로 정하는 업종(대도시 중과 제외 업종)에 대해서는 그러하지 아니하다(「지방세법」 제28조 제2항).

① 대도시에서 법인을 설립(설립 후 또는 휴면법인을 인수한 후 5년 이내에 자본 또는 출자액을 증가하는 경우를 포함한다)하거나 지점이나 분사무소를 설치함에 따른 등기
② 대도시 밖에 있는 법인의 본점이나 주사무소를 대도시로 전입(전입 후 5년 이내에 자본 또는 출자액이 증가하는 경우를 포함한다)함에 따른 등기. 이 경우 전입은 법인의 설립으로 보아 세율을 적용한다.

심화학습

대도시 중과 제외 업종(도시형 업종 법인)

1. 사회기반시설사업
2. 은행업
3. 해외건설업, 주택건설사업
4. 전기통신사업
5. 첨단기술산업과 첨단업종
6. 유통산업, 농수산물도매시장·농수산물공판장·농수산물종합유통센터·유통자회사 및 「축산법」에 따른 가축시장
7. 여객자동차운송사업 및 화물자동차운송사업과 물류터미널사업 및 창고업
8. 정부출자법인 또는 정부출연법인이 경영하는 사업
9. 의료업
10. 개인이 경영하던 제조업(「소득세법」 제19조 제1항 제3호에 따른 제조업을 말한다)
11. 자원재활용업종
12. 소프트웨어사업 및 소프트웨어공제조합이 소프트웨어산업을 위하여 수행하는 사업
13. 공연장 등 문화예술시설운영사업

14. 방송사업·중계유선방송사업·음악유선방송사업·전광판방송사업 및 전송망사업
15. 과학관시설운영사업
16. 도시형 공장을 경영하는 사업
17. 벤처투자회사가 중소기업창업 지원을 위하여 수행하는 사업(다만, 법인설립 후 1개월 이내에 등록하는 경우만 해당)
18. 한국광해관리공단이 석탄산업합리화를 위하여 수행하는 사업
19. 한국소비자원이 소비자 보호를 위하여 수행하는 사업
20. 공제조합이 건설업을 위하여 수행하는 사업
21. 공제조합이 그 설립 목적을 위하여 수행하는 사업
22. 주택도시보증공사가 주택건설업을 위하여 수행하는 사업
23. 할부금융업
24. 실내경기장·운동장 및 야구장 운영업
25. 기업구조조정전문회사가 그 설립 목적을 위하여 수행하는 사업(다만, 법인 설립 후 1개월 이내에 등록하는 경우만 해당)
26. 청소년단체, 학술단체·장학법인 및 문화예술단체·체육단체가 그 설립 목적을 위하여 수행하는 사업
27. 「중소기업진흥에 관한 법률」 제69조에 따라 설립된 회사가 경영하는 사업
28. 조합이 시행하는 정비사업 또는 소규모주택정비사업
29. 공제조합이 경영하는 보상금지급책임의 보험사업 등 공제사업
30. 한국주택금융공사가 경영하는 사업
31. 임대사업자 또는 공공주택사업자가 경영하는 주택임대사업
32. 전기공사공제조합이 전기공사업을 위하여 수행하는 사업
33. 소방산업공제조합이 소방산업을 위하여 수행하는 사업
34. 기술혁신형 중소기업으로 선정된 기업이 경영하는 사업. 다만, 법인의 본점·주사무소·지점·분사무소를 대도시 밖에서 대도시로 전입하는 경우는 제외한다.
35. 리모델링사업
36. 「공공주택특별법」에 따른 공공매입임대주택

핵심정리 | 대도시 내 중과세에 대한 취득세 및 등록면허세 비교

구 분	취득세	등록면허세
중과세대상	대도시 내 부동산 취득	법인등기
해당 중과세율	표준세율×3배 – 중과기준세율×2배	표준세율×3배

제4절 비과세 제24회, 제34회

1 국가 등의 등록에 대한 비과세

국가, 지방자치단체, 지방자치단체조합, 외국정부 및 주한국제기구가 자기를 위하여 받는 등록 또는 면허에 대하여는 등록면허세를 부과하지 아니한다. 다만, 대한민국 정부기관의 등록에 대하여 과세하는 외국정부의 등록의 경우에는 등록면허세를 부과한다(「지방세법」 제26조 제1항).

2 기타 비과세

다음의 어느 하나에 해당하는 등기·등록에 대하여는 등록면허세를 부과하지 아니한다(「지방세법」 제26조 제2항).

① 「채무자 회생 및 파산에 관한 법률」상 법원 사무관 등의 촉탁이나 등기소의 직권에 의한 등기·등록

② 행정구역의 변경, 주민등록번호의 변경, 지적소관청의 지번 변경, 계량단위의 변경, 등기 또는 등록 담당 공무원의 착오 및 이와 유사한 사유로 인한 등기 또는 등록으로서 주소, 성명, 주민등록번호, 지번, 계량단위 등의 단순한 표시변경·회복 또는 경정 등기 또는 등록

③ 그 밖에 지목이 묘지인 토지의 등록. 이 경우 '지목이 묘지인 토지의 등록'이란 무덤과 이에 접속된 부속시설물의 부지로 사용되는 토지로서 지적공부상 지목이 묘지인 토지에 관한 등기를 말한다(「지방세법 시행령」 제40조 제1항).

> 지목이 묘지인 토지에 대해서 취득세는 과세(중과기준세율)하지만, 등록면허세와 재산세는 비과세한다.

④ 면허의 단순한 표시변경 등 등록면허세의 과세가 적합하지 아니한 것으로서 대통령령으로 정하는 면허

제5절 납세절차 제26회, 제27회, 제29회, 제30회, 제31회, 제33회

1 납세지

등기 또는 등록에 대한 등록면허세의 납세지는 다음에서 정하는 바에 따른다(「지방세법」 제25조 제1항).

① 부동산 등기 : 부동산 소재지
② 선박 등기 또는 등록 : 선적항 소재지
③ 자동차 등록 : 「자동차관리법」에 따른 등록지
④ 건설기계 등록 : 「건설기계관리법」에 따른 등록지
⑤ 항공기 등록 : 정치장 소재지
⑥ 법인 등기 : 등기에 관련되는 본점·지점 또는 주사무소·분사무소 등의 소재지
⑦ 상호 등기 : 영업소 소재지
⑧ 광업권 및 조광권 등록 : 광구 소재지
⑨ 어업권, 양식업권 등록 : 어장 소재지
⑩ 저작권, 출판권, 저작인접권, 컴퓨터프로그램 저작권, 데이터베이스 제작자의 권리, 지식재산권담보권 등록 : 저작권자, 출판권자, 저작인접권자, 컴퓨터프로그램 저작권자, 데이터베이스 제작권자, 지식재산권자 주소지
⑪ 특허권, 실용신안권, 디자인권 등록 : 등록권자 주소지
⑫ 상표, 서비스표 등록 : 주사무소 소재지
⑬ 영업의 허가 등록 : 영업소 소재지
⑭ 그 밖의 등록 : 등록관청 소재지
⑮ 같은 등록에 관계되는 재산이 둘 이상의 지방자치단체에 걸쳐 있어 등록면허세를 지방자치단체별로 부과할 수 없을 때에는 등록관청 소재지를 납세지로 한다(「지방세법」 제25조 제1항 제16호).
⑯ 같은 채권의 담보를 위하여 설정하는 둘 이상의 저당권을 등록하는 경우에는 이를 하나의 등록으로 보아 그 등록에 관계되는 재산을 처음 등록하는 등록관청 소재지를 납세지로 한다(「지방세법」 제25조 제1항 제17호).
⑰ ①부터 ⑬까지의 납세지가 분명하지 아니한 경우에는 등록관청 소재지를 납세지로 한다(「지방세법」 제25조 제1항 제18호).

참고학습 | 납세지가 불분명한 경우

취득세	등록면허세
취득물건 소재지	등록관청 소재지

2 등록면허세의 징수방법

1. 원칙 – 신고납부

(1) 일반적인 경우

① 등록을 하려는 자는 과세표준에 세율을 적용하여 산출한 세액을 등록을 하기 전(상속·증여 포함)까지 납세지를 관할하는 지방자치단체의 장에게 신고하고 납부하여야 한다(「지방세법」 제30조 제1항).

② '등록을 하기 전까지'란 등기 또는 등록 신청서를 등기·등록관서에 접수하는 날까지를 말한다. 다만, 특허권·실용신안권·디자인권 및 상표권의 등록에 대한 등록면허세의 경우에는 「특허법」, 「실용신안법」, 「디자인보호법」 및 「상표법」에 따른 특허료·등록료 및 수수료의 납부기한까지를 말한다(「지방세법 시행령」 제48조 제1항).

(2) 추가신고납부

① 등록면허세 과세물건을 등록한 후에 해당 과세물건이 중과세율의 적용대상이 되었을 때에는 대통령령으로 정하는 날부터 60일 이내에 중과세율을 적용하여 산출한 세액에서 이미 납부한 세액(가산세는 제외한다)을 공제한 금액을 세액으로 하여 납세지를 관할하는 지방자치단체의 장에게 신고하고 납부하여야 한다(「지방세법」 제30조 제2항).

② 등록면허세를 비과세, 과세면제 또는 경감받은 후에 해당 과세물건이 등록면허세 부과대상 또는 추징대상이 되었을 때에는 그 사유 발생일부터 60일 이내에 해당 과세표준에 세율을 적용하여 산출한 세액[경감받은 경우에는 이미 납부한 세액(가산세는 제외한다)을 공제한 세액을 말한다]을 납세지를 관할하는 지방자치단체의 장에게 신고하고 납부하여야 한다(「지방세법」 제30조 제3항).

핵심정리 | 취득세와 등록면허세의 신고납부기간 비교

구 분	취득세	등록면허세
원 칙	60일 이내	등록하기 전까지(상속·증여 포함)
예 외	① 증여(부담부증여 포함) : 취득일이 속하는 달의 말일부터 3개월 ② 상속 : 상속개시일이 속하는 달의 말일부터 6개월(외국에 주소 둔 상속인이 있는 경우는 9개월)	
추가신고납부	취득 후 중과세대상이 되거나 과세(또는 추징)대상이 된 경우에 ① 60일 이내 ② 가산세 제외 ③ 신고납부	등록 후 중과세대상이 되거나 과세(또는 추징)대상이 된 경우에 ① 60일 이내 ② 가산세 제외 ③ 신고납부

(3) 신고의제

(1)부터 (2)까지의 규정에 따른 신고의무를 다하지 아니한 경우에도 등록면허세 산출세액을 등록을 하기 전까지[(2)의 추가신고납부의 경우에는 해당 기준에 의한 신고기한까지] 납부하였을 때에는 신고를 하고 납부한 것으로 본다. 이 경우 무신고 및 과소신고 가산세를 징수하지 아니한다(「지방세법」 제30조 제4항 단서).

심화학습

채권자대위자의 등록면허세 신고납부(「지방세법」 제30조 제5항 및 제6항)
1. 채권자대위자는 납세의무자를 대위하여 부동산의 등기에 대한 등록면허세를 신고납부할 수 있다. 이 경우 채권자대위자는 행정안전부령으로 정하는 바에 따라 납부확인서를 발급받을 수 있다.
2. 지방자치단체의 장은 1.에 따른 채권자대위자의 신고납부가 있는 경우 납세의무자에게 그 사실을 즉시 통보하여야 한다.

---

2. 예외 – 보통징수

① 등록면허세 납세의무자가 신고 또는 납부의무를 다하지 아니하면 산출한 세액 또는 그 부족세액에 다음의 가산세를 합한 금액을 세액으로 하여 보통징수의 방법으로 징수한다(「지방세법」 제32조).

구 분			가산세
신고불성실 가산세	무신고 가산세	부정무신고가산세	무신고납부세액의 100분의 40
		무신고가산세	무신고납부세액의 100분의 20
	과소신고 가산세	과소신고가산세	과소신고납부세액의 100분의 10
		부정과소신고가산세	부정과소신고납부세액의 40% + [(과소신고납부세액 – 부정과소신고납부세액) × 10%]
(납세고지 전) 납부지연가산세(최대 75% 한도)			미납부세액 또는 과소납부한 세액 × 납부기한의 다음 날부터 자진납부일 또는 납세고지일까지의 기간 × 0.022%

② **특별징수** : 특허권 등의 특별징수의무자가 징수하였거나 징수할 세액을 법정 기한까지 납부하지 아니하거나 부족하게 납부하더라도 특별징수의무자에게 「지방세기본법」 제56조에 따른 특별징수납부 등 불성실가산세는 부과하지 아니한다.

③ **미납부의 통보** : 등기·등록관서의 장은 등기 또는 등록 후에 등록면허세가 납부되지 아니하였거나 납부부족액을 발견한 경우에는 다음 달 10일까지 납세지를 관할하는 시장·군수·구청장에게 통보하여야 한다(「지방세법 시행령」 제50조 제1항).

> • 등록면허세는 취득세와 같은 중가산세 규정이 적용되지 않는다.
> • 등록면허세도 「지방세기본법」 규정에 의한 기한 후 신고 규정은 적용된다

3 부가세

1. 지방교육세

등록면허세 납부세액이 있는 경우에는 납부세액의 100분의 20을 지방교육세로 부과한다(「지방세법」 제151조 제1항 제2호).

2. 농어촌특별세

등록면허세를 감면받는 경우에는 감면세액의 100분의 20을 농어촌특별세로 부과한다(「농어촌특별세법」 제5조 제1항).

4 최저한세

등록면허세는 수수료적 성격의 조세이므로 면세점과 소액 징수면제 규정이 적용되지 않는다. 다만, 부동산등기의 경우에는 세액이 6천원 미만일 때에는 6천원으로 한다(「지방세법」 제28조 제1항).

심화학습

등록면허세 납부절차

1. 등록면허세를 신고하려는 자는 행정안전부령으로 정하는 신고서로 납세지를 관할하는 시장·군수·구청장에게 신고하여야 한다(「지방세법 시행령」 제48조 제3항).
2. 지방자치단체의 금고 또는 지방세수납대행기관은 등록면허세를 납부받으면 납세자 보관용 영수증, 등록면허세 영수필 통지서(등기·등록관서의 시·군·구 통보용) 및 등록면허세 영수필 확인서 각 1부를 납세자에게 내주고, 지체 없이 등록면허세 영수필 통지서(시·군·구 보관용) 1부를 해당 시·군·구의 세입징수관에게 송부하여야 한다. 다만, 「전자정부법」 제36조 제1항에 따라 행정기관 간에 등록면허세 납부사실을 전자적으로 확인할 수 있는 경우에는 납세자에게 납세자 보관용 영수증을 교부하는 것으로 갈음할 수 있다(「지방세법 시행령」 제48조 제5항).

---

01 「지방세법」상 부동산 등기에 대한 등록면허세의 표준세율로서 **틀린** 것은? (단, 부동산등기에 대한 표준세율을 적용하여 산출한 세액이 그 밖의 등기 또는 등록세율보다 크다고 가정하며, 중과세 및 비과세와 「지방세특례제한법」은 고려하지 않음) (제31회)

① 소유권보존: 부동산가액의 1천분의 8
② 가처분: 부동산가액의 1천분의 2
③ 지역권설정: 요역지가액의 1천분의 2
④ 전세권이전: 전세금액의 1천분의 2
⑤ 상속으로 인한 소유권이전: 부동산가액의 1천분의 8

해설 가처분등기의 등록면허세의 표준세율은 채권금액의 1천분의 2이다.

정답 ②

02 거주자인 개인 乙은 甲이 소유한 부동산(시가 6억원)에 전세기간 2년, 전세보증금 3억원으로 하는 전세계약을 체결하고, 전세권 설정등기를 하였다. 「지방세법」상 등록면허세에 관한 설명으로 옳은 것은? (제32회)

① 과세표준은 6억원이다.
② 표준세율은 전세보증금의 1,000분의 8이다.
③ 납부세액은 6,000원이다.
④ 납세의무자는 乙이다.
⑤ 납세지는 甲의 주소지이다.

해설 ④ 전세권설정등기 납세의무자는 전세권자인 乙이다.
① 전세권 설정등기 과세표준은 전세보증금(전세금액) 3억원이다.
② 전세권 설정등기 표준세율은 전세보증금의 1,000분의 2이다.
③ 납부세액은 600,000원(= 전세보증금 3억원 × 1,000분의 2)이다.
⑤ 전세권 설정등기의 등록면허세 납세지는 부동산 소재지이다.

정답 ④

03 지방세법령상 등록에 대한 등록면허세가 비과세되는 경우로 틀린 것은? 〔제34회〕

① 지방자치단체조합이 자기를 위하여 받는 등록
② 무덤과 이에 접속된 부속시설물의 부지로 사용되는 토지로서 지적공부상 지목이 묘지인 토지에 관한 등기
③ 「채무자 회생 및 파산에 관한 법률」상 법원 사무관 등의 촉탁이나 등기소의 직권에 의한 등기·등록
④ 대한민국 정부기관의 등록에 대하여 과세하는 외국정부의 등록
⑤ 등기 담당 공무원의 착오로 인한 주소 등의 단순한 표시변경 등기

해설 ④ 대한민국 정부기관의 등록에 대하여 과세하는 외국정부의 등록은 등록면허세를 과세한다.

정답 ④

03 재산세
CHAPTER

단원별 학습포인트

□ 재산세는 매년 2~3문제가 출제되며, 지방세 중에서 대표적인 재산보유세인 재산세는 국세 중 같은 재산보유세인 종합부동산세와 비교학습하여야 한다. 특히, 토지유형의 구분, 납세의무자, 과세표준과 세율, 부과·징수 부분에 집중적인 학습이 필요하다.

제1절 개요 및 과세대상 제25회, 제33회

1 개 요

1. 의 의

재산세는 과세기준일 현재 법률에 열거된 과세대상을 보유하는 자에게 물건 소재지를 관할하는 시·군·구·특별자치도·특별자치시에서 납세고지서를 발부하는 보통징수방법으로 징수하는 지방세이다. 다만, 특별시의 구의 경우에는 특별시세 및 구세이다.

2. 특 징

① 재산세는 부동산등을 보유하는 경우에 보유기간 동안 매년 반복해서 부과되는 재산 보유세이다.
② 재산세는 소유하고 있는 재산을 중심으로 과세하는 물세이지만, 예외적으로 토지에 대한 재산세는 해당 시·군·구·특별자치도·특별자치시 관할구역 내의 토지를 소유자별로 합산하여 과세하는 인세적 성격의 조세이다.
③ 실질과세의 원칙이 적용되며, 과세대상 물건이 공부상 등재 현황과 사실상의 현황이 다른 경우에는 사실상 현황에 따라 재산세를 부과한다.
④ 매년 과세기준일인 6월 1일에 납세의무가 성립한다.
⑤ 재산세는 보통징수방법으로 징수하며, 납부기한 내 미납부하는 경우에는 (납세고지 후)납부지연가산세(3% + 매 1개월 경과시마다 0.66%(0.66%×30일), 60개월까지)를 적용한다.
⑥ 금전납부 원칙의 예외로서 물납(과세 관할구역 내 부동산)이 허용되며, 일시불 납부원칙의 예외로서 분할납부(납부기한 경과 후 3개월 이내)가 허용된다.
⑦ 보유세 부담의 급격한 증가에 따른 세부담을 완화하기 위해 세부담 상한에 관한 규정을 두고 있다.

⑧ 징세비용의 절감을 위해 소액 징수면제 규정을 두어 고지서 1장당 재산세액이 2천원 미만인 경우에는 징수하지 않는다.

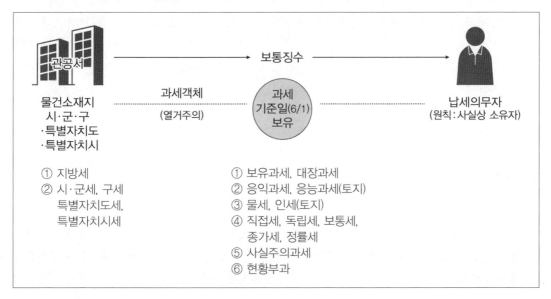

① 지방세
② 시·군세, 구세
　특별자치도세,
　특별자치시세

① 보유과세, 대장과세
② 응익과세, 응능과세(토지)
③ 물세, 인세(토지)
④ 직접세, 독립세, 보통세,
　종가세, 정률세
⑤ 사실주의과세
⑥ 현황부과

2　과세대상

재산세는 토지, 건축물, 주택, 항공기 및 선박을 과세대상으로 한다(법 제105조). 이 경우 재산세의 과세대상 물건이 토지대장, 건축물대장 등 공부상 등재되지 않았거나 공부상 등재 현황과 사실상의 현황이 다른 경우에는 사실상 현황에 따라 재산세를 부과한다. 다만 공부상 등재 현황과 달리 이용함으로써 재산세 부담이 낮아지는 경우 등 대통령령으로 정하는 경우는 공부상 등재 현황에 따라 부과한다(법 제106조 제3항).

> **공부상 등재현황에 따른 부과【영 제105조의2】**
> "재산세의 과세대상 물건을 공부상 등재현황과 달리 이용함으로써 재산세 부담이 낮아지는 경우 등 대통령령으로 정하는 경우"란 다음의 경우를 말한다.
> 1. 관계 법령에 따라 허가 등을 받아야 함에도 불구하고 허가 등을 받지 않고 재산세의 과세대상 물건을 이용하는 경우로서 사실상 현황에 따라 재산세를 부과하면 오히려 재산세 부담이 낮아지는 경우
> 2. 재산세 과세기준일 현재의 사용이 일시적으로 공부상 등재현황과 달리 사용하는 것으로 인정되는 경우

1. 토 지

토지란 「공간정보의 구축 및 관리 등에 관한 법률」에 따라 지적공부의 등록대상이 되는 토지와 그 밖에 사용되고 있는 사실상의 토지를 말한다. 다만, 주택의 부속토지는 제외한다(「지방세법」 제104조 제1호).

2. 건축물

건축물이란 「건축법」 규정에 따른 건축물(이와 유사한 형태의 건축물을 포함한다)과 토지에 정착하거 나 지하 또는 다른 구조물에 설치하는 레저시설, 저장시설, 도크(dock)시설, 접안시설, 도관시설, 급수·배수시설, 에너지 공급시설 및 그 밖에 이와 유사한 시설(이에 딸린 시설을 포함한다)을 말한다. 공부상의 용도에 관계없이 사실상의 용도에 따라 과세하고 공부상에 등재되지 아니한 건축물이나 「건축법」상 허가받지 아니한 건축물에 대해서도 과세한다.

다만, 주거용 건축물은 주택분 재산세 과세대상이므로 건축물분 재산세 과세대상에서 제외한다(「지방세법」 제6조 제4호).

3. 주 택

(1) 의 의

주택이란 「주택법」 규정에 따른 주택을 말한다(「지방세법」 제104조 제3호). 이 경우 토지와 건축물 의 범위에서 주택은 제외한다. 즉, 주택은 건축물이나 토지의 과세대상에서 제외하여 별도의 과세 대상이 된다.

(2) 주택분 재산세의 과세

① 주택분 재산세는 주거용 건축물과 그 부속토지를 통합하여 과세한다.
② 주택의 부속토지의 경계가 명백하지 아니한 경우에는 그 주택의 바닥면적의 10배에 해당하는 토지를 주택의 부속토지로 한다(「지방세법 시행령」 제105조).

심화학습

주택
주택이란 세대의 구성원이 장기간 독립된 주거생활을 할 수 있는 구조로 된 건축물의 전부 또는 일부 및 그 부속토지를 말하며, 단독주택과 공동주택으로 구분한다(「주택법」 제2조 제1호).

---

(3) 다가구주택

다가구주택은 1가구가 독립하여 구분사용할 수 있도록 분리된 부분을 1구의 주택으로 본다. 이 경우 그 부속토지는 건물면적의 비율에 따라 각각 나눈 면적을 1구의 부속토지로 본다(「지방세법 시행령」 제112조).

(4) 겸용주택

주택에 대한 과세범위 산정은 다음에서 정하는 바에 따른다.

① 1동(棟)의 건물이 주거와 주거 외의 용도로 사용되고 있는 경우에는 주거용으로 사용되는 부분만을 주택으로 본다. 이 경우 건물의 부속토지는 주거와 주거 외의 용도로 사용되는 건물의 면적비율에 따라 각각 안분하여 주택의 부속토지와 건축물의 부속토지로 구분한다(「지방세법」 제106조 제2항 제1호).

② 1구(構)의 건물이 주거와 주거 외의 용도로 사용되고 있는 경우에는 주거용으로 사용되는 면적이 전체의 100분의 50 이상인 경우에는 주택으로 본다(「지방세법」 제106조 제2항 제2호).

1동의 건물	(면적에 비례) 주거 부분만 주택으로 본다.
1구의 건물	• 주거용 사용면적이 50% 이상 ⇨ (전부) 주택 • 주거용 사용면적이 50% 미만 ⇨ 주거 부분만 주택

③ 「건축법」 등 관계 법령에 따라 허가 등을 받아야 할 건축물로서 허가 등을 받지 아니하거나 사용승인을 받아야 할 주택으로서 사용승인(임시사용승인을 포함)을 받지 아니하고 주거용으로 사용 중인 건축물의 면적이 전체 건축물 면적의 100분의 50이상인 경우에는 그 건축물을 주택으로 보지 아니하고 그 부속토지는 종합합산대상에 해당하는 토지로 본다(「지방세법」 제106조 제2항 제3호).

4. 선 박

선박이란 기선, 범선, 부선(艀船) 및 그 밖에 명칭에 관계없이 모든 배를 말한다(「지방세법」 제6조 제10호).

5. 항공기

항공기란 사람이 탑승·조종하여 항공에 사용하는 비행기, 비행선, 활공기(滑空機), 회전익(回轉翼) 항공기 및 그 밖에 이와 유사한 비행기구를 말한다(「지방세법」 제6조 제9호).

과세대상별 재산세의 구분

과세대상		재산세의 구분
주택 부속토지를 제외한 토지로서 나대지나 일반건축물의 부속토지 등		토지분 재산세
건축물	주택 이외의 일반건축물	건물분 재산세
	주택의 건물과 그 부속토지(통합과세)	주택분 재산세
선박·항공기		기타 재산세

과세대상 토지의 구분 제25회, 제27회, 제29회, 제31회

1 의의 및 토지의 구분

1. 의 의

토지에 대한 재산세 과세대상은 종합합산과세대상, 별도합산과세대상 및 분리과세대상으로 구분한다(「지방세법」 제106조 제1항). 그 이유는 토지의 성격에 따라 세율을 다르게 정하기 위한 것이다.

과세대상별 토지의 구분

구 분	과세방법	세 율
분리과세대상 토지	각 토지별 분리과세	저율(0.07%, 0.2%) 또는 고율(4%) 차등비례세율
종합합산과세대상 토지	해당 시·군·구 내 토지를 소유자별로 합산과세	0.2 ~ 0.5% 3단계 초과누진세율
별도합산과세대상 토지		0.2 ~ 0.4% 3단계 초과누진세율

2. 토지의 구분

(1) 분리과세대상 토지

과세기준일 현재 납세의무자가 소유하고 있는 토지 중 국가의 보호·지원 또는 중과(重課)가 필요한 토지로서 다음의 어느 하나에 해당하는 토지를 말한다(「지방세법」 제106조 제1항 제3호).
① 공장용지·전·답·과수원 및 목장용지로서 대통령령으로 정하는 토지
② 산림의 보호육성을 위하여 필요한 임야 및 종중 소유 임야로서 대통령령으로 정하는 임야
③ 골프장용 토지와 고급오락장용 토지로서 대통령령으로 정하는 토지
④ 「산업집적활성화 및 공장설립에 관한 법률」 규정에 따른 공장의 부속토지로서 개발제한구역의 지정이 있기 이전에 그 부지취득이 완료된 곳으로서 대통령령으로 정하는 토지
⑤ 국가 및 지방자치단체 지원을 위한 특정목적 사업용 토지로서 대통령령으로 정하는 토지
⑥ 에너지·자원의 공급 및 방송·통신·교통 등의 기반시설용 토지로서 대통령령으로 정하는 토지
⑦ 국토의 효율적 이용을 위한 개발사업용 토지로서 대통령령으로 정하는 토지
⑧ 그 밖에 지역경제의 발전, 공익성의 정도 등을 고려하여 분리과세하여야 할 타당한 이유가 있는 토지로서 대통령령으로 정하는 토지

(2) 별도합산과세대상 토지

과세기준일 현재 납세의무자가 소유하고 있는 토지 중 다음의 어느 하나에 해당하는 토지를 말한다(「지방세법」 제106조 제1항 제2호).

① 공장용 건축물의 부속토지 등 대통령령으로 정하는 건축물의 부속토지

② 차고용 토지, 보세창고용 토지, 시험·연구·검사용 토지, 물류단지시설용 토지 등 공지상태(空地狀態)나 해당 토지의 이용에 필요한 시설 등을 설치하여 업무 또는 경제활동에 활용되는 토지로서 대통령령으로 정하는 토지

③ 철거·멸실된 건축물 또는 주택의 부속토지로서 대통령령으로 정하는 부속토지

> **철거·멸실된 건축물 또는 주택의 범위**
> 과세기준일 현재 건축물 또는 주택이 사실상 철거·멸실된 날(사실상 철거·멸실된 날을 알 수 없는 경우에는 공부상 철거·멸실된 날을 말한다)부터 6개월이 지나지 아니한 건축물 또는 주택의 부속토지를 말한다(「지방세법 시행령」 제103조의2).

(3) 종합합산과세대상 토지

과세기준일 현재 납세의무자가 소유하고 있는 토지 중 별도합산과세대상 또는 분리과세대상이 되는 토지를 제외한 토지를 말한다.

2 분리과세대상 토지

1. 0.07% 저율 분리과세대상

(1) 농지(전·답·과수원)

① 분리과세 농지

  ㉠ 개인이 소유하는 농지로 도시지역 밖에서 과세기준일 현재 실제 영농에 사용하는 경우에 한한다. 그러므로 과세기준일 현재 영농에 사용하지 않는 농지는 종합합산과세대상 토지로 과세한다(「지방세법 시행령」 제102조 제1항 제2호).

  ㉡ 농지란 전·답, 과수원, 그 밖에 법적 지목(地目)을 불문하고 실제로 농작물 경작지 또는 다년생식물 재배지로 이용되는 토지를 말한다. 다만, 「초지법」에 따라 조성된 초지는 제외한다(「농지법」 제2조 제1호 가목).

② 자경농민 소유의 농지

  ㉠ **도시지역 밖에 소재한 경우** : 전·답·과수원으로서 과세기준일 현재 실제 영농에 사용되고 있는 개인이 소유하는 농지로서 도시지역 밖에 소재하는 경우에는 분리과세대상 토지로 과세한다(「지방세법 시행령」 제102조 제1항 제2호).

  ⓛ 도시지역 내에 소재한 경우 : 특별시, 광역시(군지역은 제외한다)·특별자치시·특별자치도 및 시
  지역(읍·면지역은 제외한다)의 도시지역의 농지는 원칙적으로 종합합산과세대상으로 과세하
  지만, 개발제한구역과 녹지지역에 있는 것에 한하여 분리과세 요건을 갖추면 분리과세대상
  토지로 과세한다(「지방세법 시행령」 제102조 제1항 제2호).

군·읍·면지역			분리과세
특별시·광역시· 특별자치시· 특별자치도 및 시지역	도시지역 안	도시지역 밖	
		개발제한구역, 녹지지역	
		그 외 상업지역·공업지역·주거지역 등	종합합산과세

 ③ 법인 또는 단체 소유의 농지
  법인 소유 농지는 원칙적으로 종합합산과세하지만 다음의 법인 또는 단체가 소유하는 농지에
  한하여 분리과세대상이 된다(「지방세법 시행령」 제102조 제1항 제2호).
  ㉠ 「농지법」 제2조 제3호에 따른 농업법인이 소유하는 농지로서 과세기준일 현재 실제 영농
   에 사용되고 있는 농지. 다만, 특별시, 광역시(군지역은 제외한다)·특별자치시·특별자치도 및
   시지역(읍·면지역은 제외한다)의 도시지역의 농지는 개발제한구역과 녹지지역에 있는 것으로
   한정한다.
  ㉡ 「한국농어촌공사 및 농지관리기금법」에 따라 설립된 한국농어촌공사가 농가에 공급하기
   위하여 소유하는 농지
  ㉢ 관계 법령에 따른 사회복지사업자가 복지시설이 소비 목적으로 사용할 수 있도록 하기 위
   하여 소유하는 농지
  ㉣ 법인이 매립·간척으로 취득한 농지로서, 과세기준일 현재 실제 영농에 사용되고 있는 해당
   법인 소유 농지. 다만, 특별시, 광역시(군지역은 제외한다)·특별자치시·특별자치도 및 시지역
   (읍·면지역은 제외한다)의 도시지역의 농지는 개발제한구역과 녹지지역에 있는 것으로 한정
   한다.
  ㉤ 종중(宗中)이 소유하는 농지

   참고 | ㉢, ㉤의 농지는 1990년 5월 31일 이전부터 소유(1990년 6월 1일 이후에 해당 농지를 상속받아
    소유하는 경우와 법인합병으로 인하여 취득하여 소유하는 경우를 포함)하는 것으로 한정한다.

(2) 목장용지
 개인이나 법인이 축산용으로 사용하는 도시지역 안의 개발제한구역·녹지지역과 도시지역 밖의 목
 장용지로서 과세기준일이 속하는 해의 직전 연도를 기준으로 법령에서 정하는 축산용 토지 및 건
 축물의 기준을 적용하여 계산한 토지면적의 범위에서 소유하는 토지는 분리과세대상으로 과세한

다. 이때 기준면적을 초과하는 면적은 종합합산과세대상 토지로 과세한다(「지방세법 시행령」 제102조 제1항 제3호).

군·읍·면지역			기준면적
특별시·광역시·특별자치시·특별자치도 및 시지역	도시지역 안	도시지역 밖	• 이내 : 분리과세 • 초과 : 종합합산과세
		개발제한구역, 녹지지역	
		그 외 상업지역·공업지역·주거지역 등	종합합산과세

참고 | 도시지역의 목장용지는 1989년 12월 31일 이전부터 소유(1990년 1월 1일 이후에 해당 목장용지 및 임야를 상속받아 소유하는 경우와 법인합병으로 인하여 취득하여 소유하는 경우를 포함)하는 것으로 한정한다.

(3) 임 야

산림의 보호육성을 위하여 필요한 일정한 임야 및 종중 소유 임야로서 다음에 해당하는 경우에는 분리과세대상 토지로 과세하며, 그 밖에 개인 또는 법인이 소유하는 임야는 종합합산과세대상 토지로 과세한다(「지방세법 시행령」 제102조 제2항).

① 「산림자원의 조성 및 관리에 관한 법률」 제28조에 따라 특수산림사업지구로 지정된 임야와 「산지관리법」 제4조 제1항 제1호에 따른 보전산지에 있는 임야로서 「산림자원의 조성 및 관리에 관한 법률」 제13조에 따른 산림경영계획의 인가를 받아 실행 중인 임야. 다만, 도시지역의 임야는 제외하되, 도시지역으로 편입된 날부터 2년이 지나지 아니한 임야와 「국토의 계획 및 이용에 관한 법률 시행령」 제30조에 따른 보전녹지지역(「국토의 계획 및 이용에 관한 법률」 제6조 제1호에 따른 도시지역 중 같은 법 제36조 제1항 제1호 각 목의 구분에 따른 세부 용도지역이 지정되지 않은 지역을 포함한다)의 임야로서 「산림자원의 조성 및 관리에 관한 법률」 제13조에 따른 산림경영계획의 인가를 받아 실행 중인 임야를 포함한다.

② 다음의 어느 하나에 해당하는 임야
   ㉠ 「문화유산의 보존 및 활용에 관한 법률」에 따른 지정문화유산 안의 임야
   ㉡ 「문화유산의 보존 및 활용에 관한 법률」에 따른 보호구역 안의 임야
   ㉢ 「자연유산의 보존 및 활용에 관한 법률」에 따른 천연기념물등 안의 임야
   ㉣ 「자연유산의 보존 및 활용에 관한 법률」에 따른 보호구역 안의 임야

③ 「자연공원법」에 따라 지정된 공원자연환경지구의 임야

> 「자연공원법」에 따른 국립공원·도립공원·군립공원 등 공원자연보존지구 내의 임야는 비과세한다.

④ 종중이 소유하고 있는 임야

⑤ 다음의 어느 하나에 해당하는 임야
  ㉠ 「개발제한구역의 지정 및 관리에 관한 특별조치법」에 따른 개발제한구역의 임야
  ㉡ 「군사기지 및 군사시설보호법」에 따른 군사기지 및 군사시설 보호구역 중 제한보호구역의
    임야 및 그 제한보호구역에서 해제된 날부터 2년이 지나지 아니한 임야
  ㉢ 「도로법」에 따라 지정된 접도구역의 임야
  ㉣ 「철도안전법」제45조에 따른 철도보호지구의 임야
  ㉤ 「도시공원 및 녹지 등에 관한 법률」에 따른 도시공원의 임야
  ㉥ 「국토의 계획 및 이용에 관한 법률」에 따른 도시자연공원구역의 임야
  ㉦ 「하천법」에 따라 홍수관리구역으로 고시된 지역의 임야

> 참고 | ㉠~㉦의 임야는 1989년 12월 31일 이전부터 소유(1990년 1월 1일 이후에 해당 목장용지 및 임야를
> 상속받아 소유하는 경우와 법인합병으로 인하여 취득하여 소유하는 경우를 포함)하는 것으로 한정
> 한다.

⑥ 「수도법」에 따른 상수원보호구역의 임야

> 참고 | 종중이 소유하는 임야와 「수도법」에 따른 상수원보호구역의 임야는 1990년 5월 31일 이전부터 소유
> (1990년 6월 1일 이후에 해당 농지 또는 임야를 상속받아 소유하는 경우와 법인합병으로 인하여 취득하
> 여 소유하는 경우를 포함)하는 것으로 한정한다.

2. 0.2% 저율분리과세대상

(1) 공장용지

① 군·읍·면지역에 소재하는 공장용 건축물 부속토지
  공장용 건축물의 부속토지(건축 중인 경우를 포함하되, 과세기준일 현재 정당한 사유 없이 6개월 이상
  공사가 중단된 경우는 제외한다) 전체가 분리과세대상이 되는 것은 아니며, 법령에 정하는 공장입
  지 기준면적 이내에 대하여는 분리과세대상 토지이고, 공장입지 기준면적을 초과하는 토지는
  종합합산과세대상 토지로 과세한다(「지방세법 시행령」제102조 제1항 제1호).

② 도시지역 내에 소재하는 공장용 건축물 부속토지
  ㉠ 산업단지·공업지역 : 공장용 건축물의 부속토지 전체가 분리과세대상이 되는 것은 아니며,
    공장입지 기준면적 이내의 토지는 분리과세대상 토지로 하고, 공장입지 기준면적을 초과하
    는 토지는 종합합산과세대상 토지로 한다.
  ㉡ 상업지역·주거지역 : 도시의 주거지역이나 상업지역에 소재하는 공장용 건축물 부속토지는
    일반건축물의 부속토지로 보아 기준면적 이내에 대하여는 별도합산과세하고, 기준면적을
    초과하는 토지는 종합합산과세대상 토지로 한다.

군·읍·면지역			기준면적
특별시·광역시·특별자치시·특별자치도 및 시지역	도시지역 밖		• 이내 : 분리과세 • 초과 : 종합합산과세
	도시지역 안	산업단지·공업지역	기준면적
		그 외 상업지역·주거지역 등	• 이내 : 별도합산과세 • 초과 : 종합합산과세

심화학습

「산업집적활성화 및 공장설립에 관한 법률」 제2조 제1호에 따른 공장의 부속토지로서 개발제한구역의 지정이 있기 이전에 그 부지취득이 완료된 곳으로서 대통령령으로 정하는 토지는 분리과세대상 토지에 해당한다(「지방세법」 제106조 제1항 제3호).

(2) 국가 및 지방자치단체 지원을 위한 특정목적 사업용 토지로서 대통령령으로 정하는 토지로서 국가나 지방자치단체가 국방상의 목적 외에는 그 사용 및 처분 등을 제한하는 공장 구내의 토지 등(「지방세법 시행령」 제102조 제5항)

(3) 에너지·자원의 공급 및 방송·통신·교통 등의 기반시설용 토지로서 대통령령으로 정하는 토지 (「지방세법 시행령」 제102조 제6항)

① 과세기준일 현재 계속 염전으로 실제 사용하고 있거나 계속 염전으로 사용하다가 사용을 폐지한 토지. 다만, 염전 사용을 폐지한 후 다른 용도로 사용하는 토지는 제외한다.

② 「여객자동차 운수사업법」 및 「물류시설의 개발 및 운영에 관한 법률」에 따라 면허 또는 인가를 받은 자가 계속하여 사용하는 여객자동차터미널 및 물류터미널용 토지

(4) 국토의 효율적 이용을 위한 개발사업용 토지로서 대통령령으로 정하는 토지(「지방세법 시행령」 제102조 제7항)

① 「공유수면 관리 및 매립에 관한 법률」에 따라 매립하거나 간척한 토지로서 공사준공인가일(공사준공인가일 전에 사용승낙이나 허가를 받은 경우에는 사용승낙일 또는 허가일)부터 4년이 지나지 아니한 토지

② 「한국토지주택공사법」에 따라 설립된 한국토지주택공사가 같은 법에 따라 타인에게 토지나 주택을 분양하거나 임대할 목적으로 소유하고 있는 토지(임대한 토지를 포함한다) 및 「자산유동화에 관한 법률」에 따라 설립된 유동화전문회사가 한국토지주택공사가 소유하던 토지를 자산유동화 목적으로 소유하고 있는 토지

> 취득일로부터 5년이 지난 토지로서 용지조성사업 또는 건축을 착공하지 아니한 토지는 제외한다.

(5) 그 밖에 지역경제의 발전, 공익성의 정도 등을 고려하여 분리과세하여야 할 타당한 이유가 있는 토지로서 대통령령으로 정하는 토지(「지방세법 시행령」 제102조 제8항)

① 지방세법시행령 제22조제2호에 해당하는 비영리사업자가 소유하고 있는 토지로서 교육사업에 직접 사용하고 있는 토지. 다만, 수익사업에 사용하는 토지는 제외한다.

② 「부동산투자회사법」 제49조의3 제1항에 따른 공모부동산투자회사(같은 법 시행령 제12조의3 제27호, 제29호 또는 제30호에 해당하는 자가 발행주식 총수의 100분의 100을 소유하고 있는 같은 법 제2조 제1호에 따른 부동산투자회사를 포함)가 목적사업에 사용하기 위하여 소유하고 있는 토지

③ 「전통사찰의 보존 및 지원에 관한 법률」 제2조 제3호에 따른 전통사찰보존지 및 「향교재산법」 제2조에 따른 향교재산 중 토지. 다만, 수익사업에 사용되는 부분은 제외한다.

3. 4% 고율분리과세대상

(1) 골프장용 토지

「지방세법」상 사치성재산에 해당하는 「체육시설의 설치·이용에 관한 법률」에 따른 회원제 골프장용 토지를 말한다(「지방세법」 제106조 제1항 제3호).

(2) 고급오락장용 토지

「지방세법」상 사치성재산에 해당하는 고급오락장용 건축물의 부속토지를 말한다(「지방세법」 제106조 제1항 제3호).

3 별도합산과세대상 토지

1. 별도합산과세대상에 해당되는 토지(「지방세법」 제106조 제1항 제2호 및 영 제101조)

별도합산과세대상 토지는 재산세 과세대상이 되는 토지 중에서 과세기준일 현재 납세의무자가 소유하고 있는 일반건축물의 부속토지(종합합산과세대상 제외)로서 법령에 정하는 기준면적 이내인 토지를 말한다. 이때 기준면적을 초과한 토지는 종합합산과세한다.

(1) 일반건축물의 부속토지 중에서 종합합산과세대상을 제외한 건축물 바닥면적(건축물 외의 시설의 경우에는 수평투영면적)에 용도지역별 적용배율을 곱하여 산정한 면적 이내의 토지

> 기준면적 = 건축물 바닥면적 × 용도지역별 적용배율

심화학습

용도지역별 적용배율(「지방세법 시행령」 제101조 제2항)

용도지역		적용 배율
도시지역	전용주거지역	5배
	준주거지역·상업지역	3배
	일반주거지역·공업지역	4배
	녹지지역	7배
	미계획지역	4배
도시지역 외의 용도지역		7배

(2) 도시지역의 주거지역이나 상업지역에 소재하는 공장용 건축물의 부속토지로서 기준면적 이내의 토지

(3) 철거·멸실된 건축물 또는 주택의 부속토지로서 대통령령으로 정하는 부속토지

① 철거·멸실된 건축물 또는 주택의 부속토지로서 대통령령으로 정하는 부속토지란 과세기준일 현재 건축물 또는 주택이 사실상 철거·멸실된 날(사실상 철거·멸실된 날을 알 수 없는 경우에는 공부상 철거·멸실된 날을 말한다)부터 6개월(「빈집 및 소규모주택 정비에 관한 특례법」등의 빈집은 3년)이 지나지 아니한 건축물 또는 주택의 부속토지를 말한다(「지방세법 시행령」 제103조의2).

② ①의 경우, 「건축법」 등 관계 법령에 따라 허가 등을 받아야 할 건축물 또는 주택으로서 허가 등을 받지 않은 건축물 또는 주택이거나 사용승인을 받아야 하는 건축물 또는 주택으로서 사용승인(임시사용승인을 포함)을 받지 않은 경우는 제외한다(「지방세법 시행령」 제103조의2 단서).

2. 별도합산에서 제외되는 경우

(1) 무허가 건축물의 부속토지

「건축법」 등 관계 법령에 따라 허가 등을 받아야 할 건축물로서 허가 등을 받지 아니한 건축물 또는 사용승인을 받아야 할 건축물로서 사용승인(임시사용승인을 포함한다)을 받지 아니하고 사용 중인 건축물의 부속토지는 종합합산과세한다(「지방세법 시행령」 제101조 제1항 단서).

(2) 공장용 건축물의 부속토지

군·읍·면지역과 도시지역의 산업단지·공업지역 내의 공장용 건축물의 부속토지는 기준면적 이내인 경우에는 분리과세하고, 기준면적을 초과한 경우에는 종합합산과세한다(「지방세법 시행령」 제101조 제1항 제1호).

(3) 골프장·고급오락장 내의 건축물의 부속토지

골프장·고급오락장 내의 건축물의 부속토지는 고율분리과세한다(「지방세법 시행령」 제101조 제1항 제2호 가목).

(4) 저가격 건축물의 부속토지

공장용 건축물과 주거용 건축물 이외의 건축물로서 건축물의 시가표준액이 해당 부속토지의 시가 표준액의 100분의 2에 미달하는 건축물의 부속토지 중 그 건축물의 바닥면적을 제외한 부속토지는 종합합산과세한다(「지방세법 시행령」 제101조 제1항 제2호 나목).

① 해당 건축물의 바닥면적에 해당하는 토지면적
   별도합산과세대상
② 해당 건축물의 바닥면적을 제외한 토지면적
   종합합산과세대상

> 건축물의 시가표준액 < 그 부속토지 시가표준액 × 2%

3. 별도합산과세대상 의제 토지

차고용 토지, 보세창고용 토지, 시험·연구·검사용 토지, 물류단지시설용 토지 등 공지상태(空地狀態)나 해당 토지의 이용에 필요한 시설 등을 설치하여 업무 또는 경제활동에 활용되는 토지로서 대통령령으로 정하는 다음의 어느 하나에 해당하는 토지는 별도합산과세한다(「지방세법 시행령」 제101조 제3항).

(1) 자동차운송사업자 및 대여사업자의 차고용 토지

「여객자동차 운수사업법」 또는 「화물자동차 운수사업법」에 따라 여객자동차운송사업 또는 화물 자동차 운송사업의 면허·등록 또는 자동차대여사업의 등록을 받은 자가 그 면허·등록조건에 따라 사용하는 차고용 토지로서 자동차운송 또는 대여사업의 최저보유차고면적기준의 1.5배에 해당하는 면적 이내의 토지

(2) 건설기계대여사업자의 주기장 및 건설기계정비업자의 옥외작업장용 토지

「건설기계관리법」에 따라 건설기계사업의 등록을 한 자가 그 등록조건에 따라 사용하는 건설기계 대여업, 건설기계정비업, 건설기계매매업 또는 건설기계해체재활용업의 등록기준에 맞는 주기장 또는 옥외작업장용 토지로서 그 시설의 최저면적기준의 1.5배에 해당하는 면적 이내의 토지

(3) 자동차운전학원의 자동차운전학원용 토지

「도로교통법」에 따라 등록된 자동차운전학원의 자동차운전학원용 토지로서 같은 법에서 정하는 시설을 갖춘 구역 안의 토지

(4) 야적장 및 컨테이너 장치장용 토지, 보세창고용 토지

「항만법」에 따라 해양수산부장관 또는 시·도지사가 지정하거나 고시한 야적장 및 컨테이너 장치장용 토지와 「관세법」에 따라 세관장의 특허를 받는 특허보세구역 중 보세창고용 토지로서 해당 사업연도 및 직전 2개 사업연도 중 물품 등의 보관·관리에 사용된 최대면적의 1.2배 이내의 토지

(5) 자동차관리사업용 토지

「자동차관리법」에 따라 자동차관리사업의 등록을 한 자가 그 시설기준에 따라 사용하는 자동차관리사업용 토지(자동차정비사업장용, 자동차해체재활용사업장용, 자동차매매사업장용 또는 자동차경매장용 토지만 해당한다)로서 그 시설의 최저면적기준의 1.5배에 해당하는 면적 이내의 토지

(6) 자동차의 성능 및 안전도에 관한 시험·연구의 용도 등으로 사용하는 토지

「한국교통안전공단법」에 따른 한국교통안전공단이 같은 법 제6조 제6호에 따른 자동차의 성능 및 안전도에 관한 시험·연구의 용도로 사용하는 토지 및 「자동차관리법」 제44조에 따라 자동차검사대행자로 지정된 자, 같은 법 제44조의2에 따라 자동차 종합검사대행자로 지정된 자, 같은 법 제45조에 따라 지정정비사업자로 지정된 자 및 제45조의2에 따라 종합검사 지정정비사업자로 지정된 자, 「건설기계관리법」 제14조에 따라 건설기계 검사대행 업무의 지정을 받은 자 및 「대기환경보전법」 제64조에 따라 운행차 배출가스 정밀검사 업무의 지정을 받은 자가 자동차 또는 건설기계 검사용 및 운행차 배출가스 정밀검사용으로 사용하는 토지

(7) 물류단지시설용 토지

「물류시설의 개발 및 운영에 관한 법률」 제22조에 따른 물류단지 안의 토지로서 같은 법 제2조 제7호 각 목의 어느 하나에 해당하는 물류단지시설용 토지 및 「유통산업발전법」 제2조 제16호에 따른 공동집배송센터로서 행정안전부장관이 산업통상자원부장관과 협의하여 정하는 토지

(8) 레미콘 제조업용 토지

특별시, 광역시(군지역은 제외한다)·특별자치시·특별자치도 및 시지역(읍·면지역은 제외한다)에 위치한 「산업집적활성화 및 공장설립에 관한 법률」의 적용을 받는 레미콘 제조업용 토지(「산업입지 및 개발에 관한 법률」에 따라 지정된 산업단지 및 「국토의 계획 및 이용에 관한 법률」에 따라 지정된 공업지역에 있는 토지는 제외한다)로서 제102조 제1항 제1호에 따른 공장입지 기준면적 이내의 토지

⑼ 체육시설용 토지

경기 및 스포츠업을 경영하기 위하여 「부가가치세법」 제8조에 따라 사업자등록을 한 자의 사업에 이용되고 있는 「체육시설의 설치·이용에 관한 법률 시행령」 제2조에 따른 체육시설용 토지로서 사실상 운동시설에 이용되고 있는 토지(「체육시설의 설치·이용에 관한 법률」에 따른 회원제 골프장용 토지 안의 운동시설용 토지는 제외한다)

⑽ 박물관·미술관 등의 야외전시장용 토지

「관광진흥법」에 따른 관광사업자가 「박물관 및 미술관 진흥법」에 따른 시설기준을 갖추어 설치한 박물관·미술관·동물원·식물원의 야외전시장용 토지

⑾ 기타 별도합산과세하는 토지

① 「주차장법 시행령」 제6조에 따른 부설주차장 설치기준면적 이내의 토지(법 제106조 제1항 제3호 다목에 따른 토지 안의 부설주차장은 제외한다). 다만, 「관광진흥법 시행령」 제2조 제1항 제3호 가목·나목에 따른 전문휴양업·종합휴양업 및 같은 항 제5호에 따른 유원시설업에 해당하는 시설의 부설주차장으로서 「도시교통정비 촉진법」 제15조 및 제17조에 따른 교통영향평가서의 심의 결과에 따라 설치된 주차장의 경우에는 해당 검토 결과에 규정된 범위 이내의 주차장용 토지를 말한다.

② 「장사 등에 관한 법률」 제14조 제4항에 따른 설치·관리허가를 받은 법인묘지용 토지로서 지적공부상 지목이 묘지인 토지

③ 다음에 규정된 임야

　㉠ 「체육시설의 설치·이용에 관한 법률 시행령」 제12조에 따른 스키장 및 골프장용 토지 중 원형이 보전되는 임야

　㉡ 「관광진흥법」 제2조 제7호에 따른 관광단지 안의 토지와 「관광진흥법 시행령」 제2조 제1항 제3호 가목·나목 및 같은 항 제5호에 따른 전문휴양업·종합휴양업 및 유원시설업용 토지 중 「환경영향평가법」 제22조 및 제27조에 따른 환경영향평가의 협의 결과에 따라 원형이 보전되는 임야

　㉢ 「산지관리법」 제4조 제1항 제2호에 따른 준보전산지에 있는 토지 중 「산림자원의 조성 및 관리에 관한 법률」 제13조에 따른 산림경영계획의 인가를 받아 실행 중인 임야. 다만, 도시지역의 임야는 제외한다.

④ 「종자산업법」 제137조 제1항에 따라 종자업 등록을 한 종자업자가 소유하는 농지로서 종자연구 및 생산에 직접 이용되고 있는 시험·연구·실습지 또는 종자생산용 토지

⑤ 「양식산업발전법」에 따라 면허·허가를 받은 자 또는 「수산종자산업육성법」에 따라 수산종자생산업의 허가를 받은 자가 소유하는 토지로서 양식어업 및 수산종자생산업에 직접 이용되고 있는 토지

⑥ 「도로교통법」에 따라 견인된 차를 보관하는 토지로서 같은 법에서 정하는 시설을 갖춘 토지
⑦ 「폐기물관리법」 제25조 제3항에 따라 폐기물 최종처리업 또는 폐기물 종합처리업의 허가를 받은 자가 소유하는 토지 중 폐기물 매립용에 직접 사용되고 있는 토지

별도합산과세대상 토지의 세율

구 분		적용 세율
특별시·광역시·특별자치도·특별자치시 및 시지역 (읍·면지역, 산업단지 및 공업지역 제외) 안의 공장용 건축물의 부속토지로서	용도지역별 적용배율을 곱하여 산정한 범위 안의 토지	0.2% ~ 0.4% 3단계 초과누진세율
영업용 건축물의 부속토지로서		
철거·멸실된 건축물 또는 주택의 부속토지		
별도합산과세하여야 할 상당한 이유가 있는 토지		

4 종합합산과세대상 토지

과세기준일 현재 납세의무자가 소유하고 있는 토지 중 별도합산과세대상 또는 분리과세대상이 되는 토지를 제외한 토지를 말한다(「지방세법」 제106조 제1항 제1호).

핵심정리 | 종합합산과세대상 토지

1. 특별시·광역시·특별자치시·특별자치도·시의 도시지역 안의 개발제한구역과 녹지지역을 제외한 지역에 있는 농지 및 목장용지
2. 목장용지·공장용지 및 영업용건축물 부속토지로서 기준면적을 초과하는 토지
3. 건축물의 시가표준액이 해당 부속토지의 시가표준액의 100분의 2에 미달하는 토지 중 건축물의 바닥면적을 제외한 토지
4. 「건축법」상 건축허가를 받지 아니한 무허가 건축물의 부속토지
5. 무허가 주거용 건축물의 면적이 50% 이상인 건축물의 부속토지
6. 지상건축물이 없는 나대지
7. 갈대밭·채석장·비행장 등 잡종지

제3절 **납세의무자** 제24회, 제25회, 제26회, 제27회, 제28회, 제29회, 제35회

1 원칙적인 납세의무자

1. 일반적인 경우 – 사실상의 소유자

재산세 과세기준일 현재 재산을 사실상 소유하고 있는 자는 재산세를 납부할 의무가 있다(「지방세법」 제107조 제1항).

2. 공유재산의 경우 지분권자

공유재산인 경우에는 그 지분에 해당하는 부분(지분의 표시가 없는 경우에는 지분이 균등한 것으로 본다)에 대하여 그 지분권자를 납세의무자로 본다(「지방세법」 제107조 제1항 제1호).

3. 주택의 건물과 부속토지의 소유자가 다른 경우

주택의 건물과 부속토지의 소유자가 다를 경우에는 그 주택에 대한 산출세액을 건축물과 그 부속토지의 시가표준액 비율로 안분계산한 부분에 대하여 그 소유자를 납세의무자로 본다(「지방세법」 제107조 제1항 제2호).

2 의제납세의무자

위 '원칙적인 납세의무자'에 언급한 규정에도 불구하고 재산세 과세기준일 현재 다음의 어느 하나에 해당하는 자는 재산세를 납부할 의무가 있다.

1. 공부상 소유자

① 공부상의 소유자가 매매 등의 사유로 소유권이 변동되었는데도 신고하지 아니하여 사실상의 소유자를 알 수 없을 때에는 공부상 소유자를 납세의무자로 본다(「지방세법」 제107조 제2항 제1호).

② 공부상에 개인 등의 명의로 등재되어 있는 사실상의 종중재산으로서 종중소유임을 신고하지 아니하였을 때에는 공부상 소유자를 납세의무자로 본다(「지방세법」 제107조 제2항 제3호).

③ 「채무자 회생 및 파산에 관한 법률」에 따른 파산선고 이후 종결까지의 파산재단인 경우 공부상 소유자를 납세의무자로 본다(「지방세법」 제107조 제2항 제8호).

2. 주된 상속자

상속이 개시된 재산으로서 상속등기가 이행되지 아니하고 사실상의 소유자를 신고하지 아니하였을 때에는 주된 상속자를 납세의무자로 본다(「지방세법」 제107조 제2항 제2호).

심화학습

주된 상속자
1. 「민법」상 상속지분이 가장 높은 사람으로 한다.
2. 상속지분이 가장 높은 사람이 두 명 이상이면 그 중 나이가 가장 많은 사람으로 한다.

---

3. 매수계약자

① 국가, 지방자치단체, 지방자치단체조합과 재산세 과세대상 재산을 연부(年賦)로 매매계약을 체결하고 그 재산의 사용권을 무상으로 받은 경우에는 그 매수계약자를 납세의무자로 본다(「지방세법」 제107조 제2항 제4호).

② 국가, 지방자치단체 및 지방자치단체조합이 선수금을 받아 조성하는 매매용 토지로서 사실상 조성이 완료된 토지의 사용권을 무상으로 받은 자가 있는 경우에는 그 자를 매수계약자로 본다(「지방세법 시행령」 제106조 제2항).

4. 신탁재산의 경우 위탁자

「신탁법」 제2조에 따른 수탁자의 명의로 등기 또는 등록된 신탁재산의 경우에는 위탁자(「주택법」 제2조 제11호 가목에 따른 지역주택조합 및 같은 호 나목에 따른 직장주택조합이 조합원이 납부한 금전으로 매수하여 소유하고 있는 신탁재산의 경우에는 해당 지역주택조합 및 직장주택조합을 말함). 이 경우 위탁자가 신탁재산을 소유한 것으로 본다(「지방세법」 제107조 제2항 제5호).

5. 체비지 또는 보류지의 경우 사업시행자

「도시개발법」에 따라 시행하는 환지(換地)방식에 의한 도시개발사업 및 「도시 및 주거환경정비법」에 따른 정비사업(재개발사업만 해당)의 시행에 따른 환지계획에서 일정한 토지를 환지로 정하지 아니하고 체비지 또는 보류지로 정한 경우에는 사업시행자를 납세의무자로 본다(「지방세법」 제107조 제2항 제6호).

6. 소유권의 귀속이 불분명한 재산의 경우 사용자

재산세 과세기준일 현재 소유권의 귀속이 분명하지 아니하여 사실상의 소유자를 확인할 수 없는 경우에는 그 사용자가 재산세를 납부할 의무가 있다(「지방세법」 제107조 제3항). 소유권의 귀속이 분명하지 아니한 재산에 대하여 사용자를 납세의무자로 보아 재산세를 부과하려는 경우에는 그 사실을 사용자에게 미리 통지하여야 한다(「지방세법 시행령」 제106조 제3항).

심화학습

소유권의 귀속이 불분명한 경우

소유권의 귀속이 분명하지 아니하여 사실상의 소유자를 확인할 수 없는 경우라 함은 소유권의 귀속 자체에 분쟁이 생겨 소송 중에 있거나 공부상 소유자의 행방불명 또는 생사불명으로 장기간 그 소유자가 관리하고 있지 않는 경우 등을 의미한다(「지방세법」 기본통칙 107-6).

7. 수입하는 자

외국인 소유의 항공기 또는 선박을 임차하여 수입하는 경우에는 수입하는 자를 납세의무자로 본다(「지방세법」 제107조 제2항 제7호).

참고학습 | **납세의무자**

1. 과세기준일에 양도·양수가 있는 경우에는 양수인을 납세의무자로 한다.
2. 법인과 연부매매계약을 체결하고 무상사용권을 부여받은 경우에는 매도계약자인 법인이 납세의무자이다.

핵심정리 | **재산세 납세의무자**

원 칙	사실상 소유자	과세기준일 현재 재산을 사실상 소유하는 자
예 외	공부상 소유자	• 권리의 변동 등의 사실을 신고하지 아니하여 사실상 소유자를 알 수 없는 경우 • 종중소유임을 신고하지 않은 경우 • 파산선고 이후 종결까지의 파산재단인 경우
	지분권자	공유재산(지분의 표시가 없는 경우 균등한 것으로 봄)
	사용자	소유권의 귀속이 불분명한 경우
	매수계약자	국가 등과 연부매매계약을 체결하고 그 사용권을 무상으로 받은 경우
	위탁자	수탁자 명의로 등기·등록된 신탁재산
	주된 상속자	상속이 개시된 재산으로서 상속등기×, 사실상 소유자 신고×
	사업시행자	체비지 또는 보류지
	양수인	과세기준일에 양도·양수가 있는 경우
	수입하는 자	외국인 소유의 항공기 또는 선박을 임차하여 수입하는 경우

제4절 과세표준 및 세율 제26회, 제27회, 제30회~제35회

1 과세표준

재산세 과세표준은 재산가액으로 한다. 이때 재산세의 과세표준은 지방자치단체의 장이 결정하는데 개인·법인 소유에 관계없이 항상 시가표준액으로 한다.

1. 토지·건축물·주택에 대한 과세표준

토지·건축물·주택에 대한 재산세의 과세표준은 시가표준액에 부동산 시장의 동향과 지방재정 여건 등을 고려하여 다음의 어느 하나에서 정한 범위에서 대통령령으로 정하는 공정시장가액비율을 곱하여 산정한 가액으로 한다(「지방세법」 제110조 제1항 및 「지방세법 시행령」 제109조).

> 과세표준 = 과세기준일 현재의 시가표준액 × 공정시장가액비율

(1) 토지 및 건축물

시가표준액의 100분의 50부터 100분의 90까지(시행령에서 100분의 70)

(2) 주 택

시가표준액의 100분의 40부터 100분의 80까지(시행령에서 100분의 60)

> 1세대 1주택의 공정시장가액비율(시가표준액 9억원 초과 주택 포함)
> – 시가표준액 3억원 이하: 43%
> – 시가표준액 3억원 초과 6억원 이하: 44%
> – 시가표준액 6억원 초과: 45%

> 별장과 고급주택의 경우에도 시가표준액에 적용되는 공정시장가액비율은 일반주택과 동일하게 적용한다

과세표준 상한액(법 제110조 제3항)

> 주택의 과세표준이 다음 계산식에 따른 과세표준상한액보다 큰 경우에는 해당 주택의 과세표준은 과세표준상한액으로 한다.
> 1. 과세표준상한액 = 직전연도 해당 주택의 과세표준 상당액 + (과세기준일 당시 시가표준액으로 산정한 과세표준 × 과세표준 상한율)
> 2. 과세표준상한율 = 소비자물가지수, 주택가격변동율, 지방재정여건 등을 고려하여 0에서 100분의 5 범위 이내로 대통령령이 정하는 비율(5%)

직전 연도 해당 주택의 과세표준 상당액 : 해당 주택에 대한 과세기준일이 속하는 해의 직전 연도의 시가표준액 (직전 연도의 시가표준액이 없는 경우에는 해당 연도의 시가표준액을 말한다)에 과세기준일 현재 해당 주택에 대한 제109조제1항제2호에 따른 주택의 공정시장가액비율을 곱하여 계산한 금액을 말한다.

2. 선박 및 항공기에 대한 재산세의 과세표준

과세기준일 현재 시가표준액으로 한다(「지방세법」 제110조 제2항).

핵심정리 | 과세표준

토 지	개별공시지가×공정시장가액비율(70%)
건축물	시가표준액×공정시장가액비율(70%)
주 택	개별주택가격(공동주택가격)×공정시장가액비율(60%) 단, 1세대1주택의 공정시장가액비율은 시가표준액에 따라 43%, 44%, 45%가 적용됨
선박·항공기	시가표준액

2 세 율

1. 개 요

① 재산세의 세율은 과세대상의 종류에 따라 달라진다. 재산세 세율구조는 차등비례세율과 초과 누진세율이 적용된다(「지방세법」 제111조).

② 지방자치단체의 장은 특별한 재정수요나 재해 등의 발생으로 재산세의 세율 조정이 불가피하다고 인정되는 경우 조례로 정하는 바에 따라 표준세율의 100분의 50의 범위에서 가감할 수 있다. 다만, 가감한 세율은 해당 연도에만 적용한다(「지방세법」 제111조 제3항).

③ 「지방자치법」 규정에 따라 둘 이상의 지방자치단체가 통합된 경우에는 통합 지방자치단체의 조례로 정하는 바에 따라 5년의 범위에서 통합 이전 지방자치단체 관할구역별로 세율을 적용할 수 있다(「지방세법」 제113조 제5항).

2. 표준세율

(1) 토지의 세율

① 분리과세대상 토지 : 0.07%, 0.2%, 4% 비례세율
납세의무자가 소유하고 있는 해당 지방자치단체 관할구역 안에 소재하는 분리과세대상이 되는 해당 토지의 가액을 과세표준으로 하여 다음의 비례세율을 적용한다(「지방세법」 제111조 제1항 제1호 다목).

구 분	세 율	과세대상
저율분리과세 토지	과세표준의 1,000분의 0.7	농지, 목장용지, 임야
	과세표준의 1,000분의 2	공장용지, 염전, 터미널용 토지 등
고율분리과세 토지	과세표준의 1,000분의 40	골프장 및 고급오락장용 토지

② **종합합산과세대상 토지** : 0.2%~0.5% 3단계 초과누진세율

종합합산과세대상 토지의 세액은 과세기준일 현재 해당 지방자치단체 관할구역 안에 소재하는 종합합산과세대상이 되는 토지의 가액을 소유자별로 합산한 금액을 과세표준으로 하여 다음의 초과누진세율을 적용하여 산출한다(「지방세법」 제111조 제1항 제1호 가목).

과세표준	세 율
5천만원 이하	1,000분의 2
5천만원 초과 1억원 이하	10만원＋5천만원 초과금액의 1,000분의 3
1억원 초과	25만원＋1억원 초과금액의 1,000분의 5

③ **별도합산과세대상 토지** : 0.2%~0.4% 3단계 초과누진세율

별도합산과세대상 토지의 세액은 과세기준일 현재 해당 지방자치단체 관할구역 안에 소재하는 별도합산과세대상이 되는 토지의 가액을 소유자별로 합산한 금액을 과세표준으로 하여 다음의 초과누진세율을 적용하여 산출한다(「지방세법」 제111조 제1항 제1호 다목).

과세표준	세 율
2억원 이하	1,000분의 2
2억원 초과 10억원 이하	40만원＋2억원 초과금액의 1,000분의 3
10억원 초과	280만원＋10억원 초과금액의 1,000분의 4

(2) 건축물의 세율 : 비례세율

주택 이외 건축물의 세율은 다음과 같다(「지방세법」 제111조 제1항 제2호).

① 일반건축물

사치성재산 건축물과 법령이 정하는 지역 내의 공장용 건축물 등을 제외한 일반건축물은 과세 표준의 1천분의 2.5를 적용한다.

② 특정지역 내(시지역의 주거지역 등)의 공장용 건축물

특별시·광역시(군지역은 제외한다)·특별자치시(읍·면지역은 제외한다)·특별자치도(읍·면지역은 제외한다) 또는 시(읍·면지역은 제외한다) 지역에서 「국토의 계획 및 이용에 관한 법률」과 그 밖의 관계 법령에 따라 지정된 주거지역 및 해당 지방자치단체의 조례로 정하는 지역의 대통령령으로 정하는 공장용 건축물은 과세표준의 1천분의 5를 적용한다.

③ 사치성재산 건축물

골프장, 고급오락장용 건축물은 과세표준의 1천분의 40을 적용한다.

(3) 주택의 세율

① 주택에 대한 재산세는 납세의무자가 소유하고 있는 해당 지방자치단체 관할구역 안에 소재하는 주택을 주택별로 0.1~0.4% 4단계 초과누진세율을 적용한다(「지방세법」 제111조 제1항 제3호 나목).

주택분 재산세 표준세율

과세표준	세 율
6,000만원 이하	1,000분의 1
6,000만원 초과 1억 5천만원 이하	60,000원+6천만원 초과금액의 1,000분의 1.5
1억 5천만원 초과 3억원 이하	195,000원+1억 5천만원 초과금액의 1,000분의 2.5
3억원 초과	570,000원+3억원 초과금액의 1,000분의 4

공시가격 9억원 이하 1세대 1주택

과세표준	세 율
6,000만원 이하	1,000분의 0.5
6,000만원 초과 1억 5천만원 이하	30,000원+6천만원 초과금액의 1,000분의 1
1억 5천만원 초과 3억원 이하	120,000원+1억 5천만원 초과금액의 1,000분의 2
3억원 초과	420,000원+3억원 초과금액의 1,000분의 3.5

1주택자가 보유한 공시가격 9억원 이하 주택 : 0.05%~0.35% 4단계 초과누진세율을 적용한다

심화학습

1세대1 주택자에 대한 세율 특례(「지방세법」 제111조의2)

1. 「지방세법」 제111조 제1항 제3호 나목에도 불구하고 대통령령으로 정하는 1세대 1주택(「지방세법」 제4조 제1항에 따른 시가표준액이 9억원 이하인 주택에 한함)에 대해서는 0.05%~.0.35%의 세율을 적용한다.
2. 1.의 1세대 1주택의 해당여부를 판단할 때 「신탁법」에 따라 신탁된 주택은 위탁자의 주택 수에 가산한다.
3. 1.에도 불구하고 제111조 제3항에 따라 지방자치단체의 장이 조례로 정하는 바에 따라 가감한 세율을 적용한 세액이 1.의 세율을 적용한 세액보다 작은 경우에는 1.을 적용하지 아니한다.
4. 「지방세특례제한법」에도 불구하고 동일한 주택이 1.과 「지방세특례제한법」에 따른 재산세 경감 규정(「지방세특례제한법」 제92조의2에 따른 자동이체 등 납부에 대한 세액공제를 제외)의 적용 대상이 되는 경우에는 중복하여 적용하지 아니하고 둘 중 경감 효과가 큰 것 하나만을 적용한다.

ⓒ 주택을 2명 이상이 공동으로 소유하거나 토지와 건물의 소유자가 다를 경우 해당 주택에 대한 세율을 적용할 때 해당 주택의 토지와 건물의 가액을 합산한 과세표준에 초과누진세율을 적용한다(「지방세법」 제113조 제3항).

> 주택분 재산세는 주택과 그 부속토지의 가액을 통합하여 과세한다.

③ 고급주택·별장
일반주택과 동일하게 초과누진세율을 적용한다.

(4) 선박 및 항공기의 세율: 비례세율을 적용한다.

① 선박(「지방세법」 제111조 제1항 제4호)
ㄱ 고급선박 : 과세표준의 1천분의 50
ⓒ 그 밖의 선박 : 과세표준의 1천분의 3
② 항공기
과세표준의 1천분의 3(「지방세법」 제111조 제1항 제5호)

3. 중과세율

(1) 중과세율 적용대상

「수도권정비계획법」 제6조에 따른 과밀억제권역(산업단지 및 유치지역과 공업지역 제외)에서 행정안전부령으로 정하는 공장(도시형 공장 제외)의 신설·증설에 해당하는 경우 그 건축물

(2) 적용 세율

최초의 과세기준일부터 5년간 그 밖의 건축물의 표준세율(0.25%)의 100분의 500에 해당하는 세율(1.25%)(「지방세법」 제111조 제2항).

심화학습

공장의 범위와 적용기준(「지방세법 시행규칙」 제56조)
1. 범위 : 재산세가 중과되는 '과밀억제권역 내에서 공장을 신설 또는 증설하는 경우'란 취득세가 중과세되는 과밀억제권역 안에서 공장을 신설 또는 증설하는 경우를 말한다.
2. 적용기준 : 최초의 과세기준일은 공장용 건축물로 건축허가를 받아 건축하였거나 기존의 공장용 건축물을 공장용으로 사용하기 위하여 양수한 경우에는 취득세의 취득시기 규정에 따른 취득일, 그 밖의 경우에는 공장시설의 설치를 착수한 날 이후에 최초로 도래하는 재산세 과세기준일로 한다.

---

4. 재산세 도시지역분

① 지방자치단체의 장은 「국토의 계획 및 이용에 관한 법률」 규정에 따른 도시지역 중 해당 지방의회의 의결을 거쳐 고시한 지역(재산세 도시지역분 적용대상 지역) 안에 있는 토지, 건축물 또는 주택에 대하여는 조례로 정하는 바에 따라 다음의 ㉠과 ㉡의 세액을 합산하여 산출한 세액을 재산세액으로 부과할 수 있다(「지방세법」 제112조 제1항).

㉠ 재산세 과세표준에 세율을 적용하여 산출한 세액
㉡ 재산세 과세표준에 1천분의 1.4를 적용하여 산출한 세액

> 재산세액 = (재산세 과세표준 × 세율) + (재산세 과세표준 × 0.14%)

② 지방자치단체의 장은 해당 연도분의 ㉡의 세율을 조례로 정하는 바에 따라 1천분의 2.3을 초과하지 아니하는 범위에서 다르게 정할 수 있다.

③ ①에도 불구하고 재산세 도시지역분 적용대상 지역 안에 있는 토지 중 「국토의 계획 및 이용에 관한 법률」에 따라 지형도면이 고시된 공공시설용지 또는 개발제한구역으로 지정된 토지 중 지상건축물, 골프장, 유원지, 그 밖의 이용시설이 없는 토지는 도시지역분을 적용하지 아니한다.

5. 세율 적용

① 토지에 대한 재산세는 다음에서 정하는 바에 따라 세율을 적용한다. 다만, 「지방세법」 또는 관계 법령에 따라 재산세를 경감할 때에는 과세표준에서 경감대상 토지의 과세표준액에 경감비율(비과세 또는 면제의 경우에는 이를 100분의 100으로 본다)을 곱한 금액을 공제하여 세율을 적용한다(「지방세법」 제113조 제1항).

구 분	세율 적용
종합합산과세대상	납세의무자가 소유하고 있는 해당 지방자치단체 관할구역에 있는 종합합산과세대상이 되는 토지의 가액을 모두 합한 금액을 과세표준으로 하여 종합합산과세대상 토지의 해당 세율을 적용한다.
별도합산과세대상	납세의무자가 소유하고 있는 해당 지방자치단체 관할구역에 있는 별도합산과세대상이 되는 토지의 가액을 모두 합한 금액을 과세표준으로 하여 별도합산과세대상 토지의 해당 세율을 적용한다.
분리과세대상	분리과세대상이 되는 해당 토지의 가액을 과세표준으로 하여 분리과세대상 토지의 해당 세율을 적용한다.

② 주택에 대한 재산세는 주택별로 주택에 대한 세율을 적용한다. 이 경우 주택별로 구분하는 기준 등에 관하여 필요한 사항은 대통령령으로 정한다(「지방세법」 제113조 제2항).

③ 주택을 2명 이상이 공동으로 소유하거나 토지와 건물의 소유자가 다를 경우 해당 주택에 대한 세율을 적용할 때 해당 주택의 토지와 건물의 가액을 합산한 과세표준에 주택의 세율을 적용한다(「지방세법」 제113조 제3항).

④ 「지방자치법」 제4조 제1항에 따라 둘 이상의 지방자치단체가 통합된 경우에는 통합 지방자치단체의 조례로 정하는 바에 따라 5년의 범위에서 통합 이전 지방자치단체 관할구역별로 종합합산과세대상 및 별도합산과세대상의 세율을 적용할 수 있다(「지방세법」 제113조 제5항).

심화학습

향교 및 종교단체에 대한 특례(「지방세법」 제119조의3)

1. 대통령령으로 정하는 개별 향교 또는 개별 종교단체(이하 "개별단체"라 한다)가 소유한 토지로서 개별단체가 속하는 「향교재산법」에 따른 향교재단 또는 대통령령으로 정하는 종교단체(이하 "향교단체등"이라 한다)의 명의로 조세 포탈을 목적으로 하지 아니하고 등기한 토지의 경우에는 제113조 제1항에도 불구하고 개별단체별로 합산한 토지의 가액을 과세표준으로 하여 토지에 대한 재산세를 과세할 수 있다.
2. 개별단체 또는 향교재단등이 1.에 따라 토지에 대한 재산세를 개별단체별로 합산하여 납부하려는 경우에는 대통령령으로 정하는 바에 따라 해당 토지의 소재지를 관할하는 지방자치단체의 장에게 신청하여야 한다.

제5절 **비과세** 제28회, 제30회, 제33회

1 국가 등에 대한 비과세

1. 국가 등이 소유한 재산

국가, 지방자치단체, 지방자치단체조합, 외국정부 및 주한국제기구의 소유에 속하는 재산에 대하여는 재산세를 부과하지 아니한다. 다만, 다음의 어느 하나에 해당하는 재산에 대하여는 재산세를 부과한다(「지방세법」 제109조 제1항).

① 대한민국 정부기관의 재산에 대하여 과세하는 외국정부의 재산
② 국가·지방자치단체·지방자치단체조합과 재산세 과세대상 재산을 연부로 매매계약을 체결하고 그 재산의 사용권을 무상으로 부여받은 경우에 그 매수계약자에게 납세의무가 있는 재산

2. 국가 등이 사용하는 재산

① 국가, 지방자치단체 또는 지방자치단체조합이 1년 이상 공용 또는 공공용으로 사용(1년 이상 사용할 것이 계약서 등에 의하여 입증되는 경우를 포함)하는 재산에 대하여는 재산세를 부과하지 아니한다.
② 다만, 다음의 어느 하나에 해당하는 경우에는 재산세를 부과한다(「지방세법」 제109조 제2항).
　㉠ 유료로 사용하는 경우
　㉡ 소유권의 유상이전을 약정한 경우로서 그 재산을 취득하기 전에 미리 사용하는 경우

2 용도구분에 의한 비과세

다음에 따른 재산(「지방세법」 제13조제5항에 따른 사치성재산은 제외)에 대하여는 재산세를 부과하지 아니한다. 다만, 수익사업에 사용하는 경우와 해당 재산이 유료로 사용되는 경우의 그 재산(3. 및 5.의 재산은 제외한다) 및 해당 재산의 일부가 그 목적에 직접 사용되지 아니하는 경우의 그 일부 재산에 대하여는 재산세를 부과한다(「지방세법」 제109조 제3항).

1. 도로·하천·제방·구거·유지 및 묘지(「지방세법 시행령」 제108조 제1항)

(1) 도 로

「도로법」에 따른 도로(「도로법」 제2조제2호에 따른 도로의 부속물 중 도로관리시설, 휴게시설, 주유소, 충전소, 교통·관광안내소 및 도로에 연접하여 설치한 연구시설은 제외)와 그 밖에 일반인의 자유로운 통행을 위하여 제공할 목적으로 개설한 사설 도로. 다만, 「건축법 시행령」 제80조의2에 따른 대지 안의 공지는 제외한다.

(2) 하 천

「하천법」에 따른 하천과 「소하천정비법」에 따른 소하천

(3) 제 방

「공간정보의 구축 및 관리 등에 관한 법률」에 따른 제방. 다만, 특정인이 전용하는 제방은 제외한다.

(4) 구거(溝渠)

농업용 구거와 자연유수의 배수처리에 제공하는 구거

(5) 유지(溜池)

농업용 및 발전용에 제공하는 댐·저수지·소류지와 자연적으로 형성된 호수·늪

(6) 묘 지

무덤과 이에 접속된 부속시설물의 부지로 사용되는 토지로서 지적공부상 지목이 묘지인 토지

2. 「산림보호법」 제7조에 따른 산림보호구역, 그 밖에 공익상 재산세를 부과하지 아니할 타당한 이유가 있는 것으로서 대통령령으로 정하는(다음에서 정하는) 토지(「지방세법 시행령」 제108조 제2항)

① 「군사기지 및 군사시설 보호법」에 따른 군사기지 및 군사시설 보호구역 중 통제보호구역에 있는 토지. 다만, 전·답·과수원 및 대지는 제외한다.

    ㉠ 「군사기지 및 군사시설 보호법」에 따른 군사기지 및 군사시설 보호구역 중 제한보호구역에 있는 임야는 분리과세한다.

    ㉡ 「군사기지 및 군사시설 보호법」에 따른 군사기지 및 군사시설 보호구역 중 통제보호구역에 있는 임야는 비과세한다.

② 「산림보호법」에 따라 지정된 산림보호구역 및 「산림자원의 조성 및 관리에 관한 법률」에 따라 지정된 채종림·시험림

③ 「자연공원법」에 따른 공원자연보존지구의 임야

> 「자연공원법」에 따른 공원자연환경지구의 임야는 분리과세한다.

④ 「백두대간 보호에 관한 법률」 제6조에 따라 지정된 백두대간보호지역의 임야

3. 임시사용 건축물

임시로 사용하기 위하여 건축된 건축물로서 재산세 과세기준일 현재 1년 미만의 것은 재산세를 부과하지 아니한다(「지방세법」 제109조 제3항 제3호).

4. 비상재해구조용, 무료도선용, 선교(船橋) 구성용 및 본선에 속하는 전마용(傳馬用) 등으로 사용하는 선박(「지방세법」 제109조 제3항 제4호)

5. 행정기관으로부터 철거명령을 받은 건축물 등 재산세를 부과하는 것이 적절하지 아니한 건축물 또는 주택으로서 대통령령으로 정하는 것

재산세를 부과하는 해당 연도에 철거하기로 계획이 확정되어 재산세 과세기준일 현재 행정관청으로부터 철거명령을 받았거나 철거보상계약이 체결된 건축물 또는 주택(「건축법」 제2조 제1항 제2호에 따른 건축물 부분으로 한정한다)을 말한다. 이 경우 건축물 또는 주택의 일부분을 철거하는 때에는 그 철거하는 부분으로 한정한다. 다만, 그 부속토지는 과세한다(「지방세법」 제109조 제3항 제5호).

제6절 **납세절차** 제25회~제35회

1 징수방법

1. 과세기준일

재산세의 과세기준일은 매년 6월 1일로 한다(「지방세법」 제114조).

2. 납 기

(1) 정기분

재산세의 납기는 과세대상의 종류에 따라 다음과 같다(「지방세법」 제115조 제1항).

재산종류		고지서상 납부기간	비고
건축물·선박·항공기		매년 7월 16일부터 7월 31일까지	
주택	부과·징수할 세액의 2분의 1	매년 7월 16일부터 7월 31일까지	주택에 대한 해당 연도에 부과할 세액이 20만원 이하인 경우에는 조례가 정하는 바에 따라 납기를 7월 16일부터 7월 31일까지로 하여 한꺼번에 부과·징수할 수 있다.
	나머지 2분의 1	매년 9월 16일부터 9월 30일까지	
토지		매년 9월 16일부터 9월 30일까지	

(2) 수시분

지방자치단체의 장은 과세대상 누락, 위법 또는 착오 등으로 인하여 이미 부과한 세액을 변경하거나 수시부과하여야 할 사유가 발생하면 수시로 부과·징수할 수 있다(「지방세법」 제115조 제2항).

3. 납세지

재산세는 다음의 납세지를 관할하는 지방자치단체에서 부과한다(「지방세법」 제108조).

(1) 토 지

토지의 소재지

(2) 건축물

건축물의 소재지

(3) 주 택

주택의 소재지

(4) 선 박

「선박법」에 따른 선적항의 소재지

(5) 항공기

「항공안전법」에 따른 등록원부에 기재된 정치장의 소재지

4. 징수방법

(1) 보통징수

① 재산세는 관할 지방자치단체의 장이 세액을 산정하여 보통징수의 방법으로 부과·징수한다(「지방세법」제116조 제1항).

② 재산세를 징수하려면 토지, 건축물, 주택, 선박 및 항공기로 구분한 납세고지서에 과세표준과 세액을 적어 늦어도 납기개시 5일 전까지 발급하여야 한다(「지방세법」제116조 제2항).

(2) 재산세 고지서에 병기되는 조세 : 소방분 지역자원시설세

소방분에 대한 지역자원시설세의 납기와 재산세의 납기가 같을 때에는 재산세의 납세고지서에 나란히 적어 고지할 수 있다(「지방세법 시행령」제139조).

(3) 소액 징수면제

고지서 1장당 재산세로 징수할 세액이 2천원 미만인 경우에는 해당 재산세를 징수하지 아니한다(「지방세법」제119조).

(4) 신탁재산 수탁자의 물적 납세의무

신탁재산의 위탁자가 다음의 어느 하나에 해당하는 재산세·가산금 또는 체납처분비를 체납한 경우로서 그 위탁자의 다른 재산에 대하여 체납처분을 하여도 징수할 금액에 미치지 못할 때에는 해당 신탁재산의 수탁자는 그 신탁재산으로써 위탁자의 재산세 등을 납부할 의무가 있다(「지방세법」제119조의2).

① 신탁 설정일 이후에 「지방세기본법」제71조 제1항에 따른 법정기일이 도래하는 재산세 또는 가산금(재산세에 대한 가산금으로 한정)으로서 해당 신탁재산과 관련하여 발생한 것. 다만, 제113조 제1항 제1호 및 제2호에 따라 신탁재산과 다른 토지를 합산하여 과세하는 경우에는 신탁재산과 관련하여 발생한 재산세 등을 제4조에 따른 신탁재산과 다른 토지의 시가표준액 비율로 안분계산한 부분 중 신탁재산 부분에 한정한다.

② ①의 금액에 대한 체납처분 과정에서 발생한 체납처분비

심화학습

신탁재산 수탁자의 물적납세의무(「지방세법」 제119조의2)

1. 신탁재산의 위탁자가 다음의 어느 하나에 해당하는 재산세·가산금 또는 체납처분비를 체납한 경우로서 그 위탁자의 다른 재산에 대하여 체납처분을 하여도 징수할 금액에 미치지 못할 때에는 해당 신탁재산의 수탁자는 그 신탁재산으로써 위탁자의 재산세 등을 납부할 의무가 있다.

    ① 신탁 설정일 이후에 「지방세기본법」 제71조제1항에 따른 법정기일이 도래하는 재산세 또는 가산금(재산세에 대한 가산금으로 한정)으로서 해당 신탁재산과 관련하여 발생한 것. 다만, 제113조제1항제1호 및 제2호에 따라 신탁재산과 다른 토지를 합산하여 과세하는 경우에는 신탁재산과 관련하여 발생한 재산세 등을 제4조에 따른 신탁재산과 다른 토지의 시가표준액 비율로 안분계산한 부분 중 신탁재산 부분에 한정한다.

    ② 제1호의 금액에 대한 체납처분 과정에서 발생한 체납처분비

    > 신탁 설정일은 「신탁법」 제4조에 따라 해당 재산이 신탁재산에 속한 것임을 제3자에게 대항할 수 있게 된 날로 한다. 다만, 다른 법률에서 제3자에게 대항할 수 있게 된 날을 「신탁법」과 달리 정하고 있는 경우에는 그 달리 정하고 있는 날로 한다.(「지방세법시행령」 제116조의2)

2. 1.에 따라 수탁자로부터 납세의무자의 재산세 등을 징수하려는 지방자치단체의 장은 다음의 사항을 적은 납부통지서를 수탁자에게 고지하여야 한다.

    ① 재산세 등의 과세표준, 세액 및 그 산출 근거

    ② 재산세 등의 납부기한

    ③ 그 밖에 재산세등의 징수를 위하여 필요한 사항

3. 2.에 따른 고지가 있은 후 납세의무자인 위탁자가 신탁의 이익을 받을 권리를 포기 또는 이전하거나 신탁재산을 양도하는 등의 경우에도 2.에 따라 고지된 부분에 대한 납세의무에는 영향을 미치지 아니한다.

4. 신탁재산의 수탁자가 변경되는 경우에 새로운 수탁자는 2.에 따라 이전의 수탁자에게 고지된 납세의무를 승계한다.

5. 지방자치단체의 장은 최초의 수탁자에 대한 신탁 설정일을 기준으로 제1항에 따라 그 신탁재산에 대한 현재 수탁자에게 납세의무자의 재산세 등을 징수할 수 있다.

6. 신탁재산에 대하여 「지방세징수법」에 따라 체납처분을 하는 경우 「지방세기본법」 제71조제1항에도 불구하고 수탁자는 「신탁법」 제48조제1항에 따른 신탁재산의 보존 및 개량을 위하여 지출한 필요비 또는 유익비의 우선변제를 받을 권리가 있다.

---

5. 신고의무

① 다음의 어느 하나에 해당하는 자는 과세기준일부터 15일 이내에 그 소재지를 관할하는 지방자치단체의 장에게 그 사실을 알 수 있는 증거자료를 갖추어 신고하여야 한다(「지방세법」 제120조제1항).

> 신고를 하지 않은 경우에도 가산세는 없으나 재산세 납세의무를 부담하게 되는 것이다.

　　⊙ 재산의 소유권 변동 또는 과세대상 재산의 변동 사유가 발생하였으나 과세기준일까지 그 등기가 되지 아니한 재산의 공부상 소유자

　　ⓛ 상속이 개시된 재산으로서 상속등기가 되지 아니한 경우에는 주된 상속자

　　ⓒ 사실상 종중재산으로서 공부상에는 개인 명의로 등재되어 있는 재산의 공부상 소유자

　　ⓔ 「신탁법」에 따라 수탁자 명의로 등기된 신탁재산의 수탁자

　　ⓜ 1세대가 둘 이상의 주택을 소유하고 있음에도 불구하고 법 제111조의2제1항에 따른 세율 (1세대 1주택에 대한 주택 세율 특례)을 적용받으려는 경우에는 그 세대원

　　ⓗ 공부상 등재현황과 사실상의 현황이 다르거나 사실상의 현황이 변경된 경우에는 해당 재산 의 사실상 소유자

　② ①에 따른 신고가 사실과 일치하지 아니하거나 신고가 없는 경우에는 지방자치단체의 장이 직 권으로 조사하여 과세대장에 등재할 수 있다(「지방세법」 제120조 제3항).

　③ 시장·군수·구청장은 무신고 재산을 과세대장에 등재한 때에는 그 사실을 관계인에게 통지하여 야 한다(「지방세법 시행령」 제117조).

6. 재산세 과세대장 등의 비치 등

(1) 과세대장

지방자치단체는 재산세 과세대장을 비치하고 필요한 사항을 기재하여야 한다. 이 경우 해당 사항 을 전산처리하는 경우에는 과세대장을 갖춘 것으로 본다(「지방세법」 제121조 제1항).

(2) 과세대장의 구분 작성

재산세 과세대장은 토지, 건축물, 주택, 선박 및 항공기 과세대장으로 구분하여 작성한다(「지방세법」 제121조 제2항).

(3) 재산세의 현황부과

재산세의 과세대상 물건이 공부상 등재 현황과 사실상의 현황이 다른 경우에는 사실상의 현황에 따라 재산세를 부과한다(「지방세법 시행령」 제119조).

2 물 납

1. 물납의 요건 및 대상

지방자치단체의 장은 재산세의 납부세액(지역자원시설세 및 지방교육세는 제외하며, 도시지역분을 포함한 세액)이 1천만원을 초과하는 경우에는 납세의무자의 신청을 받아 해당 지방자치단체의 관할구역에 있는 부동산에 대하여만 대통령령으로 정하는 바에 따라 물납을 허가할 수 있다(「지방세법」제117조).

2. 신청 및 허가

① 재산세를 물납하려는 자는 행정안전부령으로 정하는 서류를 갖추어 그 납부기한 10일 전까지 납세지를 관할하는 시장·군수·구청장에게 신청하여야 한다(「지방세법 시행령」제113조 제1항).

② 물납신청을 받은 시장·군수·구청장은 신청을 받은 날부터 5일 이내에 납세의무자에게 그 허가여부를 서면으로 통지하여야 한다(「지방세법 시행령」제113조 제2항).

③ 물납허가를 받은 부동산을 행정안전부령으로 정하는 바에 따라 물납하였을 때에는 납부기한 내에 납부한 것으로 본다(「지방세법 시행령」제113조 제3항).

④ 관리·처분이 부적당한 부동산의 처리

  ㉠ 시장·군수·구청장은 물납신청을 받은 부동산이 관리·처분하기가 부적당하다고 인정되는 경우에는 허가하지 아니할 수 있다(「지방세법 시행령」제114조 제1항).

  ㉡ 시장·군수·구청장은 불허가 통지를 받은 납세의무자가 그 통지를 받은 날부터 10일 이내에 해당 시·군·구의 관할구역에 있는 부동산으로서 관리·처분이 가능한 다른 부동산으로 변경 신청하는 경우에는 변경하여 허가할 수 있다(「지방세법 시행령」제114조 제2항).

⑤ 물납허가 부동산의 평가

  ㉠ 물납을 허가하는 부동산의 가액은 재산세 과세기준일 현재의 시가로 한다(「지방세법 시행령」제115조 제1항).

  ㉡ 시가는 다음의 어느 하나에서 정하는 가액에 따른다. 다만, 수용·공매가액 및 감정가액 등으로서 행정안전부령으로 정하는 바에 따라 시가로 인정되는 것은 시가로 본다(「지방세법 시행령」제115조 제2항).

토지 및 주택	「부동산 가격공시에 관한 법률」에 따른 시가표준액
건축물	건축물의 시가표준액

  ㉢ 시가를 적용할 때 「상속세 및 증여세법」제61조 제1항 제3호에 따른 부동산의 평가방법이 따로 있어 국세청장이 고시한 가액이 증명되는 경우에는 그 고시가액을 시가로 본다(「지방세법 시행령」제115조 제3항).

> **심화학습**
>
> 시가로 인정되는 가액(「지방세법」 시행규칙 제60조)
> 1. 해당 부동산에 대하여 수용 또는 공매사실이 있는 경우에는 그 보상가액 또는 공매가액
> 2. 해당 부동산에 대하여 둘 이상의 감정평가법인등이 평가한 감정가액이 있는 경우에는 그 감정가액의 평균액

3 분할납부

1. 분할납부 요건

지방자치단체의 장은 재산세의 납부세액이 250만원을 초과하는 경우에는 대통령령으로 정하는 바에 따라 납부할 세액의 일부를 납부기한이 지난 날부터 3개월 이내에 분할납부하게 할 수 있다(「지방세법」 제118조).

2. 분할납부 세액의 기준

분할납부하게 하는 경우의 분할납부세액은 다음의 기준에 따른다(「지방세법 시행령」 제116조 제1항).

납부할 세액이 500만원	이하인 경우	250만원을 초과하는 금액
	초과하는 경우	그 세액의 100분의 50 이하의 금액

3. 분할납부 신청

① 분할납부하려는 자는 재산세의 납부기한까지 행정안전부령으로 정하는 신청서를 시장·군수·구청장에게 제출하여야 한다(「지방세법 시행령」 제116조 제2항).
② 시장·군수·구청장은 분할납부 신청을 받았을 때에는 이미 고지한 납세고지서를 납부기한 내에 납부하여야 할 납세고지서와 분할납부기간 내에 납부하여야 할 납세고지서로 구분하여 수정 고지하여야 한다(「지방세법 시행령」 제116조 제3항).

4 재산세 세부담의 상한

1. 개정내용

해당 재산에 대한 재산세의 산출세액(도시지역분 포함)이 대통령령으로 정하는 방법에 따라 계산한 직전 연도의 해당 재산에 대한 재산세액 상당액의 100분의 150을 초과하는 경우에는 100분의 150에 해당하는 금액을 해당 연도에 징수할 세액으로 한다. 다만, 주택의 경우에는 적용하지 아니한다(법 제122조). 2024.1.1. 시행(「지방세법」 제122조).

2. 개정규정 시행 전 주택분 세 부담의 상한

구 분		세부담 상한
토지, 건축물, 법인소유주택		직전 연도의 세액의 150%
개인소유 주택 (공시가격 기준)	3억원 이하	직전 연도의 세액의 105%
	3억원 초과 6억원 이하	직전 연도의 세액의 110%
	6억원 초과	직전 연도의 세액의 130%

> **제15조【주택 세부담상한제 폐지에 관한 경과조치】** 제122조(세부담 상한액)의 개정규정 시행 전에 주택
> 재산세가 과세된 주택에 대해서는 제122조(세부담 상한액)의 개정규정에도 불구하고 2028년 12월 31일
> 까지는 종전의 규정에 따른다.

5 재산세의 부가세

재산세에는 그 재산세액(재산세 도시지역분 제외)의 100분의 20에 해당하는 지방교육세를 부가세로 부과한다(「지방세법」 제151조 제1항 제6호).

심화학습

재산세 납부유예(법 제118조의2)

1. 지방자치단체의 장은 다음의 요건을 모두 충족하는 납세의무자가 제111조의2에 따른 1세대 1주택(시가표준액이 9억원을 초과하는 주택을 포함)의 재산세액(해당 재산세를 징수하기 위하여 함께 부과하는 지방세를 포함)의 납부유예를 그 납부기한 만료 3일 전까지 신청하는 경우 이를 허가할 수 있다. 이 경우 납부유예를 신청한 납세의무자는 그 유예할 주택 재산세에 상당하는 담보를 제공하여야 한다.
   ① 과세기준일 현재 제111조의2에 따른 1세대 1주택의 소유자일 것
   ② 과세기준일 현재 만 60세 이상이거나 해당 주택을 5년 이상 보유하고 있을 것
   ③ 다음의 어느 하나에 해당하는 소득 기준을 충족할 것
      • 직전 과세기간의 총급여액이 7천만원 이하일 것(직전 과세기간에 근로소득만 있거나 근로소득 및 종합소득과세표준에 합산되지 아니하는 종합소득이 있는 자로 한정한다)
      • 직전 과세기간의 종합소득과세표준에 합산되는 종합소득금액이 6천만원 이하일 것(직전 과세기간의 총급여액이 7천만원을 초과하지 아니하는 자로 한정한다)
   ④ 해당 연도의 납부유예 대상 주택에 대한 재산세의 납부세액이 100만원을 초과할 것
   ⑤ 지방세, 국세 체납이 없을 것
2. 지방자치단체의 장은 1.에 따른 신청을 받은 경우 납부기한 만료일까지 대통령령으로 정하는 바에 따라 납세의무자에게 납부유예 허가 여부를 통지하여야 한다.
3. 지방자치단체의 장은 1.에 따라 주택 재산세의 납부가 유예된 납세의무자가 다음의 어느 하나에 해당하는 경우에는 그 납부유예 허가를 취소하여야 한다.

① 해당 주택을 타인에게 양도하거나 증여하는 경우
② 사망하여 상속이 개시되는 경우
③ 1.의 ①의 요건(1세대 1주택)을 충족하지 아니하게 된 경우
④ 담보의 변경 또는 그 밖에 담보 보전에 필요한 지방자치단체의 장의 명령에 따르지 아니한 경우
⑤ 「지방세징수법」 제22조제1항 각 호의 어느 하나에 해당되어 그 납부유예와 관계되는 세액의 전액을 징수할 수 없다고 인정되는 경우
⑥ 납부유예된 세액을 납부하려는 경우

4. 지방자치단체의 장은 3.에 따라 주택 재산세의 납부유예 허가를 취소하는 경우 납세의무자(납세의무자가 사망한 경우에는 그 상속인 또는 상속재산관리인)에게 그 사실을 즉시 통지하여야 한다.

5. 지방자치단체의 장은 3.에 따라 주택 재산세의 납부유예 허가를 취소한 경우에는 대통령령으로 정하는 바에 따라 해당 납세의무자에게 납부를 유예받은 세액과 이자상당가산액을 징수하여야 한다. 다만, 상속인 또는 상속재산관리인은 상속으로 받은 재산의 한도에서 납부를 유예받은 세액과 이자상당가산액을 납부할 의무를 진다.

6. 지방자치단체의 장은 1.에 따라 납부유예를 허가한 날부터 5.에 따라 징수할 세액의 고지일까지의 기간 동안에는 「지방세기본법」 제55조에 따른 납부지연가산세를 부과하지 아니한다.

기출 및 예상문제

01 지방세법상 재산세 과세대상의 구분에 있어 주거용과 주거 외의 용도를 겸하는 건물 등에 관한 설명으로 옳은 것을 모두 고른 것은? 〈제33회〉

> ㄱ. 1동(棟)의 건물에 주거와 주거 외의 용도로 사용되고 있는 경우에는 주거용으로 사용되는 부분만을 주택으로 본다.
> ㄴ. 1구(構)의 건물이 주거와 주거 외의 용도로 사용되고 있는 경우 주거용으로 사용되는 면적이 전체의 100분의 60인 경우에는 주택으로 본다.
> ㄷ. 주택의 부속토지의 경계가 명백하지 아니한 경우에는 그 주택의 바닥면적의 10배에 해당하는 토지를 주택의 부속토지로 한다.

① ㄱ   ② ㄷ   ③ ㄱ, ㄴ   ④ ㄴ, ㄷ   ⑤ ㄱ, ㄴ, ㄷ

해설 모두 옳은 지문이다.

정답 ⑤

02 지방세법상 재산세에 관한 설명으로 **틀린** 것은? (단, 주어진 조건 외에는 고려하지 않음) 〈제32회 수정〉

① 토지대한 재산세의 과세표준은 시가표준액에 공정시장가액비율(100분의 70)을 곱하여 산정한 가액으로 한다.
② 지방자치단체가 1년 이상 공용으로 사용하는 재산으로서 유료로 사용하는 경우에는 재산세를 부과한다.
③ 재산세 물납신청을 받은 시장·군수·구청장이 물납을 허가하는 경우 물납을 허가하는 부동산의 가액은 물납 허가일 현재의 시가로 한다.
④ 주택의 토지와 건물 소유자가 다를 경우 해당 주택에 대한 세율을 적용할 때 해당 주택의 토지와 건물의 가액을 합산한 과세표준에 주택의 세율을 적용한다.
⑤ 건축물에 대한 재산세의 산출세액이 직전 연도의 해당 건축물에 대한 재산세액 상당액의 100분의 150을 초과하는 경우에는 100분의 150에 해당하는 금액을 해당 연도에 징수할 세액으로 한다.

해설 ③ 재산세 물납신청을 받은 시장·군수·구청장이 물납을 허가하는 경우 물납을 허가하는 부동산의 가액은 과세기준일 현재의 시가로 한다.

정답 ③

03 지방세법령상 재산세에 관한 설명으로 옳은 것은? (단, 주어진 조건 외에는 고려하지 않음)

제35회

① 특별시 지역에서 「국토의 계획 및 이용에 관한 법률」에 따라 지정된 주거지역의 대통령령으로 정하는 공장용 건축물의 표준세율은 초과누진세율이다.

② 수탁자 명의로 등기·등록된 신탁재산의 수탁자는 과세기준일부터 15일 이내에 그 소재지를 관할하는 지방자치단체의 장에게 그 사실을 알 수 있는 증거자료를 갖추어 신고하여야 한다.

③ 주택의 토지와 건물 소유자가 다를 경우 해당 주택에 대한 세율을 적용할 때 해당 주택의 토지와 건물의 가액을 소유자별로 구분계산한 과세표준에 세율을 적용한다.

④ 주택의 재산세로서 해당 연도에 부과할 세액이 20만원 이하인 경우에는 납기를 9월 16일부터 9월 30일까지로 하여 한꺼번에 부과징수할 수 있다.

⑤ 지방자치단체의 장은 과세대상의 누락으로 이미 부과한 재산세액을 변경하여야 할 사유가 발생하여도 수시로 부과징수할 수 없다.

해설 ① 특별시 지역에서 「국토의 계획 및 이용에 관한 법률」에 따라 지정된 주거지역의 대통령령으로 정하는 공장용 건축물의 표준세율은 0.5%의 비례세율이다.

② 옳은 지문이다.

③ 주택의 토지와 건물 소유자가 다를 경우 해당 주택에 대한 세율을 적용할 때 해당 주택의 토지와 건물의 가액을 합산한 과세표준에 세율을 적용한다.

④ 주택의 재산세로서 해당 연도에 부과할 세액이 20만원 이하인 경우에는 납기를 7월 16일부터 7월 31일까지로 하여 한꺼번에 부과징수할 수 있다.

⑤ 지방자치단체의 장은 과세대상의 누락으로 이미 부과한 재산세액을 변경하여야 할 사유가 발생하여도 수시로 부과징수할 수 있다.

정답 ②

04 지방세법령상 재산세의 부과·징수에 관한 설명으로 틀린 것은? 제34회

① 주택에 대한 재산세의 경우 해당 연도에 부과·징수할 세액의 2분의 1은 매년 7월 16일부터 7월 31일까지, 나머지 2분의 1은 9월 16일부터 9월 30일까지를 납기로 한다. 다만, 해당 연도에 부과할 세액이 20만원 이하인 경우에는 조례로 정하는 바에 따라 납기를 9월 16일부터 9월 30일까지로 하여 한꺼번에 부과·징수할 수 있다.

② 재산세는 관할 지방자치단체의 장이 세액을 산정하여 보통징수의 방법으로 부과·징수한다.

③ 재산세를 징수하려면 토지, 건축물, 주택, 선박 및 항공기로 구분한 납세고지서에 과세표준과 세액을 적어 늦어도 납기개시 5일 전까지 발급하여야 한다.

④ 재산세의 과세기준일은 매년 6월 1일로 한다.

⑤ 고지서 1장당 재산세로 징수할 세액이 2,000원 미만인 경우에는 해당 재산세를 징수하지 아니한다.

PART 2 지방세

> **해설** ① 주택에 대한 재산세의 경우 해당 연도에 부과·징수할 세액의 2분의 1은 매년 7월 16일부터 7월 31일까지, 나머지 2분의 1은 9월 16일부터 9월 30일까지를 납기로 한다. 다만, 해당 연도에 부과할 세액이 20만원 이하인 경우에는 조례로 정하는 바에 따라 납기를 7월 16일부터 7월 31일까지로 하여 한꺼번에 부과·징수할 수 있다.

정답 ①

04 기타 지방세

☐ 최근 공인중개사시험에서 드물게 독립문제로 출제되는 부분으로서 27회(지방소득세)와 31회(지역자원시설세) 시험에서 출제되었을 뿐, 비교적 출제가능성이 낮은 부분이다. 다만, 지방세 전체의 종합문제에서는 출제될 가능성이 있기 때문에 대략적인 특징 정도를 숙지하여야 한다.

제1절 지역자원시설세 제31회

1 의 의

① 지역자원시설세는 지역의 부존자원 보호·보전, 환경보호·개선, 안전·생활편의시설 설치 등 주민생활환경 개선사업 및 지역개발사업에 필요한 재원을 확보하고 소방사무에 소요되는 제반비용에 충당하기 위하여 부과한다.
② 종전의 공동시설세와 지역개발세를 통합하여 2011년부터 신설된 지방세이다.
③ 지역자원시설세는 조세수입의 용도가 특정된 목적세이다.

2 과세대상 및 구분

지역자원시설세는 주민생활환경 개선사업 및 지역개발사업에 필요한 재원을 확보하기 위하여 부과하는 특정자원분 지역자원시설세 및 특정시설분 지역자원시설세와 소방사무에 소요되는 제반비용에 충당하기 위하여 부과하는 소방분 지역자원시설세로 구분한다(「지방세법」 제142조).

(1) 특정자원분 지역자원시설세

발전용수(양수발전용수 제외), 지하수(용천수 포함), 지하자원

(2) 특정시설분 지역자원시설세

컨테이너를 취급하는 부두를 이용하는 컨테이너 및 원자력발전·화력발전으로서 대통령령으로 정하는 것

(3) 소방분 지역자원시설세

소방시설로 인하여 이익을 받는 자의 건축물(주택의 건축물 부분을 포함) 및 선박(납세지를 관할하는 지방자치단체에 소방선이 없는 경우는 제외)

심화학습

과세대상 및 납세지(「지방세법」 제142조 및 제144조)

과세대상		납세지
소방분	건축물	건축물의 소재지
	선 박	「선박법」에 따른 선적항의 소재지(선적항이 없는 경우에는 정계장 소재지*)
특정 자원분	발전용수	발전소의 소재지
	지하수	채수공의 소재지
	지하자원	광업권이 등록된 토지의 소재지**
특정 시설분	컨테이너	컨테이너를 취급하는 부두의 소재지
	원자력발전	발전소의 소재지
	화력발전	발전소의 소재지

* 정계장이 일정하지 아니한 경우에는 선박 소유자의 주소지로 한다.
** 광업권이 등록된 토지가 둘 이상의 지방자치단체에 걸쳐 있는 경우에는 광업권이 등록된 토지의 면적에 따라 안분한다.

3 납세의무자

지역자원시설세의 납세의무자는 다음과 같다(「지방세법」 제143조).

과세대상		납세의무자
소방분		건축물 또는 선박에 대한 재산세 납세의무자
특정자원분	발전용수	흐르는 물을 이용하여 직접 수력발전(양수발전은 제외한다)을 하는 자
	지하수	지하수를 이용하기 위하여 채수(採水)하는 자
	지하자원	지하자원을 채광하는 자
특정시설분	컨테이너	컨테이너를 취급하는 부두를 이용하여 컨테이너를 입항·출항시키는 자
	원자력발전	원자력을 이용하여 발전을 하는 자
	화력발전	연료를 연소하여 발전을 하는 자

4 과세표준과 세율

(1) 소방분

① 소방분 표준세율

소방분 지역자원시설세의 표준세율은 다음에서 정하는 바에 따른다(「지방세법」 제146조 제3항 제1호).

과세표준	표준세율
건축물 또는 선박의 가액 또는 시가표준액	0.04~0.12% 6단계 누진세율

누진세율

과세표준	세 율
600만원 이하	10,000분의 4
600만원 초과 1,300만원 이하	2,400원+600만원 초과금액의 10,000분의 5
1,300만원 초과 2,600만원 이하	5,900원+1,300만원 초과금액의 10,000분의 6
2,600만원 초과 3,900만원 이하	13,700원+2,600만원 초과금액의 10,000분의 8
3,900만원 초과 6,400만원 이하	24,100원+3,900만원 초과금액의 10,000분의 10
6,400만원 초과	49,100원+6,400만원 초과금액의 10,000분의 12

② 소방분의 과세표준

①의 건축물 및 선박은 재산세 과세대상인 건축물 및 선박으로 하며, 그 과세표준은 재산세 과세표준 또는 시가표준액으로 한다. 다만, 주택의 건축물 부분에 대한 과세표준은 지방자치단체의 장이 산정한 가액에 재산세 주택에 대한 공정시장가액비율(60%)을 곱하여 산정한 가액으로 한다(「지방세법」 제146조 제4항).

③ 화재위험 건축물에 대한 2배 중과세

저유장, 주유소, 정유소, 유흥장, 극장 및 4층 이상 10층 이하의 건축물 등 화재위험 건축물에 대하여는 표준세율에 따라 산출한 금액의 100분의 200을 세액으로 한다(「지방세법」 제146조 제3항 제2호).

④ 대형 화재위험 건축물에 대한 3배 중과세

대형마트, 복합상영관(③의 극장 제외), 백화점, 호텔, 11층 이상의 건축물 등의 대형 화재위험 건축물에 대해서는 표준세율에 따라 산출한 금액의 100분의 300을 세액으로 한다(「지방세법」 제146조 제3항 제2호의2).

(2) 탄력세율

지방자치단체의 장은 조례로 정하는 바에 따라 지역자원시설세의 세율을 표준세율의 100분의 50
의 범위에서 가감할 수 있다(「지방세법」 제146조 제5항).

5 부과·징수

(1) 소방분 지역자원시설세의 부과·징수

① 소방분 지역자원시설세는 재산세의 규정 중 과세기준일, 납기 및 세부담의 상한 규정(100분의
150만 해당), 분할납부를 준용하여 보통징수의 방법으로 부과·징수한다(「지방세법」 제147조 제2
항 및 제3항).

② 소방분 지역자원시설세를 징수하려면 건축물 또는 선박으로 구분한 납세고지서에 과세표준과
세액을 적어 늦어도 납기개시 5일 전까지 발급하여야 한다(「지방세법」 제147조 제4항).

(2) 소액 징수면제

지역자원시설세로 징수할 세액이 고지서 1장당 2,000원 미만인 경우에는 그 지역자원시설세를
징수하지 아니한다(「지방세법」 제148조).

(3) 병기고지

소방분 지역자원시설세의 납기와 재산세의 납기가 같을 때에는 재산세의 납세고지서에 나란히 적
어 고지할 수 있다(「지방세법 시행령」 제139조).

(4) 특정자원분 및 특정시설분 지역자원시설세의 부과·징수

특정자원분 및 특정시설분 지역자원시설세의 납기와 징수방법은 다음에서 정하는 바와 같다(「지방
세법」 제147조 제1항).

> ① 특정자원분 및 특정시설분 지역자원시설세는 신고납부의 방법으로 징수한다. 다만, 지하수에 대한
> 지역자원시설세의 경우 조례로 정하는 바에 따라 보통징수의 방법으로 징수할 수 있다.
> ② 지역자원시설세를 신고납부하는 경우 납세의무자는 산출세액을 납세지를 관할하는 지방자치단체
> 의 장에게 조례로 정하는 바에 따라 신고하고 납부하여야 한다.
> ③ 납세의무자가 ②에 따른 신고 또는 납부의무를 다하지 아니하면 산출세액 또는 그 부족세액에
> 「지방세기본법」 제53조부터 제55조까지의 규정에 따라 산출한 가산세를 합한 금액을 세액으로
> 하여 보통징수의 방법으로 징수한다.

(5) **지역자원시설세에 대한 부과지역과 부과·징수에 필요한 사항의 조례 지정**

지역자원시설세를 부과할 지역과 부과·징수에 필요한 사항은 해당 지방자치단체의 조례로 정하는 바에 따른다(「지방세법」 제147조 제6항). 이 경우에 컨테이너에 관한 지역자원시설세의 부과·징수에 대한 사항을 정하는 조례에는 특별징수의무자의 지정 등에 관한 사항을 포함할 수 있다(「지방세법」 제147조 제7항).

6 비과세

(1) **소방분의 비과세**

재산세가 비과세되는 건축물과 선박에 대하여는 소방분 지역자원시설세를 부과하지 아니한다(「지방세법」 제145조 제2항).

① 레저시설, 저장시설, 도크시설, 접안시설, 도관시설, 급수·배수시설 및 에너지 공급시설(화재위험 건축물과 그 건축물의 일부로 설치된 시설은 제외한다)에 대해서는 소방분 지역자원시설세를 부과하지 아니한다(「지방세법 시행령」 제137조 제1항).

② 소방분 지역자원시설세를 부과하는 해당 연도 내에 철거하기로 계획이 확정되어 행정관청으로부터 철거명령을 받았거나 보상철거계약이 체결된 건축물 또는 주택(「건축법」 제2조 제1항 제2호에 따른 건축물 부분으로 한정)에 대해서는 지역자원시설세를 부과하지 아니한다. 이 경우 건축물 또는 주택의 일부분을 철거하는 때에는 그 철거하는 부분에 대해서만 지역자원시설세를 부과하지 아니한다(「지방세법 시행령」 제137조 제2항).

(2) **특정자원분 및 특정시설분의 비과세**

다음의 어느 하나에 해당하는 경우에는 특정자원분 및 특정시설분 지역자원시설세를 부과하지 아니한다(「지방세법」 제145조 제1항).

① 국가, 지방자치단체 및 지방자치단체조합이 직접 개발하여 이용하는 경우
② 국가, 지방자치단체 및 지방자치단체조합에 무료로 제공하는 경우

제2절   지방교육세

1   의 의

(1) 과세목적

지방교육세는 지방교육의 질적 향상에 필요한 지방교육재정의 확충에 드는 재원을 확보하기 위하여 부과한다(「지방세법」 제149조).

(2) 과세주체

특별시·광역시·도·특별자치도·특별자치시가 부과한다.

(3) 목적세

지방교육세는 조세수입의 용도가 특정된 목적세이며 부가세이다.

2   납세의무자(「지방세법」 제150조)

① 부동산, 기계장비(자동차세 과세대상에 해당하는 자동차는 제외), 항공기 및 선박의 취득에 대한 취득세의 납세의무자
② 등록에 대한 등록면허세(자동차에 대한 등록면허세는 제외)의 납세의무자
③ 재산세(도시지역분 제외)의 납세의무자
④ 레저세의 납세의무자
⑤ 담배소비세의 납세의무자
⑥ 주민세 개인분 및 사업소분의 납세의무자
⑦ 제127조 제1항 제1호 및 제3호의 비영업용 승용자동차에 대한 자동차세[국가, 지방자치단체 및 「초·중등교육법」에 따라 학교를 경영하는 학교법인(목적사업에 직접 사용하는 자동차에 한정)을 제외한다]의 납세의무자

3   과세표준과 세율

지방교육세는 다음에 따라 산출한 금액을 그 세액으로 한다(「지방세법」 제151조).

(1) 취득세

취득물건(개수, 선박·차량과 기계장비 및 토지의 가액 증가에 따른 취득 및 과점주주의 취득 등에 해당하는 경우는 제외)에 대하여 취득세 과세표준에 부동산 취득의 표준세율(주택 취득의 세율 제외) 및 부동산

외 취득의 표준세율(지방자치단체의 장이 조례로 세율을 가감하여 달리 정하는 경우에는 그 세율)에서 1천분의 20을 뺀 세율을 적용하여 산출한 금액(주택 취득의 세율의 경우에는 해당 세율에 100분의 50을 곱한 세율을 적용하여 산출한 금액)의 100분의 20. 다만, 다음의 어느 하나에 해당하는 경우에는 다음에서 정하는 금액으로 한다.

① 표준세율의 100분의 300에서 중과기준세율(1,000분의 20)의 100분의 200을 뺀 세율을 적용하는 부동산에 해당하는 경우
  (1)의 본문 계산방법으로 산출한 지방교육세액의 100분의 300. 다만, 법인이 유상거래로 주택을 취득하는 경우에는 ②의 세율을 적용한다.

② 법인의 주택 취득 등 중과세에 해당하는 경우
  농지 외 유상취득의 표준세율(4%)에서 중과기준세율을 뺀 세율을 적용하여 산출한 금액의 100분의 20에 해당하는 지방교육세를 부과한다.

③ 「지방세특례제한법」, 「조세특례제한법」 및 지방세감면조례(이하 "지방세감면법령"이라 한다)에서 취득세를 감면하는 경우
  ㉠ 지방세감면법령에서 취득세의 감면율을 정하는 경우 : (1)의 본문 계산방법으로 산출한 지방교육세액을 해당 취득세 감면율로 감면하고 남은 금액
  ㉡ 지방세감면법령에서 취득세의 감면율을 정하면서 중과세율을 적용하지 아니하도록 정하는 경우 : (1)의 본문 계산방법으로 산출한 지방교육세액을 해당 취득세 감면율로 감면하고 남은 금액
  ㉢ ㉠과 ㉡ 외에 지방세감면법령에서 이 법과 다른 취득세율을 정하는 경우 : 해당 취득세율에도 불구하고 (1)의 본문 계산방법으로 산출한 지방교육세. 다만, 세율을 1,000분의 20으로 정하는 경우는 과세대상에서 제외한다.

④ ① 또는 ②와 ③의 ㉠이 동시에 적용되는 경우
  ①을 적용하여 산출한 지방교육세액을 해당 취득세 감면율로 감면하고 남은 금액

(2) 등록면허세

납부하여야 할 등록에 대한 등록면허세액의 100분의 20

(3) 재산세

납부하여야 할 재산세액(도시지역분은 제외)의 100분의 20

(4) 레저세

납부하여야 할 레저세액의 100분의 40

(5) 담배소비세

납부하여야 할 담배소비세액의 1만분의 4,399

(6) 주민세 개인분 및 사업소분

납부하여야 할 주민세 개인분 세액 및 사업소분 세액(법 제81조 제1항 제1호에 따라 부과되는 세액으로 한정)의 100분의 10. 다만, 인구 50만 이상 시의 경우에는 100분의 25로 한다.

(7) 자동차세

납부하여야 할 자동차세액의 100분의 30

4 징수방법

(1) 신고납부

지방교육세 납세의무자가 「지방세법」에 따라 취득세, 등록에 대한 등록면허세, 레저세, 담배소비세 및 주민세 사업소분을 신고하고 납부하는 때에는 그에 대한 지방교육세를 함께 신고하고 납부하여야 한다(「지방세법」 제152조 제1항).

(2) 보통징수

지방자치단체의 장이 「지방세법」에 따라 납세의무자에게 주민세 개인분·재산세 및 자동차세를 부과·징수하거나 세관장이 담배소비세를 부과·징수하는 때에는 그에 대한 지방교육세를 함께 부과·징수한다(「지방세법」 제152조 제2항).

5 부족세액의 추징 및 가산세

① 지방교육세를 신고하고 납부하여야 하는 자가 신고의무를 다하지 아니한 경우에도 「지방세기본법」 제53조 또는 제54조에 따른 무신고가산세 또는 과소신고가산세를 부과하지 아니한다(「지방세법」 제153조 제1항).
② 지방교육세를 신고하고 납부하여야 하는 자가 납부의무를 다하지 아니한 경우에는 산출세액 또는 그 부족세액에 「지방세기본법」 제55조에 따라 산출한 가산세를 합한 금액을 세액으로 하여 보통징수의 방법으로 징수한다(「지방세법」 제153조 제2항).

제3절 지방소득세 제27회

1 의 의

① 지방소득세는 종전에는 소득세 또는 법인세의 부가세로서 소득세액 또는 법인세액의 100분의 10으로 과세하였으나, 2014년부터 지방자치단체의 자주적인 재원확충 등의 목적으로 독립세로 전환되었다.
② 지방소득세는 특별자치도·특별자치시·특별시·광역시, 시·군에서 부과하는 보통세인 지방세이다.
③ 지방소득세는 개인지방소득세와 법인지방소득세가 있다(「지방세법」 제85조).

2 납세의무자 등

① 「소득세법」에 따른 소득세 또는 「법인세법」에 따른 법인세의 납세의무가 있는 자는 지방소득세를 납부할 의무가 있다(「지방세법」 제86조 제1항).
② ①에 따른 지방소득세 납부의무의 범위는 「소득세법」과 「법인세법」에서 정하는 바에 따른다(「지방세법」 제86조 제2항).

3 과세기간 및 사업연도

① 개인지방소득에 대한 지방소득세(개인지방소득세)의 과세기간은 「소득세법」 제5조에 따른 기간으로 한다(「지방세법」 제88조 제1항).
② 법인지방소득에 대한 지방소득세(법인지방소득세)의 각 사업연도는 「법인세법」 제6조부터 제8조까지에 따른 기간으로 한다(「지방세법」 제88조 제2항).

4 납세지(「지방세법」 제89조)

(1) 개인지방소득세

「지방세기본법」 제34조에 따른 납세의무 성립 당시의 「소득세법」 제6조 및 제7조에 따른 납세지

(2) 법인지방소득세

사업연도 종료일 현재의 「법인세법」 제9조에 따른 납세지. 다만, 법인 또는 연결법인이 둘 이상의 지방자치단체에 사업장이 있는 경우에는 각각의 사업장 소재지를 납세지로 한다.

5 비과세

「소득세법」, 「법인세법」 및 「조세특례제한법」에 따라 소득세 또는 법인세가 비과세되는 소득에 대하여는 지방소득세를 과세하지 아니한다(「지방세법」 제90조).

6 과세표준과 산출세액

① 개인지방소득세 또는 법인지방소득세의 과세표준에 소득세 또는 법인세 세율의 100분의 10이 적용된다.
② 거주자의 양도소득에 대한 개인지방소득세는 해당 과세기간의 양도소득 과세표준에 ①의 지방소득세 표준세율을 적용하여 계산한 금액을 그 세액으로 한다(「지방세법」 제103조의3 제1항).
③ ②의 경우 하나의 자산이 둘 이상에 해당할 때에는 해당 세율을 적용하여 계산한 양도소득에 대한 개인지방소득세 산출세액 중 큰 것을 그 세액으로 한다(「지방세법」 제103조의3 제1항).
④ 양도소득에 대한 개인지방소득세의 세액공제 및 세액감면에 관한 사항은 「지방세특례제한법」에서 정한다. 다만, 양도소득에 대한 개인지방소득세의 공제세액 또는 감면세액이 산출세액을 초과하는 경우에는 그 초과금액은 없는 것으로 한다(「지방세법」 제103조의4).

7 소액 징수면제

지방소득세로 징수한 세액이 고지서 1장당 2,000원 미만인 경우에는 그 지방소득세를 징수하지 아니한다(「지방세법」 제103조의60).

8 신고 및 납부

① 거주자가 「소득세법」 제105조 및 제110조에 따라 양도소득과세표준 예정신고(양도차익이 없거나 양도차손이 있는 경우에도 적용) 및 확정신고를 하는 경우에는 해당 신고기한에 2개월을 더한 날까지 양도소득에 대한 개인지방소득세 과세표준과 세액을 대통령령으로 정하는 바에 따라 납세지 관할 지방자치단체의 장에게 신고하여야 한다.
② ①의 경우 거주자가 양도소득에 대한 개인지방소득세 과세표준과 세액을 납세지 관할 지방자치단체의 장 이외의 지방자치단체의 장에게 신고한 경우에도 그 신고의 효력에는 영향이 없다.

9 종합소득에 대한 지방소득세의 분할납부

지방소득세로 납부할 세액이 100만원을 초과하는 거주자는 대통령령으로 정하는 바에 따라 그 납부할 세액의 일부를 납부기한이 지난 후 2개월 이내에 분할납부할 수 있다(법 제95조 제4항).

기출 및 예상문제

01 「지방세법」상 2025년 납세의무가 성립하는 지역자원시설세에 관한 설명으로 <u>틀린</u> 것은?

(제31회)

① 소방분에 충당하는 지역자원시설세의 건축물 및 선박은 재산세 과세대상인 건축물 및 선박으로 하며, 그 과세표준은 재산세 과세표준 또는 시가표준액으로 한다.
② 소방분 지역자원시설세의 과세대상은 소방시설로 인하여 이익을 받는 자의 건축물 및 선박이다.
③ 주거용이 아닌 4층 이상 10층 이하의 건축물 등 법령으로 정하는 화재위험 건축물에 대해서는 법령에 따른 표준세율에 따라 산출한 금액의 100분의 200을 세액으로 한다.
④ 「지방세법」에 따라 재산세가 비과세되는 건축물에 대하여도 지역자원시설세는 부과된다.
⑤ 지하자원이 과세대상인 경우 납세지는 광업권이 등록된 토지의 소재지이다. 다만 광업권이 등록된 토지가 둘 이상의 지방자치단체에 걸쳐 있는 경우에는 광업권이 등록된 토지의 면적에 따라 안분한다.

해설 ④ 재산세가 비과세되는 건축물과 선박에 대하여는 지역자원시설세를 부과하지 아니한다.

정답 ④

02 「지방세법」상 거주자의 국내자산 양도소득에 대한 지방소득세에 관한 설명으로 <u>틀린</u> 것은?

(제27회)

① 양도소득에 대한 개인지방소득세 과세표준은 종합소득 및 퇴직소득에 대한 개인지방소득세 과세표준과 구분하여 계산한다.
② 양도소득에 대한 개인지방소득세의 세액이 2천원인 경우에는 이를 징수하지 아니한다.
③ 양도소득에 대한 개인지방소득세의 공제세액이 산출세액을 초과하는 경우 그 초과금액은 없는 것으로 한다.
④ 양도소득에 대한 개인지방소득세 과세표준은 「소득세법」상 양도소득 과세표준으로 하는 것이 원칙이다.
⑤ 「소득세법」상 보유기간이 8개월인 조합원입주권의 세율은 양도소득에 대한 개인지방소득세 과세표준의 1천분의 70을 적용한다.

해설 ② 양도소득에 대한 개인지방소득세의 세액이 2천원 미만인 경우 이를 징수하지 아니한다. 즉, 2천원인 경우에는 징수한다.

정답 ②

2025 랜드하나 공인중개사 기본서

PART 3
국세

01 CHAPTER 종합부동산세

단원별 학습포인트

☐ 매년 1~2문제가 출제되고 있으며, 종합부동산세는 국세 중 재산보유세로서 재산세와의 비교학습이 중요하다. 특히, 과세대상, 납세의무자, 과세표준, 부과·징수 부분을 중심으로 법령의 내용을 이해하고 있어야 한다.

제1절 의의 및 용어의 정의

1 의의 및 특징

1. 의 의

종합부동산세는 과세기준일 현재 세법에 정하는 기준금액을 초과하는 토지, 주택을 보유한 자에게 관할 세무서장이 원칙적으로 정부부과과세방법에 의해 징수하는 국세이다.

2. 목 적

고액의 부동산 보유자에 대하여 종합부동산세를 부과하여 부동산보유에 대한 조세부담의 형평성을 제고하고, 부동산의 가격안정을 도모함으로써 지방재정의 균형발전과 국민경제의 건전한 발전에 이바지함을 목적으로 한다(「종합부동산세법」 제1조).

3. 특 징

① 재산세가 과세되는 주택 및 합산과세대상 토지에 대하여 일정금액 이하는 재산세로 과세하고 일정금액을 초과하는 부분은 종합부동산세로 과세하는 이원적 성격의 조세이다.
② 종합부동산세는 국내의 주택 및 토지를 보유하는 경우에 소유자별로 합산하여 과세하는 인세이다.
③ 개인의 경우 개인별 합산과세하며, 법인의 경우에는 법인별 합산과세한다.
④ 재산세와 마찬가지로 매년 6월 1일에 납세의무가 성립한다.
⑤ 실질과세의 원칙이 적용되며, 과세대상 물건의 공부상 등재 현황과 사실상의 현황이 다른 경우에는 사실상 현황에 따라 부과한다.
⑥ 정부부과과세를 원칙으로 하지만, 예외적으로 납세의무자가 신고납부를 선택하는 경우에 신고납부를 할 수 있다.

⑦ 납부기한 내에 납부하지 아니한 경우에 (납부고지 후)납부지연가산세에 관한 규정이 적용된다. 예외적으로 신고납부를 선택하는 경우에 무신고가산세는 적용되지 않지만, 과소신고가산세가 적용될 수도 있다.

⑧ 물납은 허용되지 않지만, 분할납부(납부세액 250만원 초과, 6개월 이내)는 할 수 있다.

⑨ 세부담 상한에 관한 규정이 적용된다.

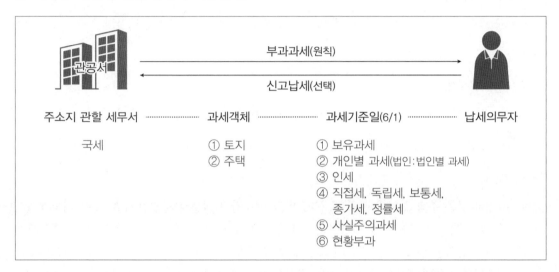

2 용어의 정의

이 법에서 사용하는 용어의 정의는 다음과 같다(「종합부동산세법」 제2조).

1. 시·군·구

시·군·구라 함은 「지방자치법」 제2조에 따른 지방자치단체인 시·군 및 자치구(이하 "시·군"이라 한다)를 말한다.

2. 시장·군수·구청장

시장·군수·구청장이라 함은 지방자치단체의 장인 시장·군수 및 자치구의 구청장(이하 "시장·군수"라 한다)을 말한다.

3. 주 택

주택이라 함은 세대의 구성원이 장기간 독립된 주거생활을 할 수 있는 구조로 된 건축물의 전부 또는 일부 및 그 부속토지를 말하며, 이를 단독주택과 공동주택으로 구분한다(「주택법」 제2조 제1호).

4. 토 지

토지라 함은 「공간정보의 구축 및 관리 등에 관한 법률」에 따라 지적공부의 등록대상이 되는 토지와 그 밖에 사용되고 있는 사실상의 토지를 말한다.

5. 주택분 재산세

주택분 재산세라 함은 「지방세법」 제105조 및 제107조에 따라 주택에 대하여 부과하는 재산세를 말한다.

6. 토지분 재산세

토지분 재산세라 함은 「지방세법」 제105조 및 제107조에 따라 토지에 대하여 부과하는 재산세를 말한다.

7. 세 대

① 세대라 함은 주택 또는 토지의 소유자 및 그 배우자가 그들과 동일한 주소 또는 거소에서 생계를 같이하는 가족과 함께 구성하는 1세대를 말한다(「종합부동산세법 시행령」 제1조의2 제1항).

② 가족이라 함은 주택 또는 토지의 소유자와 그 배우자의 직계존비속(그 배우자를 포함한다) 및 형제자매를 말하며, 취학, 질병의 요양, 근무상 또는 사업상의 형편으로 본래의 주소 또는 거소를 일시퇴거한 자를 포함한다(「종합부동산세법 시행령」 제1조의2 제2항).

③ 다음의 어느 하나에 해당하는 경우에는 배우자가 없는 때에도 이를 1세대로 본다(「종합부동산세법 시행령」 제1조의2 제3항).

  ㉠ 30세 이상인 경우

  ㉡ 배우자가 사망하거나 이혼한 경우

  ㉢ 「소득세법」 제4조에 따른 소득이 「국민기초생활 보장법」 제2조 제11호에 따른 기준 중위소득의 100분의 40 이상으로서 소유하고 있는 주택 또는 토지를 관리·유지하면서 독립된 생계를 유지할 수 있는 경우

④ 혼인함으로써 1세대를 구성하는 경우에는 혼인한 날부터 10년(2025년 개정안) 동안은 ①에도 불구하고 주택 또는 토지를 소유하는 자와 그 혼인한 자별로 각각 1세대로 본다(「종합부동산세법 시행령」 제1조의2 제4항).

⑤ 동거봉양(同居奉養)하기 위하여 합가(合家)함으로써 과세기준일 현재 60세 이상의 직계존속(직계존속 중 어느 한 사람이 60세 미만인 경우를 포함한다)과 1세대를 구성하는 경우에는 ①에도 불구하고 합가한 날부터 10년 동안(합가한 날 당시는 60세 미만이었으나, 합가한 후 과세기준일 현재 60세에 도달하는 경우는 합가한 날부터 10년의 기간 중에서 60세 이상인 기간 동안) 주택 또는 토지를 소유하는 자와 그 합가한 자별로 각각 1세대로 본다(「종합부동산세법 시행령」 제1조의2 제5항).

④와 ⑤는 납세의무자의 신청을 요하지 않는다.

8. 공시가격

공시가격이라 함은 「부동산 가격공시에 관한 법률」에 따라 가격이 공시되는 주택 및 토지에 대하여 같은 법에 따라 공시된 가액을 말한다. 다만, 같은 법에 따라 가격이 공시되지 아니한 경우에는 특별자치시장·특별자치도지사·시장·군수 또는 구청장이 국토교통부장관이 제공한 토지가격비준표 또는 주택가격비준표를 사용하여 산정한 가액으로 한다(「종합부동산세법」 제2조 제9호).

제 2 절 과세대상 제24회, 제26회, 제30회, 제32회, 제34회

종합부동산세는 「지방세법」상 재산세 과세대상 재산 중에서 주택과 토지를 과세대상으로 한다. 즉, 건축물, 선박, 항공기는 재산세 과세대상이지만 종합부동산세 과세대상은 아니다.

1 주 택

주택(별장과 고급주택 포함)은 종합부동산세 과세대상이다(「종합부동산세법」 제2조 제3호).

심화학습

합산배제대상 주택(「종합부동산세법」 제8조 제2항)

① 다음의 어느 하나에 해당하는 주택은 과세표준 합산의 대상이 되는 주택의 범위에 포함되지 아니하는 것으로 본다.
  1. 「민간임대주택에 관한 특별법」에 따른 민간임대주택, 「공공주택 특별법」에 따른 공공임대주택 또는 대통령령으로 정하는 다가구 임대주택으로서 임대기간, 주택의 수, 가격, 규모 등을 고려하여 대통령령으로 정하는 주택
  2. 종업원의 주거에 제공하기 위한 기숙사 및 사원용 주택
  3. 주택건설사업자가 건축하여 소유하고 있는 미분양주택
  4. 어린이집용 주택
  5. 「근현대문화유산의 보존 및 활용에 관한 법률」에 따른 등록문화유산에 해당하는 주택 등 종합부동산세를 부과하는 목적에 적합하지 아니한 것으로서 대통령령이 정하는 주택
② ①의 규정에 따른 주택을 보유한 납세의무자는 해당 연도 9월 16일부터 9월 30일까지 대통령령으로 정하는 바에 따라 납세지 관할세무서장에게 해당 주택의 보유현황을 신고하여야 한다.

---

2 토지

재산세 과세대상이 되는 토지 중에서 별도합산과세대상 토지와 종합합산과세대상 토지가 종합부동산세 과세대상이 되며, 분리과세대상 토지는 저율의 분리과세대상 토지와 고율의 분리과세대상 토지 모두 과세대상에 포함하지 아니한다.

구 분		재산세	종합부동산세
주 택	주택(별장·고급주택 포함)	○	○
토 지	종합합산과세대상 토지	○	○
	별도합산과세대상 토지	○	○
	분리과세대상 토지	○	×
건축물	건축물(공장용, 상가용, 고급오락장용 포함)	○	×
	상가 건축물의 부속토지	○	○
	고급오락장용 건축물	○	×
	고급오락장용 건축물의 부속토지	○	×

제3절 **납세의무자** 제27회, 제28회, 제33회, 제35회

종합부동산세 납세의무자는 재산세 납세의무자로서 법에 정한 기준금액을 초과하는 주택과 토지를 과세기준일 현재 사실상 보유한 자가 납세의무자가 된다.

1 주택에 대한 납세의무자

1. 일반적인 경우

과세기준일 현재 주택분 재산세의 납세의무자는 종합부동산세를 납부할 의무가 있다(「종합부동산세법」 제7조 제1항).

> ① 개인의 경우 납세의무자별로 공시가격 합계액이 9억원을 초과하는 자이며, 1세대 1주택은 12억원을 초과하는 자이다.
> ② 법인은 공시가격에 관계없이 납세의무자가 된다.

2. 신탁주택의 경우

「신탁법」 제2조에 따른 수탁자의 명의로 등기 또는 등록된 신탁재산으로서 주택("신탁주택")의 경우에는 1.에도 불구하고 위탁자(「주택법」 제2조 제11호 가목에 따른 지역주택조합 및 같은 호 나목에 따른 직장주택조합이 조합원이 납부한 금전으로 매수하여 소유하고 있는 신탁주택의 경우에는 해당 지역주택조합 및 직장주택조합을 말함)가 종합부동산세를 납부할 의무가 있다. 이 경우 위탁자가 신탁주택을 소유한 것으로 본다(「종합부동산세법」 제7조 제2항).

심화학습

신탁주택 관련 수탁자의 물적납세의무(「종합부동산세법」 제7조의2)

신탁주택의 위탁자가 다음의 어느 하나에 해당하는 종합부동산세 또는 강제징수비를 체납한 경우로서 그 위탁자의 다른 재산에 대하여 강제징수를 하여도 징수할 금액에 미치지 못할 때에는 해당 신탁주택의 수탁자는 그 신탁주택으로써 위탁자의 종합부동산세등을 납부할 의무가 있다.
1. 신탁 설정일 이후에 「국세기본법」 제35조 제2항에 따른 법정기일이 도래하는 종합부동산세로서 해당 신탁주택과 관련하여 발생한 것
2. 1.의 금액에 대한 강제징수 과정에서 발생한 강제징수비

---

2 토지에 대한 납세의무자

1. 일반적인 경우

토지에 대한 종합부동산세는 국내에 소재하는 토지에 대하여 「지방세법」 규정에 따른 종합합산과세대상과 별도합산과세대상으로 구분하여 과세한다. 과세기준일 현재 토지분 재산세의 납세의무자로서 다음의 어느 하나에 해당하는 자는 해당 토지에 대한 종합부동산세를 납부할 의무가 있다(「종합부동산세법」 제12조 제1항).

① 종합합산과세대상인 경우에는 국내에 소재하는 해당 과세대상 토지의 공시가격을 합한 금액이 5억원을 초과하는 자

② 별도합산과세대상인 경우에는 국내에 소재하는 해당 과세대상 토지의 공시가격을 합한 금액이 80억원을 초과하는 자

2. 신탁토지의 경우

수탁자의 명의로 등기 또는 등록된 신탁재산으로서 토지("신탁토지")의 경우에는 1.에도 불구하고 위탁자가 종합부동산세를 납부할 의무가 있다. 이 경우 위탁자가 신탁토지를 소유한 것으로 본다(「종합부동산세법」 제12조 제2항).

심화학습

신탁토지 관련 수탁자의 물적납세의무(「종합부동산세법」제12조의2)

신탁토지의 위탁자가 다음의 어느 하나에 해당하는 종합부동산세등을 체납한 경우로서 그 위탁자의 다른 재산에 대하여 강제징수를 하여도 징수할 금액에 미치지 못할 때에는 해당 신탁토지의 수탁자는 그 신탁토지로써 위탁자의 종합부동산세등을 납부할 의무가 있다.

1. 신탁 설정일 이후에 「국세기본법」 제35조 제2항에 따른 법정기일이 도래하는 종합부동산세로서 해당 신탁토지와 관련하여 발생한 것
2. 제1호의 금액에 대한 강제징수 과정에서 발생한 강제징수비

제4절 과세표준 및 세율 제27회, 제28회, 제31회, 제32회, 제33회, 제34회, 제35회

1 과세표준

1. 주 택

(1) 주택에 대한 과세표준

> 주택의 과세표준 = [주택의 공시가격 합산액 − 공제금액]* × 공정시장가액비율(60%)

주택에 대한 종합부동산세의 과세표준은 납세의무자별로 주택의 공시가격을 합산한 금액에서 다음의 금액을 공제한 금액에 부동산 시장의 동향과 재정 여건 등을 고려하여 100분의 60부터 100분의 100까지의 범위에서 대통령령으로 정하는 공정시장가액비율을 곱한 금액으로 한다. 다만, 그 금액이 영(0)보다 작은 경우에는 영(0)으로 본다(「종합부동산세법」 제8조 제1항).

> * 공제금액
>   ① 대통령령으로 정하는 1세대 1주택자: 12억원
>   ② 법인 또는 법인으로 보는 단체: 0원
>   ③ ① 및 ②에 해당하지 아니하는 자: 9억원

(2) 1세대 1주택

① 1세대 1주택의 범위: 법 제8조 제1항 본문에서 "대통령령으로 정하는 1세대 1주택자"란 세대원 중 1명만이 주택분 재산세 과세대상인 1주택만을 소유한 경우로서 그 주택을 소유한 거주자를 말한다. 이 경우 「건축법 시행령」에 따른 다가구주택은 1주택으로 보되, 합산배제 임대주택으

로 신고한 경우에는 1세대가 독립하여 구분 사용할 수 있도록 구획된 부분을 각각 1주택으로 본다(영 제2조의3 제1항).

② **1세대 1주택 수에서 제외대상 주택**: 1세대 1주택자 여부를 판단할 때 다음의 주택은 1세대가 소유한 주택 수에서 제외한다. 다만, ㉠은 다음의 주택 외의 주택을 소유하는 자가 과세기준일 현재 그 주택에 주민등록이 되어 있고 실제로 거주하고 있는 경우에 한정하여 적용한다(영 제2조의3 제2항).

㉠ 합산배제신고를 한 임대주택(부동산투자회사 또는 부동산간접투자기구가 2008년 1월 1일부터 2008년 12월 31일까지 취득 및 임대하는 매입임대주택으로서 법정요건을 모두 갖춘 주택이 5호 이상 인 경우의 주택 제외)

㉡ 합산배제 신고를 한 주택 등록문화유산에 해당하는 주택 등

(3) 과세표준 적용시에 일시적 2주택 등에 대한 1세대 1주택자 주택 수 계산 특례

①을 적용할 때 다음의 어느 하나에 해당하는 경우에는 1세대 1주택자로 본다(법 제8조 제4항).

㉠ 1주택(주택의 부속토지만을 소유한 경우는 제외)과 다른 주택의 부속토지(주택의 건물과 부속토지의 소유자가 다른 경우의 그 부속토지를 말함)를 함께 소유하고 있는 경우

㉡ 1세대 1주택자가 1주택을 양도하기 전에 다른 주택을 대체취득하여 일시적으로 2주택이 된 경우로서 대통령령으로 정하는 경우

㉢ 1주택과 상속받은 주택으로서 대통령령으로 정하는 주택("상속주택")을 함께 소유하고 있는 경우

㉣ 1주택과 주택 소재 지역, 주택 가액 등을 고려하여 대통령령으로 정하는 지방 저가주택을 함께 소유하고 있는 경우

㉤ ㉡부터 ㉣까지의 규정을 적용받으려는 납세의무자는 해당 연도 9월 16일부터 9월 30일까지 대통령령으로 정하는 바에 따라 관할세무서장에게 신청하여야 한다(법 제8조 제5항).

1세대1주택자의 범위 【영 제4조의2】

1. 일시적 2주택 특례: 법 제8조제4항제2호에서 "대통령령으로 정하는 경우"란 1세대 1주택자가 보유하고 있는 주택을 양도하기 전에 다른 1주택(이하 "신규주택")을 취득(자기가 건설하여 취득하는 경우를 포함) 하여 2주택이 된 경우로서 과세기준일 현재 신규주택을 취득한 날부터 3년이 경과하지 않은 경우를 말한다.

2. 상속주택 특례: 법 제8조제4항제3호에서 "대통령령으로 정하는 주택"이란 상속을 원인으로 취득한 주택 (「소득세법」 제88조제9호에 따른 조합원입주권 또는 같은 조 제10호에 따른 분양권을 상속받아 사업시 행 완료 후 취득한 신축주택을 포함한다)으로서 다음의 어느 하나에 해당하는 주택을 말한다.
   ① 과세기준일 현재 상속개시일부터 5년이 경과하지 않은 주택
   ② 지분율이 100분의 40 이하인 주택
   ③ 지분율에 상당하는 공시가격이 6억원(수도권 밖의 지역에 소재하는 주택의 경우에는 3억원) 이하인 주택

3. 지방저가주택 특례: 법 제8조제4항제4호에서 "대통령령으로 정하는 지방 저가주택"이란 다음의 요건을 모두 충족하는 1주택을 말한다.
   ① 공시가격이 3억원 이하일 것
   ② 수도권 밖의 지역으로서 다음 각 목의 어느 하나에 해당하는 지역에 소재하는 주택일 것
      ㉠ 광역시 및 특별자치시가 아닌 지역
      ㉡ 광역시에 속된 군
      ㉢「세종특별자치시 설치 등에 관한 특별법」제6조제3항에 따른 읍·면
4. 법 제8조제5항에 따라 1세대 1주택자의 적용을 신청하려는 납세의무자는 기획재정부령으로 정하는 신청서를 관할세무서장에게 제출해야 한다.
5. 법 제8조제5항에 따른 신청을 한 납세의무자는 최초의 신청을 한 연도의 다음 연도부터는 그 신청 사항에 변동이 없으면 신청하지 않을 수 있다.

2. 토 지

(1) 종합합산과세대상 토지

종합합산과세대상인 토지에 대한 종합부동산세의 과세표준은 납세의무자별로 해당 과세대상 토지의 공시가격을 합산한 금액에서 5억원을 공제한 금액에 공정시장가액비율(100%)을 곱한 금액으로 한다. 다만, 그 금액이 영(0)보다 작은 경우에는 영(0)으로 본다(「종합부동산세법」제13조 제3항).

> 종합합산 = (토지의 공시가격을 합산한 금액 – 5억원) × 공정시장가액비율(100%)

(2) 별도합산과세대상 토지

별도합산과세대상인 토지에 대한 종합부동산세의 과세표준은 납세의무자별로 해당 과세대상 토지의 공시가격을 합산한 금액에서 80억원을 공제한 금액에 공정시장가액비율(100%)을 곱한 금액으로 한다. 다만, 그 금액이 영(0)보다 작은 경우에는 영(0)으로 본다(「종합부동산세법」제13조 제3항).

> 별도합산 = (토지의 공시가격을 합산한 금액 – 80억원) × 공정시장가액비율(100%)

2 세율 및 세액

1. 주 택

> 주택분 종합부동산세액 = (과세표준 × 종합부동산세율) – 주택분 과세표준금액에 대한 주택분 재산세 부과세액
> – 1세대 1주택자의 세액공제

(1) 세 율

주택에 대한 종합부동산세는 다음과 같이 납세의무자가 소유한 주택 수에 따라 과세표준에 해당 세율을 적용하여 계산한 금액을 주택분 종합부동산세액으로 한다(「종합부동산세법」 제9조 제1항).

① 2주택 이하 소유: 0.5~2.7% 7단계 초과누진세율 적용

과세표준	세율
3억원 이하	1,000분의 5
3억원 초과 6억원 이하	150만원 + (3억원 초과금액의 1,000분의 7)
6억원 초과 12억원 이하	360만원 + (6억원 초과금액의 1,000분의 10)
12억원 초과 25억원 이하	960만원 + (12억원 초과금액의 1,000분의 13)
25억원 초과 50억원 이하	2,650만원 + (25억원 초과금액의 1,000분의 15)
50억원 초과 94억원 이하	6,400만원 + (50억원 초과금액의 1,000분의 20)
94억원 초과	1억 5,200만원 + (94억원 초과금액의 1,000분의 27)

② 3주택 이상을 소유: 0.5~5% 7단계 초과누진세율 적용

과세표준	세율
3억원 이하	1,000분의 5
3억원 초과 6억원 이하	150만원 + (3억원 초과금액의 1,000분의 7)
6억원 초과 12억원 이하	360만원 + (6억원 초과금액의 1,000분의 10)
12억원 초과 25억원 이하	960만원 + (12억원 초과금액의 1,000분의 20)
25억원 초과 50억원 이하	3,560만원 + (25억원 초과금액의 1,000분의 30)
50억원 초과 94억원 이하	1억 1,060만원 + (50억원 초과금액의 1,000분의 40)
94억원 초과	2억 8,660만원 + (94억원 초과금액의 1,000분의 50)

③ 납세의무자가 법인(「공공주택특별법」 제4조에 따른 공공주택사업자 등 사업의 특성을 고려하여 대통령령으로 정하는 경우는 제외) 또는 법인으로 보는 단체인 경우: 2.7%와 5%의 비례세율을 적용한다.

과세표준	세율
2주택 이하 소유	1,000분의 27(2.7%)
3주택 이상 소유	1,000분의 50(5%)

초과누진세율이 적용되는 법인 등
: 공공주택사업자, 공익법인, 주택조합, 사회적기업, 사회적협동기업, 종중

(2) 주택분 과세표준 금액에 대한 주택분 재산세 부과세액

① 이중과세액 공제

㉠ 주택분 과세표준 금액에 대하여 해당 과세대상 주택의 주택분 재산세로 부과된 세액은 주택분 종합부동산세액에서 이를 공제한다(「종합부동산세법」 제9조 제3항).

㉡ ㉠의 경우 주택분 재산세로 부과된 세액이 「지방세법」 제111조 제3항에 따라 가감조정된 세율이 적용된 경우에는 그 세율이 적용된 세액, 제122조에 따라 세부담 상한을 적용받은 경우에는 그 상한을 적용받은 세액을 말한다(「종합부동산세법」 제9조 제3항).

② 이중과세액의 계산

주택분 종합부동산세액을 계산할 때 주택 수 계산 및 주택분 재산세로 부과된 세액의 공제 등에 관하여 필요한 사항은 대통령령으로 정한다(「종합부동산세법」 제9조 제4항).

③ 주택분 종합부동산세액에서 「종합부동산세법」 제9조 제3항에 따라 공제하는 주택분 과세표준 금액에 대한 주택분 재산세로 부과된 세액은 다음 계산식에 따라 계산한 금액으로 한다(「종합부동산세법 시행령」 제4조의3 제1항).

$$
\text{주택분 재산세로 부과된 세액의 합계액} \times \frac{[(\text{주택분 종합부동산세 과세표준} \times \text{주택분 재산세 공정시장가액비율}) \times \text{주택분 재산세 표준세율}]}{\text{주택을 합산하여 주택분 재산세 표준세율로 계산한 재산세 상당액}}
$$

주택분 종합부동산세 세율이 적용되는 주택 수 계산 【영 제4조의3 제3항】

주택분 종합부동산세액을 계산시 적용하여야 하는 주택 수는 다음에 따라 계산한다.

1. 주택을 여러 사람이 공동으로 소유한 경우 공동 소유자 각자가 그 주택을 소유한 것으로 본다.
2. 다가구주택은 1주택으로 본다.
3. 다음의 주택은 주택 수에 포함하지 않는다.
   ① 합산배제 임대주택 및 합산배제 사원용주택 등에 해당하는 주택
   ② 상속을 원인으로 취득한 주택(「소득세법」 제88조 제9호에 따른 조합원입주권 또는 같은 조 제10호에 따른 분양권을 상속받아 사업시행 완료 후 취득한 신축주택을 포함)으로서 다음의 어느 하나에 해당하는 주택
      ㉠ 과세기준일 현재 상속개시일부터 5년이 경과하지 않은 주택
      ㉡ 지분율이 100분의 40 이하인 주택
      ㉢ 지분율에 상당하는 공시가격이 6억원(수도권 밖의 지역에 소재한 주택의 경우에는 3억원) 이하인 주택
   ③ 토지의 소유권 또는 지상권 등 토지를 사용할 수 있는 권원이 없는 자가 「건축법」 등 관계 법령에 따른 허가 등을 받지 않거나 신고를 하지 않고 건축하여 사용 중인 주택(주택을 건축한 자와 사용 중인 자가 다른 주택을 포함)의 부속토지

④ 법 제8조 제4항 제2호에 따라 1세대 1주택자로 보는 자가 소유한 제4조의2 제1항(일시적 2주택)에 따른 신규주택

⑤ 법 제8조 제4항 제4호에 따라 1세대 1주택자로 보는 자가 소유한 제4조의2 제3항에 따른 지방 저가주택

⑥ 2024년 1월 10일부터 2027년 12월 31일까지 취득하는 주택으로서 법령에 정하는 요건을 갖춘 소형 신축주택(아파트는 제외하되, 도시형 생활주택인 아파트는 포함), 준공 후 미분양주택

> ②, ③ 또는 ⑥을 적용받으려는 자는 법 제8조 제3항에 따른 주택의 보유현황 신고기간(해당 연도 9월 16일부터 9월 30일까지)에 기획재정부령으로 정하는 서류를 관할세무서장에게 제출해야 한다.

(3) 1세대 1주택자 세액공제

주택분 종합부동산세 납세의무자가 1세대 1주택자에 해당하는 경우의 주택분 종합부동산세액은 산출된 세액에서 다음 ① 또는 ②에 따른 1세대 1주택자에 대한 공제액을 공제한 금액으로 한다. 이 경우 연령별 세액공제와 보유기간별 세액공제는 공제율 합계 100분의 80의 범위에서 중복하여 적용할 수 있다(「종합부동산세법」 제9조 제5항).

① 연령별 세액공제

과세기준일 현재 만 60세 이상인 1세대 1주택자의 공제액은 산출된 세액에 다음의 연령별 공제율을 곱한 금액으로 한다(「종합부동산세법」 제9조 제6항).

연 령	공제율
만 60세 이상 만 65세 미만	100분의 20
만 65세 이상 만 70세 미만	100분의 30
만 70세 이상	100분의 40

② 보유기간별 세액공제

1세대 1주택자로서 해당 주택을 과세기준일 현재 5년 이상 보유한 자의 공제액은 산출된 세액에 다음의 보유기간별 공제율을 곱한 금액으로 한다(「종합부동산세법」 제9조 제8항).

보유기간	공제율
5년 이상 10년 미만	100분의 20
10년 이상 15년 미만	100분의 40
15년 이상	100분의 50

주택보유기간 산정
1. 소실(燒失)·도괴(倒壞)·노후(老朽) 등으로 인하여 멸실되어 재건축 또는 재개발하는 주택에 대하여는 그 멸실된 주택을 취득한 날부터 보유기간을 계산한다.
2. 배우자로부터 상속받은 주택에 대하여는 피상속인이 해당 주택을 취득한 날부터 보유기간을 계산한다.

예외적으로 1세대1주택자 세액공제를 적용하는 경우(법 제9조 제7항 및 제9항)
과세기준일 현재 만 60세 이상인 1세대 1주택자가 법 제8조 제4항 각 호의 어느 하나에 해당하는 경우 해당 1세대 1주택자의 공제액은 산출된 세액에서 다음에 해당하는 산출세액(공시가격합계액으로 안분하여 계산한 금액을 말한다)을 제외한 금액에 연령별 및 보유기간별 공제율을 곱한 금액으로 한다.
1. 법 제8조 제4항 제1호에 해당하는 경우: 주택의 부속토지(주택의 건물과 부속토지의 소유자가 다른 경우의 그 부속토지를 말한다)분에 해당하는 산출세액
2. 법 제8조 제4항 제2호에 해당하는 경우: 1주택을 양도하기 전 대체취득한 주택분에 해당하는 산출세액
3. 법 제8조 제4항 제3호에 해당하는 경우: 상속주택분에 해당하는 산출세액
4. 법 제8조 제4항 제4호에 해당하는 경우: 지방 저가주택분에 해당하는 산출세액

(4) 세부담의 상한

초과세액
= 해당 연도 주택에 대한 총세액상당액 − 직전 연도 주택에 대한 총세액상당액 × 150%
= 해당 연도 주택분의 (재산세액 + 종합부동산세액) − [직전 연도 주택분의 (재산세액 + 종합부동산세액) × 150%)]
⇨ 없는 것으로 본다.

종합부동산세의 납세의무자가 해당 연도에 납부하여야 할 주택분 재산세액상당액(신탁주택의 경우 재산세의 납세의무자가 납부하여야 할 주택분 재산세액상당액을 말한다)과 주택분 종합부동산세액상당액의 합계액(이하 "주택에 대한 총세액상당액"이라 한다)으로서 대통령령으로 정하는 바에 따라 계산한 세액이 해당 납세의무자에게 직전 연도에 해당 주택에 부과된 주택에 대한 총세액상당액으로서 대통령령으로 정하는 바에 따라 계산한 세액에 다음의 비율을 곱하여 계산한 금액을 초과하는 경우에는 그 초과하는 세액에 대하여는 이를 없는 것으로 본다. 다만, 납세의무자가 법인 또는 법인으로 보는 단체로서 법제9조 제2항의 세율(주택에 대한 비례세율)이 적용되는 경우는 그러하지 아니하다(「종합부동산세법」 제10조).

개인	100분의 150
법인	적용 없음

심화학습

공동명의 1주택자에 대한 납세의무 등의 특례(「종합부동산세법」 제10조의2)

1. 법 제7조 제1항에도 불구하고 과세기준일 현재 세대원 중 1인이 그 배우자와 공동으로 1주택을 소유하고 해당 세대원 및 다른 세대원이 다른 주택(법 제8조 제2항 각 호의 어느 하나에 해당하는 주택 중 대통령령으로 정하는 주택을 제외)을 소유하지 아니한 경우로서 대통령령으로 정하는 경우에는 배우자와 공동으로 1주택을 소유한 자 또는 그 배우자 중 대통령령으로 정하는 자를 해당 1주택에 대한 납세의무자로 할 수 있다.

2. 1.을 적용받으려는 납세의무자는 당해 연도 9월 16일부터 9월 30일까지 대통령령으로 정하는 바에 따라 관할 세무서장에게 신청하여야 한다.

3. 1.을 적용하는 경우에는 공동명의 1주택자를 1세대 1주택자로 보아 법 제8조에 따른 과세표준과 법 제9조에 따른 세율 및 세액을 계산한다.

4. 공동명의 1주택자에 대한 납세의무 등에 관한 특례 시행령 규정

   ① 법 제10조의2 제1항에서 "대통령령으로 정하는 주택"이란 제2조의3 제2항에 따른 주택을 말한다.

   ② 법 제10조의2 제1항에서 "대통령령으로 정하는 경우"란 세대원 중 1명과 그 배우자만이 주택분 재산세 과세대상인 1주택만을 소유한 경우로서 주택을 소유한 세대원 중 1명과 그 배우자가 모두 「소득세법」 제1조의2 제1항 제1호의 거주자인 경우를 말한다. 다만, 제3항에 따른 공동명의 1주택자의 배우자가 다른 주택의 부속토지(주택의 건물과 부속토지의 소유자가 다른 경우의 그 부속토지를 말한다)를 소유하고 있는 경우는 제외한다.

   ③ 법 제10조의2 제1항에서 "대통령령으로 정하는 자"란 해당 1주택을 소유한 세대원 1명과 그 배우자 중 주택에 대한 지분율이 높은 사람(지분율이 같은 경우에는 공동 소유자간 합의에 따른 사람을 말하며, 이하 "공동명의 1주택자"라 한다)을 말한다.

   ④ 법 제10조의2 제2항에 따라 1세대 1주택자로 적용받으려는 공동명의 1주택자는 기획재정부령으로 정하는 공동명의 1주택자 신청서를 관할 세무서장에게 제출해야 한다.

   ⑤ ④에 따라 신청한 공동명의 1주택자는 신청을 한 연도의 다음 연도부터는 기획재정부령으로 정하는 사항이 변경된 경우 당해 연도 9월 16일부터 9월 30일까지 변경 신청을 해야 한다.

   ⑥ 법 제10조의2 제3항에 따라 공동명의 1주택자에 대한 과세표준 및 세액을 산정하는 경우에는 그 배우자 소유의 주택지분을 합산하여 계산한다.

   ⑦ 공동명의 1주택자에 대하여 법 제9조 제3항에 따라 주택분 종합부동산세액에서 주택분 재산세로 부과된 세액을 공제하거나 법 제10조에 따라 세 부담의 상한을 적용할 경우 적용되는 재산세 부과액 및 재산세 상당액은 해당 과세대상 1주택 지분 전체에 대하여 계산한 금액으로 한다.

   ⑧ 공동명의 1주택자에 대하여 법 제9조 제5항에 따라 같은 조 제6항부터 제9항까지의 규정에 따른 1세대 1주택자에 대한 공제액을 정할 때 공동명의 1주택자의 연령 및 보유기간을 기준으로 한다.

심화학습

주택에 대한 세부담의 상한(「종합부동산세법 시행령」 제5조)

1. 「종합부동산세법」 제10조에서 해당 연도에 납부하여야 할 주택에 대한 총세액상당액으로서 "대통령령으로 정하는 바에 따라 계산한 세액"이란 해당 연도의 종합부동산세 과세표준 합산의 대상이 되는 주택(과세표준합산주택)에 대한 ①에 따른 재산세액과 ②에 따른 종합부동산세액의 합계액을 말한다.

① 「지방세법」에 따라 부과된 재산세액(같은 법 제112조 제1항 제1호에 따른 재산세액을 말하며, 같은 법 제122조에 따라 세부담의 상한이 적용되는 경우에는 그 상한을 적용한 후의 세액을 말한다)

② 「종합부동산세법」 제9조에 따라 계산한 종합부동산세액

2. 「종합부동산세법」 제10조에서 직전 연도에 해당 주택에 부과된 주택에 대한 총세액상당액으로서 "대통령령으로 정하는 바에 따라 계산한 세액"이란 납세의무자가 해당 연도의 과세표준합산주택을 직전 연도 과세기준일에 실제로 소유하였는지의 여부를 불문하고 직전 연도 과세기준일 현재 소유한 것으로 보아 해당 연도의 과세표준합산주택에 대한 ①에 따른 재산세액상당액과 ②에 따른 종합부동산세액상당액의 합계액을 말한다.

① 재산세액상당액: 해당 연도의 과세표준합산주택에 대하여 직전 연도의 「지방세법」(같은 법 제111조 제3항, 제112조 제1항 제2호 및 제122조는 제외한다)을 적용하여 산출한 금액의 합계액

② 종합부동산세액상당액: 해당 연도의 과세표준합산주택에 대하여 직전 연도의 법(법 제10조는 제외한다)을 적용하여 산출한 금액(1세대 1주택자의 경우에는 직전 연도 과세기준일 현재 연령 및 주택 보유기간을 적용하여 산출한 금액). 이 경우 법 제9조 제3항 중 "세액(「지방세법」 제111조 제3항에 따라 가감조정된 세율이 적용된 경우에는 그 세율이 적용된 세액, 같은 법 제122조에 따라 세부담 상한을 적용받는 경우에는 그 상한을 적용받는 세액)"을 "세액[「지방세법」(같은 법 제111조 제3항, 제112조 제1항 제2호 및 제122조는 제외)을 적용하여 산출한 세액을 말한다]"으로 하여 해당 규정을 적용한다.

3. 주택의 신축·증축 등으로 인하여 해당 연도의 과세표준합산주택에 대한 직전 연도 과세표준액이 없는 경우에는 해당 연도 과세표준합산주택이 직전 연도 과세기준일 현재 존재하는 것으로 보아 직전 연도 「지방세법」과 직전 연도 법을 적용하여 과세표준액을 산출한 후 2.의 규정을 적용한다.

4. 2. 및 3.의 규정을 적용함에 있어서 해당 연도의 과세표준합산주택이 법 제6조에 따라 재산세의 감면 규정 또는 분리과세 규정을 적용받지 아니하거나 적용받은 경우에는 직전 연도에도 동일하게 이를 적용받지 아니하거나 적용받은 것으로 본다.

5. 해당 연도의 과세표준합산주택이 직전 연도에 법 제8조 제2항에 따라 과세표준합산주택에 포함되지 아니한 경우에는 직전 연도에 과세표준합산주택에 포함된 것으로 보아 2.의 규정을 적용한다.

2. 토 지

(1) 종합합산과세대상 토지: 1~3% 3단계 초과누진세율

> 토지분 종합합산세액 = (과세표준×종합합산세율) − 해당 토지의 과세표준금액에 대한 토지분 재산세 부과세액

① 종합합산과세대상인 토지에 대한 종합부동산세의 세액은 과세표준에 다음의 세율을 적용하여 계산한 금액(이하 "토지분 종합합산세액"이라 한다)으로 한다(「종합부동산세법」 제14조 제1항).

과세표준	세 율
15억원 이하	1천분의 10
15억원 초과 45억원 이하	1천 500만원 + (15억원을 초과하는 금액의 1천분의 20)
45억원 초과	7천 500만원 + (45억원을 초과하는 금액의 1천분의 30)

② 이중과세액 공제

㉠ 종합합산과세대상인 토지의 과세표준 금액에 대하여 해당 과세대상 토지의 토지분 재산세로 부과된 세액은 토지분 종합합산세액에서 이를 공제한다(「종합부동산세법」 제14조 제3항).

㉡ 이 경우 해당 과세대상 토지의 토지분 재산세로 부과된 세액이 「지방세법」 제111조 제3항에 따라 가감조정된 세율이 적용되는 경우에는 그 세율이 적용된 세액, 「지방세법」 제122조에 따라 세부담 상한을 적용받은 경우에는 그 상한을 적용받은 세액을 말한다(「종합부동산세법」 제14조 제3항).

③ 세부담의 상한

종합부동산세의 납세의무자가 종합합산과세대상인 토지에 대하여 해당 연도에 납부하여야 할 재산세액상당액(신탁토지의 경우 재산세의 납세의무자가 종합합산과세대상인 해당 토지에 대하여 납부하여야 할 재산세액상당액을 말한다)과 토지분 종합합산세액상당액의 합계액으로서 대통령령으로 정하는 바에 따라 계산한 세액이 해당 납세의무자에게 직전 연도에 해당 토지에 부과된 종합합산과세대상인 토지에 대한 총세액상당액으로서 대통령령으로 정하는 바에 따라 계산한 세액의 100분의 150을 초과하는 경우에는 그 초과하는 세액에 대하여는 이를 없는 것으로 본다(「종합부동산세법」 제15조 제1항).

(2) 별도합산과세대상 토지: 0.5~0.7% 3단계 초과누진세율

> 토지분 별도합산세액 = (과세표준 × 별도합산세율) − 해당 토지의 과세표준금액에 대한 토지분 재산세 부과세액

① 별도합산과세대상인 토지에 대한 종합부동산세의 세액은 과세표준에 다음의 세율을 적용하여 계산한 금액(이하 "토지분 종합합산세액"이라 한다)으로 한다(「종합부동산세법」 제14조 제4항).

과세표준	세 율
200억원 이하	1천분의 5
200억원 초과 400억원 이하	1억원 + (200억원을 초과하는 금액의 1천분의 6)
400억원 초과	2억 2천만원 + (400억원을 초과하는 금액의 1천분의 7)

② 이중과세액 공제

㉠ 별도합산과세대상인 토지의 과세표준 금액에 대하여 해당 과세대상 토지의 토지분 재산세로 부과된 세액은 토지분 별도합산세액에서 이를 공제한다(「종합부동산세법」 제14조 제6항).

㉡ 이 경우 해당 과세대상 토지의 토지분 재산세로 부과된 세액이 「지방세법」 제111조 제3항에 따라 가감조정된 세율이 적용된 경우에는 그 세율이 적용된 세액, 제122조에 따라 세부담 상한을 적용받은 경우에는 그 상한을 적용받은 세액을 말한다(「종합부동산세법」 제14조 제6항).

③ **세부담의 상한**

종합부동산세의 납세의무자가 별도합산과세대상인 토지에 대하여 해당 연도에 납부하여야 할 재산세액상당액(신탁토지의 경우 재산세의 납세의무자가 별도합산과세대상인 해당 토지에 대하여 납부하여야 할 재산세액상당액을 말한다)과 토지분 별도합산세액상당액의 합계액으로서 대통령령으로 정하는 바에 따라 계산한 세액이 해당 납세의무자에게 직전 연도에 해당 토지에 부과된 별도합산과세대상인 토지에 대한 총세액상당액으로서 대통령령으로 정하는 바에 따라 계산한 세액의 100분의 150을 초과하는 경우에는 그 초과하는 세액에 대하여는 이를 없는 것으로 본다(「종합부동산세법」 제15조 제2항).

3. 과세구분 및 세액

① 종합부동산세는 주택에 대한 종합부동산세와 토지에 대한 종합부동산세의 세액을 합한 금액을 그 세액으로 한다(「종합부동산세법」 제5조 제1항).

② 토지에 대한 종합부동산세의 세액은 토지분 종합합산세액과 토지분 별도합산세액을 합한 금액으로 한다(「종합부동산세법」 제5조 제2항).

구분	주택분 종합부동산세	토지분 종합부동산세	
		종합합산과세	별도합산과세
과세대상	별장 및 고급주택 포함	나대지, 잡종지 등	상가 부속토지 등
납세의무자	㉠ 개인: 해당 주택의 공시가격 합계액이 9억원을 초과하는 자(1세대1주택: 12억원 초과하는 자) ㉡ 법인: 공시가격에 관계없이 납세의무자	해당 토지의 공시가격 합계액이 5억원을 초과하는 자	해당 토지의 공시가격 합계액이 80억원을 초과하는 자
과세표준	과세표준 = (공시가격 합계액 − 공제금액) × 공정시장가액비율(60%) • 공제금액 ㉠ 1세대1주택: 12억원 공제 ㉡ 법인: 0원 공제 ㉢ ㉠과㉡ 이외: 9억원 공제	(공시가격 합계액 − 5억원)× 공정시장가액비율(100%)	(공시가격 합계액 − 80억원)× 공정시장가액비율(100%)
세율	㉠ 개인 • 2주택 이하: 0.5~2.7% 7단계 초과누진세율 • 3주택 이상: 0.5~5% 7단계 초과누진세율 ㉡ 법인: 2.7% , 5% 비례세율	1~3% 3단계 초과누진세율	0.5~0.7% 3단계 초과누진세율
이중세액 공제	해당 주택분 과세표준금액에 대한 주택분 재산세액	해당 토지분 과세표준금액에 대한 토지분 재산세액	

1세대 1주택자 세액공제	㉠ 60세 이상의 연령별 세액공제: 20%, 30%, 40% ㉡ 5년 이상의 보유기간별 세액공제: 20%, 40%, 50% ㉢ 80% 범위 내 중복공제 허용	–
세 부담 상한	㉠ 개인: 150% ㉡ 법인: 적용 없음	(개인·법인구별없이) 150%

제5절 비과세

1 재산세의 비과세 등의 준용

1. 법률 등의 준용

「지방세특례제한법」또는「조세특례제한법」에 의한 재산세의 비과세·과세면제 또는 경감에 관한 규정은 종합부동산세를 부과하는 경우에 준용한다(「종합부동산세법」제6조 제1항).

2. 조례의 준용

「지방세특례제한법」제4조에 따른 시·군의 감면조례에 의한 재산세의 감면규정은 종합부동산세를 부과하는 경우에 준용한다(「종합부동산세법」제6조 제2항).

3. 감면대상인 주택 또는 토지의 공시가격

재산세의 감면규정을 준용하는 경우 그 감면대상인 주택 또는 토지의 공시가격에서 그 공시가격에 재산세 감면비율(비과세 또는 과세면제의 경우에는 이를 100분의 100으로 본다)을 곱한 금액을 공제한 금액을 공시가격으로 본다(「종합부동산세법」제6조 제3항).

2 준용의 제한

재산세의 감면규정 또는 분리과세규정에 따라 종합부동산세를 경감하는 것이 종합부동산세를 부과하는 취지에 비추어 적합하지 않은 것으로 인정되는 경우 등 대통령령으로 정하는 경우에는 종합부동산세를 부과할 때 비과세규정 또는 그 분리과세규정을 적용하지 아니한다(「종합부동산세법」제6조 제4항).

제6절 **납세절차 등** 제27회, 제29회, 제32회, 제33회, 제34회

---

1 과세기준일 및 납세지

1. 과세기준일
종합부동산세의 과세기준일은 재산세의 과세기준일인 매년 6월 1일로 한다(「종합부동산세법」제3조).

2. 납세지
① 종합부동산세의 납세의무자가 개인 또는 법인으로 보지 아니하는 단체인 경우에는 「소득세법」 규정을 준용하여 납세지를 정한다(「종합부동산세법」 제4조 제1항).
   ㉠ 거주자의 납세지 : 그 주소지. 다만, 주소지가 없는 경우에는 그 거소지로 한다.
   ㉡ 비거주자 개인의 납세지 : 국내사업장 소재지. 국내사업장이 없는 경우에는 국내원천소득이 발생하는 장소로 한다. 다만, 국내사업장이 없고 국내원천소득이 발생하지 아니하는 주택 및 토지를 소유한 경우에는 그 주택 또는 토지의 소재지(주택 또는 토지가 둘 이상인 경우 공시가격이 가장 높은 주택 또는 토지의 소재지)를 납세지로 한다.
② 종합부동산세의 납세의무자가 법인 또는 법인으로 보는 단체인 경우에는 「법인세법」의 규정을 준용하여 납세지를 정한다(「종합부동산세법」 제4조 제2항).
   ㉠ 내국법인의 납세지 : 그 법인의 등기부에 따른 본점이나 주사무소의 소재지(국내에 본점 또는 주사무소가 있지 아니하는 경우 사업을 실질적으로 관리하는 장소의 소재지)로 한다. 다만, 법인으로 보는 단체의 경우에는 대통령령으로 정하는 장소로 한다.
   ㉡ 외국법인의 납세지 : 국내사업장의 소재지로 하며 국내사업장이 없고 국내원천소득이 발생하지 아니하는 주택 및 토지를 소유한 경우에는 그 주택 또는 토지의 소재지(주택 또는 토지가 둘 이상인 경우에는 공시가격이 가장 높은 주택 또는 토지의 소재지를 말한다)를 납세지로 정한다.
③ 종합부동산세의 납세의무자가 비거주자인 개인 또는 외국법인으로서 국내사업장이 없고 국내원천소득이 발생하지 아니하는 주택 및 토지를 소유한 경우에는 그 주택 또는 토지의 소재지(주택 또는 토지가 둘 이상인 경우에는 공시가격이 가장 높은 주택 또는 토지의 소재지를 말한다)를 납세지로 정한다(「종합부동산세법」 제4조 제3항).

구분		납세지
개인 또는 법인으로 보지 않는 단체	거주자	「소득세법」상 납세지인 주소지(거소지)
	비거주자	국내 사업장 소재지 ⇨ 국내 원천소득이 발생하는 장소 ⇨ 주택 및 토지 소재지(주택 또는 토지가 둘 이상인 경우 공시가격이 가장 높은 주택 또는 토지의 소재지를 납세지로 한다)

법인 또는 법인으로 보는 단체	내국법인	본점 및 주사무소 소재지
	외국법인	국내 사업장 소재지 ⇨ 국내 원천소득이 발생하는 장소 ⇨ 주택 및 토지 소재지

2 납세절차

1. 부과징수 및 납부장소

(1) 부과징수(원칙)

① 관할 세무서장은 납부하여야 할 종합부동산세의 세액을 결정하여 당해 연도 12월 1일부터 12월 15일까지 부과·징수한다(「종합부동산세법」 제16조 제1항).

② 관할 세무서장은 종합부동산세를 징수하려면 납부고지서에 주택 및 토지로 구분한 과세표준과 세액을 기재하여 납부기간 개시 5일 전까지 발부하여야 한다(「종합부동산세법」 제16조 제2항).

심화학습

(납부고지 후)납부지연가산세(「국세기본법」 제47조의4)

1. 법정납부기한까지 납부하지 아니한 세액 또는 과소납부분 세액×100분의 3(국세를 납부고지서에 따른 납부기한까지 완납하지 아니한 경우에 한정)

2. 납부하지 아니한 세액 또는 과소납부분 세액(세법에 따라 가산하여 납부하여야 할 이자 상당 가산액이 있는 경우에는 그 금액을 더한다)×법정납부기한의 다음 날부터 납부일까지의 기간(납부고지일부터 납부고지서에 따른 납부기한까지의 기간은 제외)×금융회사 등이 연체대출금에 대하여 적용하는 이자율 등을 고려하여 대통령령으로 정하는 이자율(1일 0.022%)

---

(2) 선택적 신고납세(예외)

부과·징수에도 불구하고 종합부동산세를 신고납부방식으로 납부하고자 하는 납세의무자는 종합부동산세의 과세표준과 세액을 해당 연도 12월 1일부터 12월 15일까지 관할 세무서장에게 신고하여야 한다. 이 경우 관할 세무서장의 결정은 없었던 것으로 본다(「종합부동산세법」 제16조 제3항).

> 신고납부를 선택하는 경우에 예외적으로 과소신고가산세가 적용될 수 있다.

(3) 납부장소

종합부동산세를 신고한 납세의무자는 신고기한까지 관할 세무서장·한국은행 또는 체신관서에 종합부동산세를 납부하여야 한다(「종합부동산세법」 제16조 제4항).

심화학습

물적납세의무에 대한 납부특례(「종합부동산세법」 제16조의2)

1. 법 제7조 제2항 또는 법 제12조 제2항에 따라 종합부동산세를 납부하여야 하는 위탁자의 관할 세무서장은 법 제7조의2 또는 법 제12조의2에 따라 수탁자로부터 위탁자의 종합부동산세등을 징수하려면 다음의 사항을 적은 납부고지서를 수탁자에게 발급하여야 한다. 이 경우 수탁자의 주소 또는 거소를 관할하는 세무서장과 위탁자에게 그 사실을 통지하여야 한다.
   ① 종합부동산세 등의 과세기간, 세액 및 그 산출근거
   ② 납부하여야 할 기한 및 납부장소
   ③ 그 밖에 종합부동산세 등의 징수를 위하여 필요한 사항
2. 1.에 따른 납부고지가 있은 후 납세의무자인 위탁자가 신탁의 이익을 받을 권리를 포기 또는 이전하거나 신탁재산을 양도하는 등의 경우에도 1.에 따라 고지된 부분에 대한 납세의무에는 영향을 미치지 아니한다.
3. 신탁재산의 수탁자가 변경되는 경우에 새로운 수탁자는 1.에 따라 이전의 수탁자에게 고지된 납세의무를 승계한다.
4. 1.에 따른 납세의무자인 위탁자의 관할 세무서장은 최초의 수탁자에 대한 신탁 설정일을 기준으로 제7조의2 및 제12조의2에 따라 그 신탁재산에 대한 현재 수탁자에게 위탁자의 종합부동산세등을 징수할 수 있다.
5. 신탁재산에 대하여 「국세징수법」에 따라 강제징수를 하는 경우 「국세기본법」 제35조 제1항에도 불구하고 수탁자는 「신탁법」 제48조 제1항에 따른 신탁재산의 보존 및 개량을 위하여 지출한 필요비 또는 유익비의 우선변제를 받을 권리가 있다.
6. 1.부터 5.까지에서 규정한 사항 외에 물적납세의무의 적용에 필요한 사항은 대통령령으로 정한다.

2. 결정과 경정

① 관할 세무서장 또는 납세지 관할 지방국세청장은 과세대상 누락, 위법 또는 착오 등으로 인하여 종합부동산세를 새로 부과할 필요가 있거나 이미 부과한 세액을 경정할 경우에는 다시 부과·징수할 수 있다(「종합부동산세법」 제17조 제1항).
② 관할 세무서장 또는 관할 지방국세청장은 신고를 한 자의 신고내용에 탈루 또는 오류가 있는 때에는 해당 연도의 과세표준과 세액을 경정한다(「종합부동산세법」 제17조 제2항).
③ 관할 세무서장 또는 관할 지방국세청장은 과세표준과 세액을 결정 또는 경정한 후 그 결정 또는 경정에 탈루 또는 오류가 있는 것이 발견된 때에는 이를 경정 또는 재경정하여야 한다(「종합부동산세법」 제17조 제3항).
④ 관할 세무서장 또는 관할 지방국세청장은 경정 및 재경정 사유가 「지방세법」 제115조 제2항에 따른 재산세의 세액변경 또는 수시부과사유에 해당되는 때에는 대통령령으로 정하는 바에 따라 종합부동산세의 과세표준과 세액을 경정 또는 재경정하여야 한다(「종합부동산세법」 제17조 제4항).
⑤ 관할세무서장 또는 관할지방국세청장은 다음의 어느 하나에 해당하는 경우에는 대통령령으로 정하는 바에 따라 경감받은 세액과 이자상당가산액을 추징하여야 한다(「종합부동산세법」 제17조 제5항).

㉠ 법 제8조제2항에 따라 과세표준 합산의 대상이 되는 주택에서 제외된 주택 중 같은 항 제1호의 임대주택 또는 같은 항 제2호의 가정어린이집용 주택이 추후 그 요건을 충족하지 아니하게 된 경우

㉡ 법 제8조제4항제2호에 따라 1세대 1주택자로 본 납세의무자가 추후 그 요건을 충족하지 아니하게 된 경우

> 추징세액 = (1세대 1주택자가 아닌 것으로 보아 계산한 세액
> － 1세대 1주택자로 보아 계산한 세액) + 이자상당가산액

3 물납 및 분할납부

1. 물 납

물납은 할 수 없다.

2. 분할납부

(1) 요건 및 기한

관할 세무서장은 종합부동산세로 납부하여야 할 세액이 250만원을 초과하는 경우에는 그 세액의 일부를 납부기한이 지난 날부터 6개월 이내에 분할납부하게 할 수 있다(「종합부동산세법」 제20조).

(2) 분할납부 금액

분할납부할 수 있는 세액은 다음의 금액을 말한다(「종합부동산세법 시행령」 제16조 제1항).

구 분	분할납부 금액
납부할 세액이 250만원 초과 500만원 이하인 때	해당 세액에서 250만원을 차감한 금액
납부할 세액이 500만원을 초과하는 때	해당 세액의 100분의 50 이하의 금액

(3) 분할납부의 신청

납부고지서를 받은 자가 분할납부하려는 때에는 종합부동산세의 납부기한 이내에 신청서를 관할 세무서장에게 제출하여야 한다(「종합부동산세법 시행령」 제16조 제2항).

(4) 수정고지

관할세무서장은 (3)에 따라 분납신청을 받은 때에는 이미 고지한 납부고지서를 납부기한까지 납부해야 할 세액에 대한 납부고지서와 분납기간 내에 납부해야 할 세액에 대한 납부고지서로 구분하여 수정 고지해야 한다(영 제16조 제3항).

4 부가세

종합부동산세에는 해당 종합부동산세 납부세액의 100분의 20에 해당하는 농어촌특별세가 부가세로서 부과된다(「농어촌특별세법」 제5조 제1항 제8호).

심화학습

종합부동산세의 납부유예(「종합부동산세법」 제20조의2)

1. 기한 만료 3일 전까지 신청, 담보제공해야 함
2. 1세대 1주택자일 것
3. 과세기준일 현재 만 60세 이상이거나 해당 주택을 5년 이상 보유하고 있을 것
4. 직전 과세기간의 총급여액이 7천만원 이하일 것 등 법령에 정하는 소득 기준을 충족할 것
5. 해당 연도의 주택분 종합부동산세액이 100만원을 초과할 것
6. 관할세무서장은 주택분 종합부동산세액의 납부가 유예된 납세의무자가 다음의 어느 하나에 해당하는 경우에는 그 납부유예 허가를 취소하여야 한다.
   - 해당 주택을 타인에게 양도하거나 증여하는 경우
   - 사망하여 상속이 개시되는 경우
   - 1세대1주택자의 요건을 충족하지 아니하게 된 경우
   - 담보의 변경 또는 그 밖에 담보 보전에 필요한 관할세무서장의 명령에 따르지 아니한 경우
   - 「국세징수법」상 그 납부유예와 관계되는 세액의 전액을 징수할 수 없다고 인정되는 경우
   - 납부유예된 세액을 납부하려는 경우

---

01 종합부동산세법령상 주택에 대한 과세에 관한 설명으로 옳은 것은?   제35회

① 「신탁법」 제2조에 따른 수탁자의 명의로 등기된 신탁주택의 경우에는 수탁자가 종합부동산세를 납부할 의무가 있으며, 이 경우 수탁자가 신탁주택을 소유한 것으로 본다.

② 법인이 2주택을 소유한 경우 종합부동산세의 세율은 1천분의 50을 적용한다.

③ 거주자 甲이 2024년부터 보유한 3주택(주택 수 계산에서 제외되는 주택은 없음) 중 2주택을 2025.6.17.에 양도하고 동시에 소유권이전등기를 한 경우, 甲의 2025년도 주택분 종합부동산세액은 3주택 이상을 소유한 경우의 세율을 적용하여 계산한다.

④ 신탁주택의 수탁자가 종합부동산세를 체납한 경우 그 수탁자의 다른 재산에 대하여 강제징수하여도 징수할 금액에 미치지 못할 때에는 해당 주택의 위탁자가 종합부동산세를 납부할 의무가 있다.

⑤ 공동명의 1주택자인 경우 주택에 대한 종합부동산세의 과세표준은 주택의 시가를 합산한 금액에서 11억원을 공제한 금액에 100분의 50을 한도로 공정시장가액비율을 곱한 금액으로 한다.

해설

① 「신탁법」 제2조에 따른 수탁자의 명의로 등기된 신탁주택의 경우에는 위탁자가 종합부동산세를 납부할 의무가 있으며, 이 경우 위탁자가 신탁주택을 소유한 것으로 본다.

② 법인이 2주택을 소유한 경우 종합부동산세의 세율은 1천분의 27을 적용한다. 다만, 사회적기업·종중 등 법령에 정하는 경우는 초과누진세율이 적용되는 경우도 있다.

③ 과세기준일인 2025.6.1.에는 거주자 甲이 소유자이므로 3주택을 소유한 경우의 세율을 적용하여 계산한다.

④ 신탁주택의 위탁자가 종합부동산세를 체납한 경우 그 위탁자의 다른 재산에 대하여 강제징수하여도 징수할 금액에 미치지 못할 때에는 해당 주택의 수탁자가 종합부동산세를 납부할 의무가 있다.

⑤ 공동명의 1주택자인 경우 주택에 대한 종합부동산세의 과세표준은 주택의 공시가격을 합산한 금액에서 9억원을 공제한 금액에 부동산 시장의 동향과 재정 여건 등을 고려하여 100분의 60부터 100분의 100까지의 범위에서 대통령령으로 정하는 공정시장가액비율을 곱한 금액으로 한다. 다만, 그 금액이 영보다 작은 경우에는 영으로 본다.

정답 ③

02 종합부동산세법상 토지 및 주택에 대한 과세와 부과·징수에 관한 설명으로 옳은 것은?

제33회

① 종합합산과세대상인 토지에 대한 종합부동산세의 세액은 과세표준에 1%~5%의 세율을 적용하여 계산한 금액으로 한다.

② 종합부동산세로 납부해야 할 세액이 200만원인 경우 관할세무서장은 그 세액의 일부를 납부기한이 지난 날부터 6개월 이내에 분납하게 할 수 있다.

③ 관할세무서장이 종합부동산세를 징수하려면 납부기간 개시 5일 전까지 주택분과 토지분을 합산한 과세표준과 세액을 납부고지서에 기재하여 발급하여야 한다.

④ 종합부동산세를 신고납부방식으로 납부하고자 하는 납세의무자는 종합부동산세의 과세표준과 세액을 해당 연도 12월 1일부터 12월 15일까지 관할세무서장에게 신고하여야 한다.

⑤ 별도합산과세대상인 토지에 대한 종합부동산세의 세액은 과세표준에 0.5%~0.8%의 세율을 적용하여 계산한 금액으로 한다.

해설

① 종합합산과세대상인 토지에 대한 종합부동산세의 세액은 과세표준에 1~3%의 세율을 적용하여 계산한 금액으로 한다.

② 종합부동산세로 납부할 세액이 250만원을 초과하는 경우에 관할 세무서장은 그 세액의 일부를 납부기한이 지난 날부터 6개월 이내에 분납하게 할 수 있다. 즉, 납부할 세액이 200만원인 경우에는 분납할 수 없다.

③ 관할세무서장이 종합부동산세를 징수하려면 납부고지서에 주택 및 토지로 구분한 과세표준과 세액을 기재하여 납부기간 개시 5일 전까지 발급하여야 한다.

④ 옳은 지문이다.

⑤ 별도합산과세대상인 토지에 대한 종합부동산세의 세액은 과세표준에 0.5%~0.7%의 세율을 적용하여 계산한 금액으로 한다.

정답 ④

소득세 총설

단원별 학습포인트

❑ 소득세 총설 부분에서는 독립문제의 형태보다는 종합문제 형태에서 가끔씩 출제되고 있다. 다만, 부동산 관련
종합소득세에서는 최근 연속해서 부동산임대 관련 사업소득이 출제되고 있으므로 이에 대한 철저한 대비를
해야 한다. 부동산업 부분은 부동산매매업과 건설업을 구별하는 정도로 기본개념만 숙지하면 된다.

제1절 소득세 총설

1 소득세의 개요

1. 의 의

소득세는 개인이 과세기간(1월 1일부터 12월 31일까지) 동안 발생한 소득을 과세대상으로 하는 국세
이다.

2. 특 징

(1) 개인주의 과세

소득세는 원칙적으로 개인별로 소득을 합산하여 과세하며, 부부 또는 세대 소득을 합산하지 않
는다.

(2) 열거주의 과세

소득세는 소득발생의 원천과 특성 등을 고려하여 8가지 소득을 구분하여 열거하고 있다.

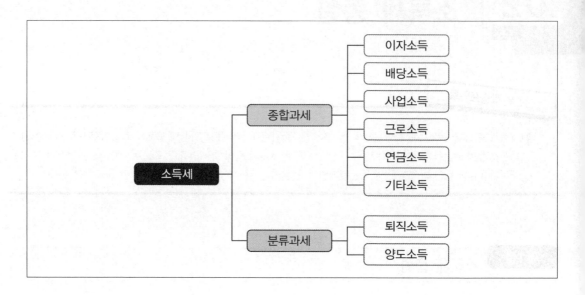

(3) 신고납세

소득세는 납세의무자가 과세표준과 세액을 과세기간의 다음 연도 5월 1일부터 5월 31일까지 신고하는 때에 납세의무가 확정되는 신고납세 조세이다. 다만, 납세의무자의 신고가 없거나 부당한 신고가 있는 경우에는 과세권자가 과세표준과 세액을 결정한다.

3. 소득세 과세방식

(1) 종합과세

소득을 그 종류에 관계없이 일정기간(1월 1일부터 12월 31일)을 단위로 합산하여 과세하는 방식을 말하며, 현행 「소득세법」에서 이자소득·배당소득·사업소득·근로소득·연금소득·기타소득에 대하여 개인별로 합산하여 과세하는 것을 말한다(「소득세법」 제4조).

(2) 분리과세

종합과세되는 일정금액 이하의 금융소득·일용근로소득·소액연금소득·2천만원 이하 주택임대소득 및 기타소득은 과세기간별로 합산하지 않고 그 소득이 지급될 때 소득세를 원천징수함으로써 과세를 종결하는 경우가 있는데, 이를 분리과세라고 한다.

(3) 분류과세

다른 소득과 합산하지 않고 소득발생의 원천이나 유형별로 구분하여 과세하는 것을 말한다. 현행 퇴직소득·양도소득에 대하여 분류과세한다(「소득세법」 제4조 제2호 및 제3호).

4. 과세기간

(1) 원 칙

과세기간이란 세법에 의하여 국세의 과세표준을 계산하는 시간적 단위를 말하며, 원칙적으로 소득세는 1월 1일부터 12월 31일까지의 1년으로 한다(「소득세법」 제5조 제1항).

(2) 예 외

소득세는 법인세와 달리 원칙적으로 과세기간을 임의로 설정하는 것이 허용되지 않고 있으나 다음의 경우에는 예외로 한다(「소득세법」 제5조 제2항 및 제3항).
① 거주자가 사망한 경우의 과세기간은 1월 1일부터 사망한 날까지로 한다.
② 거주자가 주소 또는 거소를 국외로 이전하여 비거주자가 되는 경우의 과세기간은 1월 1일부터 출국한 날까지로 한다.

2 납세의무자·납세지 제27회

소득세의 납세의무자는 「소득세법」 총칙에서 규정하고 있는 개인인 거주자와 비거주자이다(「소득세법」 제2조 제1항). 거주자와 비거주자 여부에 따라 납세의무의 범위와 납세지를 달리하고 있다.

1. 거주자와 비거주자

거주자와 비거주자의 구별은 주소 또는 거소를 기준으로 하기 때문에 원칙적으로 국적과는 관계가 없다.

(1) 거주자

① 의 의
거주자란 국내에 주소를 두거나 183일 이상의 거소를 둔 개인을 말한다(「소득세법」 제1조의2 제1항 제1호).
② 과세소득의 범위(「소득세법」 제3조 제1항)
  ㉠ 거주자에게는 「소득세법」에서 규정하는 모든 소득(국내소득과 국외소득 모두)에 대해서 과세한다.
  ㉡ 다만, 해당 과세기간 종료일 10년 전부터 국내에 주소나 거소를 둔 기간의 합계가 5년 이하인 외국인 거주자에게는 과세대상 소득 중 국외에서 발생한 소득의 경우 국내에서 지급되거나 국내로 송금된 소득에 대해서만 과세한다.
③ 납세지
거주자의 소득세 납세지는 그 주소지로 한다. 다만, 주소지가 없는 경우에는 그 거소지로 한다(「소득세법」 제6조 제1항).

(2) 비거주자

① 의 의

비거주자란 거주자가 아닌 개인, 즉 국내에 주소가 없거나 183일 이상 거소를 두지 않은 개인을 말한다(「소득세법」 제1조의2 제1항 제2호).

② 과세소득의 범위

비거주자에게는 「소득세법」에 따른 국내원천소득에 대해서만 과세한다(「소득세법」 제3조 제2항).

③ 납세지

비거주자의 소득세 납세지는 국내사업장(국내사업장이 둘 이상 있는 경우에는 주된 국내사업장의 소재지로 한다. 다만, 국내사업장이 없는 경우에는 국내원천소득이 발생하는 장소로 한다(「소득세법」 제6조 제2항).

| 거주자와 비거주자 |

구 분	거주자	비거주자
의 의	국내에 주소를 두거나 183일 이상 거소를 둔 자	거주자가 아닌 자
납세의무의 범위	무제한 납세의무자	제한 납세의무자
	• 국내 + 국외소득 소득 모두 과세 • 국외 소재 자산의 양도소득. 다만, 해당 자산의 양도일까지 계속 5년 이상 국내에 주소 또는 거소를 둔 거주자에 한한다.	국내 소득만 과세
납세지	거주자의 주소지 다만, 주소지가 없는 경우에는 그 거소지	• 국내사업장(국내사업장이 둘 이상 있는 경우에는 주된 국내사업장)의 소재지 • 국내사업장이 없는 경우에는 국내원천소득이 발생하는 장소

2. 법인격 없는 단체

「국세기본법」 규정에 따른 법인 아닌 단체 중 법인으로 보는 단체 외의 법인 아닌 단체는 국내에 주사무소 또는 사업의 실질적 관리장소를 둔 경우에는 1거주자로, 그 밖의 경우에는 1비거주자로 보아 「소득세법」을 적용한다. 다만, 다음의 어느 하나에 해당하는 경우에는 소득구분에 따라 해당 단체의 각 구성원별로 「소득세법」 또는 「법인세법」에 따라 소득에 대한 소득세 또는 법인세를 납부할 의무를 진다(「소득세법」 제2조 제3항).

① 구성원 간 이익의 분배비율이 정하여져 있고 해당 구성원별로 이익의 분배비율이 확인되는 경우
② 구성원 간 이익의 분배비율이 정하여져 있지 아니하나 사실상 구성원별로 이익이 분배되는 것으로 확인되는 경우

3 거주자와 비거주자 의제

1. 거주자 의제

① 국내에 거주하는 개인이 다음의 어느 하나에 해당하는 경우에는 국내에 주소를 가진 것으로 본다(「소득세법 시행령」제2조 제3항).

  ㉠ 계속하여 183일 이상 국내에 거주할 것을 통상 필요로 하는 직업을 가진 때

  ㉡ 국내에 생계를 같이하는 가족이 있고, 그 직업 및 자산상태에 비추어 계속하여 183일 이상 국내에 거주할 것으로 인정되는 때

② 거주자나 내국법인의 국외사업장 또는 해외현지법인(내국법인이 발행주식총수 또는 출자지분의 100분의 100을 직접 또는 간접 출자한 경우에 한정) 등에 파견된 임원 또는 직원이나 국외에서 근무하는 공무원은 거주자로 본다(「소득세법 시행령」제3조).

③ 외국을 항행하는 선박 또는 항공기의 승무원의 경우 그 승무원과 생계를 같이하는 가족이 거주하는 장소 또는 그 승무원이 근무기간 외의 기간 중 통상 체재하는 장소가 국내에 있는 때에는 당해 승무원의 주소는 국내에 있는 것으로 본다(「소득세법 시행령」제2조 제5항).

2. 비거주자 의제

① 국외에 거주 또는 근무하는 자가 외국국적을 가졌거나 외국법령에 의하여 그 외국의 영주권을 얻은 자로서 국내에 생계를 같이하는 가족이 없고 그 직업 및 자산상태에 비추어 다시 입국하여 주로 국내에 거주하리라고 인정되지 아니하는 때에는 국내에 주소가 없는 것으로 본다(「소득세법 시행령」제2조 제4항).

② 외국을 항행하는 선박 또는 항공기의 승무원의 경우 그 승무원과 생계를 같이하는 가족이 거주하는 장소 또는 그 승무원이 근무기간 외의 기간 중 통상 체재하는 장소가 국외에 있는 때에는 당해 승무원의 주소가 국외에 있는 것으로 본다(「소득세법 시행령」제2조 제5항).

3. 거주자 및 비거주자 전환시기

비거주자가 거주자로 되는 시기 및 거주자가 비거주자로 되는 시기는 다음과 같다(「소득세법 시행령」 제2조의2).

비거주자 ⇨ 거주자	거주자 ⇨ 비거주자
• 국내에 주소를 둔 날 • 국내에 주소를 가지거나 국내에 주소가 있는 것으로 보는 사유가 발생한 날 • 국내에 거소를 둔 기간이 183일이 되는 날	• 거주자가 주소 또는 거소의 국외 이전을 위하여 출국하는 날의 다음 날 • 국내에 주소가 없거나 국외에 주소가 있는 것으로 보는 사유가 발생한 날의 다음 날

제2절 **부동산임대 관련 사업소득** 제25회, 제28회, 제31회, 제33회, 제34회, 제35회

1 부동산임대업의 의의

1. 정 의

부동산임대업에서 발생하는 소득은 해당 과세기간에 부동산을 대여함으로써 발생한 다음의 소득을 말한다(「소득세법」 제45조 제2항).

① 부동산(미등기부동산 포함) 또는 부동산상의 권리를 대여하는 사업
② 공장재단 또는 광업재단을 대여하는 사업
③ 광업권자·조광권자 또는 덕대(광업권자등)가 채굴 시설과 함께 광산을 대여하는 사업

2. 구체적인 범위

(1) 부동산(미등기부동산 포함) 또는 부동산상의 권리대여소득

① 토지나 건물 등의 부동산을 대여하고 얻은 소득과 전세권 등 부동산상의 권리 대여로 인하여 발생하는 소득을 말한다(「소득세법」 제19조 제1항).
② 공익사업과 관련된 지역권·지상권의 설정·대여소득은 기타소득으로, 그 밖의 지역권·지상권의 설정·대여소득은 사업소득으로 구분하여 과세한다(「소득세법」 제19조 제1항 제12호 단서, 제21조 제1항 제9호).

심화학습

「소득세법」 통칙 규정에서의 범위

1. 자기 소유의 부동산을 타인의 담보물로 사용하게 하고 그 사용대가를 받는 것은 법 제45조 제2항 제1호에 따른 부동산상의 권리를 대여하는 사업에서 발생하는 소득으로 부동산임대업에서 발생하는 소득으로 본다(「소득세법」 기본통칙 19-0…8).
2. 광고용으로 토지·가옥의 옥상 또는 측면 등을 사용하게 하고 받는 대가는 부동산임대업에서 발생하는 소득으로 본다(「소득세법」 기본통칙 19-0…9).
3. 부동산매매업 또는 건설업자가 판매를 목적으로 취득한 토지 등의 부동산을 일시적으로 대여하고 얻는 소득은 부동산임대업에서 발생하는 소득으로 본다(「소득세법」 기본통칙 19-122…1).

---

(2) 공장재단 또는 광업재단의 대여소득

「공장 및 광업재단 저당법」에 따라 공장재단 또는 광업재단의 설립등기를 한 재산을 대여함에 따라 발생하는 소득을 말한다.

(3) 광업권자·조광권자 또는 덕대의 채굴에 관한 권리대여소득

광업권자·조광권자 또는 덕대가 채굴 시설과 함께 광산을 대여함으로 인하여 발생하는 소득을 말한다. 다만, 광업권자등이 자본적 지출이나 수익적 지출의 일부 또는 전부를 제공하는 것을 조건으로 광업권·조광권 또는 채굴에 관한 권리를 대여하고 덕대 또는 분덕대로부터 받은 분철료는 포함하지 아니한다(「소득세법 시행령」 제101조 제2항).

구 분			대 여	양 도
토지·건물			사업소득(부동산임대 사업소득) 단, 공익사업과 관련된 지역권·지상권의 설정·대여소득은 기타소득으로 분류	양도소득
전세권				
지상권				
지역권				–
부동산 임차권	등 기		사업소득(부동산임대 사업소득)	양도소득
	미등기	점포임차권		기타소득
		기 타		–

3. 비과세 부동산임대소득

(1) 논·밭의 임대소득

논·밭을 작물 생산에 이용하게 함으로써 발생하는 소득에는 소득세를 과세하지 아니한다(「소득세법」 제12조 제2호).

(2) 1개의 주택임대소득

① 1개의 주택을 소유하는 자의 주택임대소득(「소득세법」 제12조 제2호)
　　㉠ 1개의 주택을 소유하는 자의 주택임대소득(주택부수토지를 포함한다)에 대해서는 소득세를 과세하지 아니한다. 이 경우 주택과 부수토지의 기준시가가 12억원을 초과하는 주택 및 국외에 소재하는 주택의 임대소득은 비과세대상에서 제외한다.
　　㉡ '기준시가가 12억원을 초과하는 주택'은 과세기간 종료일 또는 해당 주택의 양도일을 기준으로 판단한다.

② 주택과 주택부수토지의 정의
　　'주택'이란 상시 주거용(사업을 위한 주거용의 경우는 제외한다)으로 사용하는 건물을 말하고, '주택부수토지'란 주택에 딸린 토지로서 다음의 어느 하나에 해당하는 면적 중 넓은 면적 이내의 토지를 말한다(「소득세법 시행령」 제8조의2 제2항).

㉠ 건물의 연면적(지하층의 면적, 지상층의 주차용으로 사용되는 면적, 「건축법 시행령」 제34조 제3항에 따른 피난안전구역의 면적 및 「주택건설기준 등에 관한 규정」 제2조 제3호에 따른 주민공동시설의 면적은 제외한다)

㉡ 건물이 정착된 면적에 5배(「국토의 계획 및 이용에 관한 법률」 제6조 제1호에 따른 도시지역 밖의 토지의 경우에는 10배)를 곱하여 산정한 면적

③ 비과세 판정시 주택수 계산(「소득세법 시행령」 제8조의2 제3항)

㉠ **다가구주택** : 1개의 주택으로 보되, 구분등기된 경우에는 각각을 1개의 주택으로 계산한다.

㉡ **공동소유하는 주택** : 지분이 가장 큰 사람의 소유로 계산(지분이 가장 큰 사람이 2명 이상인 경우로서 그들이 합의하여 그들 중 1명을 해당 주택 임대수입의 귀속자로 정한 경우에는 그의 소유로 계산). 다만, 다음의 어느 하나에 해당하는 사람은 공동소유의 주택을 소유하는 것으로 계산되지 않는 경우라도 그의 소유로 계산한다.

> ⓐ 해당 공동소유하는 주택을 임대해 얻은 수입금액을 기획재정부령으로 정하는 방법에 따라 계산한 금액이 연간 6백만원 이상인 사람
> ⓑ 해당 공동소유하는 주택의 기준시가가 12억원을 초과하는 경우로서 그 주택의 지분을 100분의 30 초과 보유하는 사람

㉢ **임차 또는 전세 받은 주택을 전대하거나 전전세하는 경우** : 당해 임차 또는 전세 받은 주택을 임차인 또는 전세 받은 자의 주택으로 계산한다.

㉣ **본인과 배우자가 각각 주택을 소유하는 경우** : 이를 합산하여 주택수를 계산한다. 다만, ㉡에 따라 공동소유의 주택 하나에 대해 본인과 배우자가 각각 소유하는 주택으로 계산되는 경우에는 다음에 따라 본인과 배우자 중 1명이 소유하는 주택으로 보아 합산한다.

> ⓐ 본인과 배우자 중 지분이 더 큰 사람의 소유로 계산
> ⓑ 본인과 배우자의 지분이 같은 경우로서 그들 중 1명을 해당 주택 임대수입의 귀속자로 합의해 정하는 경우에는 그의 소유로 계산

구 분	주택수의 계산
다가구주택	1개의 주택으로 보되, 구분등기된 경우 각각을 1개의 주택으로 계산
공동소유주택	지분이 가장 큰 사람의 소유로 계산(다만, 소수지분자도 주택 수에 가산하는 경우 있음)
임차 또는 전세 받은 주택을 전대하거나 전전세하는 경우	당해 임차 또는 전세 받은 주택을 임차인 또는 전세 받은 자의 주택으로 계산
본인과 배우자가 각각 주택을 소유하는 경우	이를 합산하여 계산

2 부동산임대 사업소득금액의 계산

부동산임대 사업소득금액은 당해 연도의 총수입금액에서 이에 소요된 필요경비를 공제한 금액으로
한다.

> 부동산임대 사업소득금액 = 총수입금액 − 필요경비

1. 총수입금액

총수입금액은 부동산 등의 대여나 대가로 해당 과세기간에 수입하였거나 수입할 금액의 합계액으
로 한다(「소득세법」 제24조 제1항).

> 총수입금액 = 임대료 + 간주임대료 + 관리비수입(공공요금 제외) + 보험차익

2. 임대료

① 부동산을 임대하고 수입하는 임대료는 총수입금액에 산입한다.
② 부동산을 임대하거나 지역권·지상권을 설정 또는 대여하고 받은 선세금(先貰金)에 대한 총수입
금액은 그 선세금을 계약기간의 월수로 나눈 금액의 각 과세기간의 합계액으로 한다(「소득세법
시행령」 제51조 제3항 제1호).

$$\text{선세금의 해당 연도 총수입금액} = \text{선세금} \times \frac{\text{해당 과세기간의 월수}}{\text{계약기간의 월수}}$$

> 선세금 : 수년간의 임대료를 일시에 받는 경우에 그 금액을 말한다.

3. 간주임대료

(1) 주택을 제외한 부동산의 임대료(「소득세법」 제25조 제1항 및 「소득세법 시행령」 제53조 제3항)

간주임대료는 거주자가 부동산 또는 그 부동산상의 권리 등을 대여하고 보증금·전세금 또는 이와
유사한 성질의 금액(보증금등)을 받은 경우에 다음의 산식에 따른 금액을 총수입금액에 산입하는
것을 말한다. 이 경우 총수입금액에 산입할 금액이 영(0)보다 적은 때에는 없는 것으로 본다.

① 일반적인 경우

$$\text{간주임대료} = \left(\begin{array}{c} \text{해당 과세기간의} \\ \text{보증금등의 적수} \end{array} - \begin{array}{c} \text{임대용 부동산의} \\ \text{건설비 상당액의 적수} \end{array} \right) \times \frac{1}{365} \times \begin{array}{c} \text{정기예금} \\ \text{이자율} \end{array} - \begin{array}{c} \text{해당 과세기간의 임대사업부분} \\ \text{에서 발생한 금융수익} \end{array}$$

> **적수**
> 서로 곱한 수를 말하며, 임대보증금 적수계산에서는 임대보증금에 임대보증금을 받은 날짜를 곱하는 것을 말한다.

② 추계결정·경정의 경우

$$간주임대료 = 해당\ 과세기간의\ 보증금등의\ 적수 \times \frac{1}{365} \times 정기예금이자율$$

(2) 주택의 간주임대료

① 원칙

주택을 대여하고 보증금등을 받은 경우에는 원칙적으로 소득세를 과세하지 아니한다.

② 특례(「소득세법」 제25조 제1항)

㉠ 주택을 대여하고 보증금등을 받은 경우에는 3주택 이상을 소유하고 해당 주택의 보증금등의 합계액이 3억원을 초과하는 경우에 그 보증금등을 사업소득금액을 계산할 때 총수입금액에 산입한다(주택부수토지만 임대하는 경우 제외).

㉡ 다만, ㉠의 주택수 계산시에 주거의 용도로만 쓰이는 면적이 1호(戶) 또는 1세대당 40㎡ 이하인 주택으로서 해당 과세기간의 기준시가가 2억원 이하인 주택은 2026년 12월 31일까지는 주택수에 포함하지 아니한다.

㉢ 총수입금액에 산입할 금액은 다음의 구분에 따라 계산한다.

ⓐ 일반적인 경우

> 간주임대료
> $$= \left(\begin{array}{c}해당\ 과세기간의 \\ 보증금등\end{array} - 3억원\right)의\ 적수 \times \frac{60}{100} \times \frac{1}{365} \times \begin{array}{c}정기예금 \\ 이자율\end{array} - \begin{array}{c}해당\ 과세기간의\ 임대사업 \\ 부분에서\ 발생한\ 금융수익\end{array}$$

ⓑ 추계신고·결정의 경우

> 간주임대료
> $$= (해당\ 과세기간의\ 보증금등 - 3억원)의\ 적수 \times \frac{60}{100} \times \frac{1}{365} \times\ 정기예금이자율$$

심화학습

간주임대료의 계산

1. 보증금등을 받은 주택이 2주택 이상인 경우에는 보증금등의 적수가 가장 큰 주택의 보증금등부터 순서대로 3억원을 뺀다.
2. 윤년의 경우는 366일로 계산한다.
3. 정기예금이자율이란 금융회사 등의 정기예금이자율을 고려하여 기획재정부령으로 정하는 이자율(연간 2.9%)을 말한다.
4. 해당 과세기간의 임대사업부분에서 발생한 금융수익이란 수입이자와 할인료 및 배당금의 합계액을 말하며, 유가증권처분이익은 포함하지 않는다.

심화학습

선수임대보증금에 대한 간주임대료 계산

임대인이 임대사업 개시 전에 임대용역의 제공이 없는 상태에서 신축부동산이 완공되면 당해 부동산을 사용키로 하는 임대차계약을 체결하고 임차인으로부터 받은 선수임대보증금 또는 계약금 등은 임대사업 개시 전까지는 간주임대료의 계산 대상이 되지 아니한다(「소득세법」 기본통칙 25-53…2).

---

4. 관리비수입

① 사업자가 부동산을 임대하고 임대료 외에 유지비와 관리비 등의 명목으로 지급받는 금액이 있는 경우에는 이를 총수입금액에 산입한다.

② 사업자가 부동산을 임대하고 임대료 외에 유지비나 관리비 등의 명목으로 지급받는 금액이 있는 경우에는 전기료·수도료 등의 공공요금을 제외한 청소비·난방비 등(부동산임대업과 객관적으로 구분되는 경우가 아님)은 부동산임대업에서 발생하는 소득의 총수입금액에 산입한다(「소득세법」 기본통칙 24-51…1).

③ 전기료·수도료 등의 공공요금의 명목으로 지급받은 금액이 공공요금의 납부액을 초과할 때 그 초과하는 금액은 부동산임대소득의 총수입금액에 산입한다(「소득세법」 기본통칙 24-51…1).

5. 보험차익

사업과 관련하여 해당 사업용 자산의 손실로 취득하는 보험차익은 총수입금액에 산입한다(「소득세법 시행령」 제51조 제3항 제4의2호 라목).

3 필요경비 및 수입시기

1. 필요경비

사업소득금액을 계산할 때 필요경비에 산입할 금액은 해당 과세기간의 총수입금액에 대응하는 비용으로서 일반적으로 용인되는 통상적인 것의 합계액으로 한다.

다만, 해당 과세기간 전의 총수입금액에 대응하는 비용으로서 그 과세기간에 확정된 것에 대해서는 그 과세기간 전에 필요경비로 계상하지 아니한 것만 그 과세기간의 필요경비로 본다(「소득세법」 제27조 제1항 및 제2항).

2. 수입시기(「소득세법 시행령」 제48조 제10호의4)

자산을 임대하거나 지역권·지상권을 설정하여 발생하는 소득의 경우에는 다음의 구분에 따른 날이 수입시기이다.

(1) 계약 또는 관습에 따라 지급일이 정해진 것

그 정해진 날

(2) 계약 또는 관습에 따라 지급일이 정해지지 아니한 것

그 지급을 받은 날

(3) 임대차계약 및 지역권·지상권 설정에 관한 쟁송(미지급임대료 및 미지급 지역권·지상권의 설정대가의 청구에 관한 쟁송은 제외)에 대한 판결·화해 등으로 소유자 등이 받게 되어 있는 이미 지난 기간에 대응하는 임대료상당액(지연이자와 그 밖의 손해배상금을 포함)

판결·화해 등이 있는 날. 다만, 임대료에 관한 쟁송의 경우에 그 임대료를 변제하기 위하여 공탁된 금액에 대해서는 (1)에 따른 날로 한다.

4 결손금 및 이월결손금의 공제

① 사업자가 비치·기록한 장부에 의하여 해당 과세기간의 사업소득금액을 계산할 때 발생한 결손금은 그 과세기간의 종합소득과세표준을 계산할 때 근로소득금액·연금소득금액·기타소득금액·이자소득금액·배당소득금액에서 순서대로 공제한다(「소득세법」 제45조 제1항).
② ①에도 불구하고 다음의 어느 하나에 해당하는 부동산임대업에서 발생한 결손금은 종합소득과세표준을 계산할 때 공제하지 아니한다. 다만, 주거용 건물 임대업의 경우에는 공제한다(「소득세법」 제45조 제2항).

ⓐ 부동산 또는 부동산상의 권리를 대여하는 사업

ⓑ 공장재단 또는 광업재단을 대여하는 사업

ⓒ 채굴에 관한 권리를 대여하는 사업으로서 대통령령으로 정하는 사업

③ 부동산임대업에서 발생한 결손금과 ① 및 ②의 단서에 따라 공제하고 남은 이월결손금은 해당 이월결손금이 발생한 과세기간의 종료일부터 10년 이내에 끝나는 과세기간의 소득금액을 계산할 때 먼저 발생한 과세기간의 이월결손금부터 순서대로 다음의 구분에 따라 공제한다. 다만, 「국세기본법」 제26조의2에 따른 국세부과의 제척기간이 지난 후에 그 제척기간 이전 과세기간의 이월결손금이 확인된 경우 그 이월결손금은 공제하지 아니한다(「소득세법」 제45조 제3항).

ⓐ 공제하고 남은 이월결손금은 사업소득금액, 근로소득금액, 연금소득금액, 기타소득금액, 이자소득금액 및 배당소득금액에서 순서대로 공제한다.

ⓑ 부동산임대업에서 발생한 이월결손금은 부동산임대업의 소득금액에서 공제한다.

④ 결손금 및 이월결손금을 공제할 때 해당 과세기간에 결손금이 발생하고 이월결손금이 있는 경우에는 그 과세기간의 결손금을 먼저 소득금액에서 공제한다(「소득세법」 제45조 제6항).

5 주택임대소득에 대한 세액 계산의 특례(「소득세법」 제64조의2)

① 분리과세 주택임대소득이 있는 거주자의 종합소득 결정세액은 다음의 세액 중 하나를 선택하여 적용한다.

> 주택임대수입금액이 2천만원 이하인 경우 분리과세와 종합과세 중 선택 할 수있다.

ⓐ 해당 과세기간에 대통령령으로 정하는 총수입금액의 합계액이 2천만원 이하인 자의 분리과세 주택임대소득을 적용하기 전의 종합소득 결정세액

ⓑ 다음의 세액을 더한 금액

ⓐ 분리과세 주택임대소득에 대한 사업소득금액(분리과세 주택임대소득을 제외한 해당 과세기간의 종합소득금액이 2천만원 이하인 경우에는 추가로 200만원을 차감한 금액)에 100분의 14를 곱하여 산출한 금액

> 분리과세시 주택임대소득의 산출세액 = [수입금액×(1 − 필요경비율) − 공제금액] ×14%
> • 필요경비율 : 임대주택 등록자 60%, 임대주택 미등록자 50%
> • 공제금액 : 임대주택 등록자 400만원, 임대주택 미등록자 200만원

참고학습 | 주택임대사업자의 미등록 가산세(「소득세법」 제81조의12)

1. 주택임대소득이 있는 사업자가 제168조 제1항 및 제3항에 따라 「부가가치세법」 제8조 제1항 본문에 따른 기한(사업 개시일부터 20일 이내)까지 등록을 신청하지 아니한 경우에는 사업 개시일부터 등록을 신청한 날의 직전일까지의 주택임대수입금액의 1천분의 2를 가산세로 해당 과세기간의 종합소득 결정세액에 더하여 납부하여야 한다.
2. 1.에 따른 가산세는 종합소득산출세액이 없는 경우에도 적용한다.

심화학습

종업원의 복지증진을 위한 시설임대의 경우

「조세특례제한법」 제96조 제1항의 임대주택(「민간임대주택에 관한 특별법」 및 「공공주택 특별법」에 따른 건설임대주택, 매입임대주택, 공공지원민간임대주택 또는 장기일반민간임대주택으로서 법령 요건을 모두 충족하는 임대주택)을 임대하는 경우에는 해당 임대사업에서 발생한 분리과세 주택임대소득에 대한 사업소득금액(분리과세 주택임대소득을 제외한 해당 과세기간의 종합소득금액이 2천만원 이하인 경우 400만원을 차감한 금액)에 100분의 14를 곱하여 산출한 금액에서 같은 항에 따른 감면세액을 차감한 금액으로 한다.

    ⓑ ⓐ 외의 종합소득 결정세액

② 분리과세 주택임대소득에 대한 사업소득금액은 총수입금액에서 필요경비(총수입금액의 100분의 50으로 함)를 차감한 금액으로 하되, 분리과세 주택임대소득을 제외한 해당 과세기간의 종합소득금액이 2천만원 이하인 경우에는 추가로 200만원을 차감한 금액으로 한다. 다만, 대통령령으로 정하는 임대주택을 임대하는 경우에는 해당 임대사업에서 발생한 사업소득금액은 총수입금액에서 필요경비(총수입금액의 100분의 60으로 함)를 차감한 금액으로 하되, 분리과세 주택임대소득을 제외한 해당 과세기간의 종합소득금액이 2천만원 이하인 경우에는 추가로 400만원을 차감한 금액으로 한다(「소득세법」 제64조의2 제2항).

③ 소득세액을 납부하는 경우에는 「조세특례제한법」 제63조 제3항의 이자 상당 가산액에 관한 규정을 준용한다. 다만, 대통령령으로 정하는 부득이한 사유가 있는 경우에는 그러하지 아니하다(「소득세법」 제64조의2 제4항).

④ 분리과세 주택임대소득에 대한 종합소득 결정세액의 계산 및 임대주택 유형에 따른 사업소득금액의 산출방법 등에 필요한 사항은 대통령령으로 정한다(「소득세법」 제64조의2 제5항).

제3절 부동산업 제15회

구 분	사업성 여부	업 종	과세 구분
부동산의 매매 또는 양도	일시적·우발적	–	양도소득세
	계속적·반복적	건설업·주택신축판매업	종합소득세(사업소득)
		부동산매매업	

1 부동산매매업

1. 부동산매매업의 의의

부동산매매업이란 비주거용 건물건설업(건물을 자영건설하여 판매하는 경우만 해당) 및 부동산 개발 및 공급업을 말한다. 다만, 주거용 건물 개발 및 공급업은 제외한다(「소득세법 시행령」 제122조).

심화학습

부동산매매업의 범위(「소득세법」 기본통칙 64-122…1)

1. 자기의 토지 위에 상가 등을 신축하여 판매할 목적으로 건축 중인 「건축법」에 의한 건물과 토지를 제3자에게 양도한 경우
2. 토지를 개발하여 주택지·공업단지·상가·묘지 등으로 분할판매하는 경우(「공유수면 관리 및 매립에 관한법률」 제46조의 규정에 의하여 소유권을 취득한 자가 그 취득한 매립지를 분할하여 양도하는 경우 포함)

---

2. 양도 및 취득시기

(1) 원 칙

대금을 청산한 날

(2) 예 외

대금을 청산하기 전에 소유권 등의 이전에 관한 등기 또는 등록을 하거나 해당 자산을 사용·수익하는 경우에는 그 등기·등록일 또는 사실상 사용일·수익일

3. 매매가액

(1) 원 칙

부동산매매업자가 토지 등을 양도한 경우의 매매차익은 매도한 토지 등의 실지거래가액을 확인할 수 있는 경우에는 실지거래가액을 매매가액으로 한다(「소득세법 시행령」 제129조 제2항).

(2) 예 외

실지거래가액을 확인할 수 없는 경우에는 추계결정·경정방법(매매사례가액, 감정가액, 환산취득가액, 기준시가)을 순차적으로 적용하여 산정한 가액을 매매가액으로 한다.

(3) 특수관계인과의 거래

(2)의 경우 매매사례가액 또는 감정가액이 특수관계인과의 거래에 따른 가액 등으로서 객관적으로 부당하다고 인정되는 경우에는 해당 가액은 적용하지 아니한다.

4. 매매차익 계산 및 산출세액

(1) 토지 등의 매매차익 계산(「소득세법」 제69조 제3항, 「소득세법 시행령」 제128조)

> 토지 등의 매매차익 = 양도가액 – 필요경비 – 건설자금에 충당한 금액의 이자
> – 매도로 인하여 지급하는 공과금 – 장기보유특별공제액

① 부동산매매업자의 토지 등의 매매차익은 그 매매가액에서 양도자산의 필요경비에 상당하는 금액, 당해 토지 등의 건설자금에 충당한 금액의 이자, 토지 등의 매도로 인하여 법률에 의하여 지급하는 공과금, 장기보유특별공제액을 공제한 금액으로 한다.
② 토지 등을 평가증하여 장부가액을 수정한 때에는 그 평가증을 하지 아니한 장부가액으로 매매차익을 계산한다.
③ 부동산매매업자는 토지 등과 기타의 자산을 함께 매매하는 경우에는 이를 구분하여 기장하고 공통되는 필요경비가 있는 경우에는 당해 자산의 가액에 따라 안분계산하여야 한다.

(2) 토지 등의 산출세액 계산

① 매매가액에서 필요경비를 공제한 금액에 양도소득세율을 곱하여 계산한 금액으로 한다.

> 산출세액 = (매매가액 – 필요경비)×양도소득세율

② 다만, 토지 등의 보유기간이 2년 미만인 경우에는 양도소득세에서 1년 미만인 경우의 세율과 1년 이상 2년 미만 보유시의 양도소득세율 규정에도 불구하고 초과누진세율을 곱하여 계산한 금액으로 한다.

(3) 주택 등의 매매차익과 세액 계산

부동산매매업을 경영하는 거주자로서 종합소득금액에 비사업용 토지, 미등기 양도자산, 조정대상지역 내 주택의 입주자로 선정된 지위 중 어느 하나에 해당하는 자산의 매매차익이 있는 자의 종합소득 산출세액은 다음의 세액 중 많은 것으로 한다(「소득세법」 제64조 제1항).

① 종합소득 산출세액

② 다음에 따른 세액의 합계액

　　㉠ 주택등매매차익에 양도소득세율을 적용하여 산출한 세액의 합계액

　　㉡ 종합소득과세표준에서 주택등매매차익의 해당 과세기간 합계액을 공제한 금액을 과세표준
　　으로 하고 이에 종합소득세율(초과누진세율)을 적용하여 산출한 세액

> 주택등매매차익 = 매매가액 – 양도자산의 필요경비 – 장기보유특별공제액 – 양도소득기본공제 금액

5. 토지 등 매매차익예정신고와 납부

① 부동산매매업자는 토지 또는 건물의 매매차익과 그 세액을 매매일이 속하는 달의 말일부터 2
개월이 되는 날까지 납세지 관할 세무서장에게 신고하여야 한다. 토지 등의 매매차익이 없거나
매매차손이 발생하였을 때에도 신고는 하여야 한다(「소득세법」 제69조 제1항).

② 부동산매매업자는 산출세액을 매매차익예정신고 기한까지 대통령령으로 정하는 바에 따라 납
세지 관할 세무서, 한국은행 또는 체신관서에 납부하여야 한다(「소득세법」 제69조 제4항).

③ 토지 등의 매매차익에 대한 산출세액의 계산, 결정·경정 및 환산취득가액 적용에 따른 가산세
에 관하여는 양도소득세 규정을 준용한다(「소득세법」 제69조 제5항).

사업 구분	예정신고의무	확정신고의무
양도소득세	○	○
부동산매매업	○	○
주택신축판매업·건설업	×	○

6. 세액의 결정·경정 및 통지

① 납세지 관할 세무서장은 토지 등 매매차익예정신고 또는 토지 등 매매차익예정신고납부를 한
자에 대해서는 그 신고 또는 신고납부를 한 날부터 1개월 내에 해당 부동산매매업자에게 이를
통지하여야 한다(「소득세법 시행령」 제129조 제3항).

② 매매차익예정신고를 하지 아니한 자에 대해서는 즉시 그 매매차익과 세액을 결정하고 해당 부
동산매매업자에게 이를 통지하여야 한다.

2 건설업(주거용 건물 개발 및 공급업)

1. 건설업의 개요

(1) 의 의

주택을 건설하여 판매하는 사업 또는 건설임대주택을 분양하는 사업과 그 주택에 딸린 토지로서 건물이 정착된 면적에 5배(도시지역 밖은 10배)의 배율을 곱하여 산정한 면적과 건물의 연면적 중 넓은 면적 이내의 토지를 포함하는 것으로 한다(「소득세법 시행령」 제122조 제1항 단서 및 제122조 제3항).

(2) 유 형

① 1동의 주택을 신축하여 판매하여도 건설업으로 본다.
② 건설업자에게 도급을 주어서 주택을 신축하여 판매하여도 건설업으로 본다.
③ 종전부터 소유하던 자기의 토지 위에 주택을 신축하여 주택과 토지를 함께 판매하는 경우 그 토지의 양도로 인한 소득은 건설업의 소득으로 본다.
④ 시공 중인 주택을 양도하는 경우에는 그 주택의 시공 정도가 「건축법」에 의한 건축물에 해당되는 때에는 건설업으로 본다.
⑤ 신축한 주택이 판매되지 아니하여 판매될 때까지 일시적으로 일부 또는 전부를 임대한 후 판매하는 경우에도 해당 주택의 판매사업은 건설업으로 본다.

2. 양도가액 및 취득가액

원칙적으로 실지거래가액에 의한다.

3. 확정신고

예정신고의무는 없으나 중간예납제도가 있다. 다음 연도 5월 31일까지 확정신고하여야 한다.

4. 겸용주택의 구분(「소득세법 시행령」 제122조 제4항)

(1) 주택과 상가를 하나의 매매단위로 매매하는 경우

주거용 건물에 딸린 다른 목적의 건물과 주거용 건물을 하나의 매매단위로 매매하는 경우로서 다른 목적의 건물면적이 주거용 건물면적보다 작은 경우에는 전체를 주택으로 보아 주거용 건물 개발 및 공급업으로 과세한다.

구 분	사 례	주택의 범위	과 세
하나의 매매단위로 매매되는 경우	상가면적 < 주택면적	전체를 주택	주거용 건물 개발 및 공급업(건설업)
	상가면적 ≧ 주택면적	주택만 주택	• 주택면적 ⇨ 주거용 건물 개발 및 공급업 (건설업) • 상가면적 ⇨ 부동산매매업

(2) 각각의 매매단위로 매매되는 경우

주거용 건물과 다른 목적의 건물이 각각의 매매단위로 매매되는 경우로서 다른 목적의 건물면적이 주거용 건물면적의 100분의 10 이하인 경우에는 전체를 주택으로 보아 주거용 건물 개발 및 공급업으로 과세한다.

구 분	사 례	주택의 범위	과 세
각각의 매매단위로 매매되는 경우	상가면적 ≦ 주택면적의 10%	전체를 주택	주거용 건물 개발 및 공급업(건설업)
	상가면적 > 주택면적의 10%	주택만 주택	• 주택면적 ⇨ 주거용 건물 개발 및 공급업 (건설업) • 상가면적 ⇨ 부동산매매업

PART 3 국세

01 「소득세법」상 거주자의 부동산과 관련된 사업소득에 관한 설명으로 옳은 것은? 〔제31회〕

① 국외에 소재하는 주택의 임대소득은 주택 수에 관계없이 과세하지 아니한다.

② 「공익사업을 위한 토지 등의 취득 및 보상에 관한 법률」에 따른 공익사업과 관련하여 지역권을 대여함으로써 발생하는 소득은 부동산업에서 발생하는 소득으로 한다.

③ 부동산임대업에서 발생하는 사업소득의 납세지는 부동산 소재지로 한다.

④ 국내에 소재하는 논·밭을 작물 생산에 이용하게 함으로써 발생하는 사업소득은 소득세를 과세하지 아니한다.

⑤ 주거용 건물임대업에서 발생한 결손금은 종합소득 과세표준을 계산할 때 공제하지 아니한다.

해설
① 국외에 소재하는 주택의 임대소득은 주택 수에 관계없이 과세한다.
② 「공익사업을 위한 토지 등의 취득 및 보상에 관한 법률」에 따른 공익사업과 관련하여 지역권을 대여함으로써 발생하는 소득은 기타소득으로 한다.
③ 부동산임대업에서 발생하는 사업소득의 납세지는 거주자의 주소지로 한다.
⑤ 주거용 건물임대업에서 발생한 결손금은 종합소득 과세표준을 계산할 때 공제한다.

정답 ④

02 소득세법상 부동산임대업에서 발생한 소득에 관한 설명으로 틀린 것은? (제33회)

① 해당 과세기간의 주거용 건물 임대업을 제외한 부동산임대업에서 발생한 결손금은 그 과세기간의 종합소득과세표준을 계산할 때 공제하지 않는다.

② 사업소득에 부동산임대업에서 발생한 소득이 포함되어 있는 사업자는 그 소득별로 구분하여 회계처리하여야 한다.

③ 3주택(주택 수에 포함되지 않는 주택 제외) 이상을 소유한 거주자가 주택과 주택부수토지를 임대(주택부수토지만 임대하는 경우 제외)한 경우에는 법령으로 정하는 바에 따라 계산한 금액(간주임대료)을 총수입금액에 산입한다.

④ 간주임대료 계산 시 3주택 이상 여부 판정에 있어 주택 수에 포함되지 않는 주택이란 주거의 용도로만 쓰이는 면적이 1호 또는 1세대당 40㎡ 이하인 주택으로서 해당 과세기간의 기준시가가 2억원 이하인 주택을 말한다.

⑤ 해당 과세기간에 분리과세 주택임대소득이 있는 거주자(종합소득과세표준이 없거나 결손금이 있는 거주자 포함)는 그 종합소득 과세표준을 그 과세기간의 다음 연도 5월 1일부터 5월 31일까지 신고하여야 한다.

해설 ③ 3주택(주택 수에 포함되지 않는 주택 제외) 이상을 소유하고 보증금 등의 합계액이 3억원을 초과하는 경우 그 보증금 등을 사업소득금액을 계산할 때 총수입금액에 산입하므로, 3주택(주택 수에 포함되지 않는 주택 제외) 이상을 소유한 거주자가 주택과 주택부수토지를 임대(주택부수토지만 임대하는 경우 제외)한 경우에는 법령으로 정하는 바에 따라 계산한 금액(간주임대료)을 총수입금액에 산입하지 않는다.

정답 ③

03 양도소득세

CHAPTER

단원별 학습포인트

❑ 매년 5~6문제가 출제되고 있으며, 양도소득세는 전체 부동산 관련 세목 중에서 출제비중이 가장 높고 중요한 세목이다. 그중에서도 양도소득세 계산과정을 묻는 문제가 자주 출제되므로 꼼꼼하게 숙지하여야 한다. 양도의 개념과 과세대상, 양도 및 취득시기, 납세절차, 비과세, 국외자산양도 등의 부분도 전반적으로 이해하는 학습을 하여야 한다.

제1절   양도소득세의 의의   제29회

1   의 의

양도소득세는 개인이 사업성 없이 토지·건물 등을 유상으로 양도함으로 인하여 발생하는 소득을 양도자별로 합산하여 거주자인 경우 주소지 관할 세무서에 신고하고 납부하는 국세이다.

2   특 징

① 양도소득은 사업성 없이 우발적·비경상적으로 발생하는 소득을 대상으로 한다는 점에서, 사업성을 가지고 계속적·경상적인 소득에 과세하는 종합소득과는 구별된다. 즉, 사업성 여부에 따라 양도소득과 종합소득(사업소득)이 구별된다.
② 「소득세법」에 열거된 자산을 양도함으로써 발생하는 소득에 대해서만 과세하는 열거주의 과세방식을 취하고 있다.
③ 개인단위 과세제도를 원칙으로 하기 때문에 공동으로 소유한 자산에 대한 양도소득금액을 계산하는 경우에는 해당 자산을 공동으로 소유하는 각 거주자가 납세의무를 진다(법 제2조의2 제5항).
④ 양도소득은 분류과세하므로 종합소득·퇴직소득 등과 구분하여 과세한다.

구 분	업 종	과세구분	과세방법
일시적·우발적인 부동산의 매매·양도	–	양도소득세	분류과세
계속적·반복적인 부동산의 매매·양도	임대업	종합소득세 (사업소득)	종합과세
	부동산업		

⑤ 양도소득세는 납세의무자가 과세표준과 세액을 관할 세무서에 신고하는 때에 납세의무가 확정되는 신고납세하는 조세이다. 다만, 무신고의 경우에는 과세 관청에서 과세표준과 세액을 결정하여 부과한다.

⑥ 실질과세의 원칙이 적용되므로 등기·등록 및 허가에 관계없이 과세한다.

⑦ 물납은 허용되지 않으나 분할납부(납부기한이 지난 후 2개월 이내)는 허용된다.

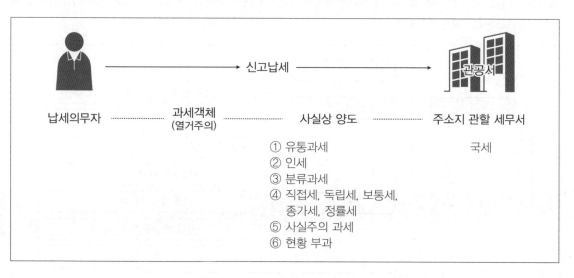

제2절 과세대상 제24회, 제25회, 제26회, 제28회, 제29회, 제34회, 제35회

1 개요

양도소득세는 열거주의를 원칙으로 하기 때문에 과세대상은 다음에 열거된 것으로 한다(「소득세법」 제94조 및 「소득세법 시행령」 제157조).

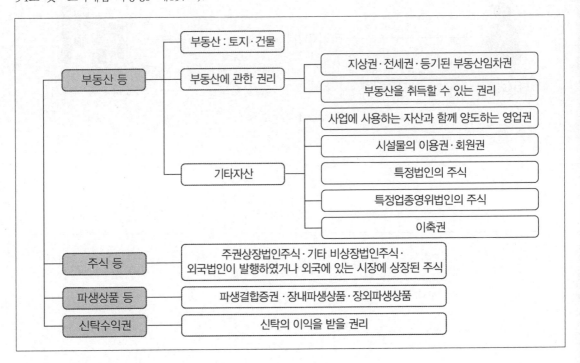

2 과세대상물의 종류

1. 토지

「공간정보의 구축 및 관리 등에 관한 법률」에 따라 지적공부에 등록하여야 할 지목에 해당하는 것을 말한다. 이 경우 토지는 지적공부상의 지목에 관계없이 사실상의 지목에 의한다. 다만, 사실상의 지목이 불분명한 경우에는 지적공부상의 지목에 의한다(「소득세법」 제94조 제1항 제1호).

2. 건물

토지에 정착하는 공작물 중 주택·점포·공장·창고·사무실 등 지붕과 벽 또는 기둥이 있는 것으로 건물에 부속된 시설물과 구축물을 포함한다(「건축법」 제2조 제1항 제2호 및 「소득세법」 제94조 제1항 제1호).
① 건물의 용도는 「국세기본법」상의 실질과세의 원칙에 따라 공부상 용도에 관계없이 사실상 용도에 따라 판단한다. 다만, 사실상의 판단이 불가능한 때에는 공부상으로 판단한다.

② 무허가 또는 위법적 건축물로서 공부상 등재되지 아니한 건물의 경우에도 과세대상이 된다.

3. 부동산에 관한 권리

부동산에 관한 권리는 타인의 부동산을 이용할 수 있는 권리와 부동산을 취득할 수 있는 권리로 구별되며 그 내용은 다음과 같다(「소득세법」 제94조 제1항 제2호).

(1) 부동산을 이용할 수 있는 권리

① 지상권

　㉠ 의의 : 타인의 토지에 건물 기타 공작물을 축조하거나 수목을 소유하기 위하여 타인의 토지를 사용하는 용익물권을 말한다(「민법」 제279조 내지 제290조).

　㉡ 과세방법 : 지상권은 물권이므로 부동산에 관한 법률행위로 인한 물권의 득실변경은 등기하여야 그 효력이 생긴다고 「민법」에는 규정되어 있으나(「민법」 제186조), 「소득세법」에서는 실질과세의 원칙에 의하여 등기·등록에 관계없이 사실상 양도되는 경우에는 과세대상이 된다(「국세기본법」 제14조).

② 전세권

　㉠ 의의 : 전세권자가 전세금을 지급하고 타인의 부동산을 점유하여 그 용도에 따라 사용·수익하는 권리를 말한다.

　㉡ 과세방법 : 전세권은 물권이므로 부동산에 관한 법률행위로 인한 물권의 득실변경은 등기하여야 그 효력이 생긴다고 「민법」에는 규정되어 있으나(「민법」 제186조), 「소득세법」에서는 실질과세의 원칙에 의하여 등기·등록에 관계없이 사실상 양도되는 경우에는 과세대상이 된다(「국세기본법」 제14조).

③ 등기된 부동산임차권

　㉠ 의의 : 임대차계약에 의하여 사용료를 지급하고 타인의 물건을 사용·수익할 수 있는 권리를 말한다.

　㉡ 과세방법 : 지상권 및 전세권과 달리 부동산임차권은 채권이므로 등기된 부동산임차권에 한하여 과세한다(「소득세법」 제94조 제1항 제2호).

(2) 부동산을 취득할 수 있는 권리

「소득세법」상의 취득시기가 도래하기 전에 당해 부동산을 취득할 수 있는 권리를 말하는 것으로 그 예시는 다음과 같다(「소득세법」 기본통칙 94-0…1).

① 건물이 완성되는 때에 그 건물과 이에 부수되는 토지를 취득할 수 있는 권리(아파트 당첨권 등)

② 지방자치단체·한국토지주택공사가 발행하는 토지상환채권 및 주택상환사채

③ 부동산매매계약을 체결한 자가 계약금만 지급한 상태에서 양도하는 권리

4. 기타자산

다음의 어느 하나에 해당하는 자산을 말한다.

(1) 사업에 사용하는 자산과 함께 양도하는 영업권

① 사업에 사용하는 자산(토지·건물·부동산에 관한 권리를 말함)과 함께 양도하는 영업권(영업권을 별도로 평가하지 아니하였으나 사회통념상 자산에 포함되어 함께 양도된 것으로 인정되는 영업권과 행정관청으로부터 인가·허가·면허 등을 받음으로써 얻는 경제적 이익을 포함)은 양도소득세 과세대상이 된다(「소득세법」 제94조 제1항 제4호).

> **심화학습**
>
> **기타자산에 해당하는 영업권의 범위**
> 행정관청으로부터 인가·허가·면허를 받음으로써 얻은 경제적 이익인 영업권을 양도함으로써 발생하는 소득에는 해당 인가·허가·면허가 법규상 이전의 금지 여부와는 관계없이 사실상 이전됨으로 발생하는 소득을 포함한다(「소득세법」 기본통칙 94-0…2).

② 영업권을 단독으로 양도함으로써 발생하는 소득은 종합소득 중 기타소득에 해당한다(「소득세법」 제21조 제1항 제7호).

양도대상	소득구분
사업에 사용하는 자산과 함께 양도하는 영업권	양도소득
사업에 사용하는 자산과 분리되어 양도하는 영업권	기타소득

(2) 특정시설물의 이용·회원권(「소득세법」 제94조 제1항 제4호)

① 이용권·회원권, 그 밖에 그 명칭과 관계없이 시설물을 배타적으로 이용하거나 일반이용자보다 유리한 조건으로 이용할 수 있도록 약정한 단체의 구성원이 된 자에게 부여되는 시설물 이용권은 양도소득세 과세대상이 된다. **예** 골프회원권, 콘도미니엄 회원권 등

② 법인의 주식등을 소유하는 것만으로 시설물을 배타적으로 이용하거나 일반이용자보다 유리한 조건으로 시설물 이용권을 부여받게 되는 경우 그 주식등을 포함하여 양도소득세 과세대상이 된다.

(3) 특정법인의 주식

다음의 요건을 모두 충족하는 주식을 말한다(「소득세법」 제94조 제1항 제4호 다목, 「소득세법 시행령」 제158조).

구 분	내 용
자산요건	해당 법인의 자산총액 중 토지와 건물, 부동산에 관한 권리의 자산가액 합계액이 차지하는 비율이 50%[부동산비율 계산시 해당 법인이 보유한 다른 부동산 과다보유법인 주식가액(부동산 보유비율 상당액)을 합산] 이상인 법인
과점주주의 주식보유요건	해당 법인의 주식등의 합계액 중 주주 1인과 기타 주주가 소유하고 있는 주식등의 합계액이 차지하는 비율이 50%를 초과하는 그 주주 1인 및 기타주주(이하 "과점주주"라 한다)를 말한다.
양도요건	과점주주가 주식등을 과점주주 외의 자에게 여러 번에 걸쳐 양도하는 경우로서 과점주주 중 1인이 주식등을 양도하는 날부터 소급해 3년 내에 과점주주가 양도한 주식등을 합산해 해당 법인의 주식 등의 50% 이상을 양도하는 경우. 과점주주가 다른 과점주주에게 양도한 후 양수한 과점주주가 과점주주 외의 자에게 다시 양도한 경우를 포함한다.

⑷ 특수업종을 영위하는 부동산 과다보유법인의 주식(「소득세법 시행령」 제158조)

다음의 요건에 모두 해당하는 법인의 주식을 양도하는 경우의 당해 주식을 말한다.

구 분	내 용
자산요건	해당 법인의 자산총액 중 토지·건물, 부동산에 관한 권리의 자산가액의 합계액이 차지하는 비율이 80% 이상인 법인
업종요건	「체육시설의 설치·이용에 관한 법률」에 따른 골프장·스키장·휴양콘도미니엄 또는 전문휴양시설을 건설 또는 취득하여 직접 경영하거나 분양 또는 임대하는 사업을 영위하는 법인
양도요건	1주만 양도하는 경우에도 과세대상

특정법인 주식과 특정업종영위법인 주식의 비교

구 분			특정법인 주식	특정업종영위법인 주식
과세요건	법인요건	부동산 보유비율	50% 이상	80% 이상
		지분비율	50% 이상	×
		업 종	×	골프장·스키장·휴양콘도미니엄 또는 전문휴양시설의 경영·분양
	양도비율 요건		50%	1주만 양도하여도 과세
비율의 판정시점			소급합산기간의 초일 현재	양도하는 날
양도비율 판정시점			양도하는 날부터 소급하여 3년 이내	×

(5) 이축권

부동산과 함께 양도하는 「개발제한구역의 지정 및 관리에 관한 특별조치법」 제12조 제1항 제2호
및 제3호의2에 따른 이축을 할 수 있는 권리(이축권). 다만, 해당 이축권 가액을 별도로 평가하여
구분 신고하는 경우에는 기타소득으로 과세한다(「소득세법」 제94조 제1항 제4호 마목).

5. 주식 또는 출자지분(기타자산에 해당하는 주식 제외)

다음의 어느 하나에 해당하는 주식 또는 출자지분의 양도로 발생하는 소득으로 한다(「소득세법」
제94조 제1항 제3호, 「소득세법 시행령」 제157조 제4항).

(1) 주권상장법인의 주식

① 주권상장법인의 주식 등으로서 소유주식의 비율·시가총액 등을 고려하여 대주주가 양도하
는 것
② 대주주에 해당하지 아니하는 자가 「자본시장과 금융투자업에 관한 법률」에 따른 증권시장에서
의 거래에 의하지 아니하고 양도하는 주식 등. 다만, 「상법」 규정에 따른 주식의 포괄적 교환·
이전 또는 주식의 포괄적 교환·이전에 대한 주식매수청구권 행사로 양도하는 주식 등은 제외
한다.

(2) 주권상장법인이 아닌 법인의 주식(비상장법인 주식)등

다만, 소유주식의 비율·시가총액 등을 고려하여 대통령령으로 정하는 주권비상장법인의 대주주에
해당하지 아니하는 자가 「자본시장과 금융투자업에 관한 법률」에 따라 설립된 한국금융투자협회
가 행하는 장외매매거래에 의하여 양도하는 대통령령으로 정하는 중소기업 및 대통령령으로 정하
는 중견기업의 주식 등은 제외한다.

(3) 외국법인이 발행하였거나 외국에 있는 시장에 상장된 주식 등으로서 대통령령으로 정하는 것

6. 파생상품

파생상품등의 거래 또는 행위로 발생하는 소득은 양도소득세 과세대상이 된다. 다만, 이자소득과
배당소득에 따른 파생상품의 거래 또는 행위로부터의 이익은 제외한다(「소득세법」 제94조 제1항 제5호).

7. 신탁수익권

① 신탁의 이익을 받을 권리(「자본시장과 금융투자업에 관한 법률」 제110조에 따른 수익증권 및 같은 법
제189조에 따른 투자신탁의 수익권 등 대통령령으로 정하는 수익권은 제외)의 양도로 발생하는 소득은
양도소득세 과세대상이 된다.

② 다만, 신탁수익권의 양도를 통하여 신탁재산에 대한 지배·통제권이 사실상 이전되는 경우는 신탁재산 자체의 양도로 본다.

양도소득세 과세대상

구 분	과세대상 자산	과세대상 제외
부동산 및 부동산에 관한 권리	1. 토지, 건물(시설물과 구축물 포함) 2. 부동산에 관한 권리 　① 부동산 사용·수익에 관한 권리 　　• 지상권, 전세권 　　• 등기된 부동산임차권 　② 부동산을 취득할 수 있는 권리 　　• 아파트 당첨권 등 　　• 토지상환채권 및 주택상환사채 　　• 부동산매매계약을 체결한 자가 계약금만 지급한 상태에서 양도하는 권리	① 지역권 ② 미등기 부동산임차권 ③ 저작권, 상표권 등 무체재산권 ④ 점포임차권 (권리금)→ 기타소득
	3. 기타자산 　① 특정법인의 주식 　② 부동산 과다보유법인 주식 　③ 사업에 사용하는 자산과 함께 양도하는 영업권 　④ 특정시설물 이용·회원권 　⑤ 부동산과 함께 양도하는 이축권	⑤ 이축권 가액을 별도로 평가하여 구분 신고하는 경우 → 기타소득 ⑥ 영업권만 단독으로 양도하는 경우 : 기타소득
유가증권	4. 비상장법인의 주식 5. 주권상장법인의 주식 　① 대주주가 양도하는 주식 　② 장외거래하는 주식	⑦ 주권상장법인의 주식을 소액주주가 장내거래하는 경우
파생상품	① 파생결합증권 ② 장내파생상품 ③ 장외파생상품	⑧ 이자소득과 배당소득에 따른 파생상품의 거래 또는 행위로부터의 이익
신탁수익권	신탁의 이익을 받을 권리의 양도로 발생하는 소득	수익증권 및 투자신탁의 수익권 등 대통령령으로 정하는 수익권

양도의 개념 및 형태 제24회, 제26회, 제28회

1 양도의 개념

1. 양도의 정의

양도란 자산에 대한 등기 또는 등록과 관계없이 매도, 교환, 법인에 대한 현물출자 등을 통하여 그 자산을 유상으로 사실상 이전하는 것을 말한다(「소득세법」 제88조 제1항).

2. '유상이전'의 의미

과세대상 자산을 대가를 받고 이전하는 유상이전이어야 하며, 무상이전의 경우에는 제외된다. 유상이전이 법률행위에 의한 것이든 법률행위에 의하지 않은 것이든 불문한다. 즉, 유상이전의 형태는 불문한다.

3. '사실상 이전'의 의미

「민법」상 물권변동의 요건인 등기와는 관계없다. 즉, 「소득세법」에서는 실질과세의 원칙에 따라 소유권이전등기 또는 등록과 같은 형식적 요건에 관계없이 과세대상물을 사실상 이전하는 경우에는 양도로 본다. 그러므로 양도소득세가 과세되는 것에 등기·등록은 과세의 조건이 아니다.

2 양도의 형태

1. 양도로 보는 경우

(1) 매 도

「민법」상 매도는 매도인의 측면에서 말하는 것으로 매도인이 약정된 재산권을 매수인에게 이전하고, 매수인이 그 대금을 지급하게 된다(「민법」 제563조). 매도는 양도소득세의 양도에 해당하는 가장 일반적인 형태이다.

(2) 교 환

당사자 쌍방이 금전 이외의 재산권을 상호 이전할 것을 약정함으로써 성립하는 계약이다(「민법」 제596조). 양도소득세 과세대상 자산을 상호 교환하는 경우에는 이를 각각 양도로 보아 쌍방 모두 양도소득세가 과세될 수 있다.

(3) 법인에 현물출자

① 회사의 설립 또는 신주의 발행시에 금전 이외의 양도소득세 과세대상물을 법인에 현물로 제공하고 주식 또는 출자지분으로 그 대가를 지급받는 경우에는 사실상 유상이전으로 보아 양도소득세를 과세한다.

② 법인이 아닌 조합에의 현물출자는 양도에 해당하지만, 법인이 아닌 자기 개인사업체에 출자하는 경우에는 양도로 보지 아니한다.

심화학습

토지 등을 공동사업체에 현물출자한 경우 양도여부(「소득세법」 기본통칙 88-0…2)

공동사업(주택신축판매업 등)을 경영할 것을 약정하는 계약에 따라 「소득세법」 제94조 제1항의 자산을 해당 공동사업체에 현물출자하는 경우에는 등기에 관계없이 현물출자한 날 또는 등기접수일 중 빠른 날에 해당 토지 등이 그 공동사업체에 유상으로 양도된 것으로 본다.

---

(4) 대물변제

채무자가 부담하고 있는 본래의 급부에 갈음하여 다른 급부를 함으로써 채권을 소멸시키는 채권자와 채무자 사이의 계약이다(「민법」 제466조).

심화학습

대물변제의 유형

1. 대물변제로 소유권이전등기를 해주는 경우(금전적 채무에 갈음하여 부동산 등의 권리를 이전하는 경우)
2. 이혼 당사자 일방이 위자료 지급에 갈음하여 양도소득세 과세대상물의 소유권을 이전하는 경우
3. 손해배상에 있어서 당사자간의 합의에 의하거나 법원의 확정판결에 의하여 일정액의 위자료를 지급하기로 하고, 동 위자료 지급에 갈음하여 당사자 일방이 소유하고 있던 부동산으로 대물변제한 때에는 그 자산을 양도한 것으로 본다(「소득세법」 기본통칙 88-0…3).

---

(5) 공용수용

공공사업 기타 공공목적을 위해 개인의 특정한 재산권을 「공익사업을 위한 토지 등의 취득 및 보상에 관한 법률」 등 법률의 힘에 의해 강제적으로 취득하는 것을 말하며, 이 경우 토지 등의 소유자는 소유권을 토지 등을 수용할 수 있는 사업인정을 받은 자에게 사실상 이전하게 되고 그에 따른 보상금을 받기 때문에 유상이전으로서 양도에 해당한다.

(6) 부담부증여(「소득세법」 제88조 제1항)

① 의 의

수증자(증여를 받는 자)가 증여자의 채무를 부담하는 조건으로 증여를 받는 것을 말한다.

② 양도 해당 여부

㉠ 증여자의 채무를 수증자가 인수하는 경우에는 증여가액 중 그 채무액에 해당하는 부분은 그 자산이 유상으로 사실상 이전되는 것으로 보아 증여자에게 양도소득세를 과세한다.

㉡ 채무인수 이외의 재산에 대하여는 유상이전이 되지 않았기 때문에 증여로 보아 수증자에게 증여세를 과세한다.

㉢ 배우자 간 또는 직계존비속 간의 부담부증여에 대해서는 수증자가 증여자의 채무를 인수한 경우에도 그 채무액은 수증자에게 인수되지 아니한 것으로 추정하여 양도로 보지 않는다. 다만, 그 채무액이 국가 및 지방자치단체에 대한 채무 등 대통령령으로 정하는 바에 따라 객관적으로 인정되는 경우에는 양도로 본다(「상속세 및 증여세법」 제47조 제3항).

심화학습

부담부증여시 수증자가 부담하는 채무액에 해당하는 부분(「소득세법 시행령」 제151조 제3항)

1. 부담부증여 시 증여자의 채무를 수증자(受贈者)가 인수하는 경우 증여가액 중 그 채무액에 해당하는 부분을 말한다.
2. 다만, 배우자 간 또는 직계존비속 간의 부담부증여(「상속세 및 증여세법」 제44조에 따라 증여로 추정되는 경우를 포함)로서 수증자에게 인수되지 아니한 것으로 추정되는 채무액은 제외한다.

구 분		과세방법	적용 세목
단순증여		증여 당시 재산가액 전액 ⇨ 무상양도	증여세
부담부 증여	원 칙	수증자의 채무인수액 ⇨ 유상양도	양도소득세
		(증여 당시 재산가액 – 채무인수액) ⇨ 무상양도	증여세
	예 외	배우자 또는 직계존비속간 부담부증여 ⇨ 채무인수를 하지 않는 것으로 추정 ⇨ 전액 무상양도로 추정	증여세
		단, 채무인수를 객관적으로 증명하는 경우 ⇨ 부담부증여로 봄	양도소득세와 증여세

(7) 경매(공매 포함)

① 임의공매 또는 경매절차에 의하여 부동산에 대한 경락 허가결정이 확정되고 그 대금이 완납된 것이라면 양도소득세 과세대상인 양도에 해당한다.

② 다만, 소유자산을 경매·공매로 인하여 자기가 재취득하는 경우에는 양도로 보지 아니한다(「소득세법」 기본통칙 88-0…1).

(8) 물 납

물납은 조세채무에 대하여 금전이 아닌 부동산 등으로 납부하는 것으로 대물변제로 보아 양도에 해당한다.

심화학습

기타 양도로 보는 경우

1. 채무담보의 목적으로 부동산을 가등기한 후 채무불이행으로 본등기를 이행한 경우에는 양도로 본다.
2. 토지의 합필을 목적으로 한 교환은 양도에 해당한다.
3. 조성한 토지의 일부분을 공사비 대가로 지급한 경우는 공사비 채무의 대물변제이므로 양도에 해당한다.

---

2. 양도로 보지 않는 경우

(1) 무상이전

무상으로 이전하는 것은 양도에 해당하지 않는다.

(2) 환지처분 및 보류지 충당

① 원칙 : 양도에 해당하지 않는다.
「도시개발법」이나 그 밖의 법률에 따른 환지처분으로 지목 또는 지번이 변경되거나 보류지로 충당되는 경우에는 양도로 보지 아니한다(「소득세법」제88조).
② 예외 : 양도로 보는 경우
환지처분시 교부받은 토지의 면적이 환지처분에 의한 권리면적보다 감소되어 감소된 면적에 대해 금전적으로 보상을 받은 경우에는 양도로 본다.

(3) 지적경계선 변경을 위한 토지의 교환

토지의 경계를 변경하기 위하여 「공간정보의 구축 및 관리 등에 관한 법률」에 따른 토지의 분할 등 법령으로 정하는 토지교환의 경우로서 다음의 요건을 충족하는 경우에는 양도에 해당하지 않는다(「소득세법」제88조 및 「소득세법 시행령」제152조 제3항).

① 토지 이용상 불합리한 지상(地上) 경계(境界)를 합리적으로 바꾸기 위하여 「공간정보의 구축 및 관리 등에 관한 법률」이나 그 밖의 법률에 따라 토지를 분할하여 교환할 것
② ①에 따라 분할된 토지의 전체 면적이 분할 전 토지의 전체 면적의 100분의 20을 초과하지 아니할 것
③ 토지소유자는 토지 교환이 ①과 ②의 요건을 모두 충족하였음을 입증하는 자료를 납세지 관할 세무서장에게 제출하여야 한다.

(4) 양도담보

① 의 의

　　⊙ 양도담보란 채무자가 채무의 변제를 담보하기 위해 담보로 제공한 물건의 소유권을 채권자에게 이전하고 채무자가 변제기에 채무를 이행하지 않은 경우에는 채권자가 그 목적물로 우선변제를 받지만, 일정기간 내에 변제를 하게 되면 그 소유권을 채무자가 회복하기로 하는 담보제도이다.

　　ⓛ 등기형식은 양도이나 실질은 담보이전이므로 양도소득세가 과세되지 아니한다.

② 양도로 보지 아니하는 경우

　　채무자가 채무의 변제를 담보하기 위하여 자산을 양도하는 계약을 체결한 경우에 다음의 요건을 모두 갖춘 계약서의 사본을 양도소득 과세표준 확정신고서에 첨부하여 신고하는 때에는 이를 양도로 보지 아니한다(「소득세법 시행령」 제151조 제1항).

　　⊙ 당사자간에 채무의 변제를 담보하기 위하여 양도한다는 의사표시가 있을 것

　　ⓛ 당해 자산을 채무자가 원래대로 사용·수익한다는 의사표시가 있을 것

　　ⓒ 원금·이율·변제기한·변제방법 등에 관한 약정이 있을 것

③ 양도로 보는 경우

　　양도담보계약을 체결한 후 그 요건에 위배하거나 채무불이행으로 인하여 당해 자산을 변제에 충당한 때에는 그 때에 이를 양도한 것으로 본다(「소득세법 시행령」 제152조 제2항). 이 경우 양도자는 양도담보권자가 아닌 채무자가 된다.

(5) 배우자 또는 직계존비속 간에 양도하는 경우

　　배우자 또는 직계존비속간에 부동산을 이전하는 경우에는 실질적인 대가관계에 의문이 따르기 때문에 그 재산에 대하여는 증여로 추정되는 것이나, 그 대가를 지출한 사실이 입증되는 경우에는 양도로 본다(양도소득세 집행기준 88-151-6).

심화학습

대가를 지출한 사실이 입증되는 경우(「상속세 및 증여세법」 제44조 제3항)

1. 법원의 결정으로 경매절차에 따라 처분된 경우
2. 파산선고로 인하여 처분된 경우
3. 「국세징수법」에 따라 공매(公賣)된 경우
4. 「자본시장과 금융투자업에 관한 법률」 제8조의2 제4항 제1호에 따른 증권시장을 통하여 유가증권이 처분된 경우. 다만, 불특정 다수인 간의 거래에 의하여 처분된 것으로 볼 수 없는 경우로서 대통령령으로 정하는 경우는 제외한다.
5. 배우자등에게 대가를 받고 양도한 사실이 명백히 인정되는 경우로서 다음의 어느 하나에 해당하는 경우
   • 권리의 이전이나 행사에 등기 또는 등록을 요하는 재산을 서로 교환한 경우

- 당해 재산의 취득을 위하여 이미 과세(비과세 또는 감면받은 경우 포함) 받았거나 신고한 소득금액 또는 상속 및 수증재산의 가액으로 그 대가를 지급한 사실이 입증되는 경우
- 당해 재산의 취득을 위하여 소유재산을 처분한 금액으로 그 대가를 지급한 사실이 입증되는 경우

(6) 신탁으로 인한 소유권이전

① 위탁자와 수탁자 간 신임관계에 기하여 위탁자의 자산에 신탁이 설정되고 그 신탁재산의 소유권이 수탁자에게 이전된 경우로서 위탁자가 신탁 설정을 해지하거나 신탁의 수익자를 변경할 수 있는 등 신탁재산을 실질적으로 지배하고 소유하는 것으로 볼 수 있는 경우 양도로 보지 아니한다(「소득세법」 제88조 제1호 다목).

② 법원의 확정판결에 의하여 신탁해지를 원인으로 소유권이전등기를 하는 경우에는 양도로 보지 아니한다(「소득세법」 기본통칙 88-0…1).

(7) 소유권 환원

① 매매원인 무효의 소에 의하여 그 매매사실이 원인무효로 판시되어 환원될 경우에는 양도로 보지 아니한다(「소득세법」 기본통칙 88-0…1).

② 원인무효 등의 사유가 아닌 적법하게 성립한 계약이 당사자간의 합의해제로 당초 소유자에게 환원된 경우에는 이를 또 다른 양도로 본다.

(8) 공유물 분할(「소득세법」 기본통칙 88-0…1)

① 양도로 보지 않는 경우
공동소유의 토지를 소유지분별로 단순히 분할하거나 공유자지분 변경 없이 2개 이상의 공유토지로 분할하였다가 그 공유토지를 소유지분별로 단순히 재분할하는 경우에는 양도로 보지 아니한다.

② 양도로 보는 경우
공동소유의 토지를 소유지분별로 분할하면서 그 공유지분이 변경(지분의 감소)되면서 대가관계가 있는 경우에는 유상이전으로 보아 양도로 본다.

(9) 기타 양도로 보지 않는 경우

① 이혼으로 인하여 혼인 중에 형성된 부부공동재산을 「민법」 제839조의2에 따라 재산분할하는 경우에는 양도로 보지 아니한다.

② 소유자산을 경매·공매로 인하여 자기가 재취득하는 경우에는 양도로 보지 아니한다.

③ 합자회사에 토지를 현물출자하였다가 퇴사와 함께 이를 회수해간 경우 양도에 해당하지 아니한다.

④ 조합에 토지를 현물출자한 경우는 양도로 보되, 출자자의 조합지분비율에 해당하는 부분은 양도로 보지 아니한다.

⑤ 매매계약체결 후 잔금청산 전에 매매계약의 해제로 원소유자에게 소유권을 환원한 경우 양도로 보지 아니한다.

⑥ 교환계약이 취소되었으나 선의의 제3취득자로 인해 소유권이전등기를 환원하지 못하는 경우 양도로 보지 아니한다.

양도에 해당하는 경우(사실상/유상/이전)	양도에 해당하지 않는 경우

• 매매
• 교환(거래당사자 모두)
• 법인에 현물출자
• 대물변제
  – 금전적 채무에 갈음하여 부동산 등을 이전
  – 이혼의 위자료 지급에 갈음하여 부동산 등을 이전
  – 손해배상의 위자료 지급에 갈음하여 부동산 등을 이전
  – 조세 물납
• 배우자·직계존비속 이외의 자 간의 부담부증여(수증자가 인수하는 채무상당액)
• 수용
• 경매·공매
• 담보로 이전된 부동산을 채무불이행으로 매각(변제충당)
• 매입한 체비지를 매각하는 경우
• 환지처분에 의해 환지받은 토지로서 해당 권리면적이 감소된 경우
• 지분변동(지분감소)하는 공유물 분할
	• 무상이전
	• 양도담보
	• 공유물의 단순분할
	• 환지로 인한 지번 또는 지목변경
	• 보류지(공공용지, 체비지)로 충당되는 토지
	• 지적경계선 변경을 위한 토지의 교환(단, 분할된 토지의 전체 면적이 분할 전 토지의 전체 면적의 100분의 20을 초과하지 아니할 것)
	• 매매원인 무효의 소에 의하여 그 매매사실이 원인무효로 판시되어 소유권이 환원되는 경우
	• 법원의 확정판결에 의하여 신탁해지를 원인으로 소유권이전등기를 하는 경우
	• 배우자·직계존비속 간의 양도(증여로 추정한다. 단, 대가관계가 입증되는 경우 – 양도○)
	• 「민법」 규정에 의한 재산분할을 하는 경우
	• 경매된 자산을 자기가 재취득하는 경우

제4절 양도 또는 취득시기 제25회, 제29회, 제32회, 제34회

양도소득세는 보유기간에 따라 세금계산이 달라진다. 이때 보유기간은 일반적으로 해당 자산의 취득일부터 양도일까지로 하는데, 어느 때를 취득시기·양도시기로 하느냐에 따라서 양도소득의 귀속연도, 장기보유특별공제, 세율, 비과세 및 감면 등의 적용이 달라지게 되므로 그 판단은 중요한 의미가 있다.

1 일반적인 거래의 경우

1. 원칙 – 대금청산일

자산의 양도차익을 계산할 때 그 양도 또는 취득시기는 해당 자산의 대금을 청산한 날로 한다. 이 경우 자산의 대금에는 해당 자산의 양도에 대한 양도소득세 및 양도소득세의 부가세액을 양수자가 부담하기로 약정한 경우에는 해당 양도소득세 및 양도소득세의 부가세액은 제외한다(「소득세법」 제98조).

2. 예외 – 등기접수일

(1) 대금을 청산한 날이 분명하지 아니한 경우

대금을 청산한 날이 분명하지 아니한 경우에는 등기부·등록부 또는 명부 등에 기재된 등기·등록접수일 또는 명의개서일(「소득세법 시행령」 제162조 제1항 제1호)

(2) 대금을 청산하기 전에 소유권이전등기한 경우

대금을 청산하기 전에 소유권이전등기(등록 및 명의의 개서를 포함)를 한 경우에는 등기부·등록부 또는 명부 등에 기재된 등기접수일(「소득세법 시행령」 제162조 제1항 제2호)

2 특수한 거래의 경우

1. 장기할부조건 매매

장기할부조건의 경우에는 소유권이전등기(등록 및 명의개서를 포함) 접수일·인도일 또는 사용수익일 중 빠른 날로 한다(「소득세법 시행령」 제162조 제1항 제3호).

2. 자가건설 건축물

(1) 허가받은 경우

① 자기가 건설한 건축물의 취득시기는 「건축법」 제22조 제2항에 따른 사용승인서 교부일로 한다(「소득세법 시행령」 제162조 제1항 제4호). 건설 중인 건물의 완성된 날에 관하여는 이를 준용한다(「소득세법 시행령」 제162조 제1항 제8호).

② 다만, 사용승인서 교부일 전에 사실상 사용하거나 임시사용승인을 받은 경우에는 그 사실상의 사용일 또는 임시사용승인을 받은 날 중 빠른 날로 한다(「소득세법 시행령」 제162조 제1항 제4호).

(2) 허가받지 않은 경우

건축허가를 받지 아니하고 건축하는 건축물에 있어서는 그 사실상의 사용일로 한다(「소득세법 시행령」 제162조 제1항 제4호).

3. 상속·증여받은 재산

상속 또는 증여에 의하여 취득한 자산에 대하여는 그 상속이 개시된 날 또는 증여를 받은 날을 취득시기로 한다(「소득세법 시행령」 제162조 제1항 제5호).

4. 시효취득 부동산

「민법」 제245조 제1항의 규정에 따른 점유에 의하여 부동산의 소유권을 취득하는 경우에는 당해 부동산의 점유를 개시한 날을 취득시기로 한다(「소득세법 시행령」 제162조 제1항 제6호).

5. 수용되는 경우

① 「공익사업을 위한 토지 등의 취득 및 보상에 관한 법률」이나 그 밖의 법률에 따라 공익사업을 위하여 수용되는 경우에는 대금을 청산한 날, 수용의 개시일 또는 소유권이전등기접수일 중 빠른 날을 취득시기로 한다(「소득세법 시행령」 제162조 제1항 제7호).

② 다만, 소유권에 관한 소송으로 보상금이 공탁된 경우에는 소유권 관련 소송 판결 확정일로 한다.

6. 완성 또는 확정되지 아니한 자산

완성 또는 확정되지 아니한 자산을 양도 또는 취득한 경우로서 해당 자산의 대금을 청산한 날까지 그 목적물이 완성 또는 확정되지 아니한 경우에는 그 목적물이 완성 또는 확정된 날을 취득의 시기로 한다(「소득세법 시행령」 제162조 제1항 제8호).

7. 환지처분으로 취득한 토지

① 「도시개발법」 또는 그 밖의 법률에 따른 환지처분으로 인하여 취득한 토지의 양도 또는 취득시기는 환지 전의 토지의 취득일로 한다(「소득세법 시행령」 제162조 제1항 제9호).

② 다만, 교부받은 토지의 면적이 환지처분에 의한 권리면적보다 증가 또는 감소된 경우에는 그 증가 또는 감소된 면적의 토지에 대한 취득시기는 환지처분의 공고가 있은 날의 다음 날로 한다(「소득세법 시행령」 제162조 제1항 제9호 단서).

8. 특정주식

기타자산 중 특정법인의 주식의 경우 자산의 양도시기는 주주 1인과 기타주주가 주식등을 양도함으로써 해당 법인의 주식등의 합계액의 100분의 50 이상이 양도되는 날이다. 이 경우 양도가액은 그들이 사실상 주식등을 양도한 날의 양도가액에 의한다(「소득세법 시행령」 제162조 제1항 제10호).

심화학습

취득시기가 불분명한 경우

1, **2** 의 규정을 적용할 때 양도한 자산의 취득시기가 분명하지 아니한 경우에는 먼저 취득한 자산을 먼저 양도한 것으로 본다(「소득세법 시행령」 제162조 제5항).

---

9. 기타 취득시기(「소득세법」 기본통칙)

(1) 잔금청산일이 매매계약서에 기재된 잔금지급약정일과 다른 경우

매매계약서 등에 기재된 잔금지급약정일보다 앞당겨 잔금을 받거나 늦게 받는 경우에는 실지로 받은 날이 잔금청산일이 된다. 다만, 잔금을 소비대차로 변경한 경우는 소비대차로의 변경일을 잔금청산일로 한다(「소득세법」 기본통칙 98-162…1).

(2) 부동산에 관한 권리

부동산의 분양계약을 체결한 자가 해당 계약에 관한 모든 권리를 양도한 경우에는 그 권리에 대한 취득시기는 해당 부동산을 분양받을 수 있는 권리가 확정되는 날(아파트 당첨권은 당첨일)이고 타인으로부터 그 권리를 인수받은 때에는 잔금청산일이 취득시기가 된다(「소득세법」 기본통칙 98-162…2).

(3) 경락에 의하여 자산을 취득하는 경우

경매에 의하여 자산을 취득하는 경우에는 경락인이 매각조건에 의하여 경매대금을 완납한 날이 취득시기가 된다(「소득세법」 기본통칙 98-162…3).

(4) 잔금을 어음이나 기타 이에 준하는 증서로 받은 경우

잔금을 어음이나 기타 이에 준하는 증서로 받은 경우 어음 등의 결제일이 그 자산의 잔금청산일이 된다(「소득세법」 기본통칙 98-162…4).

(5) 부동산의 소유권이 타인에게 이전되었다가 법원의 무효판결로 인하여 해당 자산의 소유권이 환원되는 경우

그 자산의 당초 취득일이 취득시기가 된다.

(6) 재개발·재건축의 관리처분계획에 의하여 취득한 부동산의 취득시기

재개발·재건축 전 부동산의 취득일이다.

3 취득시기의 의제

1. 토지·건물·부동산에 관한 권리 및 기타자산

토지·건물·부동산에 관한 권리 및 기타자산으로서 1984년 12월 31일 이전에 취득한 것은 실지취득일에 관계없이 1985년 1월 1일에 취득한 것으로 본다(「소득세법 시행령」 제162조 제6항 및 제7항).

2. 주식 및 출자지분

상장주식 및 비상장장주식으로서 1985년 12월 31일 이전에 취득한 것은 1986년 1월 1일에 취득한 것으로 본다(「소득세법 시행령」 제162조 제6항 및 제7항).

제5절 비과세 양도소득 제25회, 제26회, 제27회, 제29회, 제31회, 제33회, 제34회, 제35회

1 개 요

소득세는 「소득세법」상 규정된 모든 소득에 대하여 과세함을 원칙으로 하지만 공익상 또는 정책상의 이유로 일정한 소득 또는 일정소득 중 일정금액을 소득세 과세에서 제외시키고 있다. 과세주체인 국가가 과세권을 포기한 비과세소득에 대하여는 소득세 납세의무가 성립되지 않으므로 납세자의 신고 또는 신청의 절차나 세무서장의 행정적 처분이 필요 없으며 그 요건만 충족되면 당연히 과세되지 않는다.

2 비과세 양도소득의 종류

다음의 소득에 대해서는 양도소득세를 과세하지 아니한다(「소득세법」 제89조 제1항 및 제2항). 다만, 법령에 정하는 등기의제에 해당하지 않는 미등기양도자산의 경우나 허위계약서를 작성한 경우에는 비과세를 적용하지 아니한다(「소득세법」 제91조 제1항 및 제2항).

① 파산선고에 의한 처분으로 발생하는 소득
② 대통령령으로 정하는 경우에 해당하는 농지의 교환 또는 분합(分合)으로 발생하는 소득
③ 1세대 1주택(고가주택은 제외한다)과 이에 딸린 토지로서 건물이 정착된 면적에 지역별로 배율*을 곱하여 산정한 면적 이내의 토지의 양도로 발생하는 소득

> [지역별 배율]
> 1. 도시지역 내의 토지: 다음에 따른 배율
>   • 수도권내의 토지 중 주거지역·상업지역 및 공업지역 내의 토지: 3배
>   • 수도권 내의 토지 중 녹지지역 내의 토지: 5배
>   • 수도권 밖의 토지: 5배
> 2. 그 밖의 토지: 10배

④ 조합원입주권을 1개 보유한 1세대가 양도일 현재 다른 주택을 보유하지 아니하거나, 양도일 현재 1조합원입주권 외에 1주택을 소유한 경우로서 해당 1주택을 취득한 날부터 3년 이내에 해당 조합원입주권을 양도하는 경우 해당 조합원입주권을 양도하여 발생하는 소득(다만, 해당 조합원입주권의 양도 당시 실지거래가액이 12억원을 초과하는 경우에는 양도소득세를 과세한다.)
⑤ 「지적재조사에 관한 특별법」 제18조에 따른 경계의 확정으로 지적공부상의 면적이 감소되어 지급받는 조정금

> 농지의 대토 및 8년 재촌자경농지 양도에 대한 양도소득세는 면제대상에 해당한다.

PART 3 국세

3 파산선고에 의한 처분으로 발생하는 소득

파산선고에 의한 처분으로 발생하는 소득에 대하여는 양도소득세를 과세하지 아니한다(「소득세법」 제89조 제1항 제1호). 이는 채무자의 경제적 파탄으로 채무변제불능상태가 되어 법원이 파산선고를 내리면 채무자의 모든 재산은 파산재단에 속하게 되어 해당 재산에 대한 관리처분권을 상실하게 된다. 이 경우 파산재산을 매각처분하여 발생하는 소득은 양도소득세를 과세하지 아니한다.

4 농지의 교환 또는 분합

1. 교환 또는 분합의 의의

농지의 교환이란 자기의 농지와 타인의 농지를 서로 맞바꾸는 것을 말하며, 농지의 분합이라고 함은 농지의 일부를 타인에게 주고 타인소유의 농지의 일부를 자기가 받는 것을 말한다.

2. 농지의 범위

농지란 논·밭이나 과수원으로서 지적공부(地籍公簿)의 지목과 관계없이 실제로 경작에 사용되는 토지를 말한다. 이 경우 농지의 경영에 직접 필요한 농막, 퇴비사, 양수장, 지소(池沼), 농도(農道) 및 수로(水路) 등에 사용되는 토지를 포함한다(「소득세법」 제88조 제8호).

3. 비과세되는 교환·분합의 범위

다음의 어느 하나에 해당하는 사유로 농지를 교환 또는 분합하는 경우에는 양도소득세를 비과세할 수 있다(「소득세법 시행령」 제153조 제1항).

① 국가 또는 지방자치단체가 시행하는 사업으로 인하여 교환 또는 분합하는 농지
② 국가 또는 지방자치단체가 소유하는 토지와 교환 또는 분합하는 농지
③ 「농어촌정비법」·「농지법」·「한국농어촌공사 및 농지관리기금법」 또는 「농업협동조합법」에 의하여 교환 또는 분합하는 농지
④ 경작상 필요에 의하여 교환하는 농지. 다만, 교환에 의하여 새로이 취득하는 농지를 3년 이상 농지소재지에 거주하면서 경작하는 경우에 한한다.
  ㉠ 새로운 농지의 취득 후 3년 이내에 「공익사업을 위한 토지 등의 취득 및 보상에 관한 법률」에 의한 협의매수·수용 및 그 밖의 법률에 의하여 수용되는 경우에는 3년 이상 농지소재지에 거주하면서 경작한 것으로 본다.
  ㉡ 새로운 농지 취득 후 3년 이내에 농지소유자가 사망한 경우로서 상속인이 농지소재지에 거주하면서 계속 경작한 때에는 피상속인의 경작기간과 상속인의 경작기간을 통산한다.

심화학습

농지소재지(「소득세법 시행령」 제153조 제3항)

다음의 어느 하나에 해당하는 지역(경작개시 당시에는 당해 지역에 해당하였으나 행정구역의 개편 등으로 이에 해당하지 아니하게 된 지역을 포함)을 말한다.

1. 농지가 소재하는 시(「제주특별자치도 설치 및 국제자유도시 조성을 위한 특별법」 제10조 제2항에 따라 설치된 행정시를 포함)·군·구(자치구인 구를 말함)안의 지역
2. 1.의 지역과 연접한 시·군·구안의 지역
3. 농지로부터 직선거리 30킬로미터 이내에 있는 지역

---

4. 농지의 교환·분합시 비과세요건

교환 또는 분합하는 쌍방 토지가액의 차액이 가액이 큰 편의 4분의 1 이하인 경우에 양도소득세를 비과세한다(「소득세법 시행령」 제153조 제1항).

$$(\text{고액토지가액} - \text{저액토지가액}) \leq (\text{고액토지가액} \times 1/4)$$

5. 농지의 교환 또는 분합시 과세되는 경우(「소득세법 시행령」 제153조 제4항)

① 양도일 현재 특별시·광역시(광역시에 있는 군을 제외한다)·특별자치시(특별자치시에 있는 읍·면지역은 제외한다)·특별자치도(「제주특별자치도 설치 및 국제자유도시 조성을 위한 특별법」 제10조 제2항에 따라 설치된 행정시의 읍·면지역은 제외한다) 또는 시지역(「지방자치법」 제3조 제4항의 규정에 의한 도·농복합형태의 시의 읍·면지역을 제외한다)에 있는 농지 중 「국토의 계획 및 이용에 관한 법률」에 의한 주거지역·상업지역 또는 공업지역 안의 농지로서 이들 지역에 편입된 날부터 3년이 지난 농지
② 당해 농지에 대하여 환지처분 이전에 농지 외의 토지로 환지예정지의 지정이 있는 경우로서 그 환지예정지 지정일부터 3년이 지난 농지

---

5 1세대 1주택과 그 부수토지의 양도소득

1. 개 요

(1) 비과세되는 경우

① 일반적인 경우

양도일 현재 1세대가 국내에 등기된 1주택과 딸린 토지를 2년(비거주자가 해당 주택을 3년 이상 계속 보유하고 그 주택에서 거주한 상태로 거주자로 전환된 경우에 해당하는 거주자의 주택인 경우는 3년) 이상 보유한 후 양도하는 경우에는 거주자에 대하여 양도소득세를 과세하지 아니한다(「소득세법」 제89조 제1항 제3호 및 「소득세법 시행령」 제154조 제1항).

② 조정대상지역 내 주택의 경우

취득 당시에 조정대상지역에 있는 주택의 경우에는 해당 주택의 보유기간이 2년(비거주자가 해당 주택을 3년 이상 계속 보유하고 그 주택에서 거주한 상태로 거주자로 전환된 경우에 해당하는 거주자의 주택인 경우는 3년) 이상이고 그 보유기간 중 거주기간이 2년 이상인 것이어야 한다(「소득세법 시행령」 제154조 제1항).

심화학습

공동상속주택인 경우 거주기간(영 제154조 제12항)

취득 당시에 조정대상지역에 있는 주택으로서 공동상속주택인 경우 거주기간은 해당 주택에 거주한 공동상속인 중 그 거주기간이 가장 긴 사람이 거주한 기간으로 판단한다.

---

(2) 비과세가 배제되는 경우

① 비거주자가 양도하는 경우(「소득세법」 제121조 제2항)
② 실지거래가액이 12억원을 초과하는 고가주택을 양도하는 경우
③ 미등기 양도자산의 경우(「소득세법」 제91조 제1항)
④ 허위계약서 작성의 경우

토지, 건물, 부동산에 관한 권리를 매매하는 거래당사자가 매매계약서의 거래가액을 실지거래가액과 다르게 적은 경우에는 해당 자산에 대하여 양도소득세의 비과세 또는 감면에 관한 규정을 적용할 때 비과세 또는 감면받았거나 받을 세액에서 다음의 구분에 따른 금액을 뺀다(「소득세법」 제91조 제2항).

㉠ 양도소득세의 비과세에 관한 규정을 적용받을 경우 : 비과세에 관한 규정을 적용하지 아니하였을 경우의 양도소득 산출세액과 매매계약서의 거래가액과 실지거래가액과의 차액 중 적은 금액

㉡ 양도소득세의 감면에 관한 규정을 적용받았거나 받을 경우 : 감면에 관한 규정을 적용받았거나 받을 경우의 해당 감면세액과 매매계약서의 거래가액과 실지거래가액과의 차액 중 적은 금액

구 분	비과세·감면금액
비과세에 관한 규정을 적용받을 경우	비과세받았거나 받을 금액 - Min(①과 ②) ① 비과세에 관한 규정을 적용하지 아니하였을 경우의 양도소득 산출세액 ② 매매계약서의 거래가액과 실지거래가액과의 차액
감면에 관한 규정을 적용받았거나 받을 경우	감면받았거나 받을 금액 - Min(①과 ②) ① 감면받았거나 받을 경우 감면세액 ② 매매계약서의 거래가액과 실지거래가액과의 차액

2. 1세대

(1) 원 칙

1세대란 거주자 및 그 배우자가 그들과 같은 주소 또는 거소에서 생계를 같이 하는 자와 함께 구성하는 가족단위를 말한다(「소득세법」 제88조 제6호).

(2) 배우자가 없어도 1세대로 보는 경우

다음의 경우에는 배우자가 없는 때에도 1세대로 본다(「소득세법 시행령」 제152조의3).
① 해당 거주자의 나이가 30세 이상인 경우
② 배우자가 사망하거나 이혼한 경우
③ 「소득세법」 규정에 따른 소득이 「국민기초생활 보장법」 규정에 따른 기준 중위소득을 12개월로 환산한 금액의 100분의 40 수준 이상으로서 소유하고 있는 주택 또는 토지를 관리·유지하면서 독립된 생계를 유지할 수 있는 경우. 다만, 미성년자의 경우를 제외하되, 미성년자의 결혼, 가족의 사망 그 밖에 기획재정부령이 정하는 사유로 1세대의 구성이 불가피한 경우에는 그러하지 아니하다.

심화학습

1세대의 범위(「소득세법」 기본통칙 88-0…4)
1. 동일한 장소에서 생계를 같이하는 가족의 주민등록상 현황과 사실상 현황이 다른 경우에는 사실상 현황에 따른다.
2. 1세대 1주택 비과세 규정을 적용하는 경우 부부가 각각 세대를 달리 구성하는 경우에도 동일한 세대로 본다.

---

3. 양도일 현재 국내에 1주택 보유

(1) 의 의

① 주택의 정의

주택이란 허가 여부나 공부(公簿)상의 용도구분과 관계없이 세대의 구성원이 독립된 주거생활을 할 수 있는 구조로서 대통령령으로 정하는 구조를 갖추어 사실상 주거용으로 사용하는 건물을 말한다. 이 경우 그 용도가 분명하지 아니하면 공부상의 용도에 따른다(「소득세법」 제88조 제7호).

심화학습

"대통령령으로 정하는 구조"
세대별로 구분된 각각의 공간마다 별도의 출입문, 화장실, 취사시설이 설치되어 있는 구조를 말한다.

---

② 양도일 현재 1주택을 보유

양도 당시 국내에 1주택을 보유하고 있으면 되는 것이지 2년의 보유기간 동안 다른 주택을 보유한 사실이 없어야 하는 것은 아니다.

③ 국내에 소재하는 주택으로만 판단

비과세 여부 판단시 1주택은 양도일 현재 국내에 1개의 주택을 보유하고 있으면 된다. 그러므로 국내에 주택 1채와 국외에 주택 1채를 소유한 거주자가 국내에 소재하는 주택을 양도하는 경우에는 1주택 양도로 보아 비과세에 관한 규정을 적용받을 수 있다.

(2) 비과세되는 주택부수토지 면적

주택에 딸린 토지(주택부수토지)는 주택의 양도소득이 비과세되는 경우 그에 딸린 토지의 양도소득도 비과세한다. 이때, 비과세되는 면적은 다음과 같다(「소득세법 시행령」 제154조 제7항).

① 「국토의 계획 및 이용에 관한 법률」 제6조제1호에 따른 도시지역 내의 토지: 다음에 따른 배율
  • 「수도권정비계획법」 제2조제1호에 따른 수도권내의 토지 중 주거지역·상업지역 및 공업지역 내의 토지: 3배
  • 수도권 내의 토지 중 녹지지역 내의 토지: 5배
  • 수도권 밖의 토지: 5배

② 그 밖의 토지

건물 정착면적의 10배

심화학습

주택일부의 무허가 정착면적에 부수되는 토지면적계산(「소득세법」 기본통칙 89-154…8)

주택에 부수되는 토지면적은 주택정착면적의 10배(도시지역 내의 토지는 3배 또는 5배)를 초과하지 아니하는 것으로 주택일부의 무허가 정착면적도 포함하여 계산한다.

---

(3) 2개의 주택을 동시에 양도한 경우

2개 이상의 주택을 같은 날에 양도하는 경우에는 당해 거주자가 선택하는 순서에 따라 주택을 양도한 것으로 본다(「소득세법 시행령」 제154조 제9항).

(4) 주택을 공동으로 소유하는 경우

1주택을 여러 사람이 공동으로 소유한 경우 주택 수를 계산할 때 공동소유자 각자가 그 주택을 소유한 것으로 본다(「소득세법 시행령」 제154조의2). 그러므로 공동소유주택 외의 다른 주택을 양도하는 경우에는 비과세를 받을 수 없다.

(5) 공동상속주택의 경우

공동상속주택[상속으로 여러 사람이 공동으로 소유하는 1주택을 말하며, 피상속인이 상속 개시 당시 2 이상의 주택(상속받은 1주택이 재개발사업, 재건축사업 또는 소규모재건축사업의 시행으로 2 이상의 주택이 된 경우를 포함한다)을 소유한 경우에는 「소득세법 시행령」제155조 제2항 각 호의 순위에 따른 1주택] 외의 다른 주택을 양도하는 때에는 해당 공동상속주택은 해당 거주자의 주택으로 보지 아니한다. 다만, 상속지분이 가장 큰 상속인의 경우에는 그러하지 아니하며, 상속지분이 가장 큰 상속인이 2명 이상인 경우에는 그 2명 이상의 사람 중 다음의 순서에 따라 다음에 해당하는 사람이 그 공동상속주택을 소유한 것으로 본다(「소득세법 시행령」제155조 제3항).

> ① 당해 주택에 거주하는 자
> ② 최연장자

(6) 토지·주택의 분할양도(「소득세법 시행규칙」제72조 제2항)

① **주택부수토지의 분할양도**

주택에 부수되는 토지를 분할하여 양도(지분으로 양도하는 경우를 포함. 다만, 주택과 그 부수토지를 함께 지분으로 양도하는 경우를 제외)하는 경우에 그 양도하는 부분의 토지는 1세대 1주택에 부수되는 토지로 보지 아니한다.

② 1주택을 2 이상의 주택으로 분할하여 양도(주택을 지분으로 양도하는 경우를 제외)한 경우에는 먼저 양도하는 부분의 주택은 그 1세대 1주택으로 보지 아니한다.

심화학습

1세대 1주택의 판정

1. 주택이란 공부상의 용도구분과 관계없이 사실상 주거용으로 사용하는 건물을 말한다. 이 경우 그 용도가 분명하지 아니하면 공부상의 용도에 따른다(「소득세법」제88조 제7호).
2. 소유하고 있던 공부상 주택인 1세대 1주택을 거주용이 아닌 영업용 건물(점포·사무소 등)로 사용하다가 양도하는 때에는 1세대 1주택으로 보지 아니한다(「소득세법」기본통칙 89-154…4).
3. 1세대 1주택을 양도하였으나 동 주택을 매수한 자가 소유권이전등기를 하지 아니하여 부득이 공부상 1세대 2주택이 된 경우에는 매매계약서 등에 의하여 1세대 1주택임이 사실상 확인되는 때에는 비과세로 한다(「소득세법」기본통칙 89-154…5).
4. 1세대 1주택의 비과세요건을 갖춘 대지와 건물을 동일한 세대의 구성원이 각각 소유하고 있는 경우에도 이를 1세대 1주택으로 본다(「소득세법」기본통칙 89-154…6).
5. 지적공부상 지번이 상이한 2필지의 토지 위에 주택이 있는 경우에도 한 울타리 안에 있고 1세대가 거주용으로 사용하는 때에는 주택과 이에 부수되는 토지로 본다(「소득세법」기본통칙 89-154…7).
6. 사용인의 기거를 위하여 공장에 부수된 건물을 합숙소로 사용하고 있는 경우에 당해 합숙소는 주택으로 보지 아니한다(「소득세법」기본통칙 89-154…9).

4. 2년 이상 보유할 것

(1) 원 칙

① **일반적인 경우**: 2년(비거주자가 거주자로 전환된 경우는 3년) 이상 보유

양도일 현재 1세대가 국내에 등기된 1주택과 딸린 토지를 2년(비거주자가 해당 주택을 3년 이상 계속 보유하고 그 주택에서 거주한 상태로 거주자로 전환된 경우에 해당하는 거주자의 주택인 경우는 3년) 이상 보유하여야 한다(「소득세법」 제89조 제1항 제3호 및 「소득세법 시행령」 제154조 제1항).

② **조정대상지역 내 주택의 경우**

취득 당시에 조정대상지역에 있는 주택을 조정대상지역 공고일 이후에 취득한 경우에는 해당 주택의 보유기간이 2년(비거주자가 해당 주택을 3년 이상 계속 보유하고 그 주택에서 거주한 상태로 거주자로 전환된 경우에 해당하는 거주자의 주택인 경우는 3년) 이상이고 그 보유기간 중 거주기간이 2년 이상인 것이어야 한다(「소득세법 시행령」 제154조 제1항).

③ 보유기간의 계산은 그 자산의 취득일부터 양도일까지로 한다. 다만, 주택이 아닌 건물을 사실상 주거용으로 사용하거나 공부상의 용도를 주택으로 변경하는 경우 그 보유기간은 해당 자산을 사실상 주거용으로 사용한 날(사실상 주거용으로 사용한 날이 분명하지 않은 경우에는 그 자산의 공부상 용도를 주택으로 변경한 날)부터 양도한 날까지로 한다(「소득세법시행령」 제154조 제5항).

④ 1세대 다주택자가 최종적으로 양도하는 주택의 1세대 1주택 판정시 보유기간은 해당 주택을 당초 취득한 날부터 양도일까지로 한다(소득세법 시행령」 제154조 제5항).

심화학습

보유기간 및 거주기간

1. 보유기간은 원칙적으로 해당 주택의 취득일부터 양도일까지로 한다. 이때, 보유기간의 확인은 당해 주택의 등기부등본 또는 토지·건축물대장등본등에 의한다(「소득세법 시행규칙」 제71조 제1항).
2. 거주기간은 주민등록표등본에 따른 전입일부터 전출일까지로 한다(「소득세법 시행령」 제154조 제6항).
3. 보유기간의 계산에 있어 주택의 보유기간이 2년 또는 3년 이상이라 함은 주택 및 그에 부수되는 토지를 각각 2년 또는 3년 이상 보유한 것을 말한다(「소득세법」 기본통칙 89-154…2).

---

⑤ 거주기간 또는 보유기간을 계산할 때 다음의 기간을 통산한다(「소득세법 시행령」 제154조 제8항).

㉠ 거주하거나 보유하는 중에 소실·무너짐·노후 등으로 인하여 멸실되어 재건축한 주택인 경우에는 그 멸실된 주택과 재건축한 주택에 대한 거주기간 및 보유기간

㉡ 비거주자가 해당 주택을 3년 이상 계속 보유하고 그 주택에서 거주한 상태로 거주자로 전환된 경우에는 해당 주택에 대한 거주기간 및 보유기간

㉢ 상속받은 주택으로서 상속인과 피상속인이 상속 개시 당시 동일세대인 경우에는 상속 개시 전에 상속인과 피상속인이 동일세대로서 거주하고 보유한 기간

(2) 예외 – 보유기간과 거주기간의 특례

1세대가 양도일 현재 국내에 1주택을 보유하고 있는 경우로서 다음의 ①부터 ⑤까지의 어느 하나에 해당하는 경우에는 그 보유기간(2년 보유) 및 거주기간(2년 거주)의 제한을 받지 않으며 ⑥에 해당하는 경우에는 거주기간의 제한을 받지 않는다(「소득세법 시행령」제154조 제1항).

① 건설임대주택 특례

「민간임대주택에 관한 특별법」규정에 따른 민간건설임대주택이나 「공공주택 특별법」규정에 따른 공공건설임대주택 또는 공공매입임대주택을 취득하여 양도하는 경우로서 해당 건설임대주택의 임차일부터 해당 주택의 양도일까지의 기간 중 세대전원이 거주(취학, 근무상의 형편, 질병의 요양, 그 밖에 부득이한 사유로 세대의 구성원 중 일부가 거주하지 못하는 경우를 포함)한 기간이 5년 이상인 경우

② 수용 등 공공사업용 양도

주택 및 그 부수토지(사업인정 고시일 전에 취득한 주택 및 그 부수토지에 한함)의 전부 또는 일부가 「공익사업을 위한 토지 등의 취득 및 보상에 관한 법률」에 의한 협의매수·수용 및 그 밖의 법률에 의하여 수용되는 경우

> 일부수용의 경우에는 그 양도일 또는 수용일부터 5년 이내에 양도하는 그 잔존주택 및 그 부수토지를 포함한다.

③ 해외이주의 경우

「해외이주법」에 따른 해외이주로 세대전원이 출국하는 경우. 다만, 출국일 현재 1주택을 보유하고 있는 경우로서 출국일부터 2년 이내에 양도하는 경우에 한한다.

④ 장기 국외거주의 경우

1년 이상 계속하여 국외거주를 필요로 하는 취학 또는 근무상의 형편으로 세대전원이 출국하는 경우. 다만, 출국일 현재 1주택을 보유하고 있는 경우로서 출국일부터 2년 이내에 양도하는 경우에 한한다.

⑤ 취학 등 부득이한 사유로 양도

1년 이상 거주한 주택을 취학, 근무상의 형편, 질병의 요양, 그 밖에 부득이한 사유로 양도하고 다른 시(특별시, 광역시, 특별자치시 및 「제주특별자치도 설치 및 국제자유도시 조성을 위한 특별법」규정에 따라 설치된 행정시를 포함한다)·군으로 세대전원이 주거를 이전하는 경우

심화학습

부득이한 사유(「소득세법 시행규칙」 제71조 제3항)

1. 「초·중등교육법」에 따른 학교(초등학교 및 중학교를 제외) 및 「고등교육법」에 따른 학교에의 취학
2. 직장의 변경이나 전근등 근무상의 형편. 단, 사업상 형편은 부득이한 사유가 아니다.
3. 1년 이상의 치료나 요양을 필요로 하는 질병의 치료 또는 요양
4. 「학교폭력예방 및 대책에 관한 법률」에 따른 학교폭력으로 인한 전학

---

⑥ 거주자가 조정대상지역의 공고가 있은 날 이전에 매매계약을 체결하고 계약금을 지급한 사실이 증빙서류에 의하여 확인되는 경우로서 해당 거주자가 속한 1세대가 계약금 지급일 현재 주택을 보유하지 아니하는 경우

6 1세대 1주택에 대한 비과세 특례

1세대가 1주택만을 보유하는 경우에 양도소득세를 비과세하는 것이 원칙이지만, 다음의 경우에는 2주택 중에서 1주택을 양도하는 경우에 이를 1세대 1주택 양도로 본다.

1. 주거이전을 위한 일시적 2주택의 경우

① 국내에 1주택을 소유한 1세대가 그 주택(이하 '종전의 주택'이라 한다)을 양도하기 전에 다른 주택(이하 '신규 주택'이라 한다)을 취득(자기가 건설하여 취득한 경우를 포함)함으로써 일시적으로 2주택이 된 경우 종전의 주택을 취득한 날부터 1년 이상이 지난 후 신규 주택을 취득하고 그 신규 주택을 취득한 날부터 3년 이내에 종전의 주택을 양도하는 경우 이를 1세대 1주택의 양도로 본다(「소득세법 시행령」 제155조 제1항).

심화학습

3년 이내에 양도하지 못한 경우에도 3년 이내 양도에 포함되는 경우(「소득세법 시행령」 제155조 제18항)

1. 한국자산관리공사에 매각을 의뢰한 경우
2. 법원에 경매를 신청한 경우
3. 「국세징수법」에 따른 공매가 진행 중인 경우
4. 재개발사업, 재건축사업 또는 소규모재건축사업의 시행으로 「도시 및 주거환경정비법」 제73조 또는 「빈집 및 소규모주택 정비에 관한 특례법」 제36조에 따라 현금으로 청산을 받아야 하는 토지등소유자가 사업시행자를 상대로 제기한 현금청산금 지급을 구하는 소송절차가 진행 중인 경우 또는 소송절차는 종료되었으나 해당 청산금을 지급받지 못한 경우
5. 재개발사업, 재건축사업 또는 소규모재건축사업의 시행으로 「도시 및 주거환경정비법」 제73조 또는 「빈집 및 소규모주택 정비에 관한 특례법」 제36조에 따라 사업시행자가 「도시 및 주거환경정비법」 제2조 제9호 또는 「빈집 및 소규모주택 정비에 관한 특례법」 제2조 제6호에 따른 토지등소유자를 상대로 제기한 매도청구소송 절차가 진행 중인 경우 또는 소송절차는 종료되었으나 토지등소유자가 해당 매도대금을 지급받지 못한 경우

---

② 특 례

다음의 어느 하나에 해당하는 경우에는 종전의 주택을 취득한 날부터 1년 이상이 지난 후 다른 주택을 취득하는 요건을 적용하지 아니한다(「소득세법 시행령」 제155조 제1항).

㉠ 「민간임대주택에 관한 특별법」에 따른 민간건설임대주택이나 「공공주택 특별법」에 따른 공공건설임대주택 또는 공공매입임대주택을 취득하여 양도하는 경우로서 해당 건설임대주택의 임차일부터 해당 주택의 양도일까지의 기간 중 세대 전원이 거주(취학, 근무상의 형편, 질병의 요양, 그 밖에 부득이한 사유로 세대의 구성원 중 일부가 거주하지 못하는 경우를 포함)한 기간이 5년 이상인 경우(「소득세법 시행령」 제154조 제1항 제1호).

㉡ 주택 및 그 부수토지(사업인정 고시일 전에 취득한 주택 및 그 부수토지에 한함)의 전부 또는 일부가 「공익사업을 위한 토지 등의 취득 및 보상에 관한 법률」에 의한 협의매수·수용 및 그 밖의 법률에 의하여 수용되는 경우(「소득세법 시행령」 제154조 제1항 제2호 가목).

㉢ 1년 이상 거주한 주택을 기획재정부령으로 정하는 취학, 근무상의 형편, 질병의 요양, 그 밖에 부득이한 사유로 양도하는 경우(「소득세법 시행령」 제154조 제1항 제3호).

③ ①을 적용(수도권에 1주택을 소유한 경우에 한정)할 때 수도권에 소재한 법인 또는 「국가균형발전 특별법」에 따른 공공기관이 수도권 밖의 지역으로 이전하는 경우로서 법인의 임원과 사용인 및 공공기관의 종사자가 구성하는 1세대가 취득하는 다른 주택이 해당 공공기관 또는 법인이 이전한 시(특별자치시·광역시 및 「제주특별자치도 설치 및 국제자유도시 조성을 위한 특별법」에 따라 설치된 행정시를 포함)·군 또는 이와 연접한 시·군의 지역에 소재하는 경우에는 5년 이내에 종전의 주택을 양도하는 경우 이를 1세대 1주택의 양도로 본다. 이 경우 해당 1세대에 대해서는 종전의 주택을 취득한 날부터 1년 이상이 지난 후 다른 주택을 취득하는 요건을 적용하지 아니한다(「소득세법 시행령」 제155조 제16항).

심화학습

대체취득에 따른 일시 1세대 2주택 비과세요건(「소득세법」 기본통칙 89-155…1)

1. 1세대 1주택자인 거주자가 그 주택을 양도하기 전에 다른 주택을 새로이 취득하여 일시적으로 1세대 2주택이 된 경우에도 다음의 요건을 모두 충족하는 경우에는 1세대 1주택으로 보아 양도소득세를 비과세한다.
   • 종전 주택은 양도일 현재 1세대 1주택 비과세요건을 충족할 것
   • 「소득세법 시행령」 제155조 제1항의 요건을 충족할 것
2. 1세대 1주택을 소유한 자가 다른 주택을 신축하고자 매입한 낡은 주택을 헐어버리고 나대지 상태로 보유하고 있는 동안에는 종전의 주택이 비과세규정에 해당하는 경우에는 1세대 1주택으로 본다.

심화학습

대체취득 및 상속 등으로 인하여 1세대 3주택이 된 경우 종전 주택양도에 따른 비과세
(「소득세법」 기본통칙 89-155…2)

1. 국내에 1세대 1주택을 소유한 거주자가 종전 주택을 취득한 날부터 1년 이상이 지난 후 새로운 주택을 취득하여 일시 2개의 주택을 소유하고 있던 중 상속 또는 혼인 또는 직계존속을 봉양하기 위하여 세대를 합침으로써 1세대가 3개의 주택을 소유하게 되는 경우 새로운 주택을 취득한 날부터 「소득세법 시행령」 제155조 제1항에 따른 종전 주택 양도기간 이내에 종전의 주택을 양도하는 경우에는 1세대 1주택의 양도로 보아 비과세 규정을 적용한다.

2. 국내에 1세대 1주택을 소유한 거주자가 상속주택을 취득하여 1세대 2주택이 된 상태에서 상속주택이 아닌 종전 주택을 취득한 날부터 1년 이상이 지난 후 새로운 1주택을 취득함으로써 1세대가 3개의 주택을 소유하게 되는 경우 새로운 주택을 취득한 날부터 「소득세법 시행령」 제155조 제1항에 따른 종전 주택 양도기간 이내에 상속주택이 아닌 종전의 주택을 양도하는 경우에는 1세대 1주택의 양도로 보아 비과세 규정을 적용한다.

---

2. 상속으로 인한 1세대 2주택의 경우

(1) 상속주택을 먼저 양도하는 경우

상속으로 인하여 1세대 2주택이 된 경우 상속받은 주택을 양도하는 경우에는 과세한다.

(2) 일반주택을 먼저 양도하는 경우

① 비과세 적용

상속받은 주택(조합원입주권을 상속받아 사업시행 완료 후 취득한 신축주택을 포함)과 그 밖의 일반주택을 국내에 각각 1개씩 소유하고 있는 1세대가 일반주택을 양도하는 경우에는 국내에 1개의 주택을 소유하고 있는 것으로 보아 1세대 1주택 비과세 규정을 적용한다(「소득세법 시행령」 제155조 제2항).

② 다만, 상속인과 피상속인이 상속 개시 당시 1세대인 경우에는 1주택을 보유하고 1세대를 구성하는 자가 직계존속을 동거봉양하기 위하여 세대를 합침에 따라 2주택을 보유하게 되는 경우로서 합치기 이전부터 보유하고 있었던 주택만 상속받은 주택으로 본다.

심화학습

두 채 이상의 주택이 상속된 경우의 1주택 판정(「소득세법 시행령」 제155조 제2항)

1. 피상속인이 소유한 기간이 가장 긴 1주택
2. 피상속인이 소유한 기간이 같은 주택이 둘 이상일 경우에는 피상속인이 거주한 기간이 가장 긴 1주택
3. 피상속인이 소유한 기간 및 거주한 기간이 모두 같은 주택이 둘 이상일 경우에는 피상속인이 상속 개시 당시 거주한 1주택
4. 피상속인이 거주한 사실이 없는 주택으로서 소유한 기간이 같은 주택이 둘 이상일 경우에는 기준시가가 가장 높은 1주택(기준시가가 같은 경우에는 상속인이 선택하는 1주택)

3. 직계존속의 동거봉양을 위한 1세대 2주택의 경우

1주택을 보유하고 1세대를 구성하는 자가 1주택을 보유하고 있는 60세 이상의 직계존속을 동거봉양하기 위하여 세대를 합침으로써 1세대가 2주택을 보유하게 되는 경우 합친 날부터 10년 이내에 먼저 양도하는 주택은 이를 1세대 1주택으로 보아 비과세 규정을 적용한다(「소득세법 시행령」 제155조 제4항).

심화학습

60세 이상 직계존속의 범위(「소득세법 시행령」 155조 제4항)

1. 배우자의 직계존속으로서 60세 이상인 사람
2. 직계존속(배우자의 직계존속을 포함) 중 어느 한 사람이 60세 미만인 경우
3. 「국민건강보험법 시행령」 별표 2 제3호 가목 3), 같은 호 나목 2) 또는 같은 호 마목에 따른 요양급여를 받는 60세 미만의 직계존속(배우자의 직계존속을 포함)으로서 기획재정부령으로 정하는 사람

4. 혼인으로 인한 1세대 2주택의 경우

① 1주택을 보유하는 자가 1주택을 보유하는 자와 혼인함으로써 1세대가 2주택을 보유하게 되는 경우 그 혼인한 날부터 10년(2025년 개정안) 이내에 먼저 양도하는 주택은 이를 1세대 1주택으로 보아 비과세 규정을 적용한다(「소득세법 시행령」 제155조 제5항).

② 1주택을 보유하고 있는 60세 이상의 직계존속을 동거봉양하는 무주택자가 1주택을 보유하는 자와 혼인함으로써 1세대가 2주택을 보유하게 되는 경우 그 혼인한 날부터 10년(2025년 개정안) 이내에 먼저 양도하는 주택은 이를 1세대 1주택으로 보아 비과세 규정을 적용한다(「소득세법 시행령」 제155조 제5항).

5. 지정문화유산·국가등록문화유산 및 천연기념물 등 주택으로 인한 1세대 2주택의 경우

「문화유산의 보존 및 활용에 관한 법률」에 따른 지정문화유산, 「근현대문화유산의 보존 및 활용에 관한 법률」에 따른 국가등록문화유산 및 「자연유산의 보존 및 활용에 관한 법률」에 따른 천연기념물 등의 주택과 그 밖의 주택(일반주택)을 국내에 각각 1개씩 소유하고 있는 1세대가 일반주택을 양도하는 경우에는 국내에 1개의 주택을 소유하고 있는 것으로 보아 비과세 규정을 적용한다(「소득세법 시행령」 제155조 제6항).

6. 농어촌주택으로 인한 1세대 2주택의 경우

① 「수도권정비계획법」에 따른 수도권 밖의 지역 중 읍지역(도시지역 안의 지역을 제외) 또는 면지역에 소재하는 농어촌주택과 그 밖의 일반주택을 국내에 각각 1개씩 소유하고 있는 1세대가 일반주택을 양도하는 경우에는 국내에 1개의 주택을 소유하고 있는 것으로 보아 1세대 1주택 비과세 규정을 적용한다(「소득세법 시행령」 제155조 제7항).

② 귀농주택에 대해서는 그 주택을 취득한 날부터 5년 이내에 일반주택을 양도하는 경우에 한정하여 적용한다(「소득세법 시행령」 제155조 제7항).

심화학습

농어촌주택의 범위(「소득세법 시행령」 제155조)

농어촌주택이란 다음 중 어느 하나에 해당하는 주택으로서 수도권 밖의 지역 중 읍(도시지역 제외)·면지역에 소재하는 다음의 주택을 말한다.

1. 상속받은 주택 : 피상속인이 취득 후 5년 이상 거주한 사실이 있는 주택
2. 이농주택 : 이농인(어업에서 떠난 자를 포함한다)이 취득일 후 5년 이상 거주한 사실이 있는 이농주택
3. 귀농주택 : 영농 또는 영어에 종사하고자 하는 자가 취득(귀농 이전에 취득한 것을 포함한다)하여 거주하고 있는 주택으로서 다음의 요건을 갖춘 것을 말한다.
   ① 취득 당시에 고가주택에 해당하지 아니할 것
   ② 대지면적이 660m² 이내일 것
   ③ 영농 또는 영어의 목적으로 취득하는 것으로서 다음의 어느 하나에 해당할 것
      • 1,000m² 이상의 농지를 소유하는 자 또는 그 배우자가 해당 농지소재지에 있는 주택을 취득하는 것일 것
      • 1,000m² 이상의 농지를 소유하는 자 또는 그 배우자가 해당 농지를 소유하기 전 1년 이내에 해당 농지소재지에 있는 주택을 취득하는 것일 것
      • 기획재정부령이 정하는 어업인이 취득하는 것일 것
   ④ 세대 전원이 이사(기획재정부령으로 정하는 취학, 근무상의 형편, 질병의 요양, 그 밖의 부득이한 사유로 세대의 구성원 중 일부가 이사하지 못하는 경우를 포함한다)하여 거주할 것

---

③ 귀농으로 인하여 세대전원이 농어촌주택으로 이사하는 경우에는 귀농 후 최초로 양도하는 1개의 일반주택에 한하여 적용한다(「소득세법 시행령」 제155조 제11항).

④ 귀농주택 소유자가 귀농일(귀농주택에 주민등록을 이전하여 거주를 개시한 날을 말하며, 농지를 소유하기 전 1년 이내에 해당 농지소재지에 있는 주택을 취득하는 경우의 규정에 따라 주택을 취득한 후 해당 농지를 취득하는 경우에는 귀농주택에 주민등록을 이전하여 거주를 개시한 후 농지를 취득한 날을 말함)부터 계속하여 3년 이상 영농 또는 영어에 종사하지 아니하거나 그 기간 동안 해당 주택에 거주하지 아니한 경우 그 양도한 일반주택은 1세대 1주택으로 보지 아니하며, 해당 귀농주택 소유자는 3년 이상 영농 또는 영어에 종사하지 아니하거나 그 기간 동안 해당 주택에 거주하지 아니하는 사유가 발생한 날이 속하는 달의 말일부터 2개월 이내에 다음 계산식에 따라 계산한 금액을 양도소득세로 신고·납부하여야 한다. 이 경우 3년의 기간을 계산함에 있어 그 기간 중에 상속이 개시된 때에는 피상속인의 영농 또는 영어의 기간과 상속인의 영농 또는 영어의 기간을 통산한다(「소득세법 시행령」 제155조 제12항).

> 납부할 양도소득세 = 일반주택 양도 당시 비과세 규정을 적용하지 아니하였을 경우 납부할 세액
> − 일반주택 양도 당시 비과세 규정을 적용받아 납부한 세액

농어촌주택 비교

구 분	상속주택	이농주택	귀농주택
요 건	피상속인이 5년 이상 거주할 것	이농인이 5년 이상 거주할 것	• 취득당시 고가주택에 해당하지 아니할 것 • 1,000m² 이상의 농지를 소유할 것
규 모	제한 없음		대지면적 660m² 이내일 것
양도시기	제한 없음		귀농주택 취득 후 5년 이내에 일반주택을 양도할 것
비과세대상 주택	일반주택	일반주택	세대전원이 이사하는 경우 최초로 양도하는 1주택에 한함
사후관리	없음		귀농 후 3년 이상 거주경작할 것

7. 실수요 목적의 수도권 밖에 소재하는 주택으로 인한 1세대 2주택의 경우

취학, 근무상의 형편, 질병의 요양, 그 밖에 부득이한 사유로 취득한 수도권 밖에 소재하는 주택과 그 밖의 주택(일반주택)을 국내에 각각 1개씩 소유하고 있는 1세대가 부득이한 사유가 해소된 날부터 3년 이내에 일반주택을 양도하는 경우에는 국내에 1개의 주택을 소유하고 있는 것으로 보아 비과세 규정을 적용한다(「소득세법 시행령」 제155조 제8항).

8. 장기임대주택 특례

① 장기임대주택[「소득세법 시행령」제167조의3 제1항 제2호의 가목 및 다목에 해당하는 주택의 경우에는 2018년 3월 31일까지 사업자등록등을 한 주택으로 한정한다는 기한의 제한은 적용하지 않되, 2020년 7월 10일 이전에 「민간임대주택에 관한 특별법」제5조에 따른 임대사업자등록 신청(임대할 주택을 추가하기 위해 등록사항의 변경 신고를 한 경우를 포함)을 한 주택으로 한정] 또는 장기어린이집과 그 밖의 1주택(거주주택)을 국내에 소유하고 있는 1세대가 각각 ㉠과 ㉡ 또는 ㉠과 ㉢의 요건을 충족하고 해당 거주주택을 양도하는 경우(장기임대주택을 보유하고 있는 경우에는 생애 한차례만 거주주택을 최초로 양도하는 경우에 한정)에는 국내에 1개의 주택을 소유하고 있는 것으로 보아 1세대 1주택 비과세 규정을 적용한다. 이 경우 해당 거주주택을 「민간임대주택에 관한 특별법」에 따라 민간임대주택으로 등록하였거나 「영유아보육법」에 따른 인가를 받아 어린이집으로 사용한 사실이 있고 그 보유기간 중에 양도한 다른 거주주택(양도한 다른 거주주택이 둘 이상인 경우에는 가장 나중에 양도한 거주주택을 말한다. 이하 '직전거주주택'이라 함)이 있는 거주주택(민간임대주택으로 등록한 사실이 있는 주택인 경우에는 1주택 외의 주택을 모두 양도한 후 1주택을 보유하게 된 경우로 한정한다. 이하 '직전거주주택보유주택'이라 한다)인 경우에는 직전거주주택의 양도일 후의 기간분에 대해서만 국내에 1개의 주택을 소유하고 있는 것으로 보아 비과세 규정을 적용한다(「소득세법 시행령」제155조 제20항).

㉠ 거주주택 : 보유기간 중 거주기간(직전거주주택보유주택의 경우에는 사업자등록과 임대사업자 등록을 한 날 또는 「영유아보육법」에 따른 인가를 받은 날 이후의 거주기간을 말함)이 2년 이상일 것

㉡ 장기임대주택 : 양도일 현재 사업자등록을 하고, 장기임대주택을 「민간임대주택에 관한 특별법」에 따라 민간임대주택으로 등록하여 임대하고 있으며, 임대보증금 또는 임대료(이하 "임대료등"이라 한다)의 증가율이 100분의 5를 초과하지 않을 것. 이 경우 임대료등의 증액 청구는 임대차계약의 체결 또는 약정한 임대료등의 증액이 있은 후 1년 이내에는 하지 못하고, 임대사업자가 임대료등의 증액을 청구하면서 임대보증금과 월임대료를 상호 간에 전환하는 경우에는 「민간임대주택에 관한 특별법」제44조 제4항의 전환 규정을 준용한다.

㉢ 장기어린이집 : 양도일 현재 법 제168조에 따라 고유번호를 부여받고, 장기어린이집을 운영하고 있을 것

② 1세대가 장기임대주택의 임대기간요건 또는 장기어린이집의 운영기간요건을 충족하기 전에 거주주택을 양도하는 경우에도 해당 임대주택 또는 어린이집을 장기임대주택 또는 장기어린이집으로 보아 비과세 규정을 적용한다(「소득세법 시행령」제155조 제21항).

1세대 2주택 특례

구 분	2주택 해소기간		비과세대상 주택	2년 보유 요건
주거이전	종전 주택 취득 후 1년 경과 + 신규 주택 취득일부터 3년 이내		종전의 주택	양도하는 해당 주택만 양도 일 현재 2년 이상 보유
동거봉양	합친 날부터	10년 이내	먼저 양도하는 주택	
혼 인	혼인한 날부터	10년 이내		
수도권 밖의 주택	사유해소일부터	3년 이내	일반주택	
상속주택	해소기간 제한 없음 (단, 귀농주택의 경우에는 그 주택을 취득한 날부터 5년 이내에 일반주택 을 양도하여야 한다)			
등록문화유산주택				
농어촌주택				
장기임대주택			거주주택	2년 이상 보유 및 보유기간 중 2년 이상 거주
장기어린이집				

9. 재개발·재건축조합원의 조합원입주권 양도 특례

① 조합원입주권을 1개 보유한 1세대[「도시 및 주거환경정비법」에 따른 관리처분계획의 인가일 및 「빈집 및 소규모주택 정비에 관한 특례법」에 따른 사업시행계획인가일(인가일 전에 기존주택이 철거되는 때에는 기존 주택의 철거일) 현재 1세대 1주택으로 비과세요건에 해당하는 기존주택을 소유하는 세대]가 해당 조합원입주권을 양도하는 경우 다음의 어느 하나의 요건을 충족하는 경우에는 이를 부동산을 취득할 수 있는 권리의 양도로 보지 아니하고 1세대 1주택의 양도로 보아 비과세 규정을 적용한다(「소득세법」 제89조 제1항 제4호).

  ㉠ 양도일 현재 다른 주택 또는 분양권을 보유하지 아니할 것

  ㉡ 양도일 현재 1조합원입주권 외에 1주택을 소유한 경우(해당 1조합원입주권과 1주택 외에 다른 분양권을 소유하지 아니한 경우에 한한다)로서 해당 1주택을 취득한 날부터 3년 이내에 해당 조합원입주권을 양도할 것(3년 이내에 양도하지 못하는 경우로서 대통령령으로 정하는 사유에 해당하는 경우를 포함한다)

② 다만, 해당 조합원입주권의 양도 당시 실지거래가액이 12억원을 초과하는 경우에는 양도소득세를 과세한다(「소득세법」 제89조 제1항 제4호 단서).

7 주택과 조합원입주권을 소유한 경우 1세대 1주택 특례

1. 원칙 - 비과세 배제

1세대가 주택(주택부수토지를 포함)과 조합원입주권 또는 분양권을 보유하다가 그 주택을 양도하는 경우에는 1세대 1주택 비과세 규정을 적용하지 아니한다(「소득세법」 제89조 제2항).

2. 예외 - 비과세하는 경우

「도시 및 주거환경정비법」에 따른 재건축사업 또는 재개발사업, 「빈집 및 소규모주택 정비에 관한 특례법」에 따른 소규모재건축사업의 시행기간 중 거주를 위하여 주택을 취득하는 경우나 그 밖의 부득이한 사유로서 다음의 경우에는 비과세 규정을 적용한다.

(1) 일시적으로 1주택과 1조합원입주권을 소유하게 된 경우

국내에 1주택을 소유한 1세대가 그 주택(이하 '종전의 주택'이라 한다)을 양도하기 전에 조합원입주권을 취득함으로써 일시적으로 1주택과 1조합원입주권을 소유하게 된 경우 종전의 주택을 취득한 날부터 1년 이상이 지난 후에 조합원입주권을 취득하고 그 조합원입주권을 취득한 날부터 3년 이내에 종전의 주택을 양도하는 경우 이를 1세대 1주택으로 보아 비과세 규정을 적용한다(「소득세법 시행령」 제156조의2 제3항).

(2) 조합원입주권을 취득한 날부터 3년이 지나 종전의 주택을 양도하는 경우

조합원입주권을 취득한 날부터 3년이 지나 종전의 주택을 양도하는 경우: 국내에 1주택을 소유한 1세대가 그 주택(종전주택)을 양도하기 전에 조합원입주권을 취득함으로써 일시적으로 1주택과 1조합원입주권을 소유하게 된 경우 종전주택을 취득한 날부터 1년이 지난 후에 조합원입주권을 취득하고 그 조합원입주권을 취득한 날부터 3년이 지나 종전의 주택을 양도하는 경우로서 다음의 요건을 모두 갖춘 때에는 이를 1세대 1주택으로 보아 비과세 규정을 적용한다. 이 경우 제154조제1항제1호(건설임대주택 특례), 같은 항 제2호가목(수용) 및 같은 항 제3호(부득이한 사유 양도)에 해당하는 경우에는 종전주택을 취득한 날부터 1년이 지난 후 조합원입주권을 취득하는 요건을 적용하지 않는다(「소득세법 시행령」 제156조의2 제4항).

① 재개발사업, 재건축사업 또는 소규모재건축사업의 관리처분계획등에 따라 취득하는 주택이 완성된 후 3년 이내에 그 주택으로 세대전원이 이사(기획재정부령이 정하는 취학, 근무상의 형편, 질병의 요양 그 밖의 부득이한 사유로 세대의 구성원 중 일부가 이사하지 못하는 경우를 포함한다)하여 1년 이상 계속하여 거주할 것

② 재개발사업, 재건축사업 또는 소규모재건축사업의 관리처분계획등에 따라 취득하는 주택이 완성되기 전 또는 완성된 후 3년 이내에 종전의 주택을 양도할 것

(3) 재개발사업·재건축사업·소규모재건축사업의 시행기간 동안 거주하기 위하여 대체주택을 취득한 경우

국내에 1주택을 소유한 1세대가 그 주택에 대한 재개발사업, 재건축사업 또는 소규모재건축사업의 시행기간 동안 거주하기 위하여 대체주택을 취득한 경우로서 다음의 요건을 모두 갖추어 대체주택을 양도하는 때에는 이를 1세대 1주택으로 보아 비과세 규정을 적용한다. 이 경우 보유기간 및 거주기간의 제한을 받지 아니한다(「소득세법 시행령」 제156조의2 제5항).

① 재개발사업, 재건축사업 또는 소규모재건축사업의 사업시행인가일 이후 대체주택을 취득하여 1년 이상 거주할 것

② 재개발사업, 재건축사업 또는 소규모재건축사업의 관리처분계획등에 따라 취득하는 주택이 완성된 후 3년 이내에 그 주택으로 세대전원이 이사(기획재정부령이 정하는 취학, 근무상의 형편, 질병의 요양, 그 밖에 부득이한 사유로 세대원 중 일부가 이사하지 못하는 경우를 포함)하여 1년 이상 계속하여 거주할 것. 다만, 주택이 완성된 후 3년 이내에 취학 또는 근무상의 형편으로 1년 이상 계속하여 국외에 거주할 필요가 있어 세대전원이 출국하는 경우에는 출국사유가 해소(출국한 후 3년 이내에 해소되는 경우만 해당)되어 입국한 후 1년 이상 계속하여 거주하여야 한다.

③ 재개발사업, 재건축사업 또는 소규모재건축사업의 관리처분계획등에 따라 취득하는 주택이 완성되기 전 또는 완성된 후 3년 이내에 대체주택을 양도할 것

8 겸용주택 및 딸린 토지에 대한 비과세 판정

1. 겸용주택의 의의

겸용주택이란 주택의 일부에 점포 등 다른 목적의 건물이 설치되어 있거나 동일 지번상에 주택과 다른 목적의 건물이 설치되어 있는 경우의 주택을 말한다.

2. 겸용주택의 처리방법

(1) 주택면적이 주택 이외 면적보다 큰 경우

① 주택면적

1세대 1주택 비과세 규정을 적용하는 경우 하나의 건물이 주택과 주택 외의 부분으로 복합되어 있는 경우와 주택에 딸린 토지(주택부수토지)에 주택 외의 건물이 있는 경우에는 그 전부를 주택으로 본다(「소득세법 시행령」 제154조 제3항).

② 토지면적

전체를 주택에 딸린 토지(주택부수토지)로 본다.

③ 비과세 토지면적

주택정착면적의 3배 또는 5배(도시지역 밖 : 10배) 이내의 부분을 비과세한다(「소득세법 시행령」 제154조 제7항).

(2) 주택의 연면적이 주택 외의 부분의 연면적보다 작거나 같을 때

① 주택면적

주택 외의 부분은 주택으로 보지 아니한다(「소득세법 시행령」 제154조 제3항).

② 토지면적

주택에 딸린 토지는 전체 토지면적에 주택의 연면적이 건물의 연면적에서 차지하는 비율을 곱하여 계산한다(「소득세법 시행령」 제154조 제4항).

③ 비과세 토지면적(「소득세법 시행령」 제154조 제7항)

㉠ 「국토의 계획 및 이용에 관한 법률」 제6조제1호에 따른 도시지역 내의 토지: 다음에 따른 배율

- 「수도권정비계획법」 제2조제1호에 따른 수도권내의 토지 중 주거지역·상업지역 및 공업지역 내의 토지: 3배
- 수도권 내의 토지 중 녹지지역 내의 토지: 5배
- 수도권 밖의 토지: 5배

㉡ 그 밖의 토지

건물 정착면적의 10배

구 분	건물분 비과세	토지분 비과세(①과 ② 중 작은 면적)
주택면적 〉 주택 이외 면적	전부 주택(비과세)	① 총토지면적 ② 주택정착면적 × 3배 또는 5배(도시지역 밖 10배)
주택면적 ≦ 주택 이외 면적	주택만 주택 (주거부분만 비과세)	① 토지면적 × (주택연면적 ÷ 건물연면적) ② 주택정착면적 × 3배 또는 5배(도시지역 밖 10배)

고가주택의 겸용주택
1. 주거부분과 주거 이외부분을 분리하여 과세하므로, 주택부분만 주택으로 본다.
2. 주택면적이 주택 이외 면적보다 크더라도 주거부분만 주택으로 본다.

심화학습

겸용주택의 판정
1. 상가와 아파트를 동시 소유시 겸용주택 해당 여부 : 하층은 상가로 되어 있고 상층은 거주용으로 된 아파트 건물을 함께 소유하는 경우에 이들을 겸용주택으로 보지 아니한다(「소득세법」 기본통칙 89-154…10).
2. 겸용주택의 지하실에 대한 주택면적의 계산 : 겸용주택의 지하실은 실지 사용하는 용도에 따라 판단하는 것이며, 그 사용 용도가 명확하지 아니할 경우에는 주택의 면적과 주택 이외의 면적의 비율로 안분하여 계산한다 (「소득세법」 기본통칙 89-154…11).

9 다가구주택의 경우

① 1세대 1주택 비과세 규정을 적용하는 경우에 다가구주택은 한 가구가 독립하여 거주할 수 있도록 구획된 부분을 각각 하나의 주택으로 본다.

② 다만, 해당 다가구주택을 구획된 부분별로 양도하지 아니하고 하나의 매매단위로 하여 양도하는 경우에는 그 전체를 하나의 주택으로 본다(「소득세법 시행령」 제155조 제15항).

> **참고학습** 다가구주택(「건축법 시행령」 별표1 제1호 다목)
>
> 다음의 요건을 모두 갖춘 주택으로서 공동주택에 해당하지 아니하는 것을 말한다.
> 1. 주택으로 쓰는 층수(지하층은 제외)가 3개 층 이하일 것. 다만, 1층의 전부 또는 일부를 필로티 구조로 하여 주차장으로 사용하고 나머지 부분을 주택 외의 용도로 쓰는 경우에는 해당 층을 주택의 층수에서 제외한다.
> 2. 1개 동의 주택으로 쓰이는 바닥면적(부설 주차장 면적은 제외)의 합계가 660m² 이하일 것
> 3. 19세대(대지 내 동별 세대수를 합한 세대를 말함) 이하가 거주할 수 있을 것

10 고가주택

1세대 1주택 비과세 요건을 갖추고 있는 경우라도 고가주택에 해당하는 경우에는 실지거래가액에 따른 양도가액이 12억원을 초과금액에 대하여는 비과세가 적용되지 않는다. 다만, 이 경우에 안분을 통하여 12억원 까지는 일반주택으로 보아 비과세를 적용한다.

(1) 고가주택의 정의

① 고가주택이란 주택 및 이에 딸린 토지의 양도 당시의 실지거래가액의 합계액이 12억원 을 초과하는 것을 말한다(「소득세법 시행령」 제156조 제1항).

> 부동산임대업에서 비과세 배제되는 고가주택은 기준시가 12억원을 초과하는 주택이다.

② 이 경우 실지거래가액 합계액은 1주택 및 이에 딸린 토지의 일부를 양도하거나 일부가 타인 소유인 경우에는 실지거래가액 합계액에 양도하는 부분(타인 소유 부분 포함)의 면적이 전체주택 면적에서 차지하는 비율을 나누어 계산한 금액을 말한다(「소득세법 시행령」 제156조 제1항).

(2) 겸용주택의 고가주택 판정

고가주택의 실지거래가액을 계산하는 경우에는 영 제154조제3항 본문에 따라 주택으로 보는 부분(이에 부수되는 토지를 포함)에 해당하는 실지거래가액을 포함한다(「소득세법 시행령」 제156조 제2항).

(3) 다가구주택의 고가주택 판정

단독주택으로 보는 다가구주택의 경우에는 그 전체를 하나의 주택으로 보아 고가주택 여부를 판단한다(「소득세법 시행령」 제156조 제3항).

제6절 **양도소득세의 면제와 경감** 제30회

양도소득세 면제에 관한 규정은 「조세특례제한법」에서 규정하고 있는데, 비과세 규정과 달리 납세의 무자의 신청과 사후관리를 필요로 한다.

1 8년 이상 자경농지에 대한 감면(「조세특례제한법」 제69조 제1항)

1. 의 의

① 농지소재지에 거주하는 대통령령으로 정하는 거주자가 8년 이상(경영이양 직접지불보조금의 지급 대상이 되는 농지를 「한국농어촌공사 및 농지관리기금법」에 따른 한국농어촌공사 또는 농업법인에 2026 년 12월 31일까지 양도하는 경우에는 3년 이상) 대통령령으로 정하는 방법으로 직접 경작한 토지 중 대통령령으로 정하는 토지의 양도로 인하여 발생하는 소득에 대해서는 양도소득세의 100 분의 100에 상당하는 세액을 감면한다.

② 다만, 해당 토지가 주거지역등에 편입되거나 「도시개발법」 또는 그 밖의 법률에 따라 환지처분 전에 농지 외의 토지로 환지예정지 지정을 받은 경우에는 주거지역등에 편입되거나, 환지예정 지 지정을 받은 날까지 발생한 소득으로서 대통령령으로 정하는 소득에 대해서만 양도소득세 의 100분의 100에 상당하는 세액을 감면한다.

2. 거주자 요건

(1) 농지소재지에 거주하는 거주자의 범위

8년(경영이양보조금의 지급대상이 되는 농지를 한국농어촌공사 또는 농업법인에게 양도하는 경우에는 3년) 이상 다음의 어느 하나에 해당하는 지역(경작 개시 당시에는 당해 지역에 해당하였으나 행정구역의 개편 등으로 이에 해당하지 아니하게 된 지역 포함)에 거주하면서 경작한 자로서 농지 양도일 현재 「소득세 법」에 따른 거주자인 자(비거주자가 된 날부터 2년 이내인 자 포함)를 말한다(「조세특례제한법 시행령」 제66조 제1항).

① 농지가 소재하는 시(특별자치시와 「제주특별자치도 설치 및 국제자유도시 조성을 위한 특별법」에 따라 설치된 행정시를 포함)·군·구(자치구인 구) 안의 지역

② ①의 농지소새지 지역과 연접한 시·군·구 안의 지역

③ 해당 농지로부터 직선거리 30km 이내의 지역

(2) 감면대상

① (1)의 요건을 충족한 거주자에 한하며, 8년 이상 자경농지를 양도하는 경우라도 출국 후 2년이 경과한 비거주자가 양도한 농지는 감면대상에서 제외한다.

② "8년 이상 계속하여 직접 경작한 토지"라 함은 양도일 현재 농지이고 당해 농지 보유기간 동안에 8년 이상 농지소재지에 거주하면서 자기가 직접 경작한 사실이 있는 경우로서 양도일 현재 농지소재지에 거주하지 아니한 경우에도 양도소득세의 면제대상이 된다(「조세특례제한법」 기본통칙 69-0…4).

(3) 감면대상에서 제외되는 농지

① 양도일 현재 특별시·광역시(광역시에 있는 군을 제외한다) 또는 시(「지방자치법」 규정에 따라 설치된 도농(都農) 복합형태의 시의 읍·면지역 및 「제주특별자치도 설치 및 국제자유도시 조성을 위한 특별법」 규정에 따라 설치된 행정시의 읍·면지역은 제외)에 있는 농지 중 「국토의 계획 및 이용에 관한 법률」에 의한 주거지역·상업지역 및 공업지역 안에 있는 농지로서 이들 지역에 편입된 날부터 3년이 지난 농지

② 다만, 다음의 어느 하나에 해당하는 경우는 3년이 지난 경우에도 감면된다.

    ㉠ 사업시행지역 안의 토지소유자가 1천명 이상이거나 사업시행면적이 기획재정부령으로 정하는 규모 이상인 개발사업(이하 '대규모개발사업')지역(사업인정고시일이 같은 하나의 사업시행지역을 말함) 안에서 대규모개발사업의 시행으로 인하여 「국토의 계획 및 이용에 관한 법률」에 따른 주거지역·상업지역 또는 공업지역에 편입된 농지로서 사업시행자의 단계적 사업시행 또는 보상지연으로 이들 지역에 편입된 날부터 3년이 지난 경우

    ㉡ 사업시행자가 국가, 지방자치단체, 그 밖에 기획재정부령으로 정하는 공공기관인 개발사업지역 안에서 개발사업의 시행으로 인하여 「국토의 계획 및 이용에 관한 법률」에 따른 주거지역·상업지역 또는 공업지역에 편입된 농지로서 기획재정부령으로 정하는 부득이한 사유에 해당하는 경우

    ㉢ 「국토의 계획 및 이용에 관한 법률」에 따른 주거지역·상업지역 및 공업지역에 편입된 농지로서 편입된 후 3년 이내에 대규모개발사업이 시행되고, 대규모개발사업 시행자의 단계적 사업시행 또는 보상지연으로 이들 지역에 편입된 날부터 3년이 지난 경우(대규모개발사업지역 안에 있는 경우로 한정)

3. 8년 자경기간의 계산

(1) 원 칙

일반적인 경우 자경기간은 감면대상 농지를 취득한 때부터 양도할 때까지의 보유기간 중의 경작기간으로 계산한다.

(2) 예외 – 상속받은 농지의 감면

① 경작한 기간을 계산할 때 상속인이 상속받은 농지를 1년 이상 계속하여 경작하는 경우(농지소재지 지역에 거주하면서 경작하는 경우를 말함) 다음의 기간은 상속인이 이를 경작한 기간으로 본다

(「조세특례제한법 시행령」 제66조 제11항).

- ㉠ 피상속인이 취득하여 경작한 기간(직전 피상속인의 경작기간으로 한정)
- ㉡ 피상속인이 배우자로부터 상속받아 경작한 사실이 있는 경우에는 피상속인의 배우자가 취득하여 경작한 기간
② 상속인이 상속받은 농지를 1년 이상 계속하여 경작하지 아니하더라도 상속받은 날부터 3년이 되는 날까지 양도하거나 「공익사업을 위한 토지 등의 취득 및 보상에 관한 법률」 및 그 밖의 법률에 따라 협의매수 또는 수용되는 경우로서 상속받은 날부터 3년이 되는 날까지 다음의 어느 하나에 해당하는 지역으로 지정(관계 행정기관의 장이 관보 또는 공보에 고시한 날)되는 경우 (상속받은 날 전에 지정된 경우를 포함)에는 ①의 ㉠ 및 ㉡의 경작기간을 상속인이 경작한 기간으로 본다(「조세특례제한법 시행령」 제66조 제12항).
  - ㉠ 「택지개발촉진법」 제3조에 따라 지정된 택지개발지구
  - ㉡ 「산업입지 및 개발에 관한 법률」 제6조·제7조·제7조의2 또는 제8조에 따라 지정된 산업단지
  - ㉢ ㉠ 및 ㉡ 외의 지역으로서 기획재정부령으로 정하는 지역

4. 직접 경작

(1) 정의(「조세특례제한법 시행령」 제66조 제13항)

① 거주자가 그 소유농지에서 농작물의 경작 또는 다년생식물의 재배에 상시 종사하는 것
② 거주자가 그 소유농지에서 농작업의 2분의 1 이상을 자기의 노동력에 의하여 경작 또는 재배하는 것

(2) 경작기간에서 제외되는 경우

경작한 기간 중 해당 피상속인(그 배우자를 포함) 또는 거주자 각각에 대하여 다음의 어느 하나에 해당하는 과세기간이 있는 경우 그 기간은 해당 피상속인 또는 거주자가 경작한 기간에서 제외한다(「조세특례제한법 시행령」 제66조 제14항).

① 「소득세법」 제19조 제2항에 따른 사업소득금액(농업·임업에서 발생하는 소득, 같은 법 제45조 제2항에 따른 부동산임대업에서 발생하는 소득과 같은 법 시행령 제9조에 따른 농가부업소득은 제외)과 같은 법 제20조 제2항에 따른 총급여액의 합계액이 3천700만원 이상인 과세기간이 있는 경우. 이 경우 사업소득금액이 음수인 경우에는 해당 금액을 0으로 본다.
② 「소득세법」 제24조 제1항에 따른 사업소득 총수입금액(농업·임업에서 발생하는 소득, 같은 법 제45조 제2항에 따른 부동산임대업에서 발생하는 소득과 같은 법 시행령 제9조에 따른 농가부업소득은 제외)이 같은 법 시행령 제208조 제5항 제2호 각 목의 금액 이상인 과세기간이 있는 경우

5. 양도소득세 감면의 종합한도(「조세특례제한법」제133조)

(1) 양도소득세 1년간 감면한도

1억원

(2) 양도소득세 5년간 감면한도

2억원

2 농지대토에 대한 양도소득세 감면(「조세특례제한법」 제70조)

1. 정 의

농지의 대토란 자경농민이 경작상 필요에 의하여 자기 농지를 양도하고 그에 상응하는 새로운 농지를 취득하는 것을 말한다.

2. 감면요건

① 농지소재지에 거주하는 대통령령으로 정하는 거주자가 대통령령으로 정하는 방법으로 직접 경작한 토지를 경작상의 필요에 의하여 다음의 어느 하나에 해당하는 경우에 해당하는 농지로 대토(代土)함으로써 발생하는 소득에 대해서는 양도소득세의 100분의 100에 상당하는 세액을 감면한다. 다만, 해당 토지가 주거지역등에 편입되거나 「도시개발법」 또는 그 밖의 법률에 따라 환지처분 전에 농지 외의 토지로 환지예정지 지정을 받은 경우에는 주거지역등에 편입되거나, 환지예정지 지정을 받은 날까지 발생한 소득으로서 대통령령으로 정하는 소득에 대해서만 양도소득세를 감면한다.

　㉠ 4년 이상 종전의 농지소재지에 거주하면서 경작한 자가 종전의 농지의 양도일부터 1년(「공익사업을 위한 토지 등의 취득 및 보상에 관한 법률」에 따른 협의매수·수용 및 그 밖의 법률에 따라 수용되는 경우에는 2년) 내에 새로운 농지를 취득(상속·증여받은 경우는 제외)하여, 그 취득한 날부터 1년(질병의 요양 등 기획재정부령으로 정하는 부득이한 사유로 경작하지 못하는 경우에는 기획재정부령으로 정하는 기간) 내에 새로운 농지소재지에 거주하면서 경작을 개시한 경우로서 다음의 어느 하나에 해당하는 경우. 다만, 새로운 농지의 경작을 개시한 후 새로운 농지소재지에 거주하면서 계속하여 경작한 기간과 종전의 농지 경작기간을 합산한 기간이 8년 이상인 경우로 한정한다.

　　ⓐ 새로 취득하는 농지의 면적이 양도하는 농지의 면적의 3분의 2 이상일 것
　　ⓑ 새로 취득하는 농지의 가액이 양도하는 농지의 가액의 2분의 1 이상일 것

　㉡ 4년 이상 종전의 농지소재지에 거주하면서 경작한 자가 새로운 농지의 취득일부터 1년 내에 종전의 농지를 양도한 후 종전의 농지 양도일부터 1년(질병의 요양 등 기획재정부령으로

정하는 부득이한 사유로 경작하지 못하는 경우에는 기획재정부령으로 정하는 기간) 내에 새로운 농지소재지에 거주하면서 경작을 개시한 경우로서 다음의 어느 하나에 해당하는 경우. 다만, 새로운 농지의 경작을 개시한 후 새로운 농지소재지에 거주하면서 계속하여 경작한 기간과 종전의 농지 경작기간을 합산한 기간이 8년 이상인 경우로 한정한다.

ⓐ 새로 취득하는 농지의 면적이 양도하는 농지의 면적의 3분의 2 이상일 것

ⓑ 새로 취득하는 농지의 가액이 양도하는 농지의 가액의 2분의 1 이상일 것

② 새로운 농지를 취득한 후 4년 이내에 「공익사업을 위한 토지 등의 취득 및 보상에 관한 법률」에 따른 협의매수·수용 및 그 밖의 법률에 따라 수용되는 경우에는 4년 동안 농지소재지에 거주하면서 경작한 것으로 본다(「조세특례제한법 시행령」 제67조 제4항).

③ 새로운 농지를 취득한 후 종전의 농지 경작기간과 새로운 농지 경작기간을 합산하여 8년이 지나기 전에 농지소유자가 사망한 경우로서 상속인이 농지소재지에 거주하면서 계속 경작한 때에는 피상속인의 경작기간과 상속인의 경작기간을 통산한다(「조세특례제한법 시행령」 제67조 제5항).

3. 양도소득세 감면의 종합한도(「조세특례제한법」 제133조)

(1) 양도소득세 1년간 감면한도

1억원

(2) 양도소득세 5년간 감면한도

2억원

제7절 양도소득세 계산구조 제25회~제35회

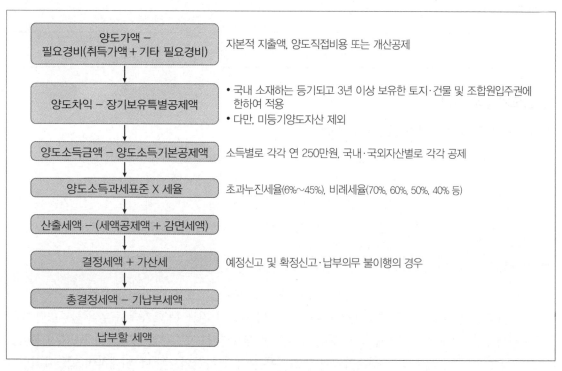

구 분	내 용
양도가액	• 원칙 : 실지거래가액 • 예외 : 추계결정가액(매-감-기)
취득가액	• 원칙 : 실지거래가액 • 예외 : 추계결정가액(매-감-환-기) 참고 건물을 신축·증축한 후 5년 이내 양도 : 감정가액 또는 환산취득가액의 5% 가산세 적용
기타 필요경비	• 취득가액을 실지거래가액으로 하는 경우 : 자본적 지출액+양도직접비용 • 취득가액을 추계결정하는 경우 : 필요경비개산공제(3%, 7%, 1%)
장기보유특 별공제	• 등기되고 3년 이상 보유한 토지(비사업용 토지 포함)와 건물(주택 포함), 조합원입주권(조합원으로부터 취득한 경우 제외) 양도시에 한하여 적용 • 보유기간에 따라 양도차익의 6%~30%, 1세대 1주택(고가주택 등) : 20%~80%
양도소득기 본공제	• 소득별로 각각 연 250만원 공제(미등기양도자산은 적용 배제) • 양도자산의 종류와 보유기간에 관계없이 공제
세 율	• 토지, 건물, 부동산에 관한 권리 : 70%, 60%, 50%, 40%, 6%~45%(비사업용 토지 : 16%~55%) • 주택 및 조합원입주권, 분양권 : 70%, 60%, 6%~45%

1 양도차익의 계산

양도차익은 양도가액에서 취득가액 등 기타 필요경비를 공제한 금액을 말한다(「소득세법」 제97조 제1항).

> 양도차익 = 양도가액 – 필요경비

1. 양도차익의 산정

(1) 양도가액과 취득가액의 동일기준 적용

양도차익을 계산할 때 양도가액을 실지거래가액(매매사례가액·감정가액이 적용되는 경우 그 매매가액·감정가액 등을 포함한다)에 따를 때에는 취득가액도 실지거래가액(매매사례가액·감정가액·환산취득가액이 적용되는 경우 그 매매사례가액·감정가액·환산취득가액 등을 포함한다)에 따르고, 양도가액을 기준시가에 따를 때에는 취득가액도 기준시가에 따른다(「소득세법」 제100조 제1항).

(2) 일괄취득 또는 양도의 경우

양도가액 또는 취득가액을 실지거래가액에 따라 산정하는 경우로서 토지와 건물 등을 함께 취득하거나 양도한 경우에는 이를 각각 구분하여 기장하되 토지와 건물 등의 가액 구분이 불분명할 때에는 취득 또는 양도 당시의 기준시가 등을 고려하여 대통령령으로 정하는 바에 따라 안분계산(按分計算)한다. 이 경우 공통되는 취득가액과 양도비용은 해당 자산의 가액에 비례하여 안분계산한다(「소득세법」 제100조 제2항).

심화학습

토지와 건물 등의 가액 구분이 불분명한 때의 기준

토지와 건물 등을 함께 취득하거나 양도한 경우로서 그 토지와 건물 등을 구분 기장한 가액이 안분계산한 가액과 100분의 30 이상 차이가 있는 경우에는 토지와 건물 등의 가액 구분이 불분명한 때로 본다(「소득세법」 제100조 제3항).

---

2. 양도가액과 취득가액의 산정

(1) 원 칙

양도소득세가 과세되는 자산의 양도가액 또는 취득가액은 그 자산의 양도 또는 취득 당시의 양도자와 양수자간에 실제로 거래한 가액에 따른다(「소득세법」 제96조 제1항).

(2) 실지거래가액이 불분명한 경우 – 추계조사 결정·경정

① 추계사유

양도가액 또는 취득가액을 실지거래가액에 따라 정하는 경우로서 대통령령으로 정하는 사유로 장부나 그 밖의 증명서류에 의하여 해당 자산의 양도 당시 또는 취득 당시의 실지거래가액을 인정 또는 확인할 수 없는 경우에는 양도가액 또는 취득가액을 매매사례가액, 감정가액, 환산취득가액 또는 기준시가 등에 따라 추계조사하여 결정 또는 경정할 수 있다(「소득세법」 제114조 제7항).

심화학습

추계결정 및 경정의 사유(「소득세법 시행령」 제176조의2 제1항 제1호 및 제2호)

1. 양도 또는 취득 당시의 실지거래가액의 확인을 위하여 필요한 장부·매매계약서·영수증 기타 증빙서류가 없거나 그 중요한 부분이 미비된 경우
2. 장부·매매계약서·영수증 기타 증빙서류의 내용이 매매사례가액, 「감정평가 및 감정평가사에 관한 법률」에 따른 감정평가법인 등이 평가한 감정가액 등에 비추어 거짓임이 명백한 경우

---

② 추계 적용 순서

양도가액 또는 취득가액을 추계결정 또는 경정하는 경우에는 다음의 방법을 순차적으로 적용(신주인수권의 경우에는 환산취득가액을 적용하지 않는다)하여 산정한 가액에 따른다. 다만, 매매사례가액 또는 감정가액이 특수관계인과의 거래에 따른 가액 등으로서 객관적으로 부당하다고 인정되는 경우에는 해당 가액을 적용하지 않는다(「소득세법 시행령」 제176조의2 제3항).

구 분	적용순서
양도가액이 불분명한 경우	매매사례가액 ⇨ 감정가액 ⇨ 기준시가
취득가액이 불분명한 경우	매매사례가액 ⇨ 감정가액 ⇨ 환산취득가액 ⇨ 기준시가

심화학습

추계결정의 가액(「소득세법 시행령」 제176조의2 제3항)

1. 매매사례가액 : 양도일 또는 취득일 전후 각 3개월 이내에 해당 자산(주권상장법인의 주식등은 제외한다)과 동일성 또는 유사성이 있는 자산의 매매사례가 있는 경우 그 가액
2. 감정가액 : 양도일 또는 취득일 전후 각 3개월 이내에 해당 자산(주식등을 제외한다)에 대하여 둘 이상의 감정평가법인 등이 평가한 것으로서 신빙성이 있는 것으로 인정되는 감정가액(감정평가기준일이 양도일 또는 취득일 전후 각 3개월 이내인 것에 한정한다)이 있는 경우에는 그 감정가액의 평균액. 다만, 기준시가가 10억원 이하인 자산(주식등은 제외)의 경우에는 하나의 감정평가법인 등이 평가한 것으로서 신빙성이 있는 것으로 인정되는 경우 그 감정가액

3. 환산취득가액 : 토지·건물 및 부동산을 취득할 수 있는 권리의 경우에는 다음 계산식에 의하여 계산한 가액

$$환산취득가액 = \frac{양도\ 당시의\ 실지거래가액,}{매매사례가액,\ 감정가액} \times \frac{취득\ 당시의\ 기준시가}{양도\ 당시의\ 기준시가}$$

* 환산취득가액은 취득가액을 추계하는 경우에는 적용되지만, 양도가액을 추계하는 경우에는 적용되지 않는다

4. 기준시가 : 국세를 부과함에 있어 「소득세법」의 규정에 따라 산정한 가액으로서 양도자산의 양도가액 또는 취득가액의 계산에 있어 기준이 되는 가액을 말한다.

심화학습

감정가액 또는 환산취득가액 적용에 따른 가산세(「소득세법」 제114조의2)

1. 거주자가 건물을 신축 또는 증축(증축의 경우 바닥면적 합계가 85㎡를 초과하는 경우에 한정)하고 그 건물의 취득일 또는 증축일부터 5년 이내에 해당 건물을 양도하는 경우로서 감정가액 또는 환산취득가액을 그 취득가액으로 하는 경우에는 해당 건물의 감정가액(증축의 경우 증축한 부분에 한정함) 또는 환산취득가액(증축의 경우 증축한 부분에 한정함)의 100분의 5에 해당하는 금액을 양도소득 결정세액에 더한다.
2. 1.은 양도소득 산출세액이 없는 경우에도 적용한다.

심화학습

기준시가(「소득세법」 제99조 제1항, 「소득세법 시행령」 제164조)

1. 토 지
   ① 일반지역의 경우 : 개별공시지가
   ② 지정지역 내의 토지 : 개별공시지가×배율(국세청장)
   ③ 개별공시지가가 없는 토지 : 다음의 어느 하나에 해당하는 개별공시지가가 없는 토지와 지목·이용상황 등 지가형성요인이 유사한 인근토지를 표준지로 보고 「부동산 가격공시에 관한 법률」 제3조 제8항에 따른 비교표에 따라 납세지 관할 세무서장(납세지 관할 세무서장과 해당 토지의 소재지를 관할하는 세무서장이 서로 다른 경우로서 납세지 관할 세무서장의 요청이 있는 경우에는 그 토지의 소재지를 관할하는 세무서장)이 평가한 가액을 말한다. 이 경우 납세지 관할 세무서장은 「지방세법」 제4조 제1항 단서에 따라 시장·군수가 산정한 가액을 평가한 가액으로 하거나 둘 이상의 감정평가법인 등에게 의뢰하여 그 토지에 대한 감정평가법인 등의 감정가액을 고려하여 평가할 수 있다.
      ㉠ 「공간정보의 구축 및 관리 등에 관한 법률」에 의한 신규등록토지
      ㉡ 「공간정보의 구축 및 관리 등에 관한 법률」에 의하여 분할 또는 합병된 토지
      ㉢ 토지의 형질변경 또는 용도변경으로 인하여 「공간정보의 구축 및 관리 등에 관한 법률」상의 지목이 변경된 토지
      ㉣ 개별공시지가의 결정·고시가 누락된 토지(국·공유지를 포함)
   ④ 위 규정을 적용함에 있어서 새로운 기준시가가 고시되기 전에 취득 또는 양도하는 경우에는 직전의 기준시가에 의한다.

2. 건 물
　① 일반건물 : 건물의 신축가격, 구조, 용도, 위치, 신축연도 등을 고려하여 매년 1회 이상 국세청장이 산정·고시하는 가액
　② 오피스텔 및 상업용 건물 : 건물에 딸린 토지를 공유로 하고 건물을 구분소유하는 것으로서 건물의 용도·면적 및 구분소유하는 건물의 수(數) 등을 고려하여 대통령령으로 정하는 오피스텔 및 상업용 건물에 대해서는 건물의 종류, 규모, 거래상황, 위치 등을 고려하여 매년 1회 이상 국세청장이 토지와 건물에 대하여 일괄하여 산정·고시하는 가액

3. 주 택
　「부동산 가격공시에 관한 법률」에 따른 개별주택가격 및 공동주택가격. 다만, 공동주택가격의 경우에 국세청장이 결정·고시한 공동주택가격이 있을 때에는 그 가격에 따르고, 개별주택가격 및 공동주택가격이 없는 주택의 가격은 납세지 관할 세무서장이 인근 유사주택의 개별주택가격 및 공동주택가격을 고려하여 대통령령으로 정하는 방법에 따라 평가한 금액으로 한다.

4. 부동산에 관한 권리
　① 부동산을 취득할 수 있는 권리 : 양도자산의 종류·규모·거래상황 등을 고려하여 취득일 또는 양도일까지 납입한 금액과 취득일 또는 양도일 현재의 프리미엄에 상당하는 금액을 합한 금액
　② 지상권·전세권·등기된 부동산임차권 : 권리의 남은 기간·성질·내용·거래상황 등을 고려하여 「상속세 및 증여세법 시행령」상 지상권등에 대한 평가방법의 규정을 준용하여 평가한 가액

3. 실지거래가액에 의하는 경우의 양도가액

(1) 의 의

양도가액(양도소득의 총수입금액)은 그 자산의 양도 당시의 양도자와 양수자 간에 실지거래가액에 따른다(「소득세법」 제96조 제1항).

(2) 특수관계자간의 거래

(1)을 적용할 때 거주자가 「소득세법」 제94조 제1항의 자산을 양도하는 경우로서 다음의 어느 하나에 해당하는 경우에는 그 가액을 해당 자산의 양도 당시의 실지거래가액으로 본다(「소득세법」 제96조 제3항).

① 「법인세법」 제2조 제12호에 따른 특수관계인에 해당하는 법인(외국법인을 포함하며, 이하 "특수관계법인"이라 한다)에 양도한 경우로서 같은 법 제67조에 따라 해당 거주자의 상여·배당 등으로 처분된 금액이 있는 경우에는 같은 법 제52조에 따른 시가

② 특수관계법인 외의 자에게 자산을 시가보다 높은 가격으로 양도한 경우로서 「상속세 및 증여세법」 제35조에 따라 해당 거주자의 증여재산가액으로 하는 금액이 있는 경우에는 그 양도가액에서 증여재산가액을 뺀 금액

4. 취득가액 및 기타 필요경비

(1) 실지거래가액에 의하는 경우 필요경비

취득가액을 실지거래가액에 의하여 양도차익을 계산하는 경우의 필요경비는 해당 실지취득가액에 자본적 지출액과 직접 양도비용을 합한 금액으로 한다(「소득세법」 제97조 제2항 제1호). 이 경우 필요경비로 인정받기 위해서는 지급사실을 증명할 수 있는 증빙서류를 제출하여야 한다.

> 필요경비 = 실지취득가액 + 기타 필요경비(자본적 지출액 + 양도직접비용)

① 취득가액에 포함되는 경우

> 「지적재조사에 관한 특별법」 제18조에 따른 경계의 확정으로 지적공부상의 면적이 증가되어 징수한 조정금은 취득가액에서 제외한다.

㉠ 취득원가에 상당하는 가액(현재가치할인차금, 폐업시 잔존재화에 부과된 부가가치세 및 과세사업자가 면세사업자로 전환됨에 따라 납부한 부가가치세를 포함하되, 부당행위계산에 의한 시가초과액을 제외한다)(「소득세법 시행령」 제163조 제1항 제1호)

ⓐ 타인으로부터 매입한 자산은 매입가액에 취득세, 등록면허세 기타 부대비용을 가산한 금액

심화학습

양도차익계산시 취득가액에 산입하는 필요경비의 범위(「소득세법」 기본통칙 97-0···3)

1. 취득세는 납부영수증이 없는 경우에도 양도소득금액계산시 필요경비로 공제한다. 다만, 「지방세법」 등에 의하여 취득세가 감면된 경우의 당해 세액은 공제하지 아니한다.
2. 양도차익계산시 산입되는 취득가액에는 취득시 쟁송으로 인한 명도비용, 소송비용, 인지대 등 취득에 소요된 모든 비용을 포함한다. 이 경우 소송비용은 「민사소송법」이 정하는 소송비용과 변호사의 보수 등 자산의 소유권을 확보하기 위하여 직접 소요된 일체의 경비를 말한다.
3. 양도하는 토지 위에 나무재배를 위하여 소요된 비용 등은 필요경비로 산입하지 아니한다.

> 재산세, 종합부동산세 등 보유세는 필요경비에 포함하지 않는다.

ⓑ 자기가 행한 제조·생산 또는 건설등에 의하여 취득한 자산은 원재료비·노무비·운임·하역비·보험료·수수료·공과금(취득세와 등록면허세 포함)·설치비 기타 부대비용의 합계액

ⓒ ⓐ 및 ⓑ의 자산으로서 그 취득가액이 불분명한 자산과 ⓐ 및 ⓑ의 자산 외의 자산은 해당 자산의 취득 당시의 기획재정부령이 정하는 시가에 취득세·등록면허세 기타 부대비용을 가산한 금액

ⓒ 취득에 관한 쟁송이 있는 자산에 대하여 그 소유권등을 확보하기 위하여 직접소요된 소송비용·화해비용등의 금액으로서 그 지출한 연도의 각 소득금액의 계산에 있어서 필요경비에 산입된 것을 제외한 금액(「소득세법 시행령」 제163조 제1항 제2호).

ⓒ 당사자 약정에 의한 대금지급방법에 따라 취득원가에 이자상당액을 가산하여 거래가액을 확정하는 경우 당해 이자상당액은 취득원가에 포함한다(「소득세법 시행령」 제163조 제1항 제3호).

> 주택의 취득대금에 충당하기 위한 대출금의 이자지급액은 제외한다

② 취득가액에 제외되는 경우

ⓐ 당초 약정에 의한 거래가액의 지급기일의 지연으로 인하여 추가로 발생하는 이자상당액은 취득원가에 포함하지 아니한다(「소득세법 시행령」 제163조 제1항 제3호).

ⓑ 현재가치할인차금을 취득원가에 포함하는 경우에 있어서 양도자산의 보유기간 중에 그 현재가치할인차금의 상각액을 각 연도의 사업소득금액 계산시 필요경비로 산입하였거나 산입할 금액이 있는 때에는 이를 취득가액에서 공제한다(「소득세법 시행령」 제163조 제2항).

ⓒ 필요경비를 계산할 때 양도자산 보유기간에 그 자산에 대한 감가상각비로서 각 과세기간의 사업소득금액을 계산하는 경우 필요경비에 산입하였거나 산입할 금액이 있을 때에는 이를 ①의 금액에서 공제한 금액을 그 취득가액으로 한다(「소득세법」 제97조 제3항).

> 「소득세법」 제97조 제3항에 따른 취득가액을 계산할 때 감가상각비를 공제하는 것은 취득가액을 실지거래가액으로 하는 경우뿐만 아니라 취득가액을 환산취득가액으로 하는 때에도 적용한다.

ⓓ 부당행위부인 규정에 의한 특수관계인간 고가취득의 경우에 시가초과액(「소득세법 시행령」 제167조 제3항)

ⓔ 기납부한 상속세 및 증여세(단, 배우자 또는 직계존비속간 증여재산의 이월과세특례가 적용되는 경우에는 기납부한 증여세는 필요경비에 포함)

③ 상속 또는 증여받은 자산의 취득가액

상속개시일 또는 증여일 현재 「상속세 및 증여세법」 규정에 따라 평가한 가액을 취득 당시의 실지거래가액으로 본다(「소득세법 시행령」 제163조 제9항).

> 「상속세 및 증여세법」 규정에 따라 평가한 가액
> • 원칙 : 시가로 평가
> • 예외 : 보충적 평가방법(기준시가)

심화학습

상속자산 중 가업상속공제가 적용되는 자산의 취득가액(「소득세법」 제97조의2 제4항)

「상속세 및 증여세법」 제18조 제2항 제1호에 따른 가업상속공제가 적용된 자산의 양도차익을 계산할 때 양도가액에서 공제할 필요경비는 실지거래가액에 따른다. 다만, 취득가액은 다음의 금액을 합한 금액으로 한다.
1. 피상속인의 취득가액×해당 자산가액 중 가업상속공제적용률
2. 상속개시일 현재 해당 자산가액×(1 − 가업상속공제적용률)

---

(2) 실지거래가액에 의하는 경우의 기타 필요경비

① 자본적 지출액

ⓐ 자본적 지출액이란 사업자가 소유하는 감가상각자산의 내용연수를 연장시키거나 해당 자산의 가치를 현실적으로 증가시키기 위하여 지출한 수선비를 말한다(「소득세법 시행령」 제67조 제2항).

심화학습

자본적 지출액에 포함되는 것(「소득세법 시행령」 제67조 제2항)

1. 본래의 용도를 변경하기 위한 개조
2. 엘리베이터 또는 냉난방장치의 설치
3. 빌딩 등의 피난시설 등의 설치
4. 재해 등으로 인하여 건물·기계·설비 등이 멸실 또는 훼손되어 당해 자산의 본래 용도로의 이용가치가 없는 것의 복구
5. 기타 개량·확장·증설 등 유사한 성질의 것

ⓑ 양도자산을 취득한 후 쟁송이 있는 경우에 그 소유권을 확보하기 위하여 직접 소요된 소송비용·화해비용 등의 금액으로서 그 지출한 연도의 각 소득금액의 계산에 있어서 필요경비에 산입된 것을 제외한 금액(「소득세법 시행령」 제163조 제3항 제2호)

ⓒ 「공익사업을 위한 토지 등의 취득 및 보상에 관한 법률」이나 그 밖의 법률에 따라 토지 등이 협의매수 또는 수용되는 경우로서 그 보상금의 증액과 관련하여 직접 소요된 소송비용·화해비용 등의 금액으로서 그 지출한 연도의 각 소득금액의 계산에 있어서 필요경비에 산입된 것을 제외한 금액. 이 경우 증액보상금을 한도로 한다(「소득세법 시행령」 제163조 제3항 제2호의2).

ⓓ 방 및 거실의 확장공사비용(공사로 인해 가치가 증가함) 등 양도자산의 용도변경·개량 또는 이용편의를 위하여 지출한 비용(재해·노후화 등 부득이한 사유로 인하여 건물을 재건축한 경우 그 철거비용을 포함)(「소득세법 시행령」 제163조 제3항 제3호)

ⓔ 「개발이익환수에 관한 법률」에 따른 개발부담금(「소득세법 시행령」 제163조 제3항 제3호의2)

ⓑ 「재건축초과이익 환수에 관한 법률」에 따른 재건축부담금(「소득세법 시행령」 제163조 제3항 제3호의3)

심화학습

기타 자본적 지출액(「소득세법 시행규칙」 제79조 제1항)

1. 「하천법」·「댐건설 및 주변지역지원 등에 관한 법률」 그 밖의 법률에 따라 시행하는 사업으로 인하여 해당 사업구역 내의 토지소유자가 부담한 수익자부담금 등의 사업비용
2. 토지이용의 편의를 위하여 지출한 장애철거비용
3. 토지이용의 편의를 위하여 해당 토지 또는 해당 토지에 인접한 타인 소유의 토지에 도로를 신설한 경우의 그 시설비
4. 토지이용의 편의를 위하여 해당 토지에 도로를 신설하여 국가 또는 지방자치단체에 이를 무상으로 공여한 경우의 그 도로로 된 토지의 취득 당시 가액
5. 사방사업에 소요된 비용

심화학습

수익적 지출액

1. 수익적 지출액이란 자산의 현상유지와 능률유지 비용을 말하는데 필요경비에 포함되지 않는다.
2. 도장비용, 방수비용, 도배장판비용 등이 이에 해당한다.

---

② 양도직접비용
  ㉠ 자산을 양도하기 위하여 직접 지출한 비용으로서 다음의 비용을 말한다(「소득세법 시행령」 제163조 제5항 제1호).
    ⓐ 「증권거래세법」에 따라 납부한 증권거래세
    ⓑ 양도소득세과세표준 신고서 작성비용 및 계약서 작성비용
    ⓒ 공증비용, 인지대 및 소개비
    ⓓ 매매계약에 따른 인도의무를 이행하기 위하여 양도자가 지출하는 명도비용
    ⓔ 위의 비용과 유사한 비용
  ㉡ 토지·건물을 취득함에 있어서 법령등의 규정에 따라 매입한 국민주택채권 및 토지개발채권을 만기 전에 양도함으로써 발생하는 매각차손(이 경우 기획재정부령으로 정하는 금융기관 외의 자에게 양도한 경우에는 동일한 날에 금융기관에 양도하였을 경우 발생하는 매각차손을 한도로 한다)

> **참고** 위약금의 필요경비 산입 여부 : 부동산매매계약의 해약으로 인하여 지급하는 위약금 등은 양도차익 계산시 필요경비로 공제하지 아니한다(「소득세법」 기본통칙 97- 0...6).

심화학습

적격증빙 등

1. 자본적 지출액 등이 필요경비로 인정받기 위해서는 세금계산서, 신용카드매출전표 등의 증빙서류를 수취·보관하거나 실제 지출사실이 금융거래 증명서류(계좌이체 등)에 의하여 확인되는 경우를 말한다.
2. 다만, 취득세 및 등록면허세는 납부영수증이 없는 경우에도 필요경비로 공제 가능하다.

실지거래가액을 적용하여 양도차익을 계산하는 경우 필요경비

필요경비에 포함	필요경비에 포함되지 않음
• 현재가치할인차금, 잔존재화에 부과된 부가가치세, 과세사업자가 면세사업자로 전환됨에 따라 납부한 부가가치세 • 취득세, 등록면허세 등 취득 관련 조세, 등기비용, 컨설팅 비용 • 거래당사자간에 대금지급방법에 따라 지급하기로 한 이자 • 취득시 발생한 소송비용, 화해비용 • 자본적 지출액(개량비, 수선비, 이용의 편의에 소요된 비용 등) • 양도직접비용(양도소득세 신고서 작성비용, 공증비용, 계약서 작성비용, 소개비, 국민주택채권의 채권매각차손 등) • 개발부담금, 재건축부담금, 농지전용부담금 • 매매계약서상의 인도의무를 이행하기 위해 양도자가 지출한 명도소송비 등 명도비용	• 부당행위계산에 의한 시가초과액 • 재산세, 종합부동산세, 상속세, 증여세(이월과세특례가 적용되는 경우에는 예외적으로 필요경비에 포함) • 사업자가 납부한 부가가치세로서 매입세액공제를 받는 것 • 대금지급 지연이자, 주택 구입시 대출금이자 • 다른 소득금액 계산시 필요경비로 산입된 소송화해비용·감가상각비·현재가치할인차금상각액 등의 금액 • 수익적 지출액(도장비용, 방수비용, 도배장판비용 등) • 「지적재조사에 관한 특별법」 제18조에 따른 경계의 확정으로 지적공부상의 면적이 증가되어 같은 법 제20조에 따라 징수한 조정금

(3) 취득 당시 실지거래가액이 인정 또는 확인되지 않는 경우(추계방법)

취득가액을 추계방법에 의하는 경우의 필요경비는 추계방법으로 정한 취득가액과 필요경비개산공제액을 합한 금액으로 한다(「소득세법」 제97조 제2항 제2호).

> 필요경비 = 취득가액(매 ⇨ 감 ⇨ 환 또는 기) + 기타 필요경비(필요경비개산공제액)

① **취득가액**

장부나 그 밖의 증명서류에 의하여 해당 자산의 취득 당시의 실지거래가액을 인정 또는 확인할 수 없는 경우에는 매매사례가액, 감정가액, 환산취득가액 또는 기준시가를 순차로 적용하여 취득가액을 산정할 수 있다(「소득세법」 제114조 제7항).

② 필요경비개산공제액

양도차익을 추계방법에 의하여 계산하는 경우 기타 필요경비는 필요경비개산공제액을 적용하는데 그 내용은 다음과 같다(「소득세법 시행령」 제163조 제6항).

    ㉠ 토지·건물 : 취득 당시 기준시가×100분의 3(미등기양도자산의 경우 : 1,000분의 3)

    ㉡ 지상권·전세권·등기된 부동산임차권 : 취득 당시의 기준시가×100분의 7(미등기양도자산 제외)

    ㉢ 부동산을 취득할 수 있는 권리, 기타자산, 주식 등 : 취득 당시의 기준시가×100분의 1

(4) 취득가액을 환산취득가액으로 하는 경우의 필요경비 산정

취득가액을 환산취득가액으로 하는 경우로서 아래 계산식에서 ㉠의 금액이 ㉡의 금액보다 적은 경우에는 ㉡의 금액을 필요경비로 할 수 있다(「소득세법」 제97조 제2항 제2호 단서).

> 필요경비 = ㉠ 환산취득가액+필요경비개산공제액, ㉡ 자본적 지출액+양도직접비용

2   양도소득금액의 계산을 위한 장기보유특별공제

> 양도소득금액 = 양도차익 – 장기보유특별공제액

1. 의 의

장기보유특별공제란 물적 공제로서 장기보유 후 양도하는 경우 단기보유 양도자산보다 세부담을 경감시켜서 과세할 때 우대하기 위한 제도이다. 이는 장기간에 걸쳐 형성된 양도소득이 일시에 실현됨으로 인하여 높은 세율을 적용받는 결집효과를 완화하고, 그 높은 세율의 적용으로 인한 과중한 세부담을 이유로 양도를 기피하는 동결효과를 방지하며, 물가상승으로 인한 명목소득만 커지는 문제점을 제거하기 위함이다.

2. 적용대상

장기보유특별공제는 토지·건물(주택 포함)로서 등기되고 보유기간이 3년 이상인 것 및 부동산을 취득할 수 있는 권리 중 조합원입주권(조합원으로부터 취득한 것은 제외)에 대하여 적용한다(「소득세법」 제95조 제2항).

3. 적용 배제되는 경우

① 국외소재 자산
② 미등기양도자산의 경우
③ 3년 미만 토지·건물 및 조합원으로부터 취득한 조합원입주권

④ 조정대상지역 내 1세대 2주택

⑤ 조정대상지역 내 1세대가 1주택과 조합원입주권 또는 분양권을 1개 보유한 경우의 해당 주택 (대통령령으로 정하는 장기임대주택 등은 제외)

⑥ 조정대상지역 내 1세대 3주택 이상에 해당하는 주택

⑦ 조정대상지역 내 1세대가 주택과 조합원입주권 또는 분양권을 보유한 경우로서 그 수의 합이 3 이상인 경우 해당 주택(대통령령으로 정하는 장기임대주택 등 제외)

단, ④~⑦의 규정은 2018년 4월 1일 이후 양도하는 주택분부터 적용한다.

적용대상	배제되는 경우
국내에 소재	국외에 소재하는 자산
등기	미등기양도자산
3년 이상 보유	3년 미만 보유한 토지, 건물
토지 (비사업용 토지 포함), 건물, 조합원입주권	토지, 건물, 조합원입주권 이외 양도자산
조정대상지역 외 1세대 다주택의 경우	조정대상지역 내에서 1세대 2주택(조합원입주권 또는 분양권 포함) 및 1세대 3주택 (조합원입주권 또는 분양권 포함) 이상 다주택자가 먼저 양도하는 주택(단, 2018년 4월 1일 이후 양도하는 주택분부터 적용)

> 조정대상지역내 다주택의 경우에도 2022년 5월 10일부터 2025년 5월 9일까지 양도하는 경우에는 장기보유특별공제를 적용받을 수 있다.

4. 공제액

(1) 일반적인 경우

> 장기보유특별공제금액 = 양도차익 × 보유기간별 공제율

장기보유특별공제액은 그 자산의 양도차익(조합원입주권을 양도하는 경우에는 「도시 및 주거환경정비법」 제74조에 따른 관리처분계획 인가 및 「빈집 및 소규모주택 정비에 관한 특례법」 제29조에 따른 사업시행계획 인가 전 토지분 또는 건물분의 양도차익으로 한정)에 다음 표에 따른 보유기간별 공제율을 곱하여 계산한 금액으로 한다(「소득세법」 제95조 제2항).

보유기간	공제율
	일반적인 토지·건물(보유연수×2%)
3년 이상 4년 미만	양도차익×6%
4년 이상 5년 미만	양도차익×8%
5년 이상 6년 미만	양도차익×10%
6년 이상 7년 미만	양도차익×12%
7년 이상 8년 미만	양도차익×14%
8년 이상 9년 미만	양도차익×16%
9년 이상 10년 미만	양도차익×18%
10년 이상 11년 미만	양도차익×20%
11년 이상 12년 미만	양도차익×22%
12년 이상 13년 미만	양도차익×24%
13년 이상 14년 미만	양도차익×26%
14년 이상 15년 미만	양도차익×28%
15년 이상	양도차익×30%

(2) 양도소득세가 과세되는 1세대 1주택(보유기간 연 4%＋거주기간 연 4%)

> 장기보유특별공제금액 = 양도차익×(보유기간별 공제율＋거주기간별 공제율)

보유기간	공제율	거주기간	공제율
3년 이상 4년 미만	100분의 12	2년 이상 3년 미만 (보유기간 3년 이상에 한정함)	100분의 8
		3년 이상 4년 미만	100분의 12
4년 이상 5년 미만	100분의 16	4년 이상 5년 미만	100분의 16
5년 이상 6년 미만	100분의 20	5년 이상 6년 미만	100분의 20
6년 이상 7년 미만	100분의 24	6년 이상 7년 미만	100분의 24
7년 이상 8년 미만	100분의 28	7년 이상 8년 미만	100분의 28
8년 이상 9년 미만	100분의 32	8년 이상 9년 미만	100분의 32
9년 이상 10년 미만	100분의 36	9년 이상 10년 미만	100분의 36
10년 이상	100분의 40	10년 이상	100분의 40

> 참고 │ 다주택자와 2년 거주하지 아니한 1세대 1주택은 기존과 동일하게 보유연수에 2%씩 적용하여 15년 이상
> 보유시 최대 30% 공제 가능

심화학습

1세대 1주택(「소득세법 시행령」 제159조의4)

20%~80%의 장기보유특별공제율을 적용받는 1세대1주택이란 1세대가 양도일 현재 국내에 1주택(「소득세법 시행령」 제155조·제155조의2·제156조의3 및 그 밖의 규정에 따라 1세대 1주택으로 보는 주택을 포함)을 보유하고 보유기간 중 거주기간이 2년 이상인 것을 말한다.

심화학습

비거주자의 국내소재 자산양도시 장기보유특별공제 적용(양도소득세 집행기준 95-159의3-7)

1. 비거주자가 양도하는 경우에도 일반적인 토지·건물에 대한 장기보유특별공제(6~30%)를 적용한다.
2. 비거주자가 국내에 소유하는 1주택을 양도하는 경우 보유기간별 및 거주기간별 20~80%의 장기보유특별공제율을 적용하지 아니한다
3. 국내에 1주택을 소유한 거주자가 비거주자가 되었다가 다시 거주자가 된 상태에서 해당 주택을 양도할 때 보유기간이 3년 이상인 경우에는 20~80%의 보유기간별 공제율을 적용할 수 있다(양도소득세 집행기준 95-159의3-8).

---

(3) 주택이 아닌 건물을 사실상 주거용으로 사용하는 등의 경우로서 1세대1주택

> 장기보유특별공제금액 = 양도차익 × (보유기간별 공제율 + 거주기간별 공제율)

주택이 아닌 건물을 사실상 주거용으로 사용하거나 공부상의 용도를 주택으로 변경하는 경우로서 그 자산이 대통령령으로 정하는 1세대 1주택(이에 딸린 토지를 포함)에 해당하는 자산인 경우 장기보유 특별공제액은 그 자산의 양도차익에 다음의 ①에 따른 보유기간별 공제율을 곱하여 계산한 금액과 ②에 따른 거주기간별 공제율을 곱하여 계산한 금액을 합산한 것을 말한다.

① **보유기간별 공제율**: 다음 계산식에 따라 계산한 공제율. 다만, 다음 계산식에 따라 계산한 공제율이 100분의 40보다 큰 경우에는 100분의 40으로 한다.

> 주택이 아닌 건물로 보유한 기간에 해당하는 보유기간별 공제율(보유연수×2%)
> +주택으로 보유한 기간에 해당하는 보유기간별 공제율(보유연수×4%)

② **거주기간별 공제율**: 다음 계산식에 따라 계산한 공제율

> 주택으로 보유한 기간 중 거주한 기간에 해당하는 거주기간별 공제율(거주연수×4%)

5. 장기보유특별공제 적용시 보유기간(「소득세법」 제95조 제4항 및 제6항)

(1) 일반적인 경우

자산의 보유기간은 해당 자산의 취득일부터 양도일까지로 한다.

[상속 또는 증여받은 자산의 장기보유특별공제 적용시 보유기간]
- 상속받은 자산: 상속이 개시된 날
- 증여받은 자산: 증여 받은날

---

(2) 증여받은 자산에 대한 이월과세의 경우

증여한 배우자 또는 직계존비속이 해당 자산을 취득한 날부터 기산한다.

(3) 가업상속공제가 적용된 비율에 해당하는 자산의 경우

피상속인이 해당 자산을 취득한 날부터 기산한다.

(4) 조합원입주권의 장기보유특별공제 적용시의 보유기간

기존건물과 그 부수토지의 취득일부터 관리처분계획 등 인가일까지의 기간으로 한다(「소득세법 시행령」 제166조 제5항).

(5) 4.의(3)에 따른 주택으로 보유한 기간은 해당 자산을 사실상 주거용으로 사용한 날부터 기산한다. 다만, 사실상 주거용으로 사용한 날이 분명하지 아니한 경우에는 그 자산의 공부상 용도를 주택으로 변경한 날부터 기산한다.

6. 토지와 건물을 함께 양도

토지와 건물을 함께 양도하는 경우 장기보유특별공제는 양도자산별로 각각 공제한다.

3　**양도소득과세표준 계산을 위한 양도소득기본공제**

> 양도소득과세표준 = 양도소득금액 − 양도소득기본공제

1. 의 의

양도소득기본공제는 인적 공제의 성격을 갖는다. 종합소득의 인적 공제와의 형평성과 면세점의 기능을 한다. 양도소득기본공제는 미등기양도만 아니면 보유기간에 관계없이 공제 적용하며 별도의 공제신청을 요하지 않는다(「소득세법」 제103조 제1항).

2. 공제대상

미등기양도자산을 제외한 모든 양도자산은 보유기간에 관계없이 양도소득기본공제 대상이 된다.

3. 공제액

양도소득이 있는 거주자에 대해서는 다음의 소득별로 해당 과세기간의 양도소득금액에서 각각 연 250만원을 공제한다(「소득세법」 제103조 제1항).

① 토지·건물·부동산에 관한 권리 및 기타자산의 양도소득금액(다만, 미등기양도자산의 양도소득금액은 제외)

② 주식 및 출자지분의 양도소득금액

③ 파생상품 양도소득금액

④ 신탁수익권 양도소득금액

4. 공제방법

① **자산을 여러 차례 양도한 경우**

양도소득금액에 감면소득금액이 있는 경우에는 그 감면소득금액 외의 양도소득금액에서 먼저 공제하고, 감면소득금액 외의 양도소득금액 중에서는 해당 과세기간에 먼저 양도한 자산의 양도소득금액에서부터 순서대로 공제한다(「소득세법」 제103조 제2항).

② 거주자뿐만 아니라 비거주자의 양도에 대해서도 적용한다.

③ 국내·국외자산에 대해 모두 적용하며, 국내자산과 국외자산을 구분하여 각각 연 250만원을 공제한다(「소득세법」 제118조 및 제118조의7).

④ 양도자산별로 공제하는 것이 아니라, 소득별로 각각 연 250만원을 공제한다.

⑤ 연 250만원을 공제하되, 양도소득금액의 범위 내에서만 공제받을 수 있다.

⑥ **공동소유 자산을 양도한 경우**

공동으로 소유하는 자산을 양도하는 경우에는 소유지분별로 각각 양도소득세를 신고하기 때문에 공동소유자 각각 양도소득금액에서 연 250만원의 양도소득기본공제를 받을 수 있다.

장기보유특별공제와 양도소득기본공제의 비교

구 분	장기보유특별공제	양도소득기본공제
성 격	물적 공제(양도자산별)	인적 공제(소득별)
대 상	토지·건물·조합원입주권	모든 양도자산 (단, 등기를 요하는 재산은 등기된 것)
보유기간	3년 이상 보유	보유기간 불문
등기 여부	미등기 배제	미등기 배제
공제 적용	보유기간 및 거주기간에 따라 차등 적용	보유기간 및 거주기간에 관계없이 공제
동일연도에 수회 양도하는 경우	요건에 해당하면 양도자산별로 각각 공제	소득별로 각각 연 250만원
조정대상지역 내 1세대 2주택 이상	공제 적용*	공제 적용
비사업용 토지	공제 적용	공제 적용
비거주자	공제 가능(단, 1세대 1주택에 대한 장기보유특별공제율 확대적용 배제)	공제 가능
공동소유 자산	물건별로 공제	공동소유자 각각 공제

* 조정대상지역내 다주택: 2022년 5월 10일부터 2025년 5월 9일까지 양도하는 경우에는 장기보유특별공제를 적용받을 수 있다.

4 양도소득세의 세율

양도소득세 산출세액 = 양도소득과세표준 × 세율

거주자의 양도소득세는 해당 과세기간의 양도소득과세표준에 다음의 세율을 적용하여 계산한 금액을 그 세액으로 한다. 이 경우 하나의 자산이 둘 이상의 세율에 해당할 때에는 해당 세율을 적용하여 계산한 양도소득 산출세액 중 큰 것을 그 세액으로 하며, 파생상품등은 자본시장 육성 등을 위하여 필요한 경우 그 세율의 100분의 75의 범위에서 대통령령으로 정하는 바에 따라 인하할 수 있다(「소득세법」 제104조 제1항·제6항).

1. 표준세율

(1) 토지·건물(주택 제외) 및 부동산에 관한 권리(조합원입주권 및 주택분양권 제외)

구 분		세 율
미등기양도자산		70%
등기양도자산	1년 미만 보유	50%
	1년 이상 2년 미만 보유	40%
	2년 이상 보유	6%~45% 8단계 초과누진세율 [비사업용 토지 : (6%~45%)+10%]

기본세율(8단계 초과누진세율)

과세표준	세율
1,400만원 이하	과세표준의 6%
1,400만원 초과 5,000만원 이하	84만원 + (1,400만원 초과금액의 15%)
5,000만원 초과 8,800만원 이하	624만원 + (5,000만원 초과금액의 24%)
8,800만원 초과 1억 5,000만원 이하	1,536만원 + (8,800만원 초과금액의 35%)
1억 5,000만원 초과 3억원 이하	3,706만원 + (1억 5,000만원 초과금액의 38%)
3억원 초과 5억원 이하	9,406만원 + (3억원 초과금액의 40%)
5억원 초과 10억원 이하	1억 7,406만원 + (5억원 초과금액의 42%)
10억원 초과	3억 8,406만원 + (10억원 초과금액의 45%)

비사업용 토지 및 비사업용 토지 과다보유법인의 주식

과세표준	세율
1,400만원 이하	과세표준의 16%
1,400만원 초과 5,000만원 이하	224만원 + (1,400만원 초과금액의 25%)
5,000만원 초과 8,800만원 이하	1,124만원 + (5,000만원 초과금액의 34%)
8,800만원 초과 1억 5,000만원 이하	2,416만원 + (8,800만원 초과금액의 45%)
1억 5,000만원 초과 3억원 이하	5,206만원 + (1억 5,000만원 초과금액의 48%)
3억원 초과 5억원 이하	1억 2,406만원 + (3억원 초과금액의 50%)
5억원 초과 10억원 이하	2억 2,406만원 + (5억원 초과금액의 52%)
10억원 초과	4억 8,406만원 + (10억원 초과금액의 55%)

(2) 주택 및 조합원입주권, 주택분양권

과세대상에 따른 구분			세율
주택 및 조합원 입주권	미등기		70%
	등기	1년 미만 보유	70%
		1년 이상 2년 미만 보유	60%
		2년 이상 보유	6~45% 8단계 초과누진세율
주택 분양권	1년 미만 보유		70%
	1년 이상 보유		60%

(3) 조정대상지역 내 1세대 2주택 및 3주택 세율

해당 주택 보유기간이 2년 미만인 경우에는 「소득세법」 제55조 제1항에 따른 기본세율에 20%(③ 및 ④의 경우 30%)를 더한 세율을 적용하여 계산한 양도소득산출세액과 60% 또는 70%의 세율을 적용하여 계산한 양도소득산출세액 중 큰 세액을 양도소득산출세액으로 한다.

구 분	세 율
① 조정대상지역에 있는 주택으로서 대통령령으로 정하는 1세대 2주택에 해당하는 주택 ② 조정대상지역에 있는 주택으로서 1세대가 1주택과 조합원입주권 또는 주택분양권을 1개 보유한 경우의 해당 주택	기본세율+20%
③ 조정대상지역에 있는 주택으로서 대통령령으로 정하는 1세대 3주택 이상에 해당하는 주택 ④ 조정대상지역에 있는 주택으로서 1세대가 주택과 조합원입주권 또는 주택분양권을 보유한 경우로서 그 수의 합이 3 이상인 경우 해당 주택	기본세율+30%

1세대 2주택 및 3주택 세율(2년보유)

구 분	2주택자	3주택자 이상
조정대상지역이 아닌 경우	기본세율(6%~45%) 적용	
조정대상지역의 경우	기본세율+20%	기본세율+30%

조정대상지역내 다주택
2022년 5월 10일부터 2025년 5월 9일까지 양도하는 경우에는 20% 또는 30%를 적용하지 않고 기본세율(6~45%)을 적용한다.

(4) 기타자산

보유기간에 관계없이 과세표준의 크기에 따라 6%~45%의 8단계 초과누진세율을 적용한다.

(5) 주식 또는 출자지분(주식등)

① 소유주식의 비율·시가총액 등을 고려하여 대통령령으로 정하는 대주주가 양도하는 주식등
  ㉠ 1년 미만 보유한 주식등으로서 중소기업 외의 법인의 주식등 : 양도소득 과세표준의 100분의 30
  ㉡ ㉠에 해당하지 아니하는 주식등

과세표준	세 율
3억원 이하	20%
3억원 초과	6,000만원+3억원 초과금액의 25%

② 대주주가 아닌 자가 양도하는 주식등
  ㉠ 중소기업의 주식등 : 양도소득 과세표준의 100분의 10
  ㉡ ㉠에 해당하지 아니하는 주식등 : 양도소득 과세표준의 100분의 20
③ 외국법인이 발행하였거나 외국에 있는 시장에 상장된 주식등
  ㉠ 중소기업의 주식등 : 양도소득 과세표준의 100분의 10
  ㉡ 그 밖의 주식등 : 양도소득 과세표준의 100분의 20

(6) 파생상품등

양도소득 과세표준의 100분의 20의 세율을 적용한다.

심화학습

파생상품등의 탄력세율

1. 파생상품등은 자본시장 육성 등을 위하여 필요한 경우 그 세율의 100분의 75의 범위에서 대통령령으로 정하는 바에 따라 인하할 수 있다(「소득세법」 제104조 제1항 및 「소득세법」 제104조 제6항).
2. 파생상품등에 대한 양도소득세의 세율은 100분의 10으로 한다(「소득세법 시행령」 제167조의9).

---

(7) 신탁수익권

양도소득 과세표준	세 율
3억원 이하	20%
3억원 초과	6,000만원+(3억원 초과금액의 25%)

심화학습

양도소득세 세율 정리

구분		세율
부동산· 부동산에 관한 권리	원칙	기본세율(6~45%)
	예외	미등기 양도자산: 70%
		비사업용 토지: 기본세율(6~45%) + 10%
		보유기간이 1년 이상 2년 미만인 자산(주택, 조합원입주권 및 분양권 제외): 40%
		보유기간이 1년 미만인 자산(주택, 조합원입주권 및 분양권 제외): 50%
		주택 및 조합원입주권으로 보유기간이 2년 이상: 기본세율(6~45%)
		주택 및 조합원입주권으로 보유기간이 1년 이상 2년 미만: 60%
		주택 및 조합원입주권으로 보유기간이 1년 미만: 70%
		주택분양권으로 보유기간이 1년 이상: 60%
		주택분양권으로 보유기간이 1년 미만: 70%
		조정대상지역 내 1세대 2주택: 기본세율 + 20%❶
		조정대상지역 내 1세대 3주택: 기본세율 + 30%❶
기타 자산		기본세율(6~45%)
파생상품		100분의 20(시행령: 100분의 10)
신탁수익권		• 3억원 이하: 20% • 3억원 초과: 6,000만원 + 3억원 초과금액의 25%

❶ 조정대상지역내 다주택(2년 보유)
2022년 5월 10일부터 2025년 5월 9일까지 양도하는 경우에는 20% 또는 30%를 적용하지 않고 기본세율(6~45%)을 적용한다.

2. 특례세율

① 지정지역에 있는 비사업용 토지는 '[기본세율(6~45%)+10%]+10%'의 세율을 적용한다. 다만, 지정지역의 공고가 있은 날 이전에 토지를 양도하기 위하여 매매계약을 체결하고 계약금을 지급받은 사실이 증빙서류에 의하여 확인되는 경우는 제외한다.

② ①의 경우 해당 부동산 보유기간이 2년 미만인 경우에는 '[기본세율(6~45%)+10%]+10%'의 세율을 적용하여 계산한 양도소득 산출세액과 40% 또는 50%의 세율을 적용하여 계산한 양도소득 산출세액 중 큰 세액을 양도소득 산출세액으로 한다(「소득세법」 제104조 제4항).

> • 지정지역 외 비사업용 토지 : (6~45%) + 10%
> • 지정지역 내 비사업용 토지 : (6~45%) + 20%

3. 둘 이상 양도하는 경우 양도소득 산출세액

해당 과세기간에 토지·건물·부동산에 관한 권리 및 기타자산을 둘 이상 양도하는 경우 양도소득 산출세액은 다음의 금액 중 큰 것(「소득세법」 또는 다른 조세에 관한 법률에 따른 양도소득세 감면액이 있는 경우에는 해당 감면세액을 차감한 세액이 더 큰 경우의 산출세액)으로 한다. 이 경우 아래 ②의 금액을 계산할 때 비사업용 토지와 비사업용 토지 과다보유 법인의 주식은 동일한 자산으로 보고, 한 필지의 토지가 「소득세법」 제104조의3에 따른 비사업용 토지와 그 외의 토지로 구분되는 경우에는 각각을 별개의 자산으로 보아 양도소득 산출세액을 계산한다(「소득세법」 제104조 제5항).

① 해당 과세기간의 양도소득과세표준 합계액에 대하여 초과누진세율(6%~45%)을 적용하여 계산한 양도소득 산출세액
② 자산별 양도소득 산출세액 합계액. 다만, 세율 중 둘 이상의 세율이 적용되는 자산이 둘 이상 있는 경우에는 자산별로 양도소득과세표준을 합계하여 해당 세율에 따라 산출한 세액 중에서 큰 산출세액의 합계액으로 한다.

4. 보유기간의 계산

양도소득세의 세율을 적용함에 있어서 보유기간은 해당 자산의 취득일부터 양도일까지로 한다. 다만, 다음의 어느 하나에 해당하는 경우에는 각각 그 정한 날을 그 자산의 취득일로 본다(「소득세법」 제104조 제2항).

① 상속받은 자산은 피상속인이 그 자산을 취득한 날
② 증여받은 자산은 증여받은 날
③ 「소득세법」 제97조의2 제1항의 증여이월과세에 해당하는 자산은 증여자가 그 자산을 취득한 날

보유기간의 기산점

구분	양도 및 취득시기	장기보유특별공제 적용 보유기간	양도소득세율 적용 보유기간
상속	상속개시일	상속개시일	피상속인 취득일
증여	증여받은 날	증여받은 날	증여받은 날
증여특례	증여자의 취득일	증여자의 취득일	증여자의 취득일

심화학습

비사업용 토지

1. 비사업용 토지의 범위(「소득세법」 제104조의3)

(1) 농지로서 다음의 어느 하나에 해당하는 것

① 대통령령으로 정하는 바에 따라 소유자가 농지소재지에 거주하지 아니하거나 자기가 경작하지 아니하는 농지. 다만, 「농지법」이나 그 밖의 법률에 따라 소유할 수 있는 농지로서 대통령령으로 정하는 경우는 제외한다.

② 특별시·광역시(광역시에 있는 군은 제외)·특별자치시(특별자치시에 있는 읍·면지역은 제외)·특별자치도(「제주특별자치도 설치 및 국제자유도시 조성을 위한 특별법」 제10조 제2항에 따라 설치된 행정시의 읍·면지역은 제외) 및 시지역(「지방자치법」 제3조 제4항에 따른 도농 복합형태인 시의 읍·면지역은 제외) 중 「국토의 계획 및 이용에 관한 법률」에 따른 도시지역(대통령령으로 정하는 지역은 제외)에 있는 농지. 다만, 대통령령으로 정하는 바에 따라 소유자가 농지소재지에 거주하며 스스로 경작하던 농지로서 특별시·광역시·특별자치시·특별자치도 및 시지역의 도시지역에 편입된 날부터 대통령령으로 정하는 기간이 지나지 아니한 농지는 제외한다.

(2) 임야. 다만, 다음의 어느 하나에 해당하는 것은 제외한다.

① 「산림자원의 조성 및 관리에 관한 법률」에 따라 지정된 산림유전자원보호림, 보안림(保安林), 채종림(採種林), 시험림(試驗林), 그 밖에 공익을 위하여 필요하거나 산림의 보호·육성을 위하여 필요한 임야로서 대통령령으로 정하는 것

② 대통령령으로 정하는 바에 따라 임야 소재지에 거주하는 자가 소유한 임야

③ 토지의 소유자, 소재지, 이용 상황, 보유기간 및 면적 등을 고려하여 거주 또는 사업과 직접 관련이 있다고 인정할 만한 상당한 이유가 있는 임야로서 대통령령으로 정하는 것

(3) 목장용지로서 다음의 어느 하나에 해당하는 것. 다만, 토지의 소유자, 소재지, 이용 상황, 보유기간 및 면적 등을 고려하여 거주 또는 사업과 직접 관련이 있다고 인정할 만한 상당한 이유가 있는 목장용지로서 대통령령으로 정하는 것은 제외한다.

① 축산업을 경영하는 자가 소유하는 목장용지로서 대통령령으로 정하는 축산용 토지의 기준면적을 초과하거나 특별시·광역시·특별자치시·특별자치도 및 시지역의 도시지역(대통령령으로 정하는 지역은 제외)에 있는 것(도시지역에 편입된 날부터 대통령령으로 정하는 기간이 지나지 아니한 경우는 제외)

② 축산업을 경영하지 아니하는 자가 소유하는 토지

(4) 농지, 임야 및 목장용지 외의 토지 중 다음을 제외한 토지

① 「지방세법」 또는 관계 법률에 따라 재산세가 비과세되거나 면제되는 토지

② 「지방세법」에 따른 재산세 별도합산과세대상 또는 분리과세대상이 되는 토지

③ 토지의 이용 상황, 관계 법률의 의무 이행 여부 및 수입금액 등을 고려하여 거주 또는 사업과 직접 관련이 있다고 인정할 만한 상당한 이유가 있는 토지로서 대통령령으로 정하는 것

(5) 「지방세법」 제106조 제2항에 따른 주택의 부속토지 중 주택이 정착된 면적에 지역별로 대통령령으로 정하는 배율을 곱하여 산정한 면적을 초과하는 토지

(6) 주거용 건축물로서 상시주거용으로 사용하지 아니하고 휴양, 피서, 위락 등의 용도로 사용하는 건축물('별장')의 부속토지. 다만, 「지방자치법」에 따른 읍 또는 면에 소재하고 대통령령으로 정하는 범위와 기준에 해당하는 농어촌주택의 부속토지는 제외하며, 별장에 부속된 토지의 경계가 명확하지 아니한 경우에는 그 건축물 바닥면적의 10배에 해당하는 토지를 부속토지로 본다.

(7) 그 밖에 (1)부터 (6)까지와 유사한 토지로서 거주자의 거주 또는 사업과 직접 관련이 없다고 인정할 만한 상당한 이유가 있는 대통령령으로 정하는 토지

2. 비사업용 토지의 기간기준(「소득세법 시행령」 제168조의6)

대통령령으로 정하는 기간이란 다음의 어느 하나에 해당하는 기간을 말한다. 이 경우 기간의 계산은 일수로 한다.

(1) 토지의 소유기간이 5년 이상인 경우에는 다음의 모두에 해당하는 기간
① 양도일 직전 5년 중 2년을 초과하는 기간
② 양도일 직전 3년 중 1년을 초과하는 기간
③ 토지의 소유기간의 100분의 40에 상당하는 기간을 초과하는 기간

(2) 토지의 소유기간이 3년 이상이고 5년 미만인 경우에는 다음의 모두에 해당하는 기간
① 토지의 소유기간에서 3년을 차감한 기간을 초과하는 기간
② 양도일 직전 3년 중 1년을 초과하는 기간
③ 토지의 소유기간의 100분의 40에 상당하는 기간을 초과하는 기간

(3) 토지의 소유기간이 3년 미만인 경우에는 다음 모두에 해당하는 기간. 다만, 소유기간이 2년 미만인 경우에는 ①을 적용하지 아니한다.
① 토지의 소유기간에서 2년을 차감한 기간을 초과하는 기간
② 토지의 소유기간의 100분의 40에 상당하는 기간을 초과하는 기간

3. 부득이한 사유가 있어 비사업용 토지로 보지 아니하는 토지의 판정기준 등(「소득세법 시행령」 제168조의14)

(1) 다음의 어느 하나에 해당하는 토지는 해당 항목에서 규정한 기간 동안 비사업용 토지에 해당하지 아니하는 토지로 보아 동항의 규정에 따른 비사업용 토지에 해당하는지 여부를 판정한다.
① 토지를 취득한 후 법령에 따라 사용이 금지 또는 제한된 토지 : 사용이 금지 또는 제한된 기간
② 토지를 취득한 후 「문화유산의 보존 및 활용에 관한 법률」에 따라 지정된 보호구역 안의 토지 : 보호구역으로 지정된 기간
③ ① 및 ②에 해당되는 토지로서 상속받은 토지 : 상속개시일부터 ① 및 ②에 따라 계산한 기간
④ 그 밖에 공익, 기업의 구조조정 또는 불가피한 사유로 인한 법령상 제한, 토지의 현황·취득사유 또는 이용상황 등을 감안하여 기획재정부령으로 정하는 부득이한 사유에 해당되는 토지 : 기획재정부령으로 정하는 기간

(2) 법 제104조의3 제2항의 규정에 따라 다음의 어느 하나에 해당하는 토지에 대하여는 해당 항목에서 규정한 날을 양도일로 보아 비사업용 토지에 해당하는지 여부를 판정한다.
① 「민사집행법」에 따른 경매에 따라 양도된 토지 : 최초의 경매기일
② 「국세징수법」에 따른 공매에 따라 양도된 토지 : 최초의 공매일
③ 그 밖에 토지의 양도에 일정한 기간이 소요되는 경우 등 기획재정부령이 정하는 부득이한 사유에 해당되는 토지

(3) 법 제104조의3 제2항에 따라 다음의 어느 하나에 해당하는 토지는 비사업용 토지로 보지 아니한다.
① 2006년 12월 31일 이전에 상속받은 농지·임야 및 목장용지로서 2009년 12월 31일까지 양도하는 토지
② 직계존속 또는 배우자가 8년 이상 기획재정부령으로 정하는 토지소재지에 거주하면서 직접 경작한 농지·임야 및 목장용지로서 이를 해당 직계존속 또는 해당 배우자로부터 상속·증여받은 토지. 다만, 양도 당시 「국토의 계획 및 이용에 관한 법률」에 따른 도시지역(녹지지역 및 개발제한구역은 제외한다) 안의 토지는 제외한다.

③ 2006년 12월 31일 이전에 20년 이상을 소유한 농지·임야 및 목장용지로서 2009년 12월 31일까지 양도하는 토지
④ 「공익사업을 위한 토지 등의 취득 및 보상에 관한 법률」 및 그 밖의 법률에 따라 협의매수 또는 수용되는 토지로서 다음의 어느 하나에 해당하는 토지[법률 제0000호 조세특례제한법 일부개정법률 시행일 전에 취득(상속받은 토지는 피상속인이 해당 토지를 취득한 날을 말하고, 법 제97조의2제1항을 적용받는 경우에는 증여한 배우자 또는 직계존비속이 해당 자산을 취득한 날을 말한다)한 토지에 한정한다]
  ㉠ 사업인정고시일이 2006년 12월 31일 이전인 토지
  ㉡ 취득일이 사업인정고시일부터 5년 이전인 토지
⑤ 「소득세법」 제104조의3 제1항 제1호 나목에 해당하는 농지로서 다음의 어느 하나에 해당하는 농지
  ㉠ 종중이 소유한 농지(2005년 12월 31일 이전에 취득한 것에 한한다)
  ㉡ 상속에 의하여 취득한 농지로서 그 상속개시일부터 5년 이내에 양도하는 토지
⑥ 그 밖에 공익·기업의 구조조정 또는 불가피한 사유로 인한 법령상 제한, 토지의 현황·취득사유 또는 이용상황 등을 감안하여 기획재정부령으로 정하는 부득이한 사유에 해당되는 토지

5 미등기양도자산

미등기양도자산이란 토지·건물 및 부동산에 관한 권리를 취득한 자가 그 자산 취득에 관한 등기를 하지 아니하고 양도하는 것을 말한다. 이 경우 다음과 같은 불이익을 받게 된다.

1. 미등기 양도시 불이익

(1) 「소득세법」상의 비과세 및 「조세특례제한법」상 감면의 적용배제

미등기로 자산을 양도하게 되면 「소득세법」상의 비과세 및 「조세특례제한법」상 감면을 적용받을 수 없다(「소득세법」 제91조).

(2) 장기보유특별공제 및 양도소득기본공제 적용배제

미등기로 자산을 양도하게 되면 장기보유특별공제 및 양도소득기본공제의 적용을 받을 수 없다.

(3) 70%의 최고세율 적용

미등기양도자산에 대해서는 70%의 양도소득세 세율이 적용된다.

(4) 필요경비개산공제의 불이익

양도차익을 추계방법에 의하여 계산하는 경우 필요경비개산공제액 중에서 토지와 건물은 등기된 자산은 3%를 적용하지만, 미등기양도자산의 경우에는 0.3%를 적용한다.

2. 등기의제하는 경우(미등기 양도 제외 자산)

다음에 해당하는 경우에는 미등기로 양도했음에도 등기하고 양도한 것으로 보아 미등기양도자산의 불이익을 받지 않는다(「소득세법 시행령」제168조 제1항). 그러므로 70%의 세율이 적용되지 않으며 비과세 및 감면의 적용을 받을 수 있고, 장기보유특별공제·양도소득기본공제를 적용한다.

① 장기할부조건으로 취득한 자산으로서 그 계약조건에 의하여 양도 당시 그 자산의 취득에 관한 등기가 불가능한 자산

② 법률의 규정 또는 법원의 결정에 의하여 양도 당시 그 자산의 취득에 관한 등기가 불가능한 자산

③ 농지의 교환 또는 분합으로 인하여 발생하는 소득에 대하여 비과세가 적용되는 농지, 법령의 요건을 갖춘 8년 재촌자경농지 및 감면요건을 충족하는 대토하는 농지

④ 비과세대상인 1세대 1주택으로서 「건축법」에 따른 건축허가를 받지 아니하여 등기가 불가능한 자산

⑤ 「도시개발법」에 따른 도시개발사업이 종료되지 아니하여 토지 취득등기를 하지 아니하고 양도하는 토지

⑥ 건설사업자가 「도시개발법」에 따라 공사용역 대가로 취득한 체비지를 토지구획환지처분공고 전에 양도하는 토지

6 양도소득금액의 계산 특례

1. 부담부증여의 경우 양도차익 계산

부담부증여의 경우 양도로 보는 부분에 대한 양도차익을 계산할 때 그 취득가액 및 양도가액은 다음에 따른다(「소득세법 시행령」제159조 제1항).

(1) 부담부증여에 대한 양도가액과 취득가액 계산

$$\bullet \text{양도가액} = \text{양도 당시의 자산의 가액}^{❶} \times \frac{\text{채무액}}{\text{증여가액}}$$

$$\bullet \text{취득가액} = \text{취득 당시의 자산의 가액}^{❷} \times \frac{\text{채무액}}{\text{증여가액}}$$

❶ 「상속세 및 증여세법」 규정에 따라 평가한 가액
❷ 양도가액을 기준시가로 산정한 경우에는 취득가액도 기준시가로 산정한다.

(2) 과세대상에 해당하지 아니하는 자산을 함께 부담부증여하는 경우

양도소득세 과세대상에 해당하는 자산과 해당하지 아니하는 자산을 함께 부담부증여하는 경우로서 증여자의 채무를 수증자가 인수하는 경우 채무액은 다음 계산식에 따라 계산한다(영 제159조 제2항).

$$채무액 = 총채무액 \times \frac{양도소득세 \, 과세대상 \, 자산가액}{총 \, 증여자산가액}$$

2. 고가주택 및 조합원입주권에 대한 양도차익 등의 계산(1세대 1주택 비과세 요건을 갖춘 경우)

양도소득세가 과세되는 고가주택(하나의 건물이 주택과 주택 외의 부분으로 복합되어 있는 경우와 주택에 딸린 토지에 주택 외의 건물이 있는 경우에는 주택 외의 부분은 주택으로 보지 않는다) 및 양도소득의 비과세대상에서 제외되는 조합원입주권에 해당하는 자산의 양도차익 및 장기보유특별공제액은 다음의 산식으로 계산한 금액으로 한다(「소득세법」 제95조 제3항 및 「소득세법 시행령」 제160조).

> 고가주택의 겸용주택은 주택과 주택외 부분을 분리하여 과세한다.

(1) 고가주택에 해당하는 자산에 적용할 양도차익

$$전체 \, 양도차익 \times \frac{양도가액 - 12억원}{양도가액}$$

(2) 고가주택에 해당하는 자산에 적용할 장기보유특별공제액

$$전체 \, 장기보유특별공제액 \times \frac{양도가액 - 12억원}{양도가액}$$

심화학습

고가의 조합원입주권 계산
실거래가 12억원을 초과하는 조합원입주권도 고가주택과 동일한 방식으로 양도소득금액 계산을 한다.

3. 양도소득금액의 구분계산

양도소득금액은 다음의 소득별로 구분하여 계산한다. 이 경우 소득금액을 계산할 때 발생하는 결손금은 다른 소득금액과 합산하지 아니한다(「소득세법」 제102조 제1항).
① 토지·건물·부동산에 관한 권리 및 기타자산의 양도에 따른 소득
② 주권상장법인의 주식 및 기타 비상장법인주식 등의 양도에 따른 소득
③ 파생상품등의 양도에 따른 소득
④ 신탁수익권의 양도에 따른 소득

4. 양도차손의 통산

(1) 세율별 공제방법

1.의 규정에 따라 소득종류별로 양도소득금액을 계산할 때 양도차손이 발생한 자산이 있는 경우에는 다음 순서에 따라 1.의 각 소득별로 해당 자산 외의 다른 자산에서 발생한 양도소득금액에서 그 양도차손을 순차적으로 공제한다(「소득세법」 제102조 제2항, 「소득세법 시행령」 제167조의2 제1항).

① 양도차손이 발생한 자산과 같은 세율을 적용받는 자산의 양도소득금액
② 양도차손이 발생한 자산과 다른 세율을 적용받는 자산의 양도소득금액. 이 경우 다른 세율을 적용받는 자산의 양도소득금액이 둘 이상인 경우에는 각 세율별 양도소득금액의 합계액에서 당해 양도소득금액이 차지하는 비율로 안분하여 공제한다.

(2) 미공제분의 처리

세율별 공제에 의하여 공제되지 못한 결손금은 소멸한다. 그러므로 미공제된 결손금을 종합소득금액·퇴직소득금액에서 공제할 수 없으며, 다음 과세기간으로 이월공제도 받을 수 없다.

5. 배우자 및 직계존비속간 증여재산에 대한 이월과세

(1) 제도의 취지

배우자 또는 직계존비속간의 증여공제규정을 악용하여 양도소득세를 회피하는 것을 규제하기 위하여 배우자 또는 직계존비속으로부터 증여받은 자산을 10년 이내에 양도하는 경우에 이월과세 규정을 적용한다.

(2) 이월과세 요건 및 적용대상 자산(「소득세법」 제97조의2, 「소득세법 시행령」 제163조의2)

① 배우자 또는 직계존비속으로부터 증여받은 자산을 수증일로부터 10년 이내에 제3자에게 양도하여야 한다.
② 토지·건물 또는 부동산을 취득할 수 있는 권리(건물이 완성되는 때에 그 건물과 이에 딸린 토지를 취득할 수 있는 권리를 포함)·특정시설물 이용회원권·양도일 전 1년 이내 증여받은 주식(2025년 개정안)에 한하여 적용한다.
③ 양도 당시 혼인관계가 소멸된 경우를 포함하되, 사망으로 혼인관계가 소멸된 경우는 제외한다.

(3) 이월과세가 적용되지 않는 경우(「소득세법」 제97조의2 제1항 및 제2항)

① 양도 당시 사망으로 혼인관계가 소멸된 경우
② 사업인정고시일부터 소급하여 2년 이전에 증여받은 경우로서 「공익사업을 위한 토지 등의 취득 및 보상에 관한 법률」이나 그 밖의 법률에 따라 협의매수 또는 수용된 경우
③ 증여이월과세규정을 적용할 경우 1세대 1주택의 비과세 양도에 해당하게 되는 경우

④ ③의 1세대 1주택 양도소득의 비과세 대상에서 제외되는 고가주택(이에 딸린 토지를 포함한다)을 양도하는 경우

⑤ 증여이월과세규정을 적용하여 계산한 양도소득 결정세액이 증여이월과세규정을 적용하지 아니하고 계산한 양도소득 결정세액보다 적은 경우

(4) 이월과세 효과

① 양도소득세 납세의무자

증여받은 배우자 또는 직계존비속이다. 이때 증여자와 수증자는 연대납세의무를 부담하지는 않는다.

② 양도차익 계산

양도차익을 계산할 때 양도가액에서 공제할 필요경비 중 취득가액은 당초 증여한 배우자 또는 직계존비속의 취득 당시의 금액(실지거래가액으로 하되, 실지거래가액을 확인할 수 없는 경우에는 매매사례가액, 감정가액, 환산취득가액 또는 기준시가)으로 하며, 당초 증여한 배우자 또는 직계존비속이 해당 자산에 대하여 지출한 자본적지출액에 따른 금액을 필요경비에 포함한다.

③ 보유기간

증여한 배우자 또는 직계존비속이 해당 자산을 취득한 날부터 양도일까지로 하여 필요경비, 장기보유특별공제, 세율 등을 계산한다(「소득세법」 제95조 제4항, 제97조의2 제1항, 제104조 제2항).

④ 기납부한 증여세의 필요경비 포함 여부

거주자가 증여받은 자산에 대하여 납부하였거나 납부할 증여세 상당액이 있는 경우에는 필요경비에 산입한다(「소득세법」 제97조의2 제1항).

6. 양도소득의 부당행위계산의 부인

(1) 개 요

납세지 관할 세무서장 또는 지방국세청장은 양도소득이 있는 거주자의 행위 또는 계산이 그 거주자의 특수관계인과의 거래로 인하여 그 소득에 대한 조세 부담을 부당하게 감소시킨 것으로 인정되는 경우에는 그 거주자의 행위 또는 계산과 관계없이 해당 과세기간의 소득금액을 계산할 수 있으며, 다음의 경우가 이에 해당한다(「소득세법」 제101조 제1항).

① (특수관계인 간) 증여 후 우회양도

② (특수관계인 간) 저가양도 및 고가양수

(2) 증여 후 우회양도의 경우

① 적용요건

거주자가 특수관계인(증여자산에 대한 이월과세 규정을 적용받는 배우자 및 직계존비속의 경우 제외)에

게 자산을 증여한 후 그 자산을 증여받은 자가 그 증여일부터 10년 이내에 다시 타인에게 양도한 경우로서 ㉠에 따른 세액이 ㉡에 따른 세액보다 적은 경우에는 증여자가 그 자산을 직접 양도한 것으로 본다. 다만, 양도소득이 해당 수증자에게 실질적으로 귀속된 경우에는 그러하지 아니한다(「소득세법」 제101조 제2항).

㉠ 증여받은 자의 증여세(「상속세 및 증여세법」에 따른 산출세액에서 공제·감면세액을 뺀 세액을 말한다)와 양도소득세(「소득세법」에 따른 산출세액에서 공제·감면세액을 뺀 결정세액을 말한다. 이하 같다)를 합한 세액

㉡ 증여자가 직접 양도하는 경우로 보아 계산한 양도소득세

② **적용되지 않는 경우**

㉠ 배우자 또는 직계존비속간 증여재산의 이월과세규정과 중복되는 경우

㉡ 수증자가 부담하는 증여세와 양도소득세의 합계액이 당초 증여자가 직접 양도하는 것으로 가정하여 계산한 양도소득세보다 큰 경우

③ **효 과**

㉠ 양도소득세 납세의무자 : 당초 증여자가 그 자산을 직접 양도한 것으로 본다. 다만, 양도소득이 해당 수증자에게 실질적으로 귀속된 경우에는 수증자가 납세의무자가 된다(「소득세법」 제101조 제2항 및 단서).

㉡ 양도소득세의 계산 : 당초 증여자가 해당 자산을 취득한 날부터 양도일까지로 하여 보유기간, 필요경비, 장기보유특별공제, 세율 등을 계산한다.

㉢ 증여세의 필요경비 포함 여부 : 증여자에게 양도소득세가 과세되는 경우에는 당초 증여받은 자산에 대해서는 「상속세 및 증여세법」의 규정에도 불구하고 증여세를 부과하지 아니하며, 증여세는 필요경비에 산입하지 않는다(「소득세법」 제101조 제3항).

㉣ 연대납세의무 여부 : 증여자와 수증자는 연대납세의무를 진다.

(3) 저가양도·고가양수의 경우

① 특수관계인과의 거래에 있어서 토지 등을 시가를 초과하여 취득하거나 시가에 미달하게 양도함으로써 조세의 부담을 부당히 감소시킨 것으로 인정되는 때에는 그 거주자의 행위 또는 계산과 관계없이 그 취득가액 또는 양도가액을 시가에 의하여 계산한다(「소득세법 시행령」 제167조 제4항).

② ①과 같은 저가양도·고가양수의 부인규정의 적용시에 조세의 부담을 부당하게 감소시킨 것으로 인정되는 때에 적용된다. 즉, 시가와 거래가액의 차액이 3억원 이상이거나 시가의 100분의 5에 상당하는 금액 이상인 경우에 한하여 적용한다(「소득세법 시행령」 제167조 제3항).

③ ①과 ② 규정을 적용함에 있어서 시가는 「상속세 및 증여세법」 및 「조세특례제한법」 규정을 준용하여 평가한 가액에 의한다(「소득세법 시행령」 제167조 제5항).

PART 3 국세

심화학습

특수관계인의 범위(「소득세법 시행령」 제98조 및 「국세기본법 시행령」 제1조의2 제1항, 제2항 및 같은 조 제3항 제1호)

1. 친족관계가 있는 경우
    ① 4촌 이내의 혈족
    ② 3촌 이내의 인척
    ③ 배우자(사실상의 혼인관계에 있는 자를 포함한다)
    ④ 친생자로서 다른 사람에게 친양자 입양된 자 및 그 배우자·직계비속

2. 경제적 연관관계가 있는 경우
    ① 임원과 그 밖의 사용인
    ② 본인의 금전이나 그 밖의 재산으로 생계를 유지하는 자
    ③ ① 및 ②의 자와 생계를 함께하는 친족

3. 경영지배관계가 있는 경우(본인이 개인인 경우)
    ① 본인이 직접 또는 그와 친족관계 또는 경제적 연관관계에 있는 자를 통하여 법인의 경영에 대하여 지배적인 영향력을 행사하고 있는 경우 그 법인
    ② 본인이 직접 또는 그와 친족관계, 경제적 연관관계 또는 ①의 관계에 있는 자를 통하여 법인의 경영에 대하여 지배적인 영향력을 행사하고 있는 경우 그 법인

심화학습

양도소득세액의 감면(「소득세법」 제90조)

1. 법 제95조에 따른 양도소득금액에 이 법 또는 다른 조세에 관한 법률에 따른 감면대상 양도소득금액이 있을 때에는 다음 계산식에 따라 계산한 양도소득세 감면액을 양도소득 산출세액에서 감면한다.

> 양도소득세 감면액 = A×[(B-C)/D]×E
> A : 법 제104조에 따른 양도소득 산출세액
> B : 감면대상 양도소득금액
> C : 법 제103조 제2항에 따른 양도소득 기본공제
> D : 법 제92조에 따른 양도소득 과세표준
> E : 「소득세법」 또는 다른 조세에 관한 법률에서 정한 감면율

2. 1.에도 불구하고 「조세특례제한법」에서 양도소득세의 감면을 양도소득금액에서 감면대상 양도소득금액을 차감하는 방식으로 규정하는 경우에는 제95조에 따른 양도소득금액에서 감면대상 양도소득금액을 차감한 후 양도소득과세표준을 계산하는 방식으로 양도소득세를 감면한다.

| | 배우자 및 직계존비속 증여재산에 대한 이월과세와 특수관계인 증여재산에 대한 부당행위계산의 부인 비교 | |

구 분	배우자 등 증여재산에 대한 이월과세	특수관계인 증여재산에 대한 부당행위계산의 부인
증여자와 수증자와의 관계	배우자 및 직계존비속	특수관계인(이월과세 규정이 적용되는 배우자 및 직계존비속 제외)
적용대상 자산	토지·건물·부동산을 취득할 수 있는 권리·특정시설물이용권·회원권	양도소득세 과세대상 자산
수증일로부터 양도일까지의 기간	증여 후 10년 이내 (등기부상 소유기간)	증여 후 10년 이내(등기부상 소유기간)
납세의무자	수증받은 배우자 및 직계존비속	당초 증여자(직접 양도한 것으로 간주)
기납부 증여세의 처리	양도차익 계산상 필요경비로 공제 ○	양도차익 계산상 필요경비로 공제 ×
연대납세 의무규정	없음	당초 증여자와 수증자가 연대납세의무 ○
조세부담의 부당한 감소 여부	조세부담의 부당한 감소가 없어도 적용	조세부담이 부당히 감소된 경우에만 적용 • (특수관계인) 증여 후 우회양도 : 수증자가 부담하는 증여세와 양도소득세를 합한 금액이 당초 증여자가 직접 양도하는 경우로 보아 계산한 양도소득세보다 적은 경우 • (특수관계인) 저가양도·고가양수 : 시가와 거래가액의 차액이 시가의 5%에 상당하는 금액 이상이거나 3억원 이상인 경우
취득가액 계산	증여한 배우자 또는 직계존비속의 취득 당시를 기준	증여자의 취득 당시를 기준
장기보유 특별공제 및 세율 적용시 보유기간 계산	증여한 배우자 또는 직계존비속의 취득일부터 양도일까지의 기간을 보유기간으로 함	증여자의 취득일부터 양도일까지의 기간을 보유기간으로 함

제8절 양도소득세 납세절차 제26회, 제27회, 제29회, 제31회, 제33회, 제35회

1 개요 및 납세지

1. 개 요

양도소득세는 신고주의 국세이므로 원칙적으로 납세의무자의 신고에 의하여 확정되며, 납세의무자가 신고를 하지 않거나 신고내용에 탈루 또는 오류가 있는 경우에 한하여 과세권자가 결정 또는 경정을 하게 된다. 양도소득세 신고납부방법은 양도소득과세표준 예정신고납부와 확정신고납부가 있다.

2. 납세지

① 거주자의 양도소득세 납세지는 양도자의 주소지로 한다. 다만, 주소지가 없는 경우에는 그 거소지로 한다(「소득세법」 제6조 제1항).

② 비거주자의 양도소득세 납세지는 국내사업장(국내사업장이 둘 이상 있는 경우에는 주된 국내사업장)의 소재지로 한다. 다만, 국내사업장이 없는 경우에는 국내원천소득이 발생하는 장소로 한다(「소득세법」 제6조 제2항).

2 양도소득과세표준 예정신고와 자진납부

1. 개 요

양도소득과세표준 예정신고는 양도소득세 과세대상 자산을 양도한 거주자가 양도소득과세표준을 예정신고기간에 납세지 관할 세무서장에게 신고하는 것을 말한다.

2. 예정신고 신고의무자

① 양도소득세 과세대상 자산을 양도한 자(「소득세법」 제105조 제1항)

② 양도차익이 없거나 양도차손이 발생한 때에도 적용한다(「소득세법」 제105조 제3항).

③ 예정신고납부의 경우에도 확정신고납부와 마찬가지로 요건을 갖춘 경우에 분할납부를 할 수 있다(「소득세법」 제112조).

④ 예정신고납부를 하는 경우 「소득세법」 제82조 및 제118조에 따른 수시부과세액이 있을 때에는 이를 공제하여 납부한다.

3. 예정신고기한

(1) 부동산 등을 양도하는 경우

① 원 칙

그 양도일이 속하는 달의 말일부터 2개월 이내에 납세지 관할 세무서장에게 예정신고서를 제출하여야 한다(「소득세법」 제105조 제1항).

② 예 외

「부동산 거래신고 등에 관한 법률」에 따른 토지거래계약에 관한 허가구역에 있는 토지를 양도할 때 토지거래계약허가를 받기 전에 대금을 청산한 경우에는 그 허가일(토지거래계약허가를 받기 전에 허가구역의 지정이 해제된 경우에는 그 해제일)이 속하는 달의 말일부터 2개월로 한다(「소득세법」 제105조 제1항).

(2) 주식 및 출자지분을 양도하는 경우

주식 및 출자지분은 빈번한 거래가 이루어지는 점을 고려하여 그 양도일이 속하는 반기(半期)의 말일부터 2개월 이내에 예정신고하여야 한다(「소득세법」 제105조 제1항).

(3) 부담부증여의 채무액에 해당하는 부분으로서 양도로 보는 경우

그 양도일이 속하는 달의 말일부터 3개월 이내에 예정신고하여야 한다(「소득세법」 제105조 제1항).

> 자진해서 예정신고납부를 이행한 경우에도 산출세액에서 세액공제는 없다

4. 예정신고 산출세액의 계산

① 예정신고납부를 할 때 납부할 세액은 그 양도차익에서 장기보유특별공제 및 양도소득기본공제를 한 금액에 양도소득세의 세율을 적용하여 계산한 금액을 그 산출세액으로 한다(「소득세법」 제107조 제1항).

> 예정신고 산출세액 = (양도차익 - 장기보유특별공제액 - 양도소득기본공제액)×세율

② 해당 과세기간에 누진세율 적용대상 자산에 대한 예정신고를 2회 이상 하는 경우로서 거주자가 이미 신고한 양도소득금액과 합산하여 신고하려는 경우에는 다음 산식에 따라 계산한 금액을 제2회 이후 신고하는 예정신고 산출세액으로 한다(「소득세법」 제107조 제2항).

㉠ 부동산, 부동산에 관한 권리 및 기타자산의 경우

> 예정신고 산출세액 = [(이미 신고한 자산의 양도소득금액 + 2회 이후 신고하는 자산의 양도소득금액 - 양도소득기본공제액)×초과누진세율] - 이미 신고한 예정신고 산출세액

ⓛ 비사업용 토지 또는 비사업용 토지의 과다보유법인의 주식등의 경우

> 예정신고 산출세액 = [(이미 신고한 자산의 양도소득금액 + 2회 이후 신고하는 자산의 양도소득금액
> − 양도소득기본공제액) × (초과누진세율 + 10%)] − 이미 신고한 예정신고 산출세액

5. 예정신고납부를 불이행한 경우

양도소득세 납세의무자가 예정신고기한 이내에 세법에 따른 과세표준신고서를 제출하지 아니한 경우에는 다음의 금액을 납부할 세액에 가산하거나 환급받을 세액에서 공제한다(「국세기본법」 제47조의2 제1항 및 제47조의3 제1항).

(1) 무신고가산세

① 일반무신고가산세

무신고납부세액의 100분의 20에 상당하는 금액

② 부정무신고가산세

무신고납부세액의 100분의 40에 상당하는 금액(역외거래에서 발생한 부정행위인 경우에는 100분의 60)

(2) 과소신고가산세

① 일반과소신고가산세

과소신고납부세액의 100분의 10에 상당하는 금액

② 부정행위로 과소신고하거나 초과신고한 경우

다음의 금액을 합한 금액

ⓖ 부정행위로 인한 과소신고납부세액등의 100분의 40(역외거래에서 발생한 부정행위로 인한 경우에는 100분의 60)에 상당하는 금액

ⓛ 과소신고납부세액등에서 부정행위로 인한 과소신고납부세액등을 뺀 금액의 100분의 10에 상당하는 금액

(3) (납부고지 전)납부지연가산세

1일 경과시마다 미납부세액 또는 부족세액의 10만분의 22(0.022%)

6. 무신고·과소신고가산세의 감면

(1) 예정신고기한까지 예정신고를 하였으나 과소신고한 경우로서 확정신고기한까지 과세표준을 수정하여 신고한 경우

해당 과소신고가산세(10%)의 100분의 50에 상당하는 금액을 감면한다.

(2) 예정신고기한까지 예정신고를 하지 아니하였으나 확정신고기한까지 과세표준신고를 한 경우

해당 무신고가산세(20%)의 100분의 50에 상당하는 금액을 감면한다.

심화학습

부동산등양도신고확인서의 신청 및 발급(「소득세법 시행령」 제171조)

법 제108조에 따라 등기관서의 장에게 부동산등양도신고확인서를 제출해야 하는 자는 기획재정부령으로 정하는 신청서를 세무서장에게 제출하여 부동산등양도신고확인서 발급을 신청해야 한다. 이 경우 「인감증명법 시행령」 제13조 제3항 단서에 따라 세무서장으로부터 부동산 매도용 인감증명서 발급 확인을 받은 경우에는 법 제108조에 따른 부동산등양도신고확인서를 제출한 것으로 본다.

---

3 양도소득과세표준 확정신고납부

1. 개 요

양도소득과세표준 확정신고는 양도소득세 과세대상 자산을 양도한 거주자가 해당 과세기간의 양도소득과세표준을 확정신고기간에 납세지 관할 세무서장에게 신고하는 것을 말한다(「소득세법」 제110조 제3항).

2. 납세의무자

① 해당 과세기간의 양도소득금액이 있는 거주자

② 이 경우 해당 과세기간의 과세표준이 없거나 결손금액이 있는 경우에도 적용한다(「소득세법」 제110조 제1항 및 제2항).

③ 확정신고납부를 하는 경우 「소득세법」 제107조에 따른 예정신고 산출세액, 제114조에 따라 결정·경정한 세액 또는 제82조·제118조에 따른 수시부과세액이 있을 때에는 이를 공제하여 납부한다(「소득세법」 제111조 제3항).

3. 확정신고

(1) 확정신고기한

해당 과세기간의 양도소득금액이 있는 거주자는 그 양도소득과세표준을 그 과세기간의 다음 연도 5월 1일부터 5월 31일까지 납세지 관할 세무서장에게 신고하여야 한다(「소득세법」 제110조 제1항).

자진해서 확정신고납부를 이행한 경우에도 산출세액에서 세액공제는 없다.

구 분	확정신고기한
원 칙	해당 과세기간의 다음 연도 5월 1일부터 5월 31일까지
예 외	「부동산 거래신고 등에 관한 법률」에 따른 토지거래계약에 관한 허가구역에 있는 토지를 양도할 때 토지거래계약허가를 받기 전에 대금을 청산한 경우에는 토지거래계약에 관한 허가일(토지거래계약허가를 받기 전에 허가구역의 지정이 해제된 경우에는 그 해제일)이 속하는 과세기간의 다음 연도 5월 1일부터 5월 31일까지

(2) 확정신고의 생략

예정신고를 한 자는 해당 소득에 대한 확정신고를 하지 아니할 수 있다. 다만, 해당 과세기간에 누진세율 적용대상 자산에 대한 예정신고를 2회 이상 하는 경우 등으로서 다음에 해당하는 경우에는 그러하지 아니하다(「소득세법」 제110조 제4항 및 「소득세법 시행령」 제173조 제5항).

① 당해 연도에 누진세율의 적용대상 자산에 대한 예정신고를 2회 이상 한 자가 이미 신고한 양도소득금액과 합산하여 신고하지 아니한 경우

② 토지·건물·부동산에 관한 권리·기타자산 및 신탁수익권을 2회 이상 양도한 경우로서 당초 신고한 양도소득 산출세액이 달라지는 경우

③ 주식 또는 출자지분을 2회 이상 양도한 경우로서 감면규정을 적용할 경우 당초 신고한 양도소득 산출세액이 달라지는 경우

④ 토지, 건물, 부동산에 관한 권리 및 기타자산을 둘 이상 양도한 경우로서 「소득세법」 제104조 제5항을 적용할 경우 당초 신고한 양도소득 산출세액이 달라지는 경우

4. 확정신고 납부불이행의 경우 – 가산세

① 확정신고납부의 가산세는 예정신고납부에 적용되는 가산세와 동일하다.

② 다만, 무신고가산세와 과소신고가산세의 경우 예정신고납부와 관련하여 가산세가 부과되는 경우에는 확정신고납부와 관련한 가산세(예정신고납부와 관련하여 가산세가 부과되는 부분에 한정)를 부과하지 아니한다(「국세기본법」 제47조의2 제5항 및 제47조의4 제5항).

5. 감정가액 또는 환산취득가액 적용에 따른 가산세(「소득세법」 제114조의2)

① 거주자가 건물을 신축 또는 증축(증축의 경우 바닥면적 합계가 85㎡를 초과하는 경우에 한정)하고 그 건물의 취득일 또는 증축일부터 5년 이내에 해당 건물을 양도하는 경우로서 감정가액 또는 환산취득가액을 그 취득가액으로 하는 경우에는 해당 건물의 감정가액(증축의 경우 증축한 부분에 한정함) 또는 환산취득가액(증축의 경우 증축한 부분에 한정함)의 100분의 5에 해당하는 금액을 양도소득 결정세액에 더한다.

② 위 ①은 양도소득 산출세액이 없는 경우에도 적용한다.

4 물납과 분할납부

1. 물 납

물납은 허용되지 않는다.

2. 분할납부

거주자로서 예정신고납부 또는 확정신고납부에 따라 납부할 세액이 각각 1천만원을 초과하는 자는 그 납부할 세액의 일부를 납부기한이 지난 후 2개월 이내에 분할납부할 수 있다(「소득세법」 제112조).

3. 분할납부할 수 있는 세액

분할납부할 수 있는 세액은 다음과 같다(「소득세법 시행령」 제175조).

구 분		분할납부 가능 금액
납부할 세액이 2천만원	이하인 때	1천만원을 초과하는 금액
	초과인 때	그 세액의 50% 이하의 금액

4. 분할납부 신청기한

납부할 세액의 일부를 분할납부하고자 하는 자는 양도소득과세표준 확정신고 및 납부계산서 또는 양도소득과세표준 예정신고 및 납부계산서에 분납할 세액을 기재하여 확정신고기한 또는 예정신고기한까지 신청하여야 한다(「소득세법 시행규칙」 제85조).

5 양도소득세의 부가세

1. 부가세

납부할 세액에 부가되는 조세는 없다.

2. 양도소득세를 감면받는 경우 – 농어촌특별세

양도소득세를 감면하는 경우에 그 감면세액의 100분의 20에 해당하는 농어촌특별세가 부가세로서 부과된다.

6 양도소득에 대한 결정·경정과 징수와 환급

1. 양도소득과세표준과 세액의 결정·경정 및 통지(「소득세법」제114조)

① 납세지 관할 세무서장 또는 지방국세청장은 예정신고를 하여야 할 자 또는 확정신고를 하여야 할 자가 그 신고를 하지 아니한 경우에는 해당 거주자의 양도소득과세표준과 세액을 결정한다.

② 납세지 관할 세무서장 또는 지방국세청장은 예정신고를 한 자 또는 확정신고를 한 자의 신고 내용에 탈루 또는 오류가 있는 경우에는 양도소득과세표준과 세액을 경정한다.

③ 납세지 관할 세무서장 또는 지방국세청장은 양도소득과세표준과 세액을 결정 또는 경정한 후 그 결정 또는 경정에 탈루 또는 오류가 있는 것이 발견된 경우에는 즉시 다시 경정한다.

④ 납세지 관할 세무서장 또는 지방국세청장은 양도소득과세표준과 세액을 결정 또는 경정하는 경우에는 양도가액과 필요경비는 실지거래가액에 따라야 한다.

⑤ 자산의 양도로 양도가액 및 취득가액을 실지거래가액에 따라 양도소득과세표준 예정신고 또는 확정신고를 하여야 할 신고의무자가 그 신고를 하지 아니한 경우로서 양도소득과세표준과 세액 또는 신고의무자의 실지거래가액 소명 여부 등을 고려하여 대통령령으로 정하는 경우에 해당할 때에는 납세지 관할 세무서장 또는 지방국세청장은 실지거래가액에도 불구하고 「부동산등기법」 제68조에 따라 등기부에 기재된 거래가액을 실지거래가액으로 추정하여 양도소득과세표준과 세액을 결정할 수 있다. 다만, 납세지 관할 세무서장 또는 지방국세청장이 등기부 기재가액이 실지거래가액과 차이가 있음을 확인한 경우에는 그러하지 아니하다.

⑥ ④를 적용할 때 양도가액 및 취득가액을 실지거래가액에 따라 양도소득과세표준 예정신고 또는 확정신고를 한 경우로서 그 신고가액이 사실과 달라 납세지 관할 세무서장 또는 지방국세청장이 실지거래가액을 확인한 경우에는 그 확인된 가액을 양도가액 또는 취득가액으로 하여 양도소득과세표준과 세액을 경정한다.

⑦ 양도가액 또는 취득가액을 실지거래가액에 따라 정하는 경우로서 대통령령으로 정하는 사유로 장부나 그 밖의 증명서류에 의하여 해당 자산의 양도 당시 또는 취득 당시의 실지거래가액을 인정 또는 확인할 수 없는 경우에는 대통령령으로 정하는 바에 따라 양도가액 또는 취득가액을 매매사례가액, 감정가액, 환산취득가액(실지거래가액·매매사례가액 또는 감정가액을 대통령령으로 정하는 방법에 따라 환산한 가액을 말함) 또는 기준시가 등에 따라 추계조사하여 결정 또는 경정할 수 있다.

⑧ 납세지 관할 세무서장 또는 지방국세청장은 거주자의 양도소득과세표준과 세액을 결정 또는 경정하였을 때에는 이를 그 거주자에게 대통령령으로 정하는 바에 따라 서면으로 알려야 한다.

2. 양도소득세의 징수

(1) 미납부세액의 징수

납세지 관할 세무서장은 거주자가 확정신고 자진납부 규정에 따라 해당 과세기간의 양도소득세로 납부하여야 할 세액의 전부 또는 일부를 납부하지 아니한 경우에는 그 미납된 부분의 양도소득세액을 「국세징수법」에 따라 징수한다. 예정신고 납부세액의 경우에도 또한 같다(「소득세법」 제116조 제1항).

(2) 추가납부세액의 징수

납세지 관할 세무서장은 양도소득과세표준과 세액을 결정 또는 경정한 경우 양도소득 총결정세액이 다음의 금액의 합계액을 초과할 때에는 그 초과하는 세액(추가납부세액)을 해당 거주자에게 알린 날부터 30일 이내에 징수한다(「소득세법」 제116조 제2항).
① 예정신고 납부세액과 확정신고 납부세액
② (1)에 따라 징수하는 세액
③ 수시부과세액
④ 원천징수한 세액

3. 양도소득세의 환급

납세지 관할 세무서장은 과세기간별로 2.의 (2)의 금액의 합계액이 양도소득 총결정세액을 초과할 때에는 그 초과하는 세액을 환급하거나 다른 국세 및 강제징수비에 충당하여야 한다(「소득세법」 제117조).

제9절 **국외자산에 대한 양도소득세** 제25회, 제27회, 제30회, 제31회, 제32회, 제35회

---

1 개 요

① 국외자산에 대한 양도소득세란 거주자가 해당 과세기간에 국외에 있는 자산을 양도함에 따라 발생하는 소득을 과세대상으로 하여 부과하는 소득세를 말한다(「소득세법」 제118조의2).
② 현행 「소득세법」은 자본자유화 시행 후 해외자산 투자 증가에 따른 국내자산과 국외자산의 과세상 형평을 유지하기 위하여 거주자가 해외부동산 등을 양도한 경우 국내자산의 양도와 동일하게 양도소득세를 과세하기 위한 것이다.

2 납세의무자

국외소재하는 자산의 양도에 대한 납세의무자는 해당 자산의 양도일까지 계속 5년 이상 국내에 주소 또는 거소를 둔 거주자만 해당한다. 즉, 비거주자나 5년 미만의 주소 또는 거소를 둔 거주자는 국외자산의 양도에 대한 납세의무가 없다(「소득세법」 제118조의2).

양도자산	거주자		비거주자
	5년 이상 주소·거소	5년 미만 주소·거소	
국내소재	과세	과세	과세
국외소재	과세	과세 제외	과세 제외

3 과세대상

국외에 있는 자산의 양도에 대한 양도소득은 해당 과세기간에 국외에 있는 다음의 자산을 양도함으로써 발생하는 소득으로 한다. 다만, 다음에 따른 소득이 국외에서 외화를 차입하여 취득한 자산을 양도하여 발생하는 소득으로서 환율변동으로 인하여 외화차입금으로부터 발생하는 환차익을 포함하고 있는 경우에는 해당 환차익을 양도소득의 범위에서 제외한다(「소득세법」 제118조의2).

① 토지 또는 건물의 양도로 발생하는 소득
② 부동산에 관한 권리의 양도로 발생하는 소득
    ㉠ 지상권, 전세권
    ㉡ 부동산임차권(등기여부에 관계없이 과세대상이 된다)
    ㉢ 부동산을 취득할 수 있는 권리
③ 기타자산의 양도로 발생하는 소득

4 양도차익의 계산

(1) 양도가액

① 국외자산의 양도가액은 그 자산의 양도 당시의 실지거래가액으로 한다.
② 다만, 양도 당시의 실지거래가액을 확인할 수 없는 경우에는 양도자산이 소재하는 국가의 양도 당시 현황을 반영한 시가에 따르되, 시가를 산정하기 어려울 때에는 그 자산의 종류, 규모, 거래상황 등을 고려하여 법령에 정하는 보충적 평가방법에 따른다(「소득세법」 제118조의3 제1항).

(2) 양도소득의 필요경비 계산

국외자산의 양도에 대한 양도차익을 계산할 때 양도가액에서 공제하는 필요경비는 다음의 금액을 합한 것으로 한다(「소득세법」 제118조의4).

① 취득가액
ⓐ 해당 자산의 취득에 든 실지거래가액을 말한다.
ⓑ 다만, 취득 당시의 실지거래가액을 확인할 수 없는 경우에는 양도자산이 소재하는 국가의 취득 당시의 현황을 반영한 시가에 따르되, 시가를 산정하기 어려울 때에는 그 자산의 종류, 규모, 거래상황 등을 고려하여 대통령령으로 정하는 방법에 따라 취득가액을 산정한다.
② 대통령령으로 정하는 자본적 지출액
③ 대통령령으로 정하는 양도비

> 필요경비개산공제액은 국외자산 양도시에 적용하지 아니한다.

(3) 양도차익의 외화 환산

① 양도차익을 계산함에 있어서는 양도가액 및 필요경비를 수령하거나 지출한 날 현재 「외국환거래법」에 의한 기준환율 또는 재정환율에 의하여 계산한다(「소득세법 시행령」 제178조의5 제1항).
② ①의 규정을 적용함에 있어서 장기할부조건의 경우에는 소유권이전등기(등록 및 명의개서를 포함한다) 접수일·인도일 또는 사용수익일 중 빠른 날을 양도가액 또는 취득가액을 수령하거나 지출한 날로 본다(「소득세법 시행령」 제178조의5 제2항).

5 양도소득과세표준 및 세액 계산

(1) 장기보유특별공제

국외자산 양도에 대한 과세표준을 계산하는 경우에 장기보유특별공제는 적용하지 아니한다(「소득세법」 제118조의8).

(2) 양도소득기본공제

① 국외자산의 양도에 대한 양도소득이 있는 거주자에 대해서는 해당 과세기간의 양도소득금액에서 연 250만원을 공제한다(「소득세법」 제118조의7 제1항).
② ①을 적용할 때 해당 과세기간의 양도소득금액에 이 법 또는 「조세특례제한법」이나 그 밖의 법률에 따른 감면소득금액이 있는 경우에는 감면소득금액 외의 양도소득금액에서 먼저 공제하고, 감면소득금액 외의 양도소득금액 중에서는 해당 과세기간에 먼저 양도하는 자산의 양도소득금액에서부터 순서대로 공제한다(「소득세법」 제118조의7 제2항).

(3) 세 율

국외자산의 양도소득에 대한 소득세는 해당 과세기간의 양도소득과세표준에 세율을 적용하여 계산한 금액을 그 세액으로 한다(「소득세법」 제118조의5 제1항).

구 분	세 율	국내자산과의 차이
토지·건물, 부동산에 관한 권리	기본세율(6%~45%)	중과세율 적용 없음
기타자산	기본세율(6%~45%)	

6 외국납부세액 공제

국외자산의 양도소득에 대하여 해당 외국에서 과세를 하는 경우로서 그 양도소득에 대하여 국외자산 양도소득세액을 납부하였거나 납부할 것이 있을 때에는 다음의 방법 중 하나를 선택하여 적용할 수 있다(「소득세법」 제118조의6 제1항).

세액공제방법	다음 계산식에 따라 계산한 금액을 한도로 국외자산 양도소득세액을 해당 과세기간의 양도소득 산출세액에서 공제하는 방법 $$공제한도금액 = A \times \frac{B}{C}$$ • A : 「소득세법」 제118조의5에 따라 계산한 해당 과세기간의 국외자산에 대한 양도소득 산출세액 • B : 해당 국외자산에 대한 양도소득금액 • C : 해당 과세기간의 국외자산에 대한 양도소득금액
필요경비 산입방법	국외자산 양도소득에 대하여 납부하였거나 납부할 국외자산 양도소득세액을 해당 과세기간의 필요경비에 산입하는 방법

7 예정신고 및 확정신고

국내자산 양도의 경우에 적용되는 관련 규정을 준용한다.

8 물납 및 분할납부

양도소득세 분할납부에 관한 규정은 국내자산과 동일하게 적용을 하지만, 물납에 관한 규정은 적용하지 않는다.

9 준용 규정

국외자산의 양도에 대한 양도소득세의 과세에 관하여는 「소득세법」 제89조, 제90조, 제92조, 제93조, 제95조, 제97조 제3항, 제98조, 제100조, 제101조, 제105조부터 제107조까지, 제110조부터 제112조까지, 제114조, 제114조의2 및 제116조부터 제117조까지의 규정을 준용한다. 다만, 제95조에 따른 장기보유특별공제액은 공제하지 아니한다(「소득세법」 제118조의8).

준용사항	준용하지 않는 사항
• 비과세 양도소득, 양도소득세 감면 • 양도소득과세표준 예정신고, 확정신고 • 양도소득의 부당행위계산 부인 • 양도소득의 분할납부 • 취득 및 양도시기 • 양도소득과세표준의 계산 　(단, 장기보유특별공제는 제외)	• 미등기양도자산에 대한 비과세의 배제 • 배우자 및 직계존비속간 수증자산의 이월과세 • 결손금 통산의 배제 • 양도의 정의 • 단기보유자산에 대한 70%, 60%, 50%, 40% 　세율 적용 • 기준시가의 산정 • 필요경비개산공제액

국내자산 양도와 국외자산 양도의 비교

구 분	국내자산 양도	국외자산 양도
거주자	국내에 주소 또는 183일 이상 거소를 둔 자	양도일 현재 계속해서 국내에 5년 이상 주소 또는 거소를 둔 자
과세대상	등기된 부동산임차권만 과세대상	등기 여부와 관계없이 과세대상
양도·취득가액	• 원칙 : 실지거래가액 • 예외 : 추계방법	• 원칙 : 실지거래가액 • 예외 : 시가 ➡ 보충적 평가방법
세 율	• 미등기 : 70% • 보유기간에 따라 차등세율 적용	등기 여부와 보유기간에 관계없이 6%~45% 세율 적용
장기보유특별공제	적용	적용 배제
양도소득기본공제	적용	적용
물 납	허용하지 않음	허용하지 않음
분할납부	허용	허용

기출 및 예상문제

01 소득세법령상 다음의 국내자산 중 양도소득세 과세대상에 해당하는 것을 모두 고른 것은? (단, 비과세와 감면은 고려하지 않음)

> ㄱ. 토지 및 건물과 함께 양도하는 「개발제한구역의 지정 및 관리에 관한 특별조치법」에 따른 이축권(해당 이축권 가액을 대통령령으로 정하는 방법에 따라 별도로 평가하여 신고하지 않음)
> ㄴ. 조합원입주권
> ㄷ. 지역권
> ㄹ. 부동산매매계약을 체결한 자가 계약금만 지급한 상태에서 양도하는 권리

① ㄱ, ㄷ   ② ㄴ, ㄹ   ③ ㄱ, ㄴ, ㄹ
④ ㄴ, ㄷ, ㄹ   ⑤ ㄱ, ㄴ, ㄷ, ㄹ

> **해설** ㄱ, ㄴ, ㄹ 은 양도소득세 과세대상이지만, ㄷ. 지역권은 과세대상이 아니다.
>
> **정답** ③

02 「소득세법」상 양도에 해당하는 것은? (거주자의 국내자산으로 가정함) ⟨제28회⟩

① 「도시개발법」이나 그 밖의 법률에 따른 환지처분으로 지목이 변경되는 경우
② 부담부증여시 그 증여가액 중 채무액에 해당하는 부분을 제외한 부분
③ 「소득세법 시행령」 제151조 제1항에 따른 양도담보계약을 체결한 후 채무불이행으로 인하여 당해 자산을 변제에 충당한 때
④ 매매원인 무효의 소에 의하여 그 매매사실이 원인무효로 판시되어 소유권이 환원되는 경우
⑤ 본인 소유자산을 경매로 인하여 본인이 재취득한 경우

> **해설** ③ 양도담보목적으로의 이전은 양도에 해당하지 않지만, 양도담보계약을 체결한 후 채무불이행으로 인하여 당해 자산을 변제에 충당한 경우에는 양도에 해당한다.
>
> **정답** ③

03 「소득세법」상 양도소득세 과세대상 자산의 양도 또는 취득시기로 **틀린** 것은? 〔제32회〕

① 「도시개발법」에 따라 교부받은 토지의 면적이 환지처분에 의한 권리면적보다 증가 또는 감소된 경우: 환지처분의 공고가 있은 날

② 기획재정부령이 정하는 장기할부조건의 경우: 소유권이전등기(등록 및 명의개서를 포함) 접수일·인도일 또는 사용수익일 중 빠른 날

③ 건축허가를 받지 않고 자기가 건설한 건축물의 경우: 그 사실상의 사용일

④ 「민법」제245조 제1항의 규정에 의하여 부동산의 소유권을 취득하는 경우: 당해 부동산의 점유를 개시한 날

⑤ 대금을 청산한 날이 분명하지 아니한 경우: 등기부·등록부 또는 명부 등에 기재된 등기·등록 접수일 또는 명의개서일

해설 ① 「도시개발법」에 따라 교부받은 토지의 면적이 환지처분에 의한 권리면적보다 증가 또는 감소된 경우: 환지처분의 공고가 있은 날의 다음날

정답 ①

04 2017년 취득 후 등기한 토지를 2025년 6월 15일에 양도한 경우, 「소득세법」상 토지의 양도차익계산에 관한 설명으로 **틀린** 것은? (단, 특수관계자와의 거래가 아님) 〔제26회 수정〕

① 취득 당시 실지거래가액을 확인할 수 없는 경우에는 매매사례가액, 환산취득가액, 감정가액, 기준시가를 순차로 적용하여 산정한 가액을 취득가액으로 한다.

② 양도와 취득시의 실지거래가액을 확인할 수 있는 경우에는 양도가액과 취득가액을 실지거래가액으로 산정한다.

③ 취득가액을 실지거래가액으로 계산하는 경우 자본적 지출액은 필요경비에 포함된다.

④ 취득가액을 매매사례가액으로 계산하는 경우 취득 당시 개별공시지가에 100분의 3을 곱한 금액이 필요경비에 포함된다.

⑤ 양도가액을 기준시가에 따를 때에는 취득가액도 기준시가에 따른다.

해설 ① 양도차익을 계산하는 경우에 취득 당시 실지거래가액을 확인할 수 없는 경우에는 매매사례가액, 감정가액, 환산취득가액 또는 기준시가를 순차로 적용하여 산정한다.

정답 ①

05 「소득세법」상 거주자의 양도소득세 신고납부에 관한 설명으로 옳은 것은? 〔제33회〕

① 건물을 신축하고 그 취득일부터 3년 이내에 양도하는 경우로서 감정가액을 취득가액으로 하는 경우에는 그 감정가액의 100분의 3에 해당하는 금액을 양도소득 결정세액에 가산한다.

② 공공사업의 시행자에게 수용되어 발생한 양도소득세액이 2천만원을 초과하는 경우 납세의무자는 물납을 신청할 수 있다.

③ 과세표준 예정신고와 함께 납부하는 때에는 산출세액에서 납부할 세액의 100분의 5에 상당하는 금액을 공제한다.

④ 예정신고납부할 세액이 1천 5백만원인 자는 그 세액의 100분의 50의 금액을 납부기한이 지난 후 2개월 이내에 분할납부할 수 있다.

⑤ 납세의무자가 법정신고기한까지 양도소득세의 과세표준 신고를 하지 아니한 경우(부정행위로 인한 무신고는 제외)에는 그 무신고납부세액에 100분의 20을 곱한 금액을 가산세로 한다.

해설
① 건물을 신축하고 그 취득일부터 5년 이내에 양도하는 경우로서 감정가액을 취득가액으로 하는 경우에는 그 감정가액의 100분의 5에 해당하는 금액을 양도소득 결정세액에 가산한다.
② 양도소득세는 물납이 허용되지 않는다.
③ 과세표준 예정신고와 함께 납부하는 때에도 납부할 세액의 100분의 5에 상당하는 금액을 세액공제는 적용하지 않는다.
④ 예정신고납부할 세액이 1천 5백만원인 자는 그 세액의 1천만원을 초과하는 금액을 납부기한이 지난 후 2개월 이내에 분할납부할 수 있다.
⑤ 옳은 지문이다.

정답 ①

06 소득세법상 미등기양도자산(미등기양도제외자산 아님)인 상가건물의 양도에 관한 내용으로 옳은 것은? <small>〔제32회〕</small>

> ㄱ. 양도소득세율은 양도소득 과세표준의 100분의 70
> ㄴ. 장기보유특별공제 적용 배제
> ㄷ. 필요경비개산공제 적용 배제
> ㄹ. 양도소득기본공제 적용 배제

① ㄱ, ㄴ, ㄷ   ② ㄱ, ㄴ, ㄹ   ③ ㄱ, ㄷ, ㄹ
④ ㄴ, ㄷ, ㄹ   ⑤ ㄱ, ㄴ, ㄷ, ㄹ

> **해설**   ㄷ. 미등기양도자산(미등기양도제외자산 아님)인 경우에도 필요경비개산공제(미등기 토지·건물: 취득당시기 기준시가×1,000분의 3)는 적용한다.

정답 ②

07 소득세법령상 거주자가 2025년에 양도한 국외자산의 양도소득세에 관한 설명으로 틀린 것은? (단, 거주자는 해당 국외자산 양도일까지 계속 5년 이상 국내에 주소를 두고 있으며, 국외 외화차입에 의한 취득은 없음) <small>〔제35회〕</small>

① 국외자산의 양도에 대한 양도소득이 있는 거주자는 양도소득 기본공제는 적용받을 수 있으나 장기보유특별공제는 적용받을 수 없다.

② 국외 부동산을 양도하여 발생한 양도차손은 동일한 과세기간에 국내 부동산을 양도하여 발생한 양도소득금액에서 통산할 수 있다.

③ 국외 양도자산이 부동산임차권인 경우 등기여부와 관계없이 양도소득세가 과세된다.

④ 국외자산의 양도가액은 그 자산의 양도 당시의 실지거래가액으로 한다. 다만, 양도 당시의 실지거래가액을 확인할 수 없는 경우에는 양도자산이 소재하는 국가의 양도 당시 현황을 반영한 시가에 따르되, 시가를 산정하기 어려울 때에는 그 자산의 종류, 규모, 거래상황 등을 고려하여 대통령령으로 정하는 방법에 따른다.

⑤ 국외 양도자산이 양도 당시 거주자가 소유한 유일한 주택으로서 보유기간이 2년 이상인 경우에도 1세대 1주택 비과세 규정을 적용받을 수 없다.

> **해설**   ② 국외 자산 양도시에는 결손금 통산에 관한 규정은 준용되지 않으므로, 국외 부동산을 양도하여 발생한 양도차손은 동일한 과세기간에 국내 부동산을 양도하여 발생한 양도소득금액에서 통산할 수 없다.

정답 ②

08 소득세법령상 거주자의 양도소득세 비과세에 관한 설명으로 **틀린** 것은? (단, 국내소재 자산을 양도한 경우임)

제34회

① 파산선고에 의한 처분으로 발행하는 소득은 비과세된다.

② 「지적재조사에 관한 특별법」에 따른 경계의 확정으로 지적공부상의 면적이 감소되어 같은 법에 따라 지급받는 조정금은 비과세된다.

③ 건설사업자가 「도시개발법」에 따라 공사용역 대가로 취득한 체비지를 토지구획환지처분공고 전에 양도하는 토지는 양도소득세 비과세가 배제되는 미등기양도자산에 해당하지 않는다.

④ 「도시개발법」에 따른 도시개발사업이 종료되지 아니하여 토지 취득등기를 하지 아니하고 양도하는 토지는 양도소득세 비과세가 배제되는 미등기 양도자산에 해당하지 않는다.

⑤ 국가가 소유하는 토지와 분합하는 농지로서 분합하는 쌍방 토지가액의 차액이 가액이 큰 편의 4분의 1을 초과하는 경우 분합으로 발생하는 소득은 비과세된다.

해설 ⑤ 국가가 소유하는 토지와 분합하는 농지로서 분합하는 쌍방 토지가액의 차액이 가액이 큰 편의 4분의1 이하인 경우 분합으로 발생하는 소득은 비과세 된다.

정답 ⑤

EBS ◐● 공인중개사

정오표·개정 법령 확인

랜드하나 홈페이지를 통해 정오표 및 개정 법령, 교재 내용 문의 등의
다양한 서비스를 제공하고 있습니다.

EBS ◐● 편성표

강좌명	방송채널	방송	방영시간	방영일
2025년도 EBS공인중개사 기본이론강의	EBS PLUS2	본방송	07:00~07:30	2025년 2월~5월 월~금 (주 5회)
		재방송	08:30~09:00	2025년 2월~10월 월~금 (주 5회)

본 프로그램 방송채널 및 방영일시는 EBS 편성에 따라 조정될 수 있습니다.

기본이론 60편(12주, 주5회)